重拾瑰宝 圆明园

AN APPRECIATION OF
THE OLD SUMMER PALACE

郭黛姮 著

人民文学出版社

图书在版编目（CIP）数据

重拾瑰宝圆明园/郭黛姮著. —北京：人民文学出版社，2022（2023.9 重印）
ISBN 978-7-02-014465-5

Ⅰ.①重… Ⅱ.①郭… Ⅲ.①圆明园—通俗读物 Ⅳ.①K928.73-49

中国版本图书馆 CIP 数据核字（2018）第 187356 号

责任编辑　温　淳
装帧设计　陶　雷
责任印制　张　娜

出版发行　人民文学出版社
社　　址　北京市朝内大街 166 号
邮政编码　100705

印　　刷　北京中科印刷有限公司
经　　销　全国新华书店等

字　　数　216 千字
开　　本　889 毫米×1092 毫米　1/16
印　　张　26
印　　数　8001—11000
版　　次　2022 年 1 月北京第 1 版
印　　次　2023 年 9 月第 3 次印刷

书　　号　978-7-02-014465-5
定　　价　168.00 元

如有印装质量问题，请与本社图书销售中心调换。电话：010-65233595

目 录

序

第一章
圆明园的主人

1. 皇四子胤禛赐园　001
2. 皇家御园初期　005
3. 皇家御园中期——圆明五园　008
4. 皇家御园后期——圆明三园　024
5. 皇家御园的焚毁——1860年的一场大火　031

第二章
圆明园的景

1. 前朝后寝　043
   - A. 正大光明　043
   - B. 长春园澹怀堂　055
   - C. 勤政亲贤　058
   - D. 九洲清晏　065
   - E. 含经堂　079
   - F. 绮春园寝宫区　086
2. 天地人伦　089
   - A. 镂月开云　089

  B. 鸿慈永祜　　093
  C. 长春仙馆　　098
  D. 天然图画　　103

3. 神佛护佑　107
  A. 慈云普护　　112
  B. 日天琳宇　　116
  C. 月地云居　　117
  D. 舍卫城　　　120
  E. 广育宫　　　123
  F. 正觉寺　　　125
  G. 法慧寺　　　128
  H. 宝相寺　　　131

4. 书院书楼　133
  A. 汇芳书院　　135
  B. 碧桐书院　　139
  C. 武陵春色　　143
  D. 四宜书屋　　148
  E. 濂溪乐处　　151
  F. 文源阁　　　157
  G. 洞天深处　　160

5. 观稼验农　165
  A. 杏花春馆　　166
  B. 北远山村　　172
  C. 澹泊宁静　　176
  D. 映水兰香　　179
  E. 水木明瑟　　181
  F. 耕耘堂　　　184
  G. 紫碧山房　　187

6. 观演建筑　191

- A. 山高水长　191
- B. 同乐园　195
- C. 乐奏钧天　206
- D. 展诗应律　207
- E. 半亩园室内小戏台　209
- F. 万方安和小戏台　211

7. 人间仙境　211

- A. 蓬岛瑶台　212
- B. 方壶胜境　217
- C. 海岳开襟　223
- D. 别有洞天　224

8. 写仿胜景　229

- A. 西湖十景　229
- B. 长春园狮子林　234
- C. 长春园如园　241
- D. 长春园鉴园　243
- E. 长春园茜园　246

9. 言志陈情　249

- A. 万方安和　249
- B. 坦坦荡荡　252
- C. 廓然大公　256
- D. 澡身浴德　262

10. 观山赏水　265

- A. 西峰秀色　266
- B. 接秀山房　270
- C. 上下天光　274

        D. 清夏斋　　279
        E. 澄心堂　　283

第三章
中西园林文化交流的结晶——西洋楼

   1. 中西文化交流催生西洋楼　　300
   2. 西洋楼景区的独特性　　302
        A. 谐奇趣　　305
        B. 万花阵　　314
        C. 养雀笼　　315
        D. 海晏堂　　317
        E. 方外观　　327
        F. 远瀛观与大水法　　330
        G. 线法山、线法墙　　336

第四章
市井与游园

   1. 买卖街　　344
   2. 曲水流觞　　347
   3. 御园赏荷　　350
   4. 中元河灯　　352
   5. 端午龙舟　　353

第五章
造园匠师的设计手法

1. 重新构建山水空间　356
2. 利用网格掌控建筑布局　357
3. 水路主导的交通模式　360

第六章
根植于中国传统文化的造园艺术理念

1. 伦理型文化的建筑组群　368
2. "以中为尊"的园林规划　368
3. 治国理想的物化代表　370
4. 内圣外王的审美追求　370
5. 超越现实的非凡景观　371

结束语　373

附录一　《重拾瑰宝圆明园》插图目录　379
附录二　《圆明园四十景》图中的各种屋顶形式　393
附录三　清式建筑中栱的基本类型　396
后记　399

序

PREFACE

An Appreciation of the Old Summer Palace

2020 年是圆明园建成 310 周年，它曾代表中国走出国门，并影响其他国家的园林发展，它曾是世界多国学习的楷模，并受到外国学者高度评价。但在 1860 年，它遭到英法联军焚毁，成了一处大遗址。尽管被列为"考古遗址公园""爱国主义教育基地"，然而大众似乎并不了解它到底包含了哪些内容，它为什么被外国学者称赞，又为什么被雨果誉为"东方幻想艺术的代表"，"一个几乎是超人的民族的想象力所能产生的成就尽在于此"。我们只有了解了它的全貌，才能理解圆明园所具有的无与伦比的历史与文化价值。

圆明园位于北京明清古城的西北郊 10 公里处。北京是一座建在燕山脚下的城市，它的西北郊，有着较好的自然山水环境，自从金代于 12 世纪在此建立都城——"中都"开始，西北郊便出现了金代的皇帝离宫。此后，元明两代在这一区域营建了更多的皇家、私家园林与寺院。到了清代，康熙帝利用明代皇族李伟一座废弃的私家园林"清华园"，建造成自己的园林——畅春园。畅春园位于海淀镇附近，与画家米万钟的勺园毗邻。康熙帝打算于"万几之暇驻跸于此"，随之，他便在畅春园附近陆续为诸多皇子赐地建园，从此开始了清代在北京西北郊大规模建造皇家园林和皇亲国戚私家园林的造园活动。其中圆明园当属面积最大，使用时间最长的一座皇家园林，其他至今还能够找到遗迹的有几十处，这些园林所在的位置见于北京清西郊园林图。（原载岳升阳、侯繁星所著《侯仁之与北京地图》一书。）

清 西 郊 园 林 图

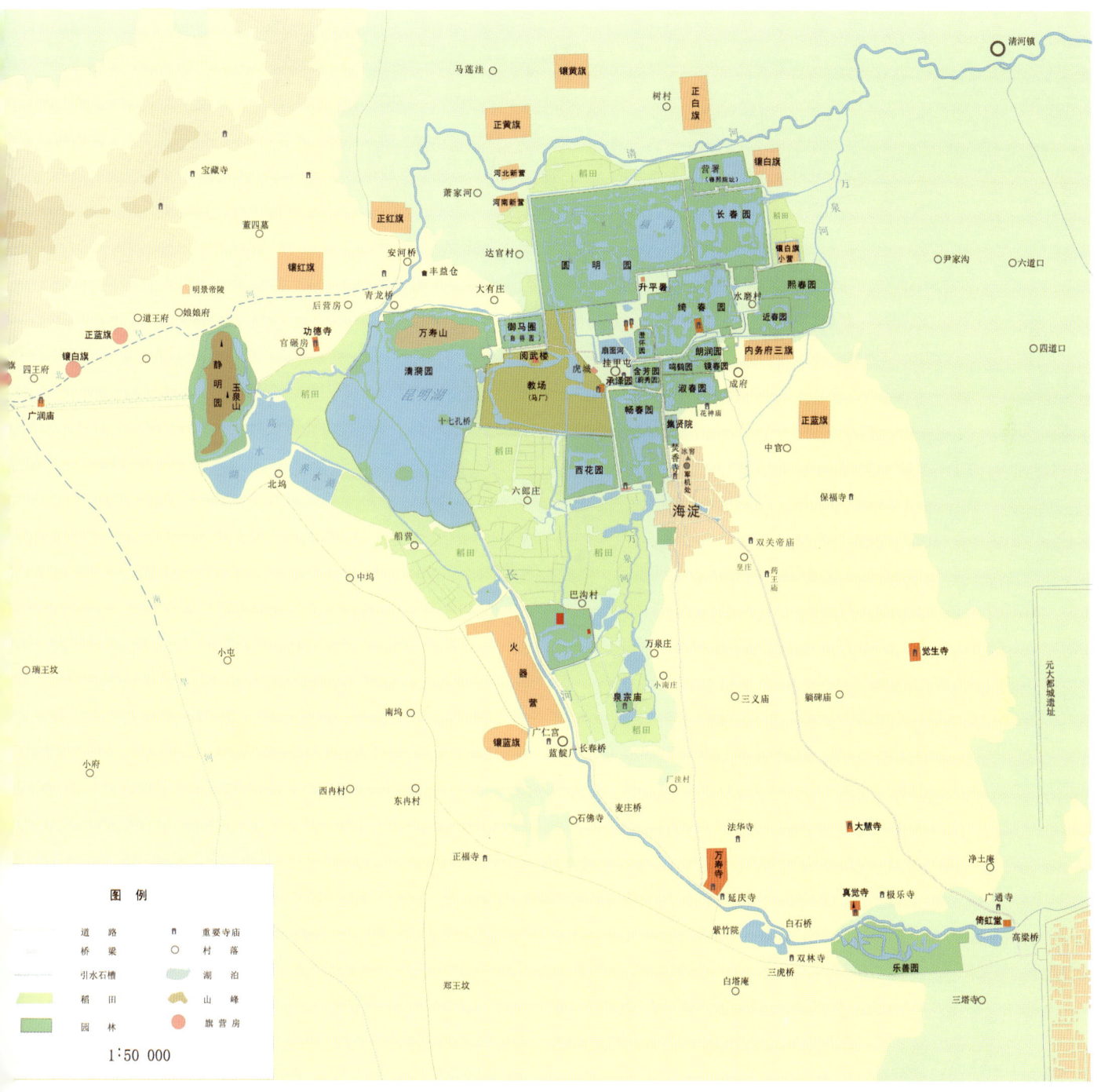

第一章
圆明园的主人

明代造园家计成指出:"一座园林七分主人,三分匠人。"被誉为万园之园的圆明园尤其如此。尽管圆明园表现出丰富的造园手法,体现着古代匠师的匠心独运,然而它与现存的皇家园林颐和园、避暑山庄有着诸多不同之处。这是因为建园者建造这座园林的目的与建造其他园林不同,也是因为这座园林后来不同时期的使用者审美理想存在差异。雍正、乾隆两位皇帝,便是奠定圆明园功能和个性的关键人物。

1. 皇四子胤禛赐园

康熙帝有35位皇子(长大成人者24位),因前4位皇子夭亡,第5位皇子"保清",被尊为大阿哥,他理应被立为太子,只因其生母为侧室未立。而康熙十三年(1674年)出生的二阿哥胤礽符合条件,在襁褓中便被立为太子。胤礽成年后被趋炎附势之徒左右,与康熙帝对立,在康熙四十七年(1708年)被废。这时,诸位皇子觊觎储位,彼此间竞争激烈。康熙帝痛心于此,曾革除不止一位皇子的爵位,后又让胤礽复位。可惜胤礽有悖父皇期望,于康熙五十一年(1712年)再次被废。正是在这样的背景之下,诸位皇子的赐园开始建设,圆明园便是其中之一,它是皇四子胤禛的赐园(图1-1-1)。

从胤禛《园景十二咏》[1]的描述中可知,当时的圆明园有以下的景物:

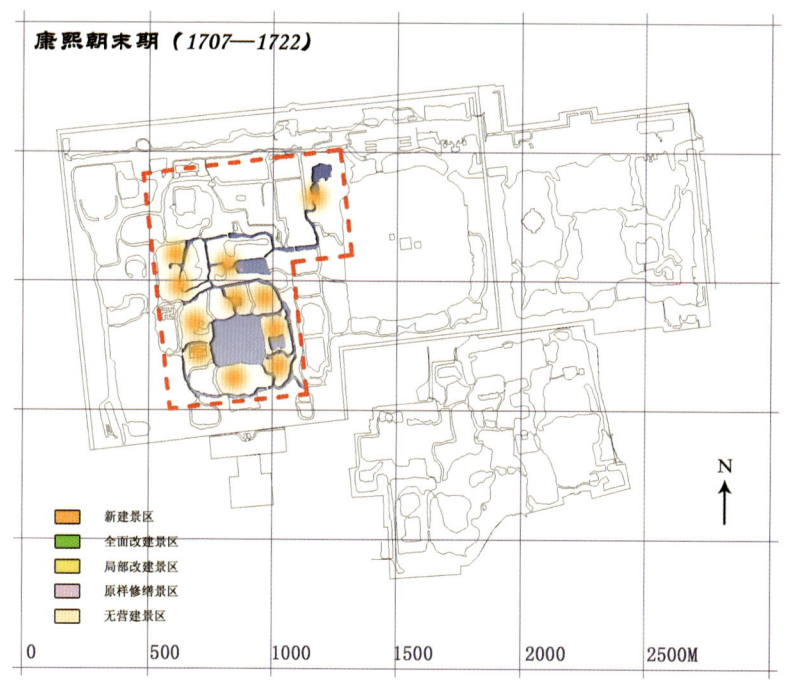

皇四子赐园平面(图1-1-1)

郁郁千株柳，阴阴覆草堂。飘丝拂砚石，飞絮点琴床。（这是"深柳读书堂"当年的景象）

深院溪流转，回廊竹径通。（即竹子院）

棹泛弯弯水，桥通院院门。吟风过翠屋，待月坐桐轩。（即梧桐院）

水南通曲港，水北入回溪。绛雪侵衣艳，頳霞绕屋低。（即桃花坞）

轩亭开面面，原湿对畇畇（田地平坦整齐有序）。禾稼迎窗绿，桑麻窣地新。檐星奎织火，渠水界田畛（田间小路）。（即耕织轩）

凿地开新圃，因川曲引泉。碧畦一雨过，青攘百蔬妍。[2]（即菜圃）

迭云层石秀，曲水绕斜台。[3]（即牡丹台）

甃地成万字，注水蓄文鱼。藻映十分翠，栏围四面虚。（即金鱼池）

纡回深树里，一水暗通舟。乳汁香兼润，冰丸滑欲流。阴铺青叶护，架络翠藤稠。西域传奇种，园丁献早秋。（即葡萄院）

峰峻疑无路，云深却有扉。鹤闲时独唳，花静不轻飞。洞里春长驻，壶中月更辉。一潭空似镜，碧色动帘衣。（即壶中天）

平桥依麓转，一带接垂杨。阁峻横云影，栏虚漾水光。（即涧阁）

云锦溥新露，纷披映柳塘。浅深分照水，馥郁共飘香。姿美天然洁，波清分外凉。折花休采叶，留使荫鸳鸯。（即莲花池）

《园景十二咏》中记述的这些景物集中在后来的"九洲清晏"景区的后湖周围，并稍稍向北扩展到耕织轩、桃花坞，向东扩展至深柳读书堂。

雍正帝在《御制圆明园记》中回忆了建园之初的情况，当时这里自然条件很好；"林皋清淑，波淀渟泓，因高就深，傍山依水"。于是"相度地宜，结构亭榭，取天然之趣，省工役之烦"，达到了"槛花堤树，不灌溉而滋荣；巢鸟池鱼，乐飞潜而自集。盖以其地形爽垲土壤丰嘉，百汇易以繁昌，宅居于兹安吉"的妙境。园子建成之后，他便请父皇康熙帝游园[4]。

赐园时期，康熙帝曾莅临圆明园13次，并将其赐名为"圆明"。胤禛认为：这一嘉名"意旨深远，殊未易窥，尝稽古籍之言，体认圆明之德。夫圆而入神，君子之时中也；明而普照，达人之睿智也"。"圆"是指个人的品德圆满无缺，立身行事合乎时宜，无过与不及；"明"是指办事光明磊落，完美明智。表现出康熙帝对胤禛人品标准的期望。

初建的圆明园在风格上"取天然之趣"，胤禛尽管可以在其中居住、读书、欣赏自然风光，但他的心情并非无忧无虑。当时的政治形势极为严峻，诸位皇子激烈争夺储位，这位皇四子由于前途未卜，无心大兴土木，表现得十分恬淡无为。胤禛曾请人为他绘制过一幅《耕织图》[5]，全图分成五十二幅，这幅图是以康熙年间刻板印刷的《耕织图》为蓝本绘制的。胤禛命画工将其中所绘的农夫、农妇形象"换成自己和福晋的容貌"（图1-1-2、3）。[6]并在每幅上都题名，图的上方钤印"雍亲王宝"和"破尘居士"。从这两方印章看，这幅《耕织图》的绘制时间与圆明园作为皇子赐园的时间相近。胤禛绘《耕织图》的目的，并不是要像当权者康熙皇帝那样主张以农桑为王政之本，而是想表达出一种对未来如何，不能把握的心态：自己的命运有可能与图中的耕夫相同。相应地，在当时的园林中出现了"菜圃""鱼池""耕织轩"，乃至象征世外桃源的"桃花坞"。第二枚印章则更直接地反映了雍亲王的心态。此外他还在两处使用过"破尘居士"印章，一

胤禛做皇子时期绘制的《耕织图》一（图1-1-2）

胤禛做皇子时期绘制的《耕织图》二（图1-1-3）

处是他临摹的《金刚经》，另一处是他临摹的《天隐子》。特别是这后一篇，宣扬的是道家的黄老之学。当时，他还写过一首园居诗，称自己"懒问浮沉事，闲娱花柳潮。吴儿调凤曲，越女按鸾箫。道许山僧访，碁将野叟招。漆园非所慕，适志即逍遥"。[7]

这里的漆园指的是战国时庄子为吏之处。雍亲王并非真的接受老庄哲学，想永远逍遥，这些只是他在前途渺茫境遇之下的情感抒发。面对当时的形势，他采取了一种与世无争的姿态，用以取悦于父皇。《圣祖实录》中记载了康熙（图1-1-4）对胤禛的印象："朕之诸子，多令人视养……唯四阿哥朕亲抚育……其能体朕意……爱朕之心殷勤恳切，可谓诚孝"。[8]

胤禛即位后在《雍邸诗集序》[9]中为当时心态有过辩解之词："朕昔在雍邸，自幸为天下第一闲人，非若箕颖遗世，竹林肆志之类也。朕生当国家鼎盛之时……寝门定省之余无他事，事境之所处闲矣。兼之赋性不乐浮华……遂觉随处乐天，情之所寄又闲矣。虽然究其所以优游恬适，得四十余年为一闲人者，莫非我皇考教育深恩，有以成就之也。"这里雍正帝说自己"非若箕颖遗世，竹林肆志之类"，确实是他的真实思想。他用"破尘居士"的面目去经营园林，并邀请父皇光临，目的是作一种没有野心、让父皇放心的表白。赐园时期康熙帝曾光临13次，他得到的印象，与自己教育皇子们要节俭的精神相契合。雍正帝在《圆明园记》中写道：圆明园的房屋"不斫不枅，不施丹雘（huò，红色颜料），则法皇考之节俭也"。这是圆明园早期的真实状况。圆明园初建时期的风格与雍正帝的思想状态是合拍的，与文人隐士园风格更为接近。

2. 皇家御园初期

康熙六十一年（1722年）清圣祖玄烨宾天，清世宗胤禛登基 (图1-2-1)，改元雍正。雍正帝登基后，"圆明园为常时听政之所……每岁初春即驻跸于此，咨度机务引见百官，皆日以为常"[10]。"始命所司酌量修葺，亭台邱壑悉仍旧观。惟建设轩墀，分列朝署，俾侍值诸臣有视事之所。构殿于园之南，御以听政………园之中或辟田庐，或营蔬圃，平原芜芜，嘉颖穰穰，偶一眺览，则遐思区夏，普祝有秋。置若凭栏观稼，临陌占云，望好雨之知时，冀良苗之应候。则农夫勤瘁，稼事艰

康熙帝画像（图1-1-4）

雍正帝画像（图1-2-1）

难,其景象又恍然在苑囿间也。若乃林光清霁,池影澄清,净练不波,遥峰入镜,朝晖夕月,映碧涵虚,道妙自生,天怀顿朗。乘几务之少暇,研经史以陶情,拈韵挥毫,用字典学。凡兹起居之有节,悉由圣范之昭垂。随地恪遵,罔敢越轶……偶召诸王大臣从容游赏,济以舟楫,一体宣情,抒写畅洽,仰观俯察,游泳适宜,万象毕呈,心神怡旷,此则法皇考之亲贤礼下对时育物也。至若嘉名之锡以圆明,意旨深远,殊未易窥。尝稽古籍之言,体认圆明之德。夫圆而入神,君子之时中也,明而普照,达人之睿智也……"[11]这篇记文,说明了雍正帝对圆明园建设愿景和执政的理念。

这时,圆明园的建设有了较大的发展。首先添建了园南的朝政建筑一区,即正大光明、勤政亲贤,以便雍正帝在园中听政;同时又增建若干建筑群,如九洲清晏、万方安和(又称万字房)。为了临朝理政之所需,还开辟了大片农田,其间建有田字房、耕织轩、多稼轩、杏花春馆(皇子赐园时期的菜圃)、北苑山房等观稼验农的景区,以及若干具有文化寓意的景区;如深柳读书堂及双鹤斋、梧桐院、春宇舒和、流杯亭、同乐园等。此外还有慈云普护(皇子赐园时期的涧阁)、仙香苑、佛楼、佛城等宗教建筑,以及皇子读书和居住的前垂天贶、东四所。一些观赏景物的建筑,如湖亭、金鱼池、桃花坞、牡丹台、蓬莱洲、平湖秋月、接秀山房、溪月松风等也占有一席之地。这些建筑的增建,创造了一座景观丰富的皇家园林。到了雍正十三年(1735年),已经建有38处景区,总面积近3000亩。从此,圆明园成为一座帝王御园(图1-2-2)。

从这时的圆明园可以看出国家最高统治者励精图治的治国理想。与皇子赐园时期主人的理念已有所不同。雍正帝即位后,圆明园完成了从私家园林向皇家御园的转变。改建依据圆明园原有地形成西北高东南低的态势,在西北角原有高地上堆起了一座假山,东南低地开挖成福海,总体布局隐喻"天下九州"。雍正二年(1724年),曾有风水师查看风水,认为圆明园所在地形属于形势最胜者;还说:"据《赤霆经》云:'天下山脉发于昆仑,以西北为首,东南为尾……此天下之大势',

雍正登基后的圆明园总平面（图1-2-2）

图1-2-2 雍正登基后的圆明园总平面图注：

圆明园

1. 正大光明 2. 勤政亲贤 3. 九洲清晏 4. 牡丹台
5. 竹子院 6. 梧桐院 7. 涧阁 8. 湖亭
9. 杏花春馆 10. 金鱼池 11. 西南所 12. 皇子居所
13. 万方安和 14. 桃花坞 15. 引见楼 16. 乐志山庄
17. 佛楼 18. 田字房 19. 观稼轩 20. 耕织轩
21. 莲花馆 22. 多稼轩 23. 北苑山房 24. 鱼跃鸢飞
25. 西峰秀色 26. 佛城 27. 同乐园、买卖街
28. 双鹤斋、深柳读书堂 29. 四达亭 30. 蓬莱洲
31. 春宇舒和 32. 秀清村 33. 东四所 34. 平湖秋月
35. 揽翠亭 36. 流杯亭 37. 溪月松风 38. 紫碧山房

园内山起于西北,高卑大小,曲折婉转,具趣东南巽地;水自西南丁字流入,向北转东,从亥壬入园,会诸水东注大海,又自大海折而向南,流出东南巽地,亦是西北为首,东南为尾,九州四海俱包罗于其内矣。"[12] 圆明园在总体上象征昆仑和东海,是古代中国版图的缩影,展现了中国皇家园林应有的宏伟气魄(图1-2-3)。

为避免再现康熙时期皇子争储激烈斗争的局面,雍正帝创立了秘密建储制度。在雍正元年(1723年),他便将确立弘历为皇太子的密折装入木匣,放在紫禁城乾清宫的"正大光明"匾后。雍正帝胤禛于雍正十三年(1735年)病逝于圆明园。公元1736年弘历即位,改元乾隆。

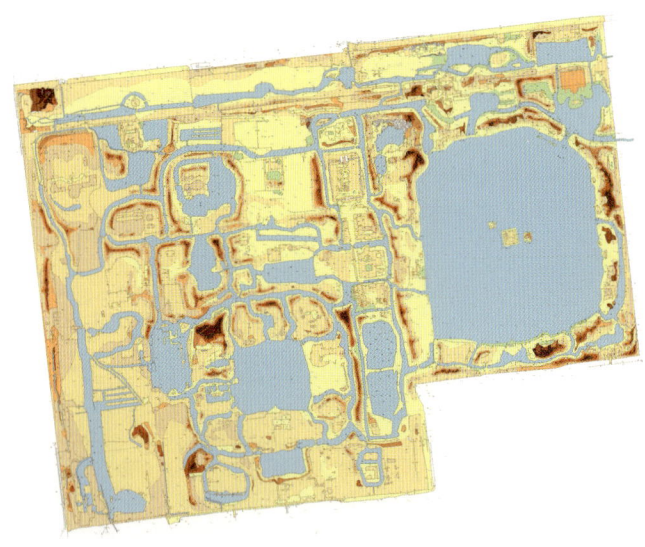

圆明园地形模型(图1-2-3)

3. 皇家御园中期——圆明五园

乾隆帝登基后(图1-3-1),仍以圆明园为听政之所。在他看来,圆明园已经"略具朝署之规",可以"乘时行令,布政亲贤"。"而轩墀亭榭、凸山凹池之分列宇后者,不尚其华尚其朴,不称其富称其幽。乐蕃植则有灌木丛花,怒生笑迎也;验农桑则有田庐蔬圃,量雨较晴也……我皇考之先忧后乐,一皇祖之先忧后乐,周宇物而圆明也。圆明之意,盖君子之时中也。皇祖以是名赐皇考,皇考敬授之而身心以勖,户庸以名也……践祚后所司以建园请,却之。既释服,爰乃皇考之旧园而居焉。夫帝王临朝视政之暇,必有游观旷览之地,然得其宜适以养性而陶情,失其宜以玩物而丧志。宫室服御奇技玩好之念切,则亲贤纳谏勤政爱民之念疏矣。其害可胜言哉!我皇考未就畅春园而居,以有此圆明园也,而不斫不雕,一皇祖淳朴之心。然规模之宏敞,丘壑之幽深,风土草木之清佳,高楼邃室之具备,亦可称观止。实天宝地灵之区,帝王豫游之地,无以逾此。后世子孙必不舍此而重费民力,

乾隆帝画像（图1-3-1）

以创建苑囿，思则深契朕法皇考勤俭之心以为心矣。"[13]

虽然乾隆帝称圆明园作为"帝王豫游之地，无以逾此"，但他感到眼前的御园仍有不尽意之处。于是，对其进行了添建和改建。新添建的景区有以下几处：方壶胜境，建于乾隆五年（1740年）以前[14]；涵虚朗鉴，建于乾隆三年（1738年）前后[15]；夹镜鸣琴，建于乾隆三年（1738年）[16]；汇芳书院，建于乾隆七年（1742年）[17]；鸿慈永祜，建于乾隆八年（1743年）[18]；曲院风荷，建于何时不详，文献中出现此景。[19]并在乾隆九年出版的绢本《圆明园四十景》中呈现。这套图的绘制早在乾隆三年（1738年）即下旨："圆明园着沈源起画稿册页一部，沈源画房舍；着唐岱画土山、树、石。"[20]标举胜景、分题绘图。两位画家所擅长之绘画题材各不相同，唐岱为山水画家，而沈源善于画建筑，故而有所分工。于是，一幅幅册页陆续完成。当时圆明园内的景物全部被收入了这部图册，并冠以乾隆帝即位来的新景名，同时将乾隆帝为每处景区所写的对题诗一并收入册页。[21]

在《圆明园四十景》中可以看到，园林景观名称已经变化，新景名强化了皇家园林的景区特色，本来文人隐士所欣赏的自然景物被"哲理化"了。例如"金鱼池"改成"坦坦荡荡"，用以标榜皇帝自己在政治上清白坦荡。"深柳读书堂"改成"廓然大公"，标榜皇帝理政治世要"毫无一点人欲之私"。[22]"桃花坞"改成了"武陵春色"，提示了景观取自陶渊明《桃花源记》所描绘的场景。"田字房"改成了"澹泊宁静",取自诸葛亮《诫子书》中"非澹泊无以明志,非宁静无以致远"[23]的句子,表明在青山绿水之间不忘修身养性的心志。

圆明园的一些建筑群的面貌也有所变化。如乾隆五年(1740年)蓬莱洲改建为"蓬岛瑶台"时加盖了琉璃瓦屋顶[24],新建的几处景区也多采用了琉璃瓦屋顶,色彩斑斓,异常绚丽。

雍正末年园内景区有38处,乾隆元年至九年(1736年至1744年)又建造6处。照此,整个园林应当有44处景观!那么,《圆明园四十景》是否并未包括当时圆明园的全貌呢?原来,在《圆明园四十景》图中,有的一张册页绘制的内容包含着不止一处景区,如"坐石临流"一景,画的内容包括流杯亭、同乐园、佛城(舍卫城),便是三景合并在一景之中;又如四达亭在"水木明瑟"一景中绘出,再加上未绘的紫碧山房一景,正好抵掉多出的四景了。因此,乾隆九年(1744年)绘成的这套《圆明园四十景》反映的正是当年全园的面貌。为了全面反映一处处景区的园林空间面貌,有的册页将相邻的景观也都加以表现,如"方壶胜境"(图1-3-2),除了主体建筑群之外,还绘制了东侧相邻的蕊珠宫建筑群组全貌,以及西侧相邻的"三潭印月"水中的三个小石塔、五座亭子和连廊,北侧的天宇空明建筑群组全貌;就连"方壶圣境"所在的小湖南侧的两座不同形式的木板桥也都一一呈现,没有落下。其详细程度超过了现存最早的乾隆四十年(1775年)样式房所绘的圆明园总平面图。

然而,《圆明园四十景》所描绘内容的真实性如何呢?圆明园被毁之后,人们对它格外重视,但也提出过一些疑问。如1933年的实测图与《圆明园四十景》有多处不一致,有的或许在样式房存图中能得到解答,但仍存在诸多差异。近年来,北京市文物局考古所对圆明园进行了局部的考古发掘[25],在此基础上参照仅有的文字资料,找到了一些答案。从考古发掘资料来看,事无巨细皆有可证,研究表明绢本《圆明园四十景》是我们认识乾隆九年(1744年)时园中景物的唯一形象史料,也是研究圆明园建造史的重要文献之一,

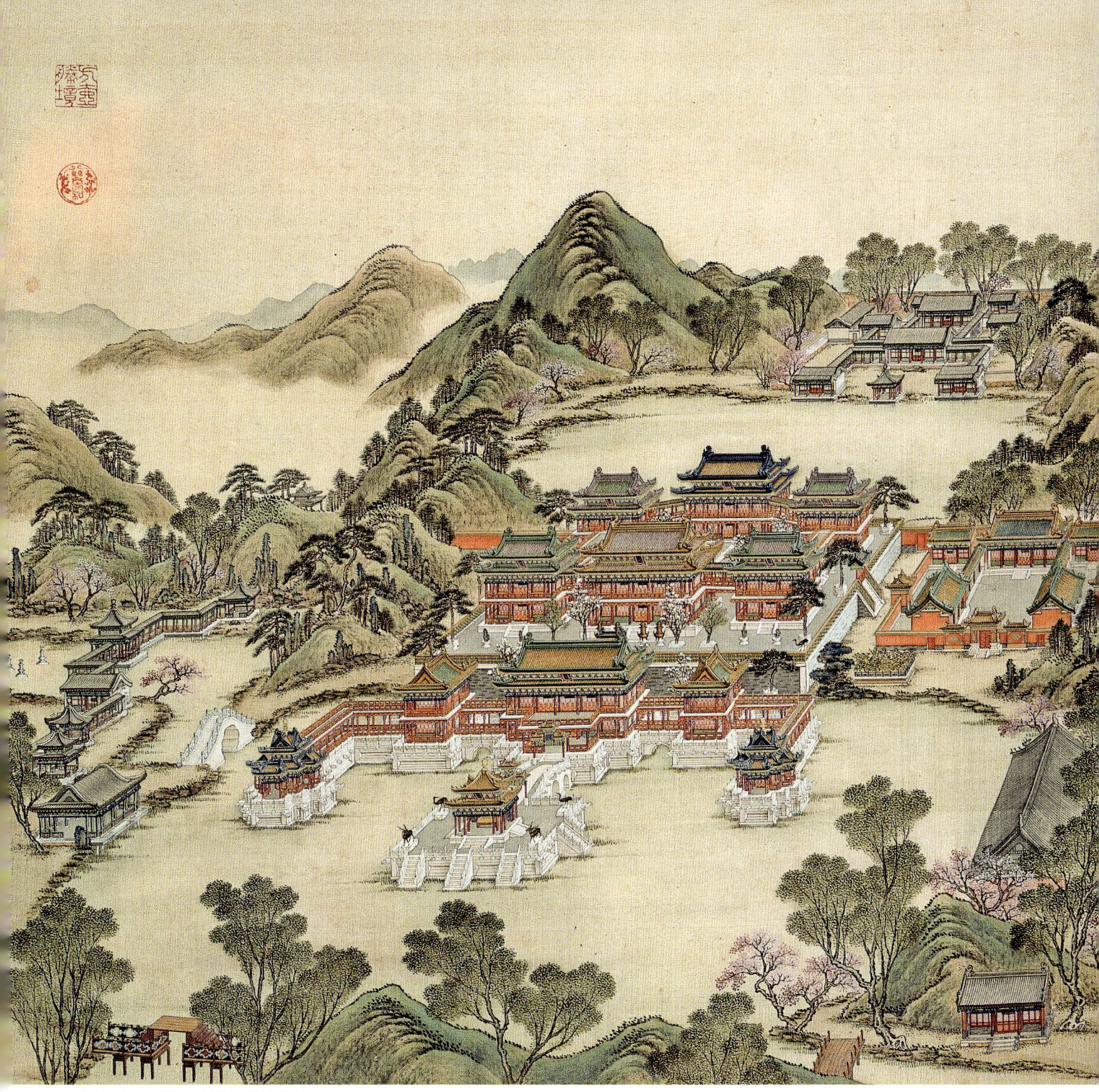

方壶胜境（绢本《圆明园四十景》）（图1-3-2）

具有很高的历史价值。

帮助人们认识圆明园面貌的还有与绢本年代相近的木刻版《御制圆明园图咏》(图1-3-3)。这个版本是由沈源、孙祜两位画家将原绢本画变成木刻版，而且每个景观都加入了大学士鄂而泰、张廷玉、尚书任兰枝、左都御使刘统勋、通政使张若霭等大臣的注释，全部文字由张若霭奉敕缮写。此外，还有私人藏图，例如张若霭手绘本册页。这个册页在第四十景题咏之后，有正楷下款一行曰"乾隆丙寅四月既望臣张若霭敬书并制图"，同时在下方还钤有两枚印章，一枚为"张若霭"，系白纹朱红色地；另一枚为"家承赐书"，朱文白地。据王湜华考证，这部手绘册页"是为近奉内府而作的"。[26] 其绘制内容与木刻板《御制圆明园图咏》基本相同，但建筑和树木的绘画技法比木刻本要差，每幅图所附乾隆帝对题诗均由张若霭手书，或正楷，或草书，或隶书，或篆书。此本"乃木刻版底本之摹本"。(图1-3-4) 它最有价值之处在于其年代有了准确的记载，系乾隆十一年（1746年）作，由此佐证上述木刻本之年代当完成于此本以前。张若霭

正大光明（图1-3-3）

手绘本《圆明园四十景图咏》中的长春仙馆（图1-3-4）

是大学士张廷玉之子，官至内阁学士、礼部尚书，乾隆十一年扈从乾隆帝西巡后病逝。此图册建筑摹写的准确度虽略逊于前者，但仍有一定的史料价值。绢本所绘《圆明园四十景》中的局部景物发生的变化被录入其中。例如"九洲清晏"所绘的景区东南角的三跨木柱支撑的木板桥，在张若霭本中变成单孔带桥墩的木板桥，并为近年考古发掘所证实，另在档案中称此桥为"如意桥"，与考古发掘揭示桥墩表面镶嵌带有如意纹的石材完全一致。究其原因，原来绢本图早在乾隆三年（1738年）便已下旨开始绘制，先画完者所描绘的对象在乾隆三年至九年（1738年至1744年）之间又发生了变化，因此就出现了摹本与绢本不同的状况。

此外，还有《蓬湖春永》册页，绘有圆明园二十景，即正大光明、勤政亲贤、九洲清晏、镂月开云、天然图画、碧桐书院、慈云普护、上下天光、杏花春馆、坦坦荡荡、茹古涵今、长春仙馆、万方安和、武陵春色、山高水长、月地云居、鸿慈永祜、汇芳书院、日天琳宇、澹泊宁静等。这本册页的作者不详，年代稍晚，大约与木刻版时间相近，总体布局、设色与绢本相近，细部有几处与木刻版相同，建筑造型画得不如绢本、木刻版本准确，植物形态也较为单薄、纤细。（图1-3-5）画页之前及末尾分别书写有"仙瀛胜景"和"山水清音"八个大字。从所绘内容、版式来看，它是以木刻版为摹本，由画家自己着色完成，具体时间不详。木刻版比彩色绢本增添的细部，在《蓬湖春永》中以明确的色彩表示出了建筑的材料、做法，也有一定的参照价值，它弥补了彩色绢本未曾记录的部分。这套图册现藏于故宫博物院。

绢本《圆明园四十景》是中国古代建筑画的优秀作品。"据画史记载，到五代北

《蓬湖春永》中的慈云普护（图1-3-5）

宋时，建筑画成为独立的画种……此期最著名的屋木画家是五代的卫贤和北宋初的郭忠恕。但就流传下的五代、北宋作品而言，水平最高的还当推《清明上河图》的作者张择端……《清明上河图》可以说是宋画中运用透视概念和方法画建筑和舟车最杰出的范例"（图1-3-6）。[27] 到了清代，受到西方透视学的影响，建筑画的绘画技巧更为娴熟。绢本《圆明园四十景》大多数册页是按照透视学的方法画建筑物，看上去较为真实，但山水与建筑的关系又受到中国传统山水画派的影响，并未按照真实的状况绘制山高与建筑的比例关系，而是有所夸张。圆明园本为平地造园，景区之间以低矮的土山隔开，据实测地形图推测，景区周围的土山在4—9米之间，山高一般只有建筑高度的一至二倍，而画面中的山高则大大超过了这样的比例。

有的册页为了表现一些景区的景物，选择偏离透视关系的画法。如"夹镜鸣琴"册页，其中主要的建筑为夹镜鸣琴桥亭，它与环境的关系在平面图中是桥亭两侧有水面，北侧水面为大片的福海，南侧为一个小水池，在这个小水池的东南侧高

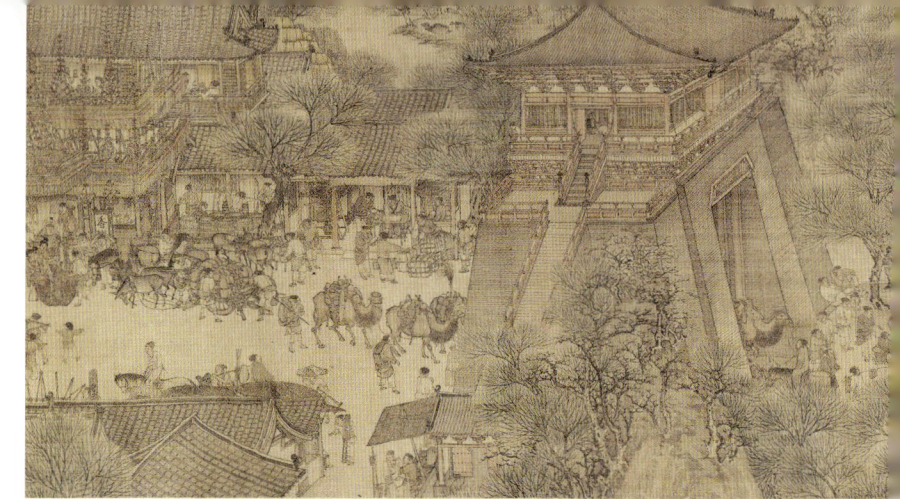

《清明上河图》局部景观（图1-3-6）

夹镜鸣琴广育宫（图1-3-7）

度为8—9米的土山，山上建有一处建筑群为广育宫。册页画面在右面出现了一座较高的山峰，顶部画了一组小小的广育宫，这脱离了真实的空间关系和现实山水的实际比例(图1-3-7)。"夹镜鸣琴"册页完全按照一般中国传统山水画的画法绘制，以山为主体，建筑为陪衬。

乾隆帝将自己所追求的内圣外王的思想和浪漫情怀融汇于对圆明园的改造利用之中，这对圆明园的建设有着重要的影响(图1-3-8)。

乾隆十年（1745年），在圆明园东垣外隙地，乾隆帝要为自己建一处归政娱老之所，"敬依长春仙馆锡号（锡，给之意）名长春园"(图1-3-9a)。对于长春园的建设的初衷，在乾隆三十五年所写《御制长春园题句》[28]中说得更为清楚：

山水符乐寿之征，兴随所遇；日月引壶洲之景，春与俱长，乃拓余地于御园，爰效嘉名于仙馆。顾当年之赐号，时切体元；筹他日之安居，兹惟卜始。波通福海，东墉旭丽扶桑；垣亘清河，北陌香浮华黍。列缥缃以娱志，堂启含经；抚翰墨以怡神，轩成淳化。思永励始终如一，式是斋乎；开襟而气象盈千，登斯楼也。他若某邱某壑，境足赏心；有榭有亭，胜堪寓目。每几暇揭来游憩，拟耄期恒此颐怡。以纪元六十载为衡，积愿笑惟奢望；从周甲廿五年而计，励勤敢有倦心！俪以弁言，系之长律。长春非敢畅春俦（畅春园在圆明园之南，皇祖所建今奉皇太后居之），即景名园亦有由。赐号当年例仙馆（长春仙馆为圆明园四十景之一，雍正年间赐居也，即以当年赐号名之），倦勤他日拟菟裘。（予有夙愿，若至乾隆六十年寿登八十有五，彼时亦应归政，故邻圆明园之东预修此园，为他日优游之地。虽属侈望，然果得如此，亦国家景运之隆，天下臣民之庆也。）培松拱把冀鳞老，留石平心待句酬。廿五春秋仍劼毖（今岁六旬屈指果得，归政尚当二十五年。然一日临莅矢不敢少懈，此敬勤之志必居此园时，然后可息肩娱老耳），耄期岁月合优游。

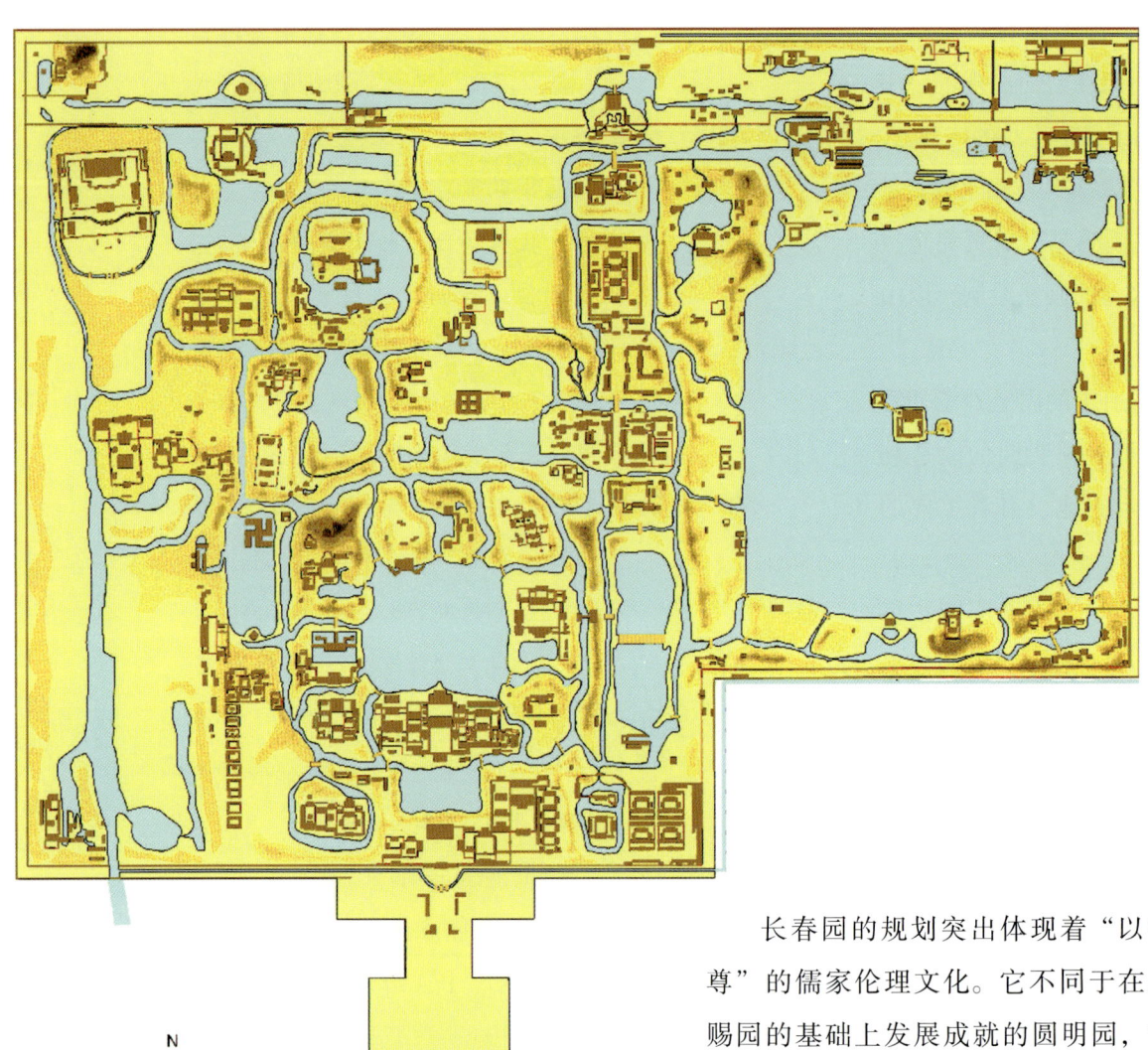

长春园的规划突出体现着"以中为尊"的儒家伦理文化。它不同于在皇子赐园的基础上发展成就的圆明园,它是一次性规划完成,其总体布局继承了中国古代都城规划的思想。《管子》曰:"天子中而处。"《吕氏春秋》曰:"择天下之中立国,择国之中立都。"全园以寝宫为中

乾隆前期圆明园总平面(图1-3-8)

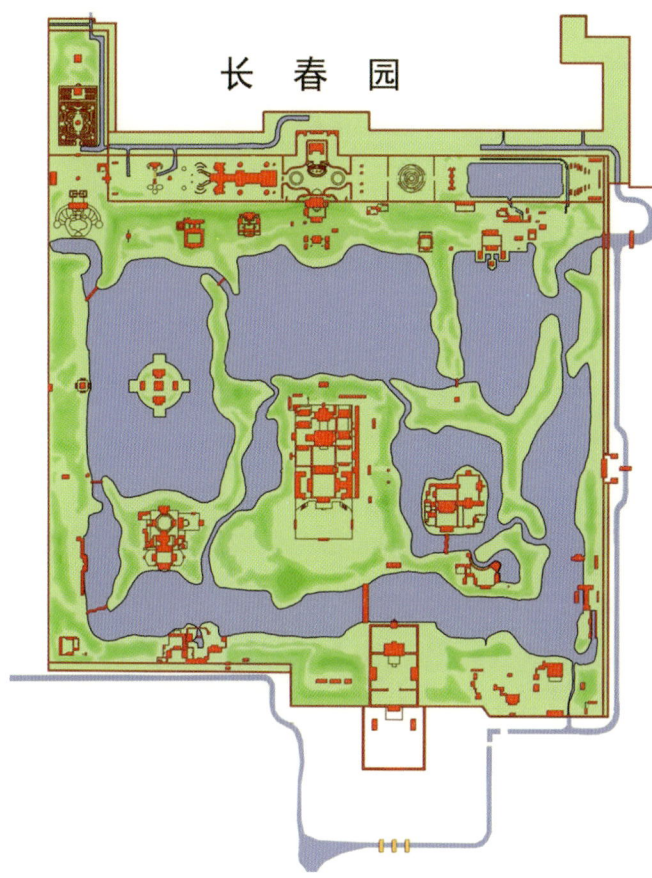

乾隆时期长春园总平面（图1-3-9a）

心，周围山水均衡分布。长春园的景区包括宫门区澹怀堂，寝宫区含经堂、淳化轩，四周有若干小园林——茜园、如园、鉴园、思用斋、海岳开襟、玉玲珑馆、泽兰堂、狮子林，还有几座小寺院，如法慧寺、宝相寺。乾隆帝在园子北侧辟出一块地，建起了西洋楼，其中景致有谐奇趣、万花阵、养雀笼、五竹亭、方外观、海晏堂、远瀛观、大水法、线法山、线法墙（图1-3-9b）。据记载，"乾隆帝对欧式宫殿的兴趣，源于路易十五给他送来一份礼物，那是出版于1714—1715年间的法国书籍，其中一本《凡尔赛的亭台宫殿及喷泉平面和立体图例》（*Les Plans, Profils, et Elevations, des Ville, et Château de Versailles, avec les Bosquets, et Fantaines*）"[29]。乾隆帝主动引进了域外建筑风格，西洋楼景区的园林建设反映了他的开放胸怀。

乾隆帝登基后，陆续下旨对圆明园

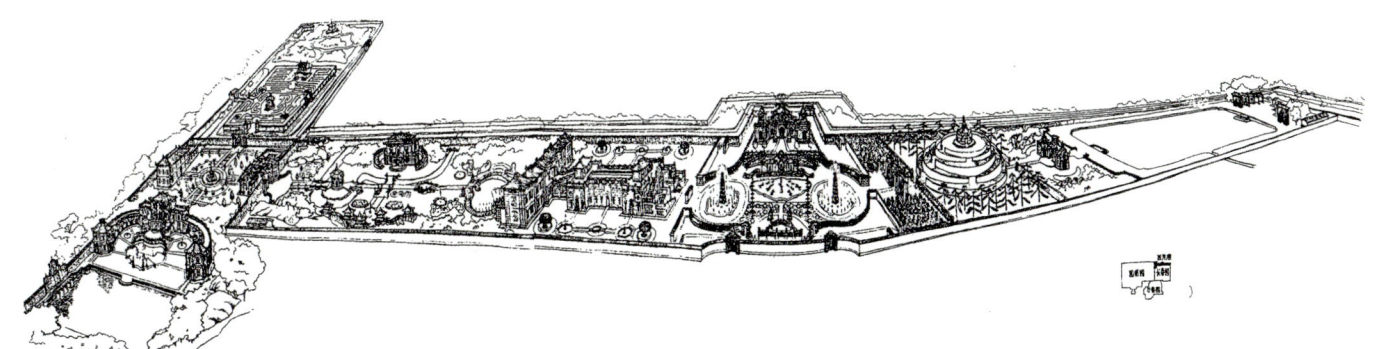

圆明园西洋楼景区全貌（图1-3-9b）

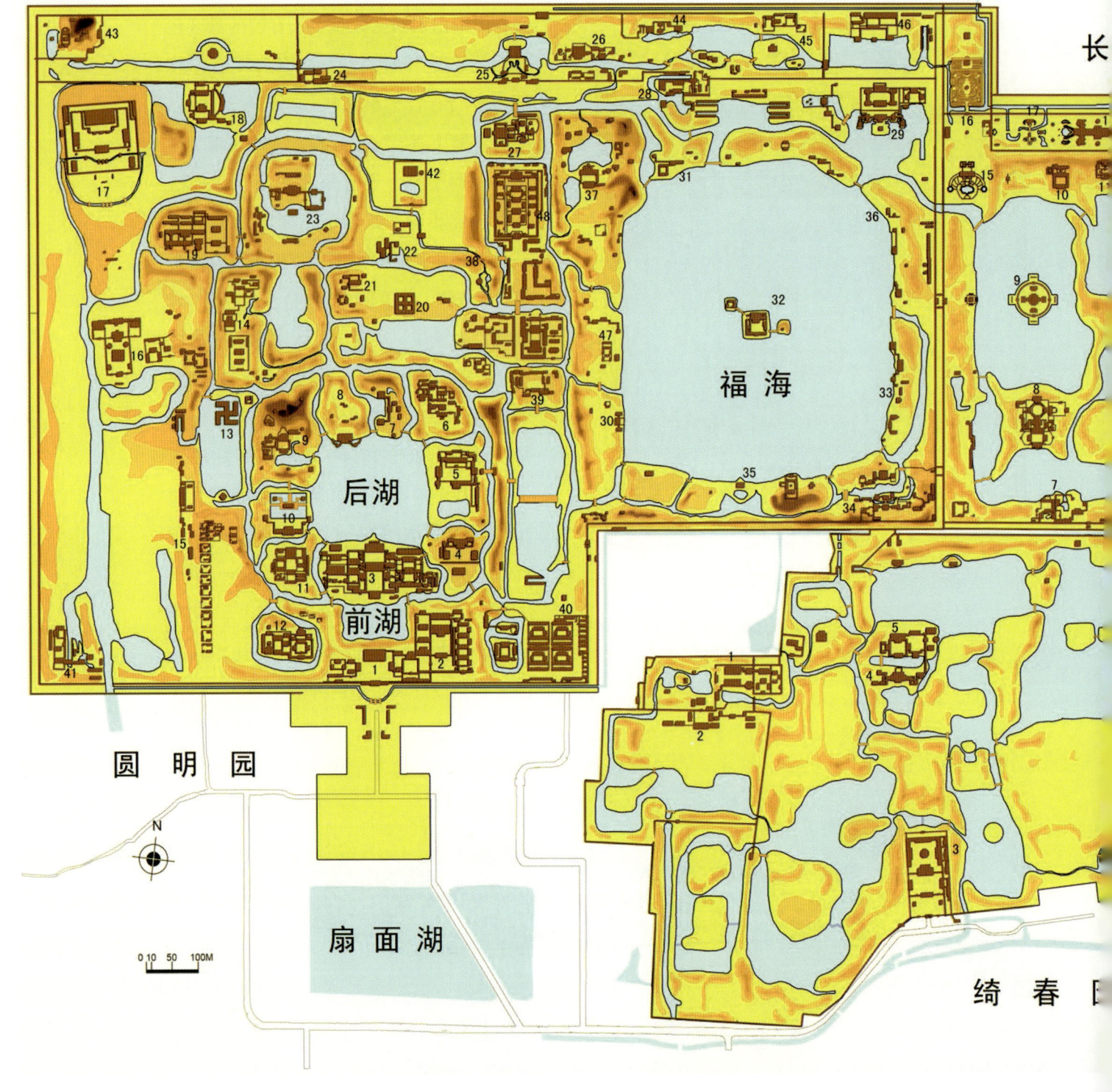

图1-3-10 乾隆后期圆明三园总平面图注：

圆明园

1. 正大光明　2. 勤政亲贤　3. 九洲清晏　4. 镂月开云　5. 天然图画
6. 碧桐书院　7. 慈云普护　8. 上下天光　9. 杏花春馆　10. 坦坦荡荡
11. 茹古含今　12. 长春仙馆　13. 万方安和　14. 武陵春色　15. 山高水长
16. 月地云居　17. 鸿慈永祜　18. 汇芳书院　19. 日天琳宇　20. 澹泊宁静
21. 映水兰香　22. 水木明瑟　23. 慎修思永　24. 多稼如云　25. 鱼跃鸢飞
26. 北远山村　27. 西峰秀色　28. 四宜书屋（安澜园）　29. 方壶胜境
30. 澡身浴德　31. 平湖秋月　32. 蓬岛瑶台　33. 接秀山房　34. 别有洞天
35. 夹镜鸣琴　36. 涵虚朗鉴　37. 廓然大公　38. 坐石临流　39. 曲院风荷
40. 洞天深处　41. 藻园　42. 文源阁　43. 紫碧山房　44. 若帆之阁
45. 关帝庙等　46. 天宇空明　47. 望瀛洲　48. 舍卫城

长春园

1. 澹怀堂　2. 含经堂　3. 玉玲珑馆　4. 映清斋　5. 如园
6. 鉴园　7. 茜园　8. 思永斋　9. 海岳开襟　10. 法慧寺
11. 宝相寺　12. 泽兰堂　13. 转湘帆　14. 狮子林
西洋楼景区：15. 谐奇趣　16. 万花阵、养雀笼　17. 方外观、五竹亭　18. 海晏堂　19. 远瀛观、大水法　20. 线法山
21. 方湖　22. 线法墙

绮春园

1. 西爽村　2. 含晖楼　3. 正觉寺　4. 生冬室　5. 春泽斋

乾隆后期圆明三园总平面（图1-3-10）

周边皇亲贵戚的赐园进行修整和改建，使它们成为圆明园的附园，如春合园本为大学士傅恒之园，于乾隆三十四年被收回，并赐名绮春园，此处后来在圆明三园的地盘范围内（图1-3-10），其东侧的熙春园、春熙院等也归圆明园管理。这时，一度形成了规模空前庞大的皇家园林区（图1-3-11a）。

熙春园的建造要从康熙四十六年（1707年）圆明园始建时皇三子胤祉给父皇的一份奏折说起。

> 臣胤祉仅奏：
>
> 窃于今年正月十八日，臣等奏请在畅春园周围建房屋，皇父御赐北新花园以东空地，令臣等建房。臣等同堪，若建七人房屋，地方似觉狭窄，故四阿哥、八阿哥、九阿哥、十阿哥具奏皇父在此地修建房屋。时臣等曾言另寻地再行具奏。今臣胤祉我买的水磨闸东南明珠之子奎芳家临近空地一块，看此地方距四阿哥建房一带近，且地处现开濬新河南岸，系皇父游逛之路，地也清净，无一坟冢……故臣及时谨奏。请旨。

康熙帝朱批："好。"

这份奏折谈到的四阿哥即胤禛，奏折所说的三阿哥的园子即熙春园。园主允祉（原为胤祉，避雍正帝讳改名为允祉，胤禧亦同）在雍正八年（1703年）被削去亲王头衔，革退宗室，没收家产。后赐予康熙二十一子允禧使用。

熙春园于乾隆三十二年（1767年）收归御园，具有不小的规模。园中的建筑大多布置在西南部，北部种植着庄稼，两者之间有一道断断续续的土山，山北侧有河流通过。在样式房存图上北半部标注为"大田"（图1-3-11b）。收归御园后，乾隆帝多次来这里观稼验农，并喜称其为"东园"，为此专门修了一条从长春园南墙内的如园到熙春园北围墙西北角的"跨街楼"通道，他曾写有"东园观麦""东园观稼""东园观禾黍"等有关验农的诗篇，其中在乾隆四十年（1775年）所写的一首《熙春园观麦》中描述了他去熙春园的心情：

> 复道跨两园，其下通衢穿。

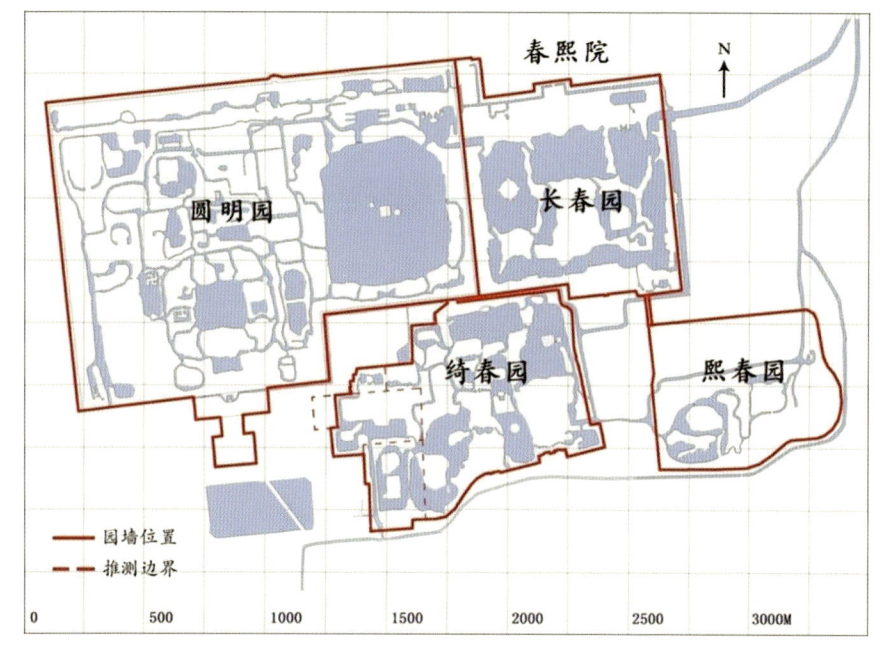

圆明五园示意图（1-3-11a）

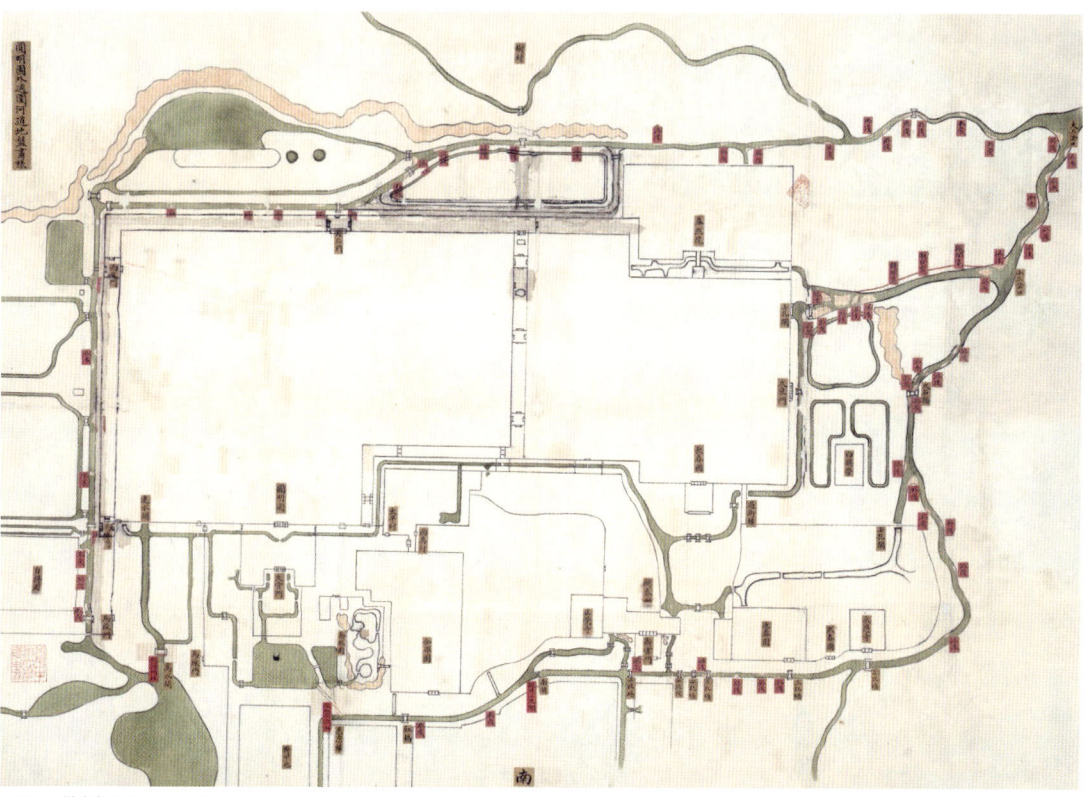

圆明五园样式房图（图1-3-11b）

宁关偶语察，却为众行便。
过即为熙春，俗曰东园惯。
于中多隙地，种麦年来遍。
藉用验农功，讵止资游玩。
春雪及春雨，时盼亦时见。
昨近始渥沾，四寸真非谩。
麦长虽弗齐，吐穗率已半。
行浆颇似壮，拔节差觉健。
此后祝再霑，饼饵庶可膳。[30]

乾隆帝在园中观稼的位置是一座三开间的两层小楼，名"观畴楼"，紧贴土山而建。乾隆帝乘肩舆过了过街楼向南直行，然后左转沿着河道向东，越过小桥，穿过土山口，便到达观畴楼。乾隆帝曾写过几首题名"观畴楼"的诗篇；如乾隆四十年的《观畴楼》诗写道：

园楼枕石墙，墙外坦田畴。
登楼无他观，观畴农事筹。
春雪及春雨，非阙亦非优。
二麦与大田，布种良已周。
夏初微觉亢，随沾四寸侔。
未敢即言喜，而实稍解忧。

惟祈更大霈，庶可歌有秋。[31]

熙春园西部建筑，在样式房图上绘有南北二岛，掩映在池水、土山之间，南岛上的建筑布局较为自由，其中有左右并列、前后参差的三组院落，北岛上的建筑布局规整。乾隆帝题匾的建筑有藻德居、花韵轩、莹德堂、遵行斋、松簧馆等，对藻德居、花韵轩也曾题诗。

熙春园东部建筑主要是嘉庆朝建设的，据档案载：嘉庆八年"熙春园内添盖省耕别墅工字殿十七间"，及周围的附属建筑，并在这组建筑群西侧建了"西所"，其中有陇香馆、含润斋等（图1-3-11c）。[32]

对于熙春园全面的描述见于嘉庆朝有关档案：

熙春园，旧有美田数顷，辟自先朝，以备几余观省，俾知稼穑之艰难。盖农夫力稼，自春耕夏耘祁寒暑雨，胼胝经年，勤劳遍历，然后百谷永登。所谓粒粒皆辛苦也。人君深宫安处，玉食万方，岂可不知所自。此予所以每岁必于近畿省耕，而于此又开别墅也。[33]

春熙院在长春园北侧，曾经是康熙二十四子允祕的赐园，即淑春园。允祕是雍正最小的弟弟，雍正十一年被封为诚亲王，允祕于乾隆三十八年去世。[34] 据《钦定内务府现行则例》记载，乾隆四十七年（1782年）正月"奉旨淑春园改春熙院"，并归圆明园管辖。这样，在乾隆后期便形成了"圆明五园"的结构，有样式房图可为佐证（图1—3—11a、11c）。

1802年，嘉庆帝将春熙院赐给庄敬

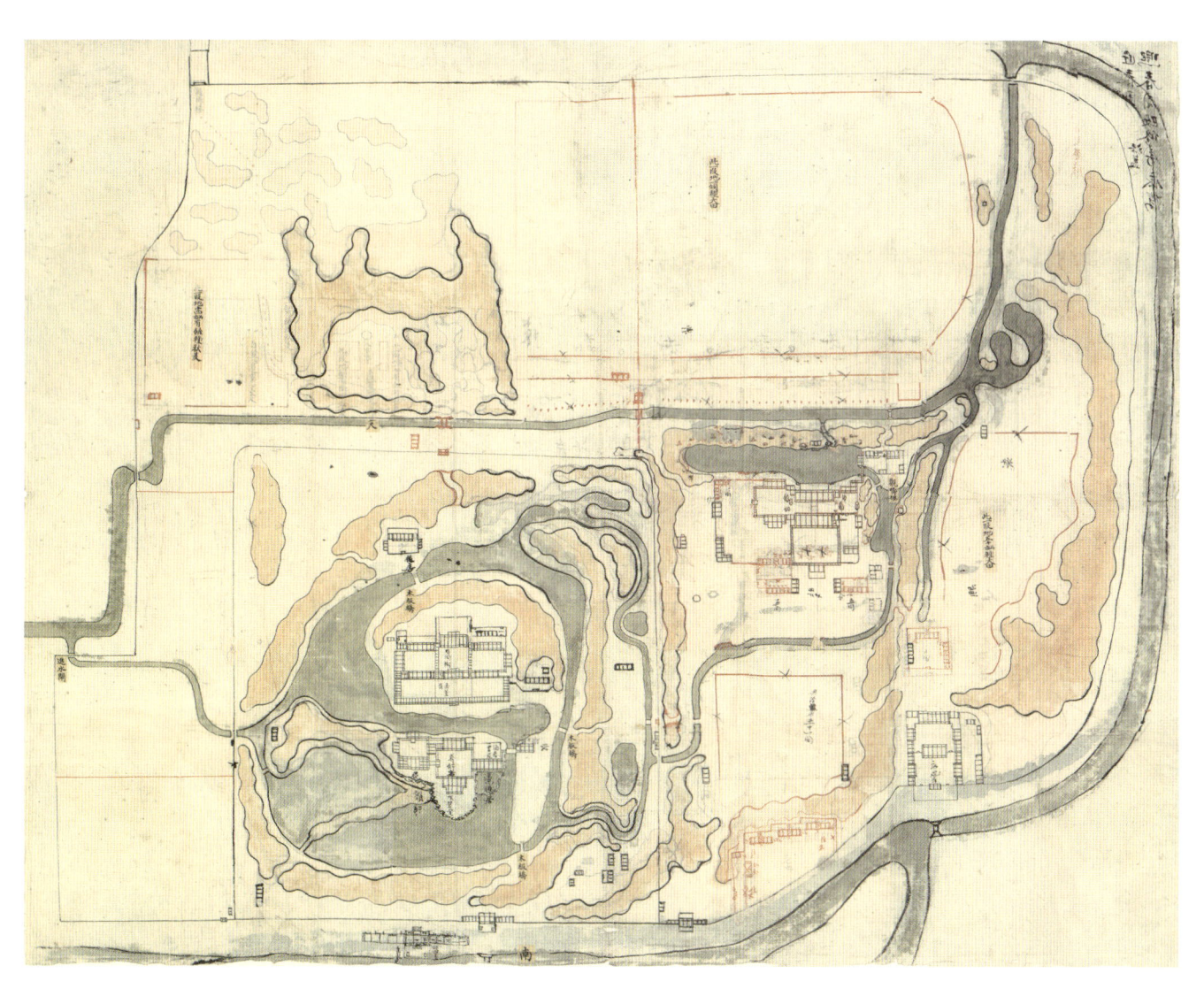

嘉庆年间熙春园平面（1—3—11c）

固伦公主，1822 年，道光帝又将熙春园一分为二，赏给嘉庆帝三子惇亲王绵恺和四子瑞亲王绵忻，至此，圆明五园的时代结束了。

清末，近春园的建筑在同治十二年重修圆明园时被拆掉，熙春园建筑被保存下来，咸丰朝更名清华园，其中嘉庆帝的省耕别墅即为现存清华大学内工字厅的前身。

4. 皇家御园后期——圆明三园

公元 1795 年，做了六十年皇帝的乾隆帝退位，他的第十五子颙琰继承皇位（图 1-4-1）。1796 年，正式改元嘉庆。嘉庆时期御园最主要的工程是完善绮春园的建设。

嘉庆帝践祚后，将圆明三园进一步修缮，特别是绮春园。绮春园的构成与长春园完全不同，它是由私家园林逐渐完善而成的。

据《养吉斋丛录》记载："绮春园旧为大学士傅恒及其子大学士福隆安赐园，殁后缴进。"其中，傅恒殁于乾隆三十四年（1769 年），福隆安殁于乾隆四十九年（1784 年）。另据《总管内务府现行则例》载，"（乾隆）三十四年十月奉旨：春合园改为绮春园"。不久，乾隆三十八年（1773 年）在绮春园建正觉寺，此寺位于后来所建绮春园宫门区东侧，以其位置推测是在傅恒缴进的园子之西。若以正觉寺为界，其东侧应属春合园，其西侧多为嘉庆六年（1801 年）以后陆续兴建的。嘉庆帝在早期（嘉庆十年以前）曾写有"绮春园三十景"系列诗。这三十景分别名为敷春堂、鉴德书屋、翠和轩、凌虚阁、协性斋、澄光榭、问月楼、我见室、蔚藻堂、

嘉庆帝画像（图 1-4-1）

蔼芳圃、镜绿亭、淙玉轩、舒卉轩、竹林院、茜霏榭、清夏斋、镜虹馆、喜雨山房、含光楼（即旧时联辉楼，后更名含晖楼）、涵秋馆、华滋庭、苔香室、虚明镜、含淳堂、春泽斋、水心榭、四宜书屋、茗柯精舍、来薰室、般若观。[35] 上述三十景中的含晖楼，曾是庄敬和硕公主的私园，嘉庆十六年（1811年）公主病逝后，含晖楼重归绮春园。嘉庆十年（1805年）后，又添建了十几处景观。

从道光三十年（1850年）的图纸上我们能找到的景名如下：入门后寝宫区的建筑中包括：敷春堂、问月楼、蔚藻堂、凌虚阁、协性斋、澄光榭、淙玉轩、舒卉轩等八景。另外，嘉庆帝"绮春园三十景"诗中，还包括西部一区的清夏斋、镜虹馆、竹林院，其南临含光楼（即含晖楼），中部有四宜书屋、春泽斋、水心榭、涵秋馆、含淳堂（即生冬室），北部有喜雨山房等。

嘉庆十年（1805年）以后，对西南部原有的一些景区进行了改建，如嘉庆帝在《澄心堂记》中称："绮春园西南隅旧有隙地，地名竹园，亭台池沼坍废淤塞，荆榛丛杂，草木荒芜，偶一经临，实难寓目。爰发内帑命修治之，疏通堙塞，不日成功。引墙外之新泉，注园中之旧沼，汪洋浩瀚混漾苍茫。中岛建堂五楹，不雕不绘，朴素精洁，四围环绕文石，平桥略彴，缓步可通，泛舟溯洄，雅娱环抱，额曰澄心。"[36] 澄心堂在嘉庆二十年（1815年）左右建成。此后，还在中部增添了展诗应律、鉴碧亭等，在东部湖中岛上建凤麟州，并于西部的岛上建了畅和堂。嘉庆十五年（1810年），建绮春园宫门和勤政殿。嘉庆十八年（1813年），在南部增添了一些侍奉神灵的小型建筑群，如惠济祠、河神庙[37]（图1-4-2a）。嘉庆帝对于绮春园的建设确实做出了不小的贡献。前朝几处亲王、公主、品官的赐园逐渐被收回，经过改建、增建，并加建宫门、正殿，使其转化为具有皇家园林特质的景区。这处园林由多处小园整合而成，但各园之间以河道、湖池相勾连，景色不凡；"虽荆关大手笔，未能窥其津涯。而云林小景，亦颇有可观之道也。"[38] "岂独春园景方绮，临秋山水倍清佳。云光映树青排岫，溪影含风碧绕阶。"[39]

嘉庆帝在《绮春园记》中对其造园的

成果做了全面的记述:

圆明、长春二园之东即绮春园,名虽三而实则一,中有门墙之隔耳(图1-4-2b)。斯园,先名交辉,为怡贤亲王赐邸,又改赐傅恒及福隆安,后呈进,蒙皇考定名绮春。遂开通门径,西达秀清村,东接茜园,豁然贯通矣。顾年久荒废,殿宇间有倾圮,湖泊亦多淤垫,丹艧剥落,基址湫湿。爰自嘉庆六年驻跸御园之后,暇时临莅,弗适于怀。每岁修理一二处,屏绝藻绘,惟尚朴淳,花木遂其地产之茂蕃,溪山趁其天成之幽秀。园境较圆明园仅十分之三,而别有结构自然之妙趣。……

（在）正觉寺东,建立园门。殿额勤政,承皇考敬勤庶政之大法。作奕叶云,仍之继绍。触目警心,慎终始怀,永图之至理也。

东偏为心镜轩,澄濬心源,镜辉朗彻,不以浮尘掩本性之真常。渐臻充实而有光辉之境,固所愿也。北即敷春堂。春者,仁也,物之生也。上天敷春而生庶物,人君敷仁而育万民,德至大也。

西为清夏斋,殿宇宏敞,池水澄洁,有修竹数竿,苍松百尺,薰风南来,悠然自得。何时能使官民浃洽,中夏澄清,阜财解愠,熙皞康和,庶酬考眷于万一焉。后湖东偏即涵秋馆,万宝告成,百昌蕃茂,生于春,长于夏,成于秋,宰制庶物,涵育群生,实天地之常经,古今之通义也。别有虚榭回廊、板桥曲沼,可达生冬室。敬绎圣制生冬诗题奥旨,因以名

绮春园总平面（图1-4-2a）

室……故堂斋馆室，以春、夏、秋、冬命名之意，念兹在兹，不敢怠忽。岂玩日愒时，只图四时佳致，水木清华乎。西偏为四宜书屋，四序咸宜，八方永泰，庶几感召和甘，岁稔民安可望矣。北有小岛，结构层楼，远仿嘉兴，近规塞苑，额题烟雨……园北平湖百顷，碧浪涵空，远印西山，近连太液，洲屿掩映，花木回环。殿宇五楹，高深明达，楣枵额曰凤麟洲。予别有会心焉，人君御极，抚绥区夏，养心图治，无欲为本，远屏声色货利之邪径，绝无好大喜功之妄念，鄙求仙之荒诞，斥长生之謷说，惟一念守成，兢兢业业，不敢暇逸，强勉敬勤，庶几臻于小康之治。

……予修葺斯园，皆因地建造。物给价，工给值，穷黎赖以谋食，所费皆出内帑，毫不取诸外库，诚一举而两得矣。敬读圣制知过论，心有所萦系……凛然自勉，实自箴也。况已臻伯玉知非之年，唯益求久安长治之理，何暇燕游林泉佳境，稍懈勤政爱民之要道哉。是为记。[40]

不过，这一阶段，圆明五园中的北侧和东侧两园被重新分配。嘉庆七年（1802年），嘉庆帝把春熙院赏给四公主庄静固伦公主。嘉庆十六年（1811年），公主去世，此园可能上缴归圆明园管理。

嘉庆二十五年（1820年），嘉庆帝病逝于承德避暑山庄，旻宁以嫡长子的身份入继大统。1821年，改元道光（图1-4-3）。

道光朝人口递增[41]，耕地依旧如故，

道光帝画像（图1-4-3）

圆明园

扇面湖

后湖

前湖

福海

绮春

春园

图 1-4-2b 嘉庆年间圆明三园总平面图注：

圆明园

1. 正大光明 2. 勤政亲贤 3. 九洲清晏 4. 镂月开云 5. 天然图画
6. 碧桐书院 7. 慈云普护 8. 上下天光 9. 杏花春馆 10. 坦坦荡荡
11. 茹古含今 12. 长春仙馆 13. 万方安和 14. 武陵春色 15. 山高水长
16. 月地云居 17. 鸿慈永祐 18. 汇芳书院 19. 日天琳宇 20. 澹泊宁静
21. 映水兰香 22. 水木明瑟 23. 慎修思永 24. 多稼如云 25. 鱼跃鸢飞
26. 北远山村 27. 西峰秀色 28. 四宜书屋（安澜园） 29. 方壶胜境
30. 澡身浴德 31. 平湖秋月 32. 蓬岛瑶台 33. 接秀山房 34. 别有洞天
35. 夹镜鸣琴 36. 涵虚朗鉴 37. 廓然大公 38. 坐石临流 39. 曲院风荷
40. 洞天深处 41. 藻园 42. 文源阁 43. 紫碧山房 44. 若帆之阁
45. 关帝庙等 46. 天宇空明 47. 望瀛洲 48. 舍卫城

长春园

1. 澹怀堂 2. 含经堂 3. 玉玲珑馆 4. 映清斋 5. 如园
6. 鉴园 7. 茜园 8. 思永斋 9. 海岳开襟 10. 法慧寺
11. 宝相寺 12. 泽兰堂 13. 转湘帆 14. 狮子林
西洋楼景区：15. 谐奇趣 16. 万花阵、养雀笼 17. 方外观、
五竹亭 18. 海晏堂 19. 远瀛观、大水法 20. 线法山
21. 方湖 22. 线法墙

绮春园

1. 大宫门 2. 迎晖殿 3. 土山 4. 集禧堂 5. 敷春堂
6. 心镜轩 7. 蔚藻堂 8. 鉴碧亭 9. 正觉寺 10. 涵秋馆
11. 凤麟洲 12. 浩然亭 13. 松风萝月 14. 会心处 15. 春泽斋
16. 展诗应律 17. 生冬室 18. 四宜书屋 19. 喜雨山房 20. 库房
21. 延寿寺 22. 清夏斋 23. 西爽村门 24. 含晖楼 25. 招凉榭
26. 绿满轩 27. 畅和堂 28. 澄心堂 29. 湛清轩 30. 惠济祠、
河神庙

嘉庆时期圆明三园总平面（图 1-4-2b）

故而人均耕地面积减少，国家日趋贫困。为此，道光帝提出"屏除生色，以礼自防"的主张，缩减了内廷承应演戏奏乐的南府人员[42]，但对圆明园内的一些景点之修缮和改建仍很关心，年年不断。

道光初年，西北郊的皇家宫苑中有些建筑已年久失修，畅春园濒临倾圮，颐养太后、太妃之宫遂移至绮春园。道光二年（1822年）开始，朝廷开始对绮春园进行增建和改建，如宫门区的殿宇，大宫门之内便是迎晖殿、中和堂。寝宫除了原有的敷春堂之外，生冬室西侧的四宜书屋、清夏斋也都改成了居住场所。

道光二年（1822年），熙春园被一分为二，东部仍称熙春园，赏给惇亲王绵恺[43]，后传给嗣子奕誴。西部称近春园，赏给了

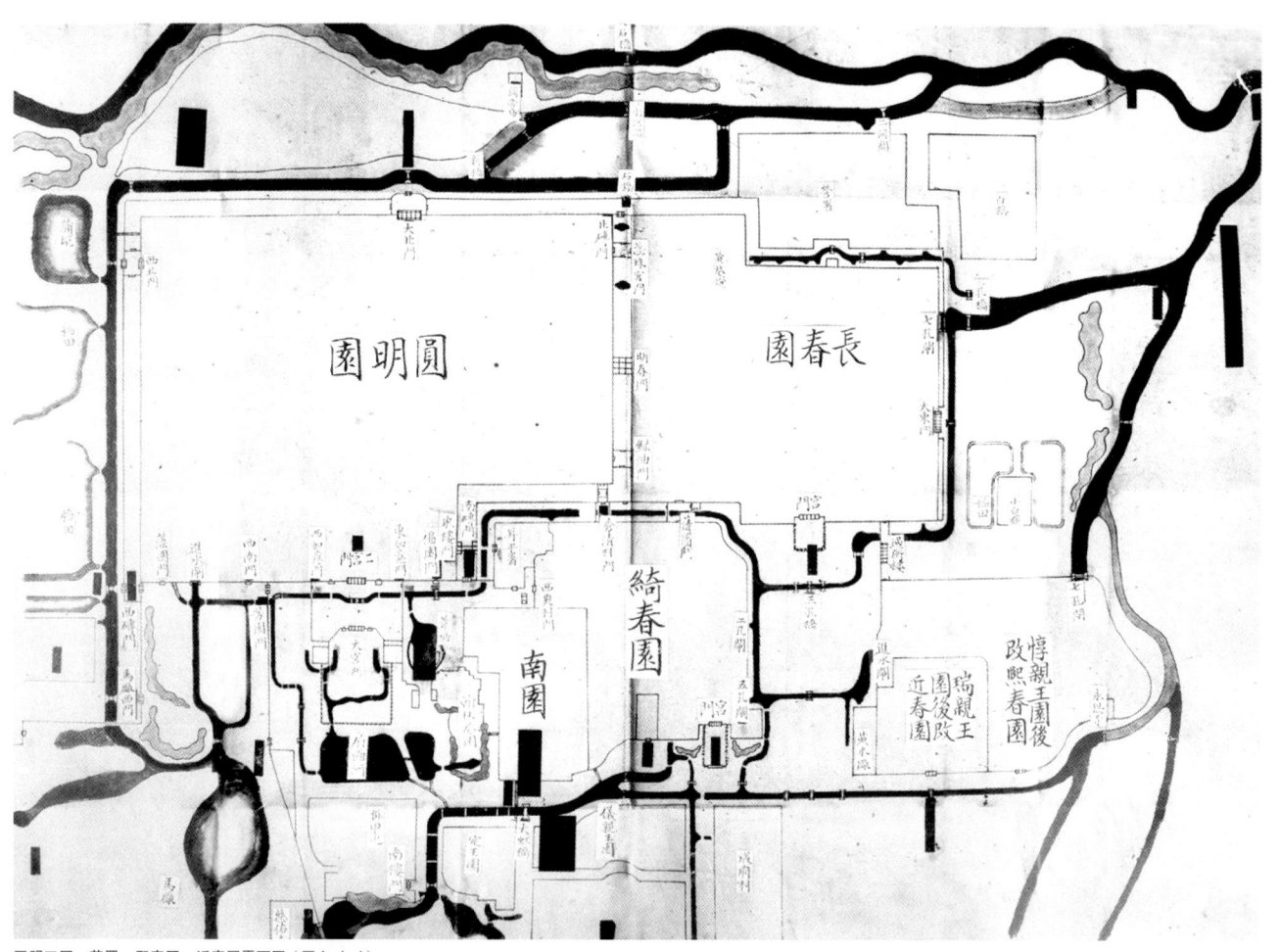

圆明三园、营署、熙春园、近春园平面图（图1-4-4）

瑞亲王绵忻[44]。道光七年（1827年）的一张图纸中已将春熙院标为"营署"（图1-4-4）。此后，就只有圆明三园了（图1-4-5）。

咸丰时期，清廷已内外交困。咸丰帝（图1-4-6）在咸丰二年（1852年）曾驻园半载，到了咸丰五年（1855年），他打算再次驻跸圆明园。咸丰帝提出的预修工程项目，遭到了大臣的反对，他为此惩处了上谏大臣。[45]咸丰帝的游兴并未因此罢了，他打着"在圆明园办事本是祖制"[46]的旗号，继续过着在御园听政的生活，从咸丰五年开始，直到咸丰十年，他平均每年驻园200天左右，最长的是咸丰七年，住了300多天。[47]

这一时期的改建、扩建活动，主要是针对居住、听政性建筑，包括皇帝寝宫九洲清晏，太后、太妃们居住的绮春园寝宫区（图1-4-7）。

咸丰朝对圆明三园周围的园子也不忘给予眷顾，熙春园被改名清华园（即今天的清华大学院内保留的工字厅一区）。近春园的建筑于同治十二年（1873年）被拆掉，用作重修圆明园的工程。[48]

5. 皇家御园的焚毁——1860年的一场大火

江河日下的清王朝到了19世纪下半叶，内忧外患纷至沓来。咸丰十年（1860年），英法联军入侵北京，咸丰帝从圆明园仓皇逃往承德避暑山庄。京城仅有恭亲王奕訢留守，与联军谈判。其间，英法联军闯入圆明园，对其进行了疯狂的抢劫。这些侵略者把无数的奇珍异宝抢走，不能

咸丰帝画像（图1-4-6）

圆明园

福海

后湖

前湖

扇面湖

绮春

春 园

图1-4-5 道光年间圆明三园总平面图注：

圆明园

1. 正大光明　2. 勤政亲贤　3. 九洲清晏　4. 镂月开云　5. 天然图画
6. 碧桐书院　7. 慈云普护　8. 涵月楼　9. 杏花春馆　10. 坦坦荡荡
11. 茹古含今　12. 长春仙馆　13. 万方安和　14. 武陵春色　15. 山高水长
16. 月地云居　17. 鸿慈永祜　18. 汇芳书院　19. 日天琳宇　20. 澹泊宁静
21. 映水兰香　22. 水木明瑟　23. 慎修思永　24. 多稼如云　25. 鱼跃鸢飞
26. 北远山村　27. 西峰秀色　28. 四宜书屋（安澜园）　29. 方壶胜境
30. 澡身浴德　31. 平湖秋月　32. 蓬岛瑶台　33. 接秀山房　34. 别有洞天
35. 夹镜鸣琴　36. 涵虚朗鉴　37. 廓然大公　38. 坐石临流　39. 曲院风荷
40. 洞天深处　41. 藻园　42. 文源阁　43. 紫碧山房　44. 若帆之阁
45. 关帝庙等　46. 天宇空明　47. 望瀛洲　48. 舍卫城

长春园

1. 澹怀堂　2. 含经堂　3. 玉玲珑馆　4. 映清斋　5. 如园
6. 鉴园　7. 茜园　8. 思永斋　9. 海岳开襟　10. 法慧寺
11. 宝相寺　12. 泽兰堂　13. 转湘帆遗址　14. 狮子林
西洋楼景区：15. 谐奇趣　16. 万花阵、养雀笼　17. 方外观、
五竹亭　18. 海晏堂　19. 远瀛观、大水法　20. 线法山
21. 方湖　22. 线法墙

绮春园

1. 大宫门　2. 迎晖殿　3. 中和堂　4. 集禧堂　5. 敷春堂
6. 心镜轩　7. 蔚藻堂　8. 鉴碧亭　9. 正觉寺　10. 涵秋馆
11. 凤麟洲　12. 浩然亭　13. 松风萝月　14. 会心处　15. 春泽斋
16. 展诗应律　17. 生冬室　18. 四宜书屋　19. 喜雨山房　20. 库房
21. 延寿寺　22. 清夏斋　23. 西爽村门　24. 含晖楼　25. 招凉榭
26. 绿满轩　27. 畅和堂　28. 澄心堂　29. 湛清轩　30. 惠济祠、
河神庙

道光时期圆明三园总平面（图1-4-5）

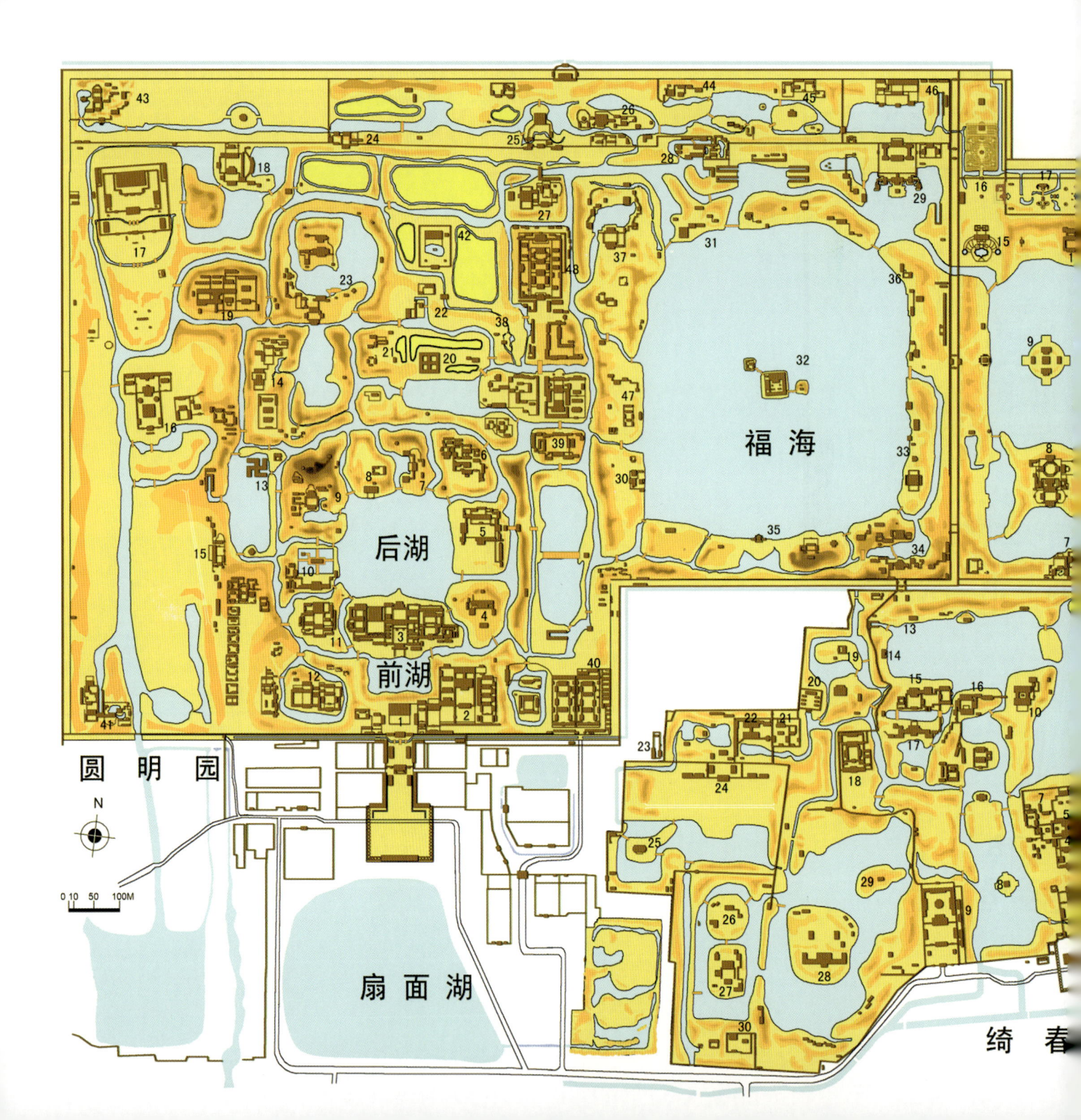

圆明园

福海
后湖
前湖
扇面湖
绮春

N

0 10 50 100M

春园

图 1-4-7 咸丰年间圆明三园总平面图注：

圆明园
1. 正大光明 2. 勤政亲贤 3. 九洲清晏 4. 镂月开云 5. 天然图画
6. 碧桐书院 7. 慈云普护 8. 上下天光 9. 杏花春馆 10. 坦坦荡荡
11. 茹古含今 12. 长春仙馆 13. 万方安和 14. 武陵春色 15. 山高水长
16. 月地云居 17. 鸿慈永祜 18. 汇芳书院 19. 日天琳宇 20. 澹泊宁静
21. 映水兰香 22. 水木明瑟 23. 慎修思永 24. 多稼如云 25. 鱼跃鸢飞
26. 北远山村 27. 西峰秀色 28. 四宜书屋（安澜园） 29. 方壶胜境
30. 澡身浴德 31. 平湖秋月 32. 蓬岛瑶台 33. 接秀山房 34. 别有洞天
35. 夹镜鸣琴 36. 涵虚朗鉴 37. 廓然大公 38. 坐石临流 39. 曲院风荷
40. 洞天深处 41. 藻园 42. 文源阁 43. 紫碧山房 44. 若帆之阁
45. 关帝庙等 46. 天宇空明 47. 望瀛洲 48. 舍卫城

长春园
1. 澹怀堂 2. 含经堂 3. 玉玲珑馆 4. 映清斋 5. 如园
6. 鉴园 7. 茜园 8. 思永斋 9. 海岳开襟 10. 法慧寺
11. 宝相寺 12. 泽兰堂 13. 转湘帆遗址 14. 狮子林
西洋楼景区：15. 谐奇趣 16. 万花阵、养雀笼 17. 方外观、
五竹亭 18. 海晏堂 19. 远瀛观、大水法 20. 线法山
21. 方湖 22. 线法墙

绮春园
1. 大宫门 2. 迎晖殿 3. 中和堂 4. 集禧堂 5. 敷春堂
6. 心镜轩 7. 蔚藻堂 8. 鉴碧亭 9. 正觉寺 10. 涵秋馆
11. 凤麟洲 12. 浩然亭 13. 松风萝月 14. 会心处 15. 春泽斋
16. 展诗应律 17. 生冬室 18. 四宜书屋 19. 喜雨山房 20. 库房
21. 延寿寺 22. 清夏斋 23. 西爽村门 24. 含晖楼 25. 招凉榭
26. 绿满轩 27. 畅和堂 28. 澄心堂 29. 湛清轩 30. 惠济祠、
河神庙

咸丰时期圆明三园总平面（图 1-4-7）

带去的则就地砸毁。大肆劫掠之后，英军头领额尔金还不满足，为了给清政府留下"赫然严厉"的印象，他悍然下令焚毁圆明园。

英军司令格兰特命密克尔一队和骑兵团一队负责纵火焚烧，整个圆明园化作一片火海。其焚烧的过程在档案中留下了记录。

咸丰十年（1860年）九月初六日，恭亲王奕䜣奏折[49]称：

> 五日……正在（与英法联军）谆嘱商办间，即见西北一带烟焰忽炽。旋接探报，夷人带有马步数千名前赴海淀一带，将圆明园、三山等处宫殿焚烧。臣等登高瞭望，见火光至今未熄，痛心惨目所不忍言。

咸丰十年十月初四日内务府明善的奏折《查得圆明园内外被抢被焚情形》[50]载：

> 九洲清晏各殿、长春仙馆、上下天光、山高水长、同乐园、大东门均于八月二十三日焚烧。至三园内正大光明殿等座于九月初五初六日焚烧，玉玲珑馆于十一日焚烧……
>
> 其（圆明园）大宫门、大东门，及大宫门外东西朝房、六部朝房、内果房、銮仪卫值房、内务府值班房……等处均被焚烧，档案房前后堂、汉档房等处被焚，满档房、样式房等处尚存数间，亦被抢掠，仅将印信护出无失。库房六座，被抢四座，焚烧二座。

另据咸丰十一年（1861年）五月内务府档案[51]可知，仅有圆明园的紫碧山房，蓬岛瑶台，廓然大公双鹤斋，杏花春馆春雨轩、土地祠，月地云居清净地，北远山村课农轩、观音庵；长春园的海岳开襟；绮春园的正觉寺、河神庙、惠济神祠等处，因地处偏僻或隔水面，难以到达，幸存下来（图1-5-1）。

自康熙六十一年（1722年）十一月十三日雍正帝继位，圆明园便被赋予临朝理政的功能，直到咸丰十一年（1861年）七月十七日咸丰帝驾崩，前后历经138年零8个月。在这漫长的岁月里，雍正、乾隆、嘉庆、道光、咸丰五位皇帝，在此留下了他们的造园理念、治国理想、审美情趣。圆明园是紫禁城之外的第二政治中心。这座曾经被誉为"无以逾此"的御园之命运，折射出大清王朝由胜转衰的历史。

以"万园之园"著称的圆明园就这样毁灭了，英法联军的罪恶行径举世震惊，遭到一切正义者的谴责。其中，最强烈的讨伐檄文无疑是法国大文豪雨果在1861年11月25日所写《致巴特勒上尉》的信：

世界的某一个角落，有一个世界奇迹，这个奇迹就是圆明园……理想产生了欧洲艺术……幻想产生了东方艺术。圆明园在幻想艺术中的地位就如同巴特农神庙在理想艺术中的地位。一个几乎是超人的民族的想象力所能产生的成就尽在于此……请你想象一座语言无法形容的建筑，某种恍若月宫的建筑，这就是圆明园……这座大得如一座城市的建筑物是世世代代的结晶，为谁而建？为了各国人民，因为岁月创造的一切都是属于人类的。过去的艺术

1860年庚申劫难后圆明园幸存建筑位置图（图1-5-1）

家、诗人、哲学家都知道圆明园：伏尔泰就谈起过圆明园。人们常说希腊有巴特农神庙、埃及有金字塔、罗马有斗兽场、巴黎有圣母院，而东方有圆明园。要是说，大家没有见过它，但大家梦见过它，这是某种令人惊骇而不知名的杰作，在不可名状的晨曦中依稀可见，宛如在欧洲文明的地平线上瞥见的亚洲文明的剪影……这个奇迹已经消失了。有一天两个强盗闯进了圆明园，一个强盗洗劫，另一个强盗放火……将要受到历史制裁的这两个强盗，一个叫法兰西，另一个叫英吉利。"[52]

法国的艺术评论家、中国艺术研究专家波捷也于1861年3月25在法国《艺术报》（Gazette des Beaux-Arts）上发表文章，就《杜伊勒利宫展出中国的珍奇异宝》指出："这种行为给军队开了一个恶劣的先例，这样的行为使这支军队所属的国家信誉扫地，尤其是不在危险的攻击之后发生，而是明知故犯和沉着冷静的行为……我们在中国的表现，还不如入侵过我国领土的各国军队厚道。"[53]

雨果、波捷这些大学问家，看到中国文明被侵略者踩躏时，替弱势民族发出了正义的呼声。

注释：

[1] 清世宗《世宗宪皇帝御制文集》卷二十六，诗《雍邸集》园景十二咏，收于《四库全书》。

[2] 中国第一历史档案馆编，清代档案史料《圆明园》，雍正四年油作活计档明文记载"杏花春馆匾文一张，系菜圃的"。上海古籍出版社1991年5月版，第1175—1176页。

[3] 据〔清〕于敏中等编纂《日下旧闻考》载"镂月开云……即旧所谓牡丹台也。"

[4] 《康熙实录》231卷之中记有四十六年十一月"四皇子多罗贝勒恭请上辛花园进宴"的记载。

[5] 此图现藏故宫博物院，1933年的《故宫周刊》首次发表。

[6] 故宫博物院编、朱诚如主编《清史图典》雍正朝。

[7] 清世宗《世宗宪皇帝御制文集》卷二十五，诗《雍邸集》园居二首·其二。

[8] 清世宗《圣祖实录》235卷第24页，康熙四十七年十一月戊子。

[9] 清世宗《世宗宪皇帝御制文集》卷六，雍邸诗集序。

[10] 《皇朝通志》卷三十三都邑略二。

[11] 清世宗《世宗宪皇帝御制文集》，《御制圆明园记》。

[12] 内务府档《山东德平县知县张钟子等查看圆明园风水启》。中国第一历史档案馆编，清代档案史料《圆明园》，第6页。

[13] 清高宗《皇上御制圆明园后记》，见《日下旧闻考》卷八十，国朝苑囿。

[14] 乾隆五年三月二十八日铜作活计档载"于本年十月

挂匾"。中国第一历史档案馆编，清代档案史料《圆明园》，第1279页。

[15] 乾隆三年八月十一日油作活计档。据清代档案史料《圆明园》，第1259页。

[16] 乾隆三年九月十五日漆作活计档。据清代档案史料《圆明园》，第1260页。

[17] 乾隆三年九月十五日漆作活计档。据清代档案史料《圆明园》，第1290页。

[18] 据〔清〕于敏中等编纂《日下旧闻考》载"安佑宫建自乾隆七年"。鸿慈永祜为"宫前琉璃坊座南面额"。以后在乾隆所书《安佑宫碑文》中称"鸠工于乾隆庚申而蒇事于癸亥"，也即乾隆五年兴工、八年完工。见《四库全书》。

[19] 据〔清〕于敏中等编纂《日下旧闻考》卷八二，国朝苑囿·圆明园三载，乾隆九年，乾隆帝为"曲院风荷"题诗、写匾，推测其建成年代当在乾隆九年。

[20] 乾隆三年正月如意馆活计档。中国第一历史档案馆编，清代档案史料《圆明园》，第1251页。

[21] 绢本《圆明园四十景》原件被英法联军劫掠，现藏法国巴黎国家图书馆。

[22] 《周易集注》，见《四库全书》。

[23] 《太平御览》，见《四库全书》。

[24] 乾隆五十六年奏销档显示，蓬岛瑶台殿宇屋顶于乾隆五年覆琉璃瓦件，表明蓬莱洲的建筑在雍正年间很有可能采用的只是青瓦屋顶。中国第一历史档案馆编，清代档案史料《圆明园》，第1296—1298页。

[25] 圆明园的考古发掘仅仅进行了很少一部分，由北京市文物局考古所完成，本节所引用的考古资料，只限于现场的观察，具体资料以正式的发掘报告为准。

[26] 王湜华《张若霭绘圆明园四十景图简介》，原载《圆明园》学术论文集，第五集，第82—87页。中国建筑工业出版社1992年版。

[27] 傅熹年《中国古代建筑画》，参见《文物》1998年3期，第77、78页。

[28] 〔清〕于敏中等编纂《日下旧闻考》卷八十三，国朝苑囿·长春园。

[29] 刘海翔《欧洲大地的中国风》，深圳海天出版社2005年版，第79页。

[30] 清高宗《御制诗》四集卷三十。

[31] 清高宗《御制诗》四集卷三十。

[32] 〔清〕《内务府奏案》嘉庆八年八月初五日，熙春园内添盖省耕别墅工字殿等活计销算工料银两数目等清单，05-08-006-000396-0026号，中国第一历史档案馆藏。

[33] 何瑜主编《清代三山五园史事编年【嘉庆—宣统】》，中国大百科全书出版社2015年6月版，第210页。

[34] 据中国人民大学何瑜教授考证，原载2017年9月22日《北京晨报》记者王海亮的报道《圆明园首次确认第五园位置：春熙院位于西洋楼遗址北侧》。但此文标题不确切，并非首次确认位置，在样式房遗图中早已绘出，何瑜教授的考证在于确定了此园的主人为允祕。

[35] 何瑜编著《清代圆明园御制诗文集》第一辑（四），中国大百科全书出版社2020年版，第226—235页。

[36] 何瑜编著《清代圆明园御制诗文集》第一辑（四），第226—235页。

[37] 何瑜编著《清代圆明园御制诗文集》第一辑（四），第443页。

[38] 何瑜编著《清代圆明园御制诗文集》第一辑（四），第226—235页。

[39] 何瑜编著《清代圆明园御制诗文集》第一辑（四），

绮园即景书怀，第 223 页。

[40] 何瑜编著《清代圆明园御制诗文集》第一辑（四）第 226—235 页。

[41] 道光朝"人口已经从乾隆时代的两亿多增至三亿五千多万"。万伊等编《清代宫廷史》，辽宁人民出版社 1990 年版。

[42] 何瑜编著《清代圆明园御制诗文集》第一辑（四），第 226—235 页。

[43] 惇亲王绵恺为嘉庆帝三子，乾隆六年生，道光十八年卒。

[44] 瑞亲王绵忻为嘉庆帝四子，嘉庆十年生，道光八年卒。

[45] 咸丰五年谕将阻临幸圆明园之御史薛鸣皋交部议处。见清代档案史料《圆明园》，第 544—545 页。

[46] 见《清史稿》。

[47] 据《清实录》载：咸丰五年七月二十一日，驻跸圆明园。咸丰帝每年驻园天数据清华大学建筑学院贾珺博士学位论文中的统计数字。

[48] 内务府同治十二年旨意档《总管内务府奏折卸藏舟屋等处木植请旨折》，见清代档案史料《圆明园》，第 642 页。

[49]《奕䜣等奏夷兵焚毁园庭片》，见清代档案史料《圆明园》，第 562 页。

[50]《奕䜣等奏夷兵焚毁园庭片》，见清代档案史料《圆明园》，第 573 页。

[51]《奕䜣等奏夷兵焚毁园庭片》，见清代档案史料《圆明园》，第 601 页。

[52] 程曾厚译雨果《言行录》（流亡中 1852—1870），原载程曾厚《雨果和圆明园》，中华书局 2010 年版，第 11—12 页。

[53] 程曾厚《雨果和圆明园》，第 73 页。

第二章
圆明园的景

圆明园本为皇帝临朝理政的场所，1860年被毁后已经变成遗址，现经整理后，命名为"考古遗址公园"。然而其中的上百处景区到底如何，在平地造园的自然环境中，一眼难以览尽。为了便于了解圆明园的造园特点，需要返回到造园之初，以甲方（皇帝）需求的视角来观察。这座御园中所建景区不但有着明确的使用功能需求，而且富有深层的文化内涵，故将其划分为几大类型，分别进行剖析解读，方可知其中的奥妙。

圆明园作为御园，最主要的当属帝王驻园处理政务的场所——"朝"，这里包含着举行重要集会和日常听政、批阅奏章的两种建筑。"朝"设在园林最前部的宫门之内，其后布置着帝后的寝宫，即所谓"前朝后寝"模式，这种传统的宫殿建筑群所特有的模式，尤其受到清代帝王的喜爱，将其设在园林之中。圆明三园各个园子皆设有前朝后寝的区域（图2-1-1），它成为皇权的象征物。

对于皇帝忠孝、仁爱，对先祖崇敬，母慈子爱、欢喜于儿孙出世皆为世间共同的情感追求，圆明园有一部分建筑是为着体现儒家天地人伦的哲学思想。

皇帝自我标榜君权神授，将各路神明请到园中，于是园中出现了许多有寺院、宫庙题名的景区。皇帝可以随时祭拜，求得心理安慰。

清代前期对文化的重视，也体现在园林建筑中，园内建有多处书院、书楼、书屋。这些建筑反映出皇帝对内圣外王审美理

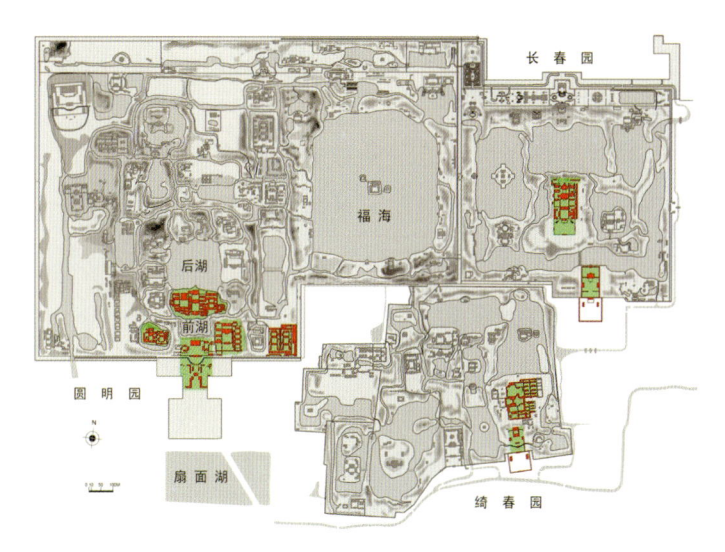

朝寝建筑位置图（图2-1-1）

圆明园大宫门（图2-1-A-1）

想的追求。同时在有些景区，景名即为借景言志、借物陈情的载体。

圆明园建于以农立国的社会背景中，农业状况的好坏关系着国家的经济命脉。在人们无法掌握自然环境的变化的情况下，帝王理政的重要方面是对农业的关注，因此观稼验农类的景区在园中占有重要地位，皇帝理政之时，随时观察。这在唐宋以来的皇家园林中是少有的，可见清代盛世阶段的统治者已意识到国家经济状况的优劣对其统治的重要性。

圆明园建于国家较为强盛之时，于是"人间仙境""天下美景""欧式庭园"层出不穷。处处工精料实，美轮美奂。以致在18

世纪的世界造园大系中得到空前的盛誉。

1. 前朝后寝

⊙ A. 正大光明

正大光明建筑群是圆明园中举行重要礼仪活动的场所。它包括前导空间一系列的建筑。从南面道路进来，首先穿过扇面湖，到达宫门前区；经过挡众木围绕着的大影壁、朝房、两道宫门之后，才到达前朝建筑群的主体。(图 2-1-A-1) 即"大宫门五楹，门前左右朝房各五楹，其后东为宗人府、内阁、吏部、礼部、兵部、都察院、理藩院、翰林院、詹事府、国子监、銮仪卫、东四旗各衙门、直房。东夹道内为银库，又东北为南书房，东南为档案房。西为户部、刑部、工部、钦天监、内务府、光禄寺、通政司、大理寺、鸿胪寺、太常寺、太仆寺、御书处、上驷院、武备院、西四旗各衙门、直房。西夹道之西，南为造办处，又南为药房。大宫门内为出入贤良门……左右为直房，前跨石桥，度桥东西朝房各五楹，西南为茶膳房，再西为翻书房，东南为清茶房，为军机处"[1]。这一系列的建筑大多为与紫禁城相似的国家级办事机构，此外还有少量的服务性用房。

大宫门之前的空间相当宽广，"宫门至挡众木通进深92丈，挡众木至挡众木通面宽51丈"，[2] 相当于南北进深300米，东西面宽167米。在这个广场型的空间中，由于布置了转角朝房，其平面呈凸字形，似乎有一种指引方向的作用,人们自然会走向大宫门;进入大宫门,经过出入贤良门后,才来到正大光明殿。

大宫门和出入贤良门虽然都是五开间的门殿,进深都不大;前者带有月台,台上布置着一对铜狮子。大宫门两侧的围墙上各开有一座小门,即东、西罩门。各衙门奏事需走东罩门递进,茶膳房太监等人由西罩门出入。大宫门之内有一道小河,这条河在出入贤良门前向南凸出,上面架有石桥。乾隆九年(1744年)《圆明园四十景》图上画的是一座单券(xuàn)石拱桥(图2-1-A-2)。后来,乾隆四十八年(1783年)出版的《日下旧闻考》称:出入贤良门"门前河形如月,中架石桥三"。近年,考古发掘了这处河道,确有三座石桥基础,说明这座桥在乾隆九年以后有过变化。

正大光明殿置于较高的台基之上,殿后以假山为屏障,山名"寿山"。大殿左右有配殿。在这几座布局对称的建筑之间,又显出几分变化。大殿东侧有一段曲折的廊子,与东配殿和东部一组小庭院相连;而西侧只露假山的一角,以及林木繁茂的自然景物。这组建筑群的格局采用对称与非对称并举的方式处理,在方正的院落中出现的假山、林木、曲廊,使其具有园林氛围;因为正大光明是处在帝王离宫的园林中,不同于紫禁城中的太和殿。

正大光明殿典雅而庄重。面宽七间、进深三间、带周围廊,采用灰色筒瓦的歇山顶,每开间用木柱子承托着斗栱,支撑着上部的屋顶。木结构部分画着彩画(图2-1-A-3);"柱头上是油漆成鲜艳颜色的云头和花纹,特别是五爪金龙。"[3]外廊之内的一排柱子之间,安装着带有红色菱花的门窗装修。此外殿中还悬挂着"福"字,殿内东壁悬挂着乾隆帝书写的《周书·无逸》篇[4],西壁悬《豳风图》[5]。

"正大光明"匾额为康熙帝御笔,这四字被视为家法。清朝的皇宫和离宫中均有使用这四字的匾额,如紫禁城的乾清宫、景山观德殿、承德避暑山庄的勤正殿内等处。乾隆帝称:"三朝家法传四字……圣训绳承,实我国家万年所当奉为法守也。"[6]乾隆帝在诗中还对"正大光明"作了进一步的诠释,"正"即执政没有偏差,"大"即心胸宏达,"光"办事要完竣,"明"指要自我明鉴。这也可看作他的执

正大光明（图 2-1-A-2）

正大光明殿复原图（图2-1-A-3）

政纲领。(图2-1-A-4)。

当年，元旦、冬至、万寿（即生日）三大节日是历年必行的重大活动，前两项活动皆在紫禁城举行，万寿节如遇到整旬则仍在紫禁城举行，若常年者可以选择在正宫之外。例如乾隆帝生日为八月十三日，庆寿活动多数在圆明园正大光明殿举行。据《啸亭杂录》载："本朝万寿节，王公大臣文武职官等，咸蟒袍补服，于黎明时排班圆明园之正大光明殿前，三品以下者，排班于出入贤良门外。上龙袍珠冠入座，鸿胪官唱排班，引导宣赞，一如大朝仪，上受贺毕始还宫。"有时例外，"如遇上幸木兰[7]时，诸王大臣则齐集午门外遥祝万寿云"[8]。

嘉庆帝五十寿辰,"于御园正大光明广布华筵,普行宴赉,并令皇子率先起舞,及近支孙曾、蒙古额驸等,依次递进。一家中外,庆洽堂廉。"[9]

凡驻园期间遇重大典礼,均在正大光明殿举行。《清会典·礼部》对参加人员所在位置作了详细的规定,其位次为,在大殿内"皇帝御龙袍衮服。皇子、王以下、文三品、武二品以上官,按翼在正大光明殿阶下左右;文四品、武三品以下各官,在出入贤良门外。皆蟒袍补服行礼。外国贡使附西班之末。"[10]

这样的安排,从殿内到殿外,从殿前院落一直向南跨过第二道宫门,直达门外的院落空间,场面极其壮观。不过,在没有扩音设备的状况下,如此远的距离,文武官员恐怕难以听清殿内的讲话。

另外,一年一度的廷臣宴会,大多于正月十六这天在正大光明举行。参加宴会者除宗亲、大臣之外,还邀请了全国各地的地方首领、在京官员和出征的将领。乾

正大光明殿室内复原图(图2-1-A-4)

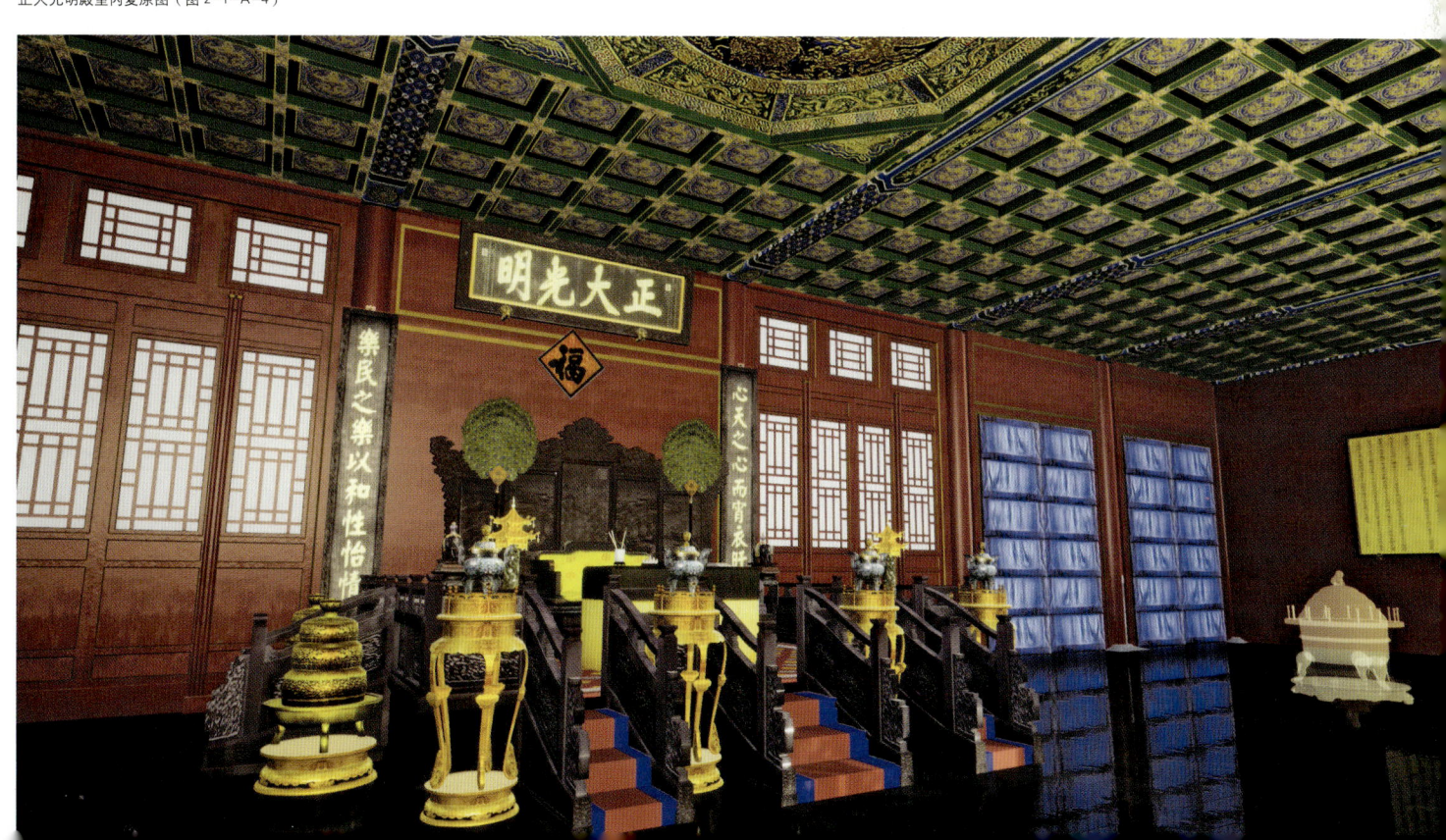

隆帝曾有多首诗篇记载这样的活动，表达了对臣子的怀念之情。如乾隆二十五年（1760年）的廷臣宴会，当时一些部族的首领已经先后到达，但在西北平定准噶尔的将军兆惠等正班师至哈密，尚未抵京师。乾隆帝在《上元后一日曲宴廷臣》[11]一诗中称："过望依然宝月轮，欢联泰陛答韶春。刚欣绝域功成日，尚缱长途振旅人（时将军兆惠等班师至哈密尚未抵京师）。"表现出对边疆平定准噶尔战役胜利的欣慰之情，以及对兆惠将军和他的部队的挂念。乾隆二十六年（1761年）的上元节廷臣宴，又吟诗一首"例宴朝臣元夕后，灯筵排日答韶年……武成上将皆陪座（去岁曲宴廷臣有"尚缱长途振旅人"之句，今兆惠、富德等皆预宴）。"[12]

在这种宴会上，乾隆帝经常会赠给每位大臣一副联句，以表达他的心意。

正大光明殿举行宴会时，座位安排并非像现代的国家级宴会，摆设一个个大宴会圆桌；通常是皇帝一人一桌，亲王、大臣两人一桌，其中的位置还要按官职高低分出主次，宴会桌亲疏有别。皇帝在大殿宝座位置，朝着赴宴者，其他人则面朝皇帝（图2-1-A-5）。

参加御园赐宴的还有外宾，如乾隆二十四年（1759年），曾有哈萨克和俄罗斯的使臣赴宴。乾隆四十七年（1782年）有朝鲜、琉球、安南、暹罗四国的使臣赴宴。

此外，正大光明殿有时也会举行其他的宴会。如《起居注册》载："（乾隆十三年正月十六日）上奉皇太后御正大光明殿，赐蒙古王妃公主命妇等宴……"这说明皇帝的近亲之宴也可以使用这座大殿。又如：乾隆三十五年（1770年）和静固伦公主的下嫁初定礼赐宴；乾隆五十四年（1789年）的和孝固伦公主的下嫁初定礼

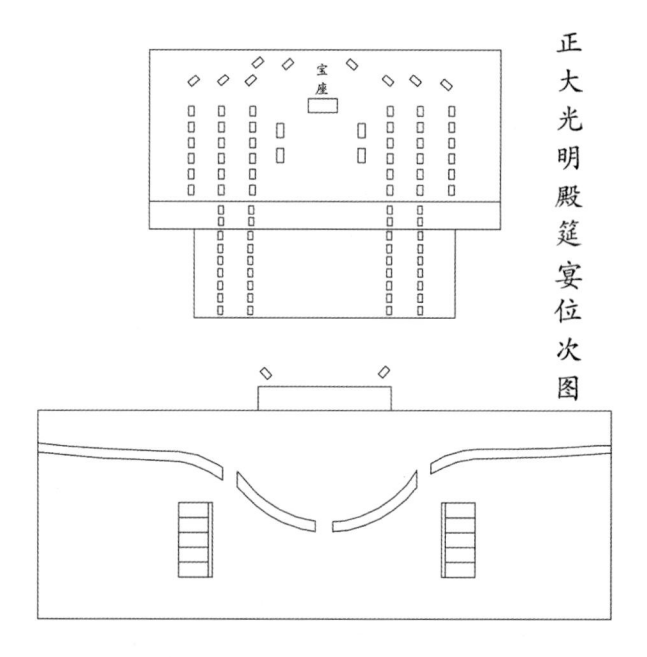

正大光明殿筵宴位次平面（图2-1-A-5）

赐宴皆于正大光明殿举行。[13]

正大光明殿的另一功能是举行官员考试。乾隆帝即位以后，时常清理才疏学浅、不称职的官员，并要求官员每五年考核一次。他于乾隆二年（1737年）五月上谕内阁称：自己要亲自出题、阅卷，按其优劣分为四等，分别升降改补。另据《皇朝文献通考》卷六十二载，乾隆三十三年（1768年）在正大光明殿举行的考试，是一次对自乾隆二十八年（1763年）以来任职官员的考查，其结果一等3名，二等18名，三等30名，四等15名，不入等两名，实施了对各类官员的处理。

正大光明殿还曾作为接待外宾的场所。

例如乾隆五十八年（1793年），英国使团来华，正使为马戛尔尼（George Macartney），副使为斯当东（George Staunton），另外还有大小官员50名，以及舵手、跟役等800多名。[14]当时，中国朝廷得知英国将派使臣来朝觐进贡之后，文武官员都非常高兴，乾隆帝以自己能在80高龄之际，接待远方的使者而深感快慰。使团于1793年8月中旬到达北京，听说乾隆帝当时正在避暑山庄做寿，使团成员本打算前往避暑山庄觐见乾隆帝。但因使者所带礼品为精密仪器，恐怕运输途中损坏，同时安装也需一段时间，于是乾隆下旨将礼品送往圆明园，令其在正大光明殿和长春园澹怀堂安装。[15]8月18日一位中国官员向使团传达消息，"乾隆皇帝现已派阁老一员，欧洲教士一员，在圆明园恭候贵使驾临。"马戛尔尼于8月22日抵达圆明园，中国官员为其安排了住处，马戛尔尼认为房子破旧，"居此甚觉有碍卫生，故敝使不拟勾留于此，俟诸事措置已毕即当迁往北京。"[16]第二天8月23日，他在周大人的陪同下进入圆明园，便为那里的优美景色所感动。他写道：

> 周大人即导我游圆明园……入园之后，每抵一处必换一番景色，与我一路所见之中国乡村风物大不相同，盖至此而东方雄主尊严之实况，始为吾窥见一二也。园中花木池沼以至亭台楼榭，多至不可胜数，而点缀之得宜，构造之巧妙，观者几疑为神工鬼斧，非人力所能及。我来此不仅为游

观计，尚当商量安置各种礼物之法，故仅行过之处略一寓目，未能曲寻其胜。以全园计之，恐我所见尚不及其什一……而至宝殿，殿长150英尺，阔60英尺，仅有一面开窗，与窗相对之一面，即为御坐所在。御坐为一桃心木之大椅，上刻精美之花纹，其木料则产自英国，华人以为稀有之品，故用以制为御坐。御坐之下有一台，高数尺，两边有木制之短阶，以便上下；御坐之上有一广额，署"正大光明福"五大字。其两旁各有孔雀毛制成之扇，面积极大，作圆形，颇美丽可爱，全殿地皮均用大理石铺之，石有灰色、白色两种，纵横相间，望之如棋盘形。[17] 石上人行之处，复铺以洁净之席。殿之一角有一八音时辰钟拨其奏乐之键，能奏乐十二阕如：Black Joke, Lillibullero, 以及《乞丐》一剧之中歌曲等类，均为英国旧时流行之乐曲。钟上饰物均为旧式，有透明及五色宝石多枚，此钟虽非珍品然以历年既久余不得不以其为古董而贵之。钟面有英文数字，曰：伦敦理敦赫尔街乔治克拉克钟表店造。其制造年代及运入中国之时日，则已不可考矣。[18]

使团成员礼品总管巴罗对于正大光明殿有更为细致的观察：

圆明园内主要临政大殿矗立在花岗岩台基上，离地有四英尺高。绕着大殿有一排巨大的木柱，支撑着大殿的飞檐，在里面和这排木柱相对应的，是另一排木柱，起着支撑墙壁的作用。里面一排木柱之间的空间，是用砖头砌成的四英尺高的矮墙。墙之上格子细工结构的隔扇，上面糊着大幅大幅的油纸。这些隔扇在大规模庆典时可以全部打开。木柱顶端没有柱头，柱头之间的过梁就是支撑殿顶橼木[19]的横梁……这座大殿柱上楣构是一些隔板，固定在木柱顶部之间。隔板上髹上最鲜艳的蓝、红、绿色，夹杂着金漆。这些隔板覆上金属丝网，以免燕子和鸟类来栖息，把隔板弄脏。大殿室内长110英尺，阔42英尺，高20英尺，天花板涂上离奇古怪地配置着的圆形、方形、多边形，充斥着五彩缤纷的图案。地面铺着灰色的大理石，棋盘般地排列着。木质高台宝座雕刻极其精细，安设在用柱子支撑的凹处，漆上红色。宝座两侧安设了一对圆形的扇，插在长长的乌木棍上，扇的羽毛采自亚洲大雉的羽翼。宝座正上方，悬挂"正大光明"匾，匾额下悬挂着嵌在菱形中的"福"字。殿内还陈设着一对铜鼓、两幅大画、两对蓝色古瓷瓶、几卷书籍。尽端的桌子上安放着一座17世纪伦敦工匠克拉克（Clarke of Leadenhall-street）制造的报时钟。[20]

对于使团带来的礼物如何安置，马戛尔尼认为，"宝殿为正式办事之处，一国之观瞻所系，而面积复广大异常。余乃决意以礼物之中珍贵动目者，置诸殿中，其排列之法，拟于御座之侧，一面置地球仪；一面置浑天仪、折光镜数面，则自天花板悬垂而下，自各镜至殿顶之中心距离均相等。殿北置行星仪一座，其南面则陈列佛列姆内之大自鸣钟、风雨表及特拜歇尧之瓷器、瓷像、弗拉苏氏之天体运行仪等。集此种种精美可观之物品于一处，恐地球虽大，更无第二处与此中国圆明园之宝殿比也。"[21] 第二天，即8月24日，副使斯当东、礼物总管巴罗，率领一些技师、工匠装配这些礼物。预计要用六七个礼拜才能装好。

9月2日，马戛尔尼和斯当东启程到承德参加乾隆帝的万寿节，之后返回北京。他们打算等乾隆皇帝回到北京后，再次到圆明园正大光明殿正式向皇帝献上礼品，并借此谈判贸易之事，但被乾隆帝婉然拒绝。

不过对于使团所献各种仪器，乾隆帝"看过之后，非常高兴，立刻命令赏给全体参加安装工作的人员，每人若干银两。许多仪器的功用马上当着他的面试验：用望远镜望远，把一块金属放在帕克氏透光镜的焦点，很快这块东西就被融化。他对事物的观察和理解是非常尖锐深刻的，他看过之后立刻做出结论说无论透光镜或望远镜的原料都是玻璃，同一种东西通过欧洲人的技巧而做出不同功能的仪器来……"[22] 在洞天深处读书的乾隆帝之孙辈闻讯，在仪器安装过程中多次前来光顾，十分欣喜。

使团的成员中有一位制图家威廉·亚历山大（William Alexander），他画了正大光明的水彩写生画（图2-1-A-6）和一张乾隆帝肖像（图2-1-A-7）、一幅皇帝宝座图（图2-1-A-8）等。从安装仪器之初的8月24日至马戛尔尼起程的9月2日，这段时间，亚历山大有可能绘出正大光明外观的水彩画，乃至室内的皇帝宝座，而乾隆帝的肖像水彩画，可能是他自己创作，总之这几张画，成为这次使团访华的重要见证。圆明园这座皇家御园，一贯壁垒森严，外国人怎么可以在圆明园绘画呢？据巴罗描绘，他们住在距离正大光明殿约300步的一处建筑中，[23]显然是在园内大殿附近，

正大光明水彩画（图2-1-A-6）

乾隆帝肖像（图2-1-A-7）

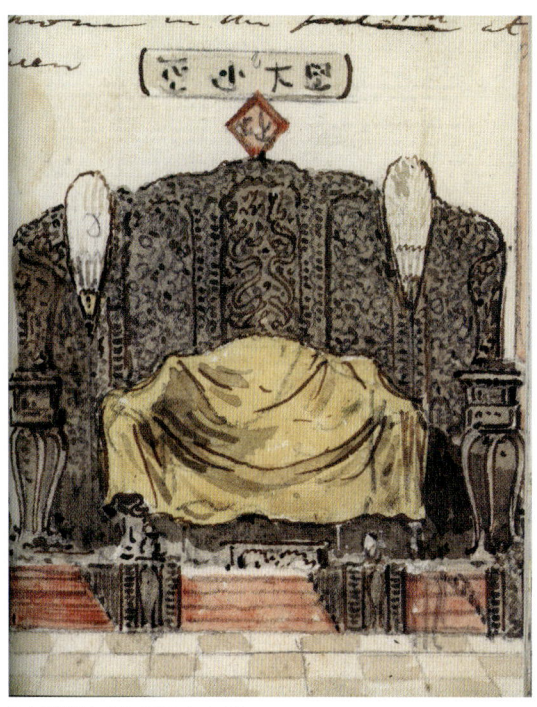

正大光明殿内宝座（图 2-1-A-8）

他们安装礼品的同时便可抽空绘画。而且，作为礼品总管的巴罗对正大光明殿室内的观察比马戛尔尼更为细致。

到过圆明园的人，还有在 1860 年庚申之役圆明园被毁前夜进入正大光明殿的人。他们也做了一些记载，例如英法联军中随军牧师 Rev.R.J.L.M'Ghee 的描述。正大光明殿"室内墙壁之上，一边挂着一幅巨大而且详细精致的行宫内院总图，几乎把那片墙壁全部遮盖了"。[24]

当时的步兵队第九十队队长卧尔斯莱（Garnet J.Wolseley）描述：

> 在正大光明殿除去描金和涂抹色彩外，却不再设法增加建筑的威赫，使它气象万千。这些镀金的色彩配置得倒很停匀，而且饶有风趣，加在雕镂细巧，嵌花复杂的木制屋顶上，和并不庄严堂皇的木柱上。这座大殿的地板乃是琢磨精密的大理石所制，每块均砌成数目字的形式，全部都很紧密地联合在一起，仅有最细微的线纹，标明两块石头之间区分的界限。入门，左边墙壁的上部，绘画避暑行宫和环围着的宫苑。这种画法，中国人绘得颇为精巧，比起平常描绘山水远景，信手涂鸦、幼稚尝试的作品高出多多了。宝座紫檀木所制，位于高台之上，比较殿内其他部分高出一尺半的光景，四面环以挖花的栏杆，雕镂着玫瑰和别种花卉，精美富丽。宝座两边，都立有高高的屏风。饰以蓝翡翠和孔雀毛，毛羽之上点缀着小红

宝石和碧玉。雕镂精美的桌柜，沿着屋子四周排列着，其上置有许许多多碧玉瓶、瓷瓶，冰纹瓷缸，和中国著名的其他珍奇古玩，殿内还有几座法国大钟。有一处地方堆积着去年颁布的上谕，而且有许多卷册的中国经书，排列适宜，如果需要他们寻觅即时参考的资料，就可以手到拿来。这些书籍印刷均颇精美而且许多卷册的边缘还有清帝御笔亲批。[25]

从上述的记载可以对于正大光明殿的室内外的状况有不少了解，归纳起来有以下几个方面：

a) 大殿带有描金彩画。卧尔斯莱说：大殿"这些镀金的色彩配置得倒很停匀，而且饶有风趣，加在雕镂细巧，嵌花复杂的木制屋顶上，和并不庄严堂皇的木柱上"，这一段当指大殿室外立面上的彩画和斗栱。

b) 大殿室内的天花有带雕镂藻井之类的装修。巴罗说："天花板涂上离奇古怪地配置着的圆形、方形、多边形，充斥着五彩缤纷的图案。"这是指殿内天花画着藻井一类的图案。

c) 殿内宝座到底如何摆放。对于宝座的状况，据雍正三年的内务府档案中记载："为做宝座、屏风，行取紫檀木事。怡亲王奏闻，奉旨：不必用紫檀木做，做漆的……于八月二十六日做得退光漆五屏风宝座床一张，地平一份。"[26] 这时的宝座形制为一张座椅、一座五扇的屏风，用材普通。到了乾隆五十二年"正大光明殿现有方观呈进的地平宝座，着造办处带匠安装"[27]。从这件档案来看，要求造办处带工匠安装，想必不是仅仅一张座椅及一座屏风。这里所说的"地平"，即指承托宝座的台子。到了乾隆五十八年（1793年），巴罗看到的状况："皇帝的宝座处在一个凹处中间，这个凹处用柱子支撑，漆上外面木柱那样的红色。"1860年步兵队第九十队队长卧尔斯莱对宝座和地平有着更为详细的记载："宝座紫檀木所制，位于高台之上，比较殿内其他部分高出一尺半的光景，四面环以挖花的栏杆，雕镂着玫瑰和别种花卉，精美富丽。宝座两边，都立有高高的屏风。"看来乾隆二十五年以后地平宝座已经是带有雕镂栏杆的样子了。

d) 室内墙壁。巴罗看到的是挂有"两幅大画"，1793年时，东壁是什么画，尚无确切记载。到了1860年卧尔斯莱记载"入门，左边墙壁的上部，绘画避暑行宫和环围着的宫苑"[28]。仅指西壁。

e) 室内陈设。马戛尔尼看到的是宝座"其两旁各有孔雀毛制成之扇，面积极大，作圆形，颇美丽可爱"。巴罗做了更详细的记述："宝座两侧安设了一对圆形的扇，插在长长的乌木棍上，扇的羽毛采自亚洲大雉的羽翼。"

巴罗还记载："殿室有两对蓝色古瓷瓶、几卷书籍和一张桌子。桌子上放着一个英国旧时报时钟"。

卧尔斯莱看到的是"雕镂精美的桌柜，沿着屋子四周排列着，其上置有许许多多碧玉瓶、瓷瓶，冰纹瓷缸，和中国著名的其他珍奇古玩，殿内还有几座法国大钟。有一处地方堆积着去年颁布的上谕，而且有许多卷册的中国经书，排列适宜。"

以上的记述使我们可以寻觅到这座宫殿更多的信息。但这座曾被英王使节马戛尔尼称为"更无第二处与此中国圆明园之宝殿比也"的正大光明殿，连同整个圆明园，在67年之后，被英王派来的军队焚毁，这种行为是对人类文明的野蛮践踏。

《日下旧闻考》所记正大光明殿室内陈设与以上材料所记最大的差别在于墙上挂的大幅绘画的内容：原来的《豳风图》换成了《行宫图》。东壁的《周书·无逸》篇换成了大画。这不仅是从1793年到1860年正大光明殿内陈设的变化，更反映出不同时代，帝王对执政场所的环境氛围的追求。可以说是早期皇帝励精图治与后来的继承者不同审美心态的写照。

⊙ B. 长春园澹怀堂

长春园自乾隆十一年始建，至乾隆三十五年建成。建设该园的主要目的是作为乾隆帝归政娱老之所。乾隆帝给自己定下的目标是执政六十年，也就是到他85岁之后，他将到长春园颐养天年。该园的宫门以内的澹怀堂建筑群组可以视为前朝，其后的含经堂群组则具"寝宫"的性质。虽说为归政后娱老之所，但这里仍然采用前朝后寝的模式，并不像一个纯粹的不谈政治的休闲场所。只不过这里的前朝与后寝没有用严格的南北向轴线来贯穿，具此可以看到离宫建筑群布局的自由之处。

澹怀堂是"前朝"的大殿，位于长春园宫门之内。宫门本身是一座五开间的门殿，门殿前有月台，台上置有一对铜麒麟，门前有东西朝房各五间，其前部大约50米处设有一座大影壁，正对宫门。为了显示宫门的独特地位，宫门前的空间用挡众木包围着（图2-1-B-1）。前部还有河道从大影壁前自西向东流过，河道上设有3座石桥。宫门区的遗物现仍有铜麒麟存世，不过已经移到了颐和园，陈设在仁寿殿前院落中。大影壁被迁移到颐和园的北宫门外对面。

进入宫门之后，便见一座牌楼门，过了这座牌楼门才见到正殿澹怀堂，及东西配殿。（图2-1-B-2）自牌楼门两侧有围墙向东西伸展，然后北转，围成方形院落。澹怀堂虽也采用了五开间的殿宇，但体量加大，台基加高，堂前设有月台。在近年的考古发掘中，发掘出黄色琉璃瓦，说明其使用了不同于正大光明殿的瓦件，显示出

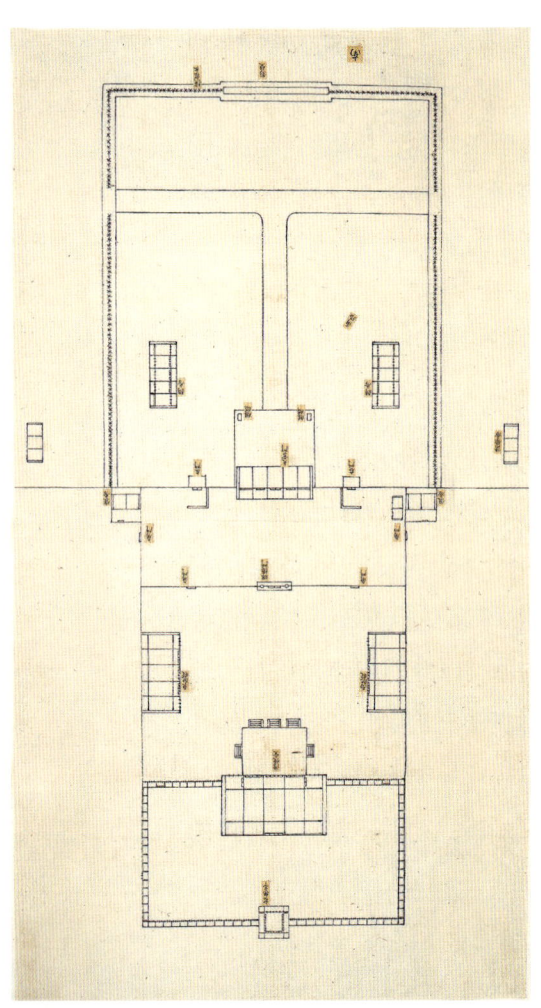

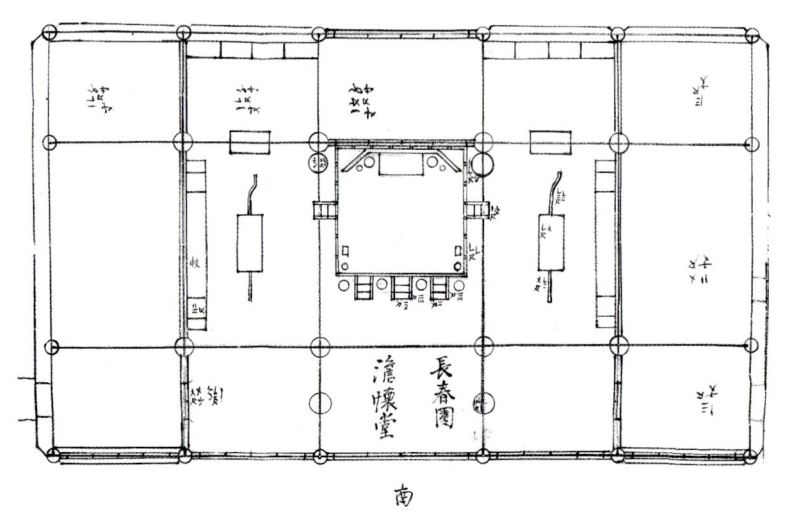

长春园宫门区平面（图2-1-B-1）

澹怀堂室内装修平面（图2-1-B-3）

长春园澹怀堂复原图（图2-1-B-2）

乾隆帝的审美情趣。澹怀堂室内设有宝座和地平，在宝座背后放置八字围屏。另外，在两次间后檐墙前安了8座书格，陈设《古今图书集成》(图2-1-B-3)。

"澹怀堂"之名是表明退位之后要心怀淡泊之情。有诗称：

诸葛悦澹泊，妙蕴无不囿。

所在辄名堂，于斯名更副。
座上披陈编，窗中列远岫。
近玩欣古芬，遥骋得新遘。
冲融养吾真，毋使天机寇。[29]

澹怀堂之后，是一个四周环绕着空廊的庭院，透过廊子可见周围花木繁茂，山水相依，院北有众乐亭，与澹怀堂正对，亭后是环绕全园的河道,河中满置莲花,夏日莲花盛开,荷风四面袭来,无不令人惬意。这里一反紫禁城前朝院落的肃穆氛围,完全与大自然融为一体了。

澹怀堂建成后,乾隆帝将此作为礼仪活动的场所,例如乾隆十八年曾在此接见并宴请来自葡萄牙的使臣巴哲格伯里多、玛诺等人。乾隆二十五年三月曾经在此接见并宴请来自新疆哈密的扎萨克郡王品级贝勒玉素富,郡王品级贝勒霍集斯,贝勒、品级贝子鄂对等46人。[30] 宴会之后,再到圆明园西部的同乐园赐茶果,赏礼品。

⊙ C. 勤政亲贤

勤政亲贤景区,是帝王日常园居理政的场所,位于正大光明景区以东。这个景区由东西并列的四组院落组成,规模较大且自成一体。(图 2-1-C-1) 该景区西北侧有土山,与正大光明景区后部的小湖相隔,西南部与正大光明殿连通,两者仅隔着一个院落。

勤政殿为勤政亲贤中最西的一组建筑,当时皇帝"日于此批省奏章,召对臣工,亭午始退。"[31] 有时在此接见庶僚、外藩。[32] 此殿使用功能"与宫内养心殿同,即古日朝遗制也"[33]。这样的规矩,早在雍正朝已经确定。雍正帝开始决定在圆明园听政时,一些大臣不以为然,无人前来,雍正四年(1726年)正月,皇帝便发出谕旨:

上谕大学士等,朕今日坐勤政殿

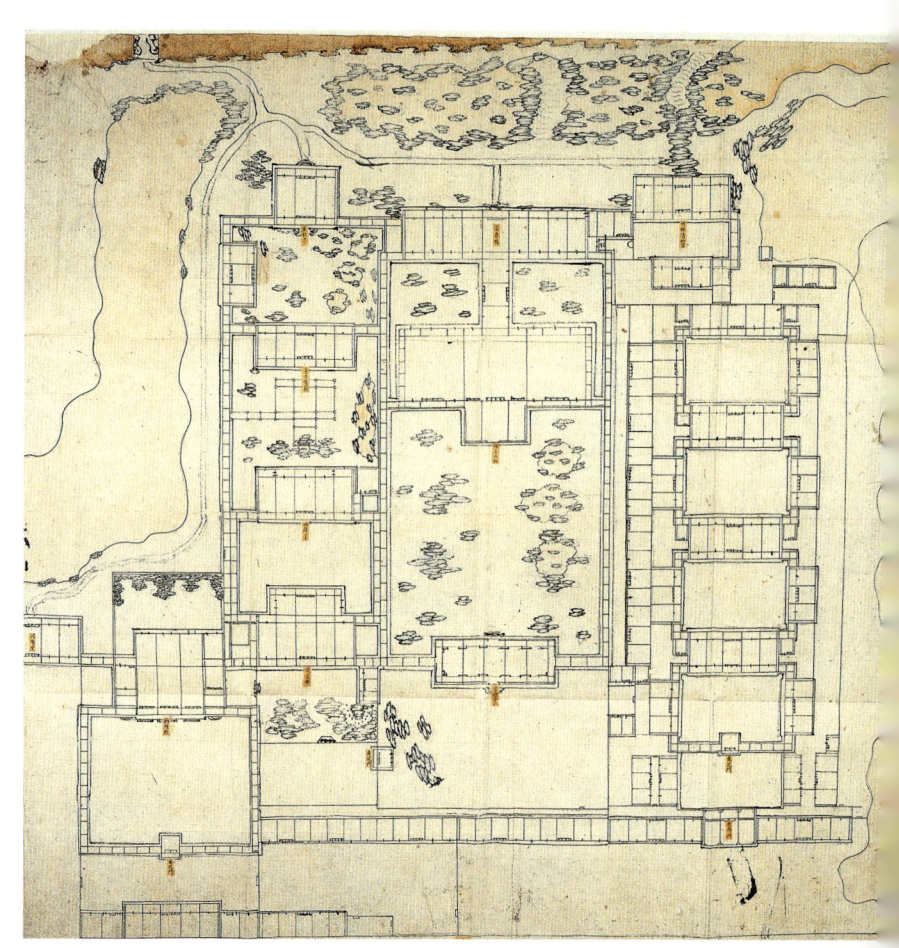

勤政亲贤景区平面(图 2-1-C-1)

以待诸臣奏事,乃部院八旗竟无奏事之人,想诸臣以朕驻跸圆明园欲图安逸,故将所奏之事有意简省耶。朕因郊外水土气味较城内稍清,故驻跸于此,而每日办理政事与宫中无异,未尝一刻肯自暇逸。已曾屡降谕旨,切告廷臣,令其照常奏事……以后八旗定为八日,各分一日轮奏,部院衙门各分一日轮奏,六部之外都察院与理藩院为一日,内务府为一日,其余衙门可酌量事务之多寡,附于部院班次,每日一旗一部,同来陈奏,则朕每日皆有办理之事;而不来奏事之大臣,又得在京办理诚为妥便。至朕听政办事及百官齐集之日,原不在轮班奏事之数,次日仍按班前来,若该部院衙门轮班之日无事可奏,其堂官亦着前来,恐有召问委办之事,亦未可定,其紧要事件仍不拘班次,即行启奏。[34]

雍正帝的这道谕旨揭开了清代五朝皇帝在圆明园园居理政的历史篇章。乾隆帝继之,并于乾隆六十年(1795年)在勤政殿中宣布立皇十五子颙琰为太子,准备传位[35]。嘉庆帝、道光帝、咸丰帝皆因之。

据乾隆九年(1744年)的《圆明园四十景》图所绘,勤政殿采用五开间带前后抱厦形式,周围用廊围成方形的院落(图2-1-C-2);后来变成采用歇山顶的双卷勾连搭式屋顶,前卷进深大,后卷稍稍减少,面宽改为三间两侧带东西耳房,东耳房后卷向北延伸,与大殿同。内部的布局据道光十七年(1837年)姚元之《竹叶亭杂记》载:"殿中有横隔分前后焉,殿东有套间曰东书房,无前廊。夏日召见在殿中,春秋则在东书房。"[36] 从一张咸丰五年(1855年)的图样所绘的状况(图2-1-C-3a)可以看到,此殿室内分隔成前后两个空间。前卷覆盖的前部空间三间连通,在前后卷之间明间装有裙墙槛窗,陈设着宝

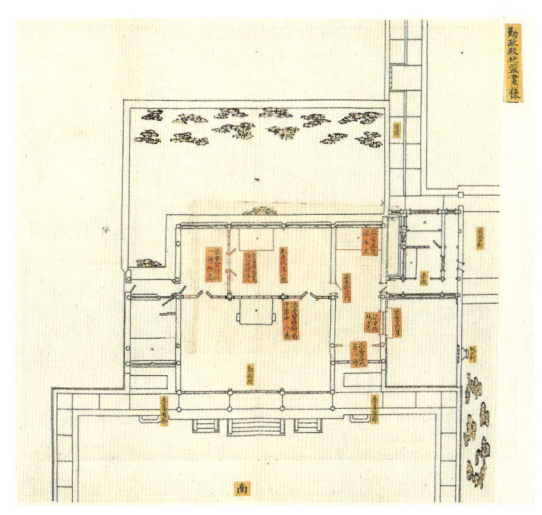

勤政殿平面(图2-1-C-3a)

勤政亲贤（图 2-1-C-2）

座。两次间施以碧纱橱。殿顶不施藻井，只作井口天花。[37] 自碧纱橱所开的门通往后卷所覆盖的后部空间；这里似为真正的皇帝个人办公之处。当大臣前来奏报时，皇帝从后部出，入宝座，大臣则面对皇帝跪。勤政殿前部空间的明间宝座后设有屏风，悬挂乾隆御书《无逸》篇，后部空间正中悬挂雍正帝手书《为君难》匾额，东壁悬挂乾隆帝所书《创业守成难易说》，西壁悬挂乾隆帝所书《为君难跋》[38]（图2-1-C-3b、3c）。

勤政殿以东的建筑群具有三条南北轴线。景区中部的一条中轴线贯穿着三进院落：第一进院落中的芳碧丛，为五开间带周围廊的敞厅，院落中不但花木繁茂，并点缀有湖石假山，道光皇帝夏季喜欢在此

勤政殿复原图（图 2-1-C-3b）

勤政殿室内复原图（图 2-1-C-3c）

批阅奏章、用膳。道光帝在《芳碧丛》诗中写道：

> 虚榭宽闲夏景凉，敕几听政晓批章。
> 飘香幽径多佳卉，戛玉空阶满绿篁。
> 每踞匡床非静憩，钦承大命凛当阳。
> 一诚不息遵谟训，黾勉难期庶事康。

此诗注称："长夏每于此批阅奏章，敬念缵承丕绪，日理万机，懋勉寸诚，无时豫怠，庶几法天行之不息，致庶事之咸熙。虽新篁成韵，密筱迎凉，未尝玩景而耽清暇也。"[39] 他坐在敞厅里，称自己不是为了赏景，对工作不敢怠慢。这首诗写于道光三年（1823年），旻宁登基不久，时时注重自我约束。

芳碧丛院中的太湖石造型十分优美，有的幸存至今（图 2-1-C-4）。

第二进的保合太和可算作正殿，外观为九间的大型殿宇，前出三间抱厦，两者皆作歇山顶，造型精美。这里曾为皇帝与外藩及内廷大臣举行宴会之处。殿内悬挂有郎世宁的油画，陈列着天球仪、地球仪。[40] 院落四周以空廊环绕，"秀石名葩、庭轩明敞，观阁相交、林径四达"，[41] 院落种植着玉兰，园林氛围浓郁（图2-1-C-5）。

第三进为七间的富春楼，它与保合太和殿间有平台游廊相接，形成"工"字殿格局，这里曾布置成寝宫。[42]

富春楼东有一个跨院，院内五开间的小殿名竹林清响，小殿明间为穿堂，可由

勤政亲贤芳碧丛庭院中的太湖石（图2-1-C-4）

勤政亲贤保合太和前院复原图（图2-1-C-5）

此通往后部满布叠石的小山。

中轴线建筑群左侧,是另一列轴线院落,共三进。最南部的殿宇为飞云轩,其北侧依次为怀清芬、秀木嘉荫、生秋庭等建筑。这些殿宇皆南向,殿前均有一独立的小院,院子两侧有廊相通。飞云轩是一座五开间带后抱厦的悬山顶建筑,由于它与西侧的勤政殿之间有廊相连,自然就成为办公室旁的小型休息厅。乾隆帝每年正月十五前后宴请大臣们的诗词都悬挂在这里。到嘉庆元年,大臣们的诗词已经挂满四壁。可以想象,当年飞云轩室内君臣畅欢的热闹场面。

飞云轩后的怀清芬,为一座五开间带前后廊的硬山卷棚顶建筑。这里是皇帝进早膳之处,如乾隆二十一年(1756年)园居期间,乾隆帝在圆明园用早膳83次,其中64次都在怀清芬。用膳后,他再去勤政殿办公,有时直接在此披阅奏章、接见官员。怀清芬后部的秀木嘉荫、生秋庭皆为穿堂殿,穿过这两座小殿,跨过如意桥即到达帝后寝宫九洲清晏。

中轴线建筑群右侧有另一列轴线建筑群,前部排列着四重格局相同的小型四合院,其第一进稍大,设有垂花门和门殿,名吉祥所。园内遇到特殊情况时使用,曾作为临时停放灵柩之处。最北一处小院,殿宇名即为前面所说的"竹林清响",从此殿可通往北侧园林。嘉庆帝曾有一首竹林清响诗,描绘这里的景色:

> 浮筠绕亭榭,渐觉碧云深。
> 烟幂簀筥色,风吹箫管音。
> 吟怀千亩迹,思入五弦琴。
> 晤坐聆清响,七贤忆竹林。[43]

"勤政"二字,可以说是清代前期几位皇帝的座右铭。因此,凡离宫别馆,其听政处皆言勤政,以见燕居、游览,无不以莅政之要。在承德避暑山庄、香山静宜园、万寿山清漪园等处,皆有题名为"勤政"的殿宇。

乾隆帝也一直以勤政来标榜自我。风和日丽,春光大好时,他说:"几余拟驾游春辇,恐惜分阴心事违。"[44]自己虽然园居,但是在理政余暇,即使抽出一点儿时间去游观,都有愧疚之感。所以,在宝座后的屏风上"书无逸以自勖",并有诗云:

"乾乾终始志，无逸近书屏。"[45] 而且说："征歌命舞非我事"[46]，而且即使在最闲适的时刻，也是"蒿目乎斯民"[47]，忧虑着世间百姓之事。

乾隆帝历年所写的自己秉承勤政的诗有多首，表达了他立志做个好皇帝的追求。如乾隆四十九年（1784年），他写道：

> 勤政为君要，此言孰弗知。
> 存中外达者，以久敬从之。
> 察吏安民际，深居独处时。
> 名言忆光武，乐此不为疲。[48]

勤政殿后楹悬挂着雍正帝的御书"为君难"三字，他深谙此三字之内涵，并称"三字垂家法，万年奉永清"。[49] 总之，他时刻盼望的是"九州清晏，皇心乃舒"。乾隆帝自幼便以"内圣外王"的人生哲学为本。直到嘉庆帝即位以后，弘历仍然说自己是"虽云归政仍勤政"。这时，作为太上皇的他仍然要过问朝政。

在中国传统文化中，一个好皇帝除了要"勤政"，"亲贤"也是重要的行为方式，目的是为了"出入引贤臣"。乾隆帝咏"勤政亲贤"时，除了吁请贤臣同他一起事天，行天道，又坦言"群言辨渭泾"，应当依靠周围这群贤臣的进言，辨明是非清浊。乾隆帝咏"濂溪乐处"时，面对满目菡萏芙蕖[50]，觉得似乎"左右前后皆君子"，还说"君子斯吾师"。意思是说，身边的那些贤臣，都是他的老师，而他自己则要"汇芳"、要"亲贤"。

⊙ D. 九洲清晏

九洲清晏建筑群组在正大光明之北，有寿山与之相隔。这个建筑群坐落在一个大岛之上，南临前湖，北临后湖，东西各有河道环绕，从四周陆路进入必须通过桥梁到达，如若乘船则可直接登上前后的码头。(图2-1-D-1)

九洲清晏是圆明园中最大的一组建筑群，为帝后、妃嫔们的居住生活场所。其布局大致可分为中、东、西三路，在三路之间还有一些小院。这些院落中，殿宇大多呈南北向，夹杂少量东西向廊庑(图2-1-D-2、3)。

中路沿中轴线坐落着圆明园殿、奉三

九洲清晏（图2-1-D-1）

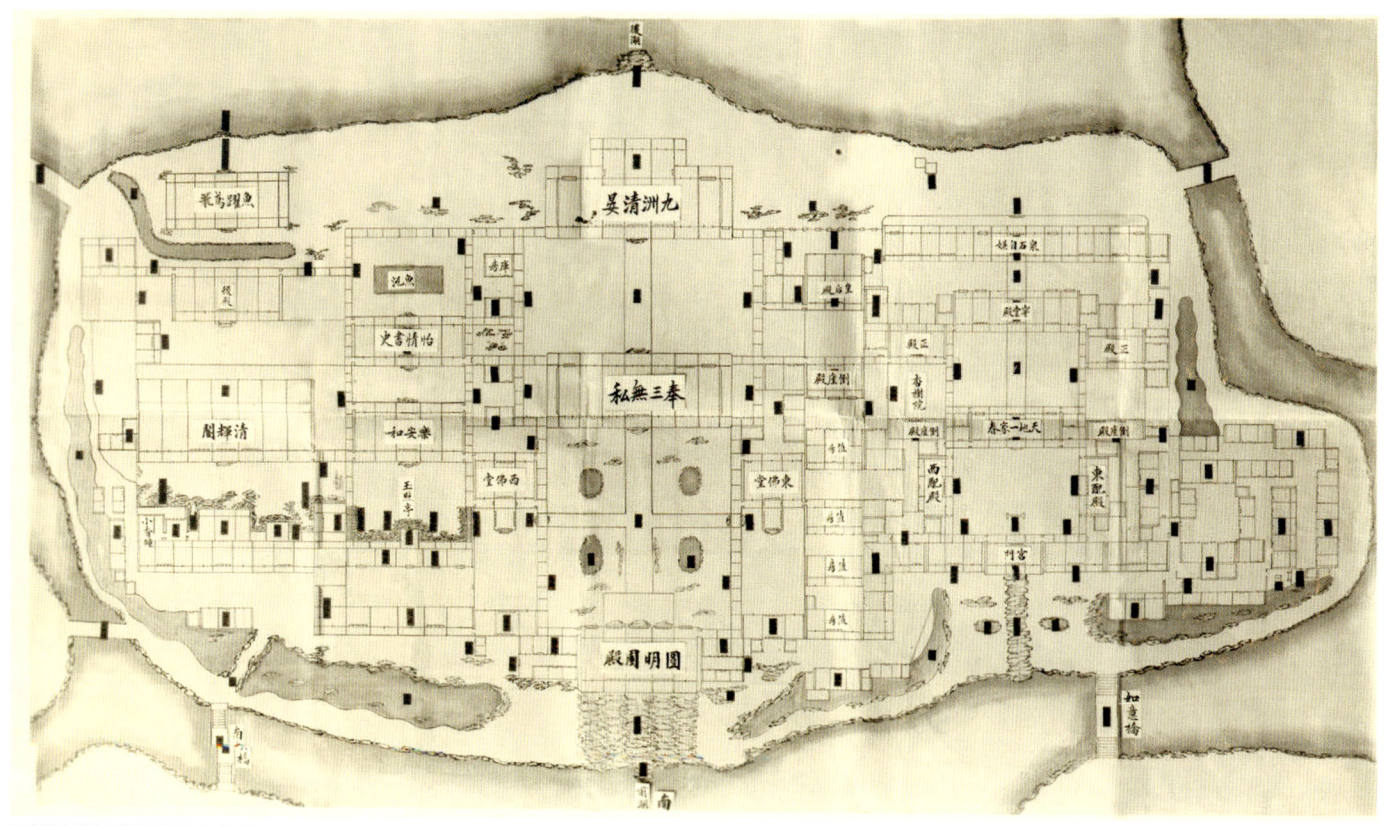

乾隆朝九洲清晏平面（图 2-1-D-2）

无私殿、九洲清晏殿三座殿宇，皆采用歇山顶，体现出较高的等级次第。圆明园殿面阔五间，带前后廊。曾经是雍正帝藩邸赐园时期的正殿，在御园时期其地位相当于九洲清晏寝宫区的宫门。

奉三无私殿是九洲清晏景区最大的一栋建筑，面阔七间（27.9米）、进深带前后廊（14.5米），采用歇山卷棚顶。殿前院落内种植着8棵桂花树，每年冬季需要做高、方均有六七尺的立方"桂花罩"，将其罩着，以避风寒。[51]

奉三无私室内设有神龛，平时作为皇帝出行或返回御园的祭神场所。如乾隆二十一年（1756年）正月初八，皇帝从紫

奉三无私殿与九洲清晏殿复原图（图 2-1-D-3）

禁城返回御园，首先"至奉三无私供前磕头，至九洲清晏殿少坐"[52]。然后去园中他处拜神。重要节日，作为赐宴的场所，这里主要作为宗室、皇子等与皇帝关系较亲密的近支王公筵宴之用，与正大光明殿的赐宴性质不尽相同。"每岁元旦及上元日，钦点皇子皇孙等及近支王、贝勒、公曲宴于乾清宫，及奉三无私殿。皆用高椅盛馔，每二人一席，赋诗饮酒，行家人礼焉。"[53]

又如乾隆四十八年（1783年）正月十四日正午在奉三无私举行的家宴档案记载：皇帝的宝座前的家具陈设规则"安一张紫檀木苏宴桌一张，宝座扶手至两桌边一尺七寸，摆高头七品青白玉瓷碗上安灯笼花，两边花瓶一对，高头碗足至前桌边二寸二分，两边碗足至桌边六寸五分，高头碗足至怀里桌边二尺五寸"。桌上放菜肴："群膳热膳三十二品（内有外铺内六品），膳房四品，青白玉碗，碗足两边六寸五分，摆四路，每路八品，两边干湿点心四品，奶子一品，敖尔布哈一品。青白玉盘两边，小菜四品，西边老腌菜一品、八宝菜一品，东边南小菜一品、清酱一品。青白玉碟、小菜碟足至两桌边七寸，后桌边二寸。"使用的餐具有中匙、箸、叉子、手布纸花、筷套等。参加宴会的有亲王、郡王、阿哥（年长皇子）、皇子等。东边有三桌，头桌入座的是睿亲王、庄亲王，第二桌入座的是仪郡王、十五阿哥，第三桌入座的是怡亲王、恒郡王。西边也有三桌，头桌为諴亲王、质郡王，二桌为十一、十七阿哥，三桌为定郡王、和郡王。"此六桌宴用地方有帏子高桌摆，每桌高头五品紫漆碗，群膳十五品，干湿点心四品，小菜四品，内有清酱一品，（餐具）有匙、箸、纸花、筷套"。其中的热膳有各种汤，如燕窝鸭子汤、燕窝鸭腰攒汤、红白鸭子脊髓汤。同时还有粳米膳一品。这些膳食与皇帝相同。六桌之外还有参加宴会的皇子，他们的汤与前者不同，改为"羊肉窝蛋粉汤"，还有粳米膳。热宴之后还有酒宴，这时要撤掉桌上的东西，重新摆上酒宴的菜肴，以及元宵。这时，皇子们便向皇帝敬酒，酒宴之后上果茶。然后宴会结束，皇子等出殿外谢宴。[54]这样的宴会虽说是家宴，仍然等级分明。

乾隆五十四年（1789年）在奉三无私殿举行的宴会尤为特别。是年，乾隆帝的皇元孙已届六龄，这是元孙诞生后，乾隆帝首次命其入宴加赏，以享受五世同堂的天伦之乐。乾隆帝有诗称：

到园已是挂灯联，节宴苐行柑例传。
讵幸七言成昔日，竟符五代庆今年。
宗枝繁以承诸祖，世代增惟叨上元。
顾鲜长年肆筵者，躬黄苟矣笑何然。

他对此注云："孙曾辈例于六岁入上书房读书，至娶媳后乃与节宴，惟元孙载锡庆衍瓜绵，尤为天家盛事。不必拘以常例，欲俟六岁读书时，即可令其入宴。是以乙巳（乾隆五十年，1785年）上元前一日小宴宗藩及诸孙，曾诗有'编展书房待预元'之句。今岁，载锡已及入学之年，遂同预宴，拜跪如仪，允符五代同堂之庆。"[55]

到了嘉庆朝，筵宴活动如常。宗亲宴照旧是每年正月十四日在奉三无私举行。

每年的正月十六，奉三无私还会举办廷臣宴。

奉三无私殿内还藏有乾隆九年（1744年）由宫廷画师沈源、唐岱所绘的绢本《圆明园四十景》图。皇帝下旨"将册页二册配楠木插盖匣盛装之后，正式安设于奉三无私殿内"。[56]即前述，这套图是乾隆九年（1744年）圆明园全园状况的展示图。虽分成四十幅册页，但各个景区的规模、所处环境、建筑的造型历历在目。推想当年赴宴者有幸在此观览全园景物，略可弥补如今难以在园中游览之憾。

奉三无私殿两侧建有东、西佛堂，作为皇帝拈香的场所。

初期的九洲清晏殿面阔七间，北向出五间抱厦，带周围廊，是雍正帝在圆明园的寝殿。《养吉斋丛录》载："（九洲清宴殿）为宵旰寝兴之所。累朝以来，皆循旧制。"[57]皇帝与后妃的家宴有时也会在九洲清晏殿举办。九洲清晏殿的室内空间处理很有特色。在乾隆时期，此殿室内带有仙楼，明间及左右次间由跑马廊围合而成一个二层共享空间，跑马廊下层有碧纱橱与后抱厦分隔开来，上层有栏杆、横披、碧纱橱；后抱厦的中部三间也是直通两层的，这里在明间设宝座床，朝向北面的后湖。东端二间和西端二间均为二层，是帝后的休息空间，内部使用了飞罩、床罩、开关罩、毗卢帽等内檐装修，楼梯间对称设在殿的后部二次间内。这种空间处理与紫禁城乐寿堂室内空间颇为相似，只是楼梯位置不同，属于乾隆时期宫中流行的空间划分形式（图2-1-D-4）。

道光十七年（1837年），九洲清晏殿、奉三无私殿、圆明园殿失火，火后马上进行了修复。《御制记略》称："工未逾年，制已复旧。"这里的记载不确，实际上并未复旧。这一区为了防火，将原有三座建筑之间的抄手游廊改成了院墙，七开间的奉三无私殿去掉了周围廊，改成前后廊。东西总长进行了压缩。九洲清晏殿由七开间改成五开间，且去掉了北抱厦。改动之后，这一区显得十分封闭。周围的附属建筑也随之改动（图2-1-D-5）。

咸丰登基后，于咸丰五年对后湖北岸

这个用墙壁封死的寝宫——九洲清晏殿，进行改建，作五开间带三间北抱厦的形式，同时室内装修异常丰富，包括寓意"万代长春""榴开百子""寿献兰孙""万福万寿""喜报平安"等带有复杂木雕的天然罩、圆光罩、碧纱橱等（图2-1-D-6）。尽管被赋予若干吉祥寓意，但对于咸丰帝却像是开了一个玩笑。按照图纸的年代推算，改建九洲清晏最快也需一年时间完工，他在此栋房屋中居住到咸丰十年，也只不过住了四年，又何谈"万代长春"呢？外敌入侵，他便逃往避暑山庄，这里的整座寝宫乃至整个圆明园则被侵略者付之一炬。

九洲清晏景区西路在乾隆年间的建筑有乐安和、怡情书史，再西为清晖阁、露香斋、茹古堂、松云楼、涵德书屋[58]，最北为鸢飞鱼跃、鱼池等。

乐安和与怡情书史皆为书房，嘉庆帝在嘉庆十二年（1807年）所写的《怡情书史》御制诗称："圣皇以古为今鉴，几暇怡情惟史书。"并加注："人君几暇怡情之事，惟观览书史，足以含咀道妙，体验治符。园中书舍诸题额皆寓意深远，理阐精征。不独覃思，游艺等于文人辈，耽于故纸之为。于敬仰心传，遵循罔斁，躬揽庶务，稍有余闲亦惟披寻典册，以期学古有获，非敢云玩物怡情也。"[59]

清晖阁是九洲清晏西部最大的一座殿宇，面宽七开间，进深与奉三无私殿几乎相同，其设有前廊，东接乐安和。这里自雍正时起便是上元灯节皇室内部帝后举行小型宴会的场所，乾隆帝曾在这里张灯列宴，恭侍圣母崇庆皇太后庆赏，表达他对母亲的情怀。[60]

九洲清晏殿平面

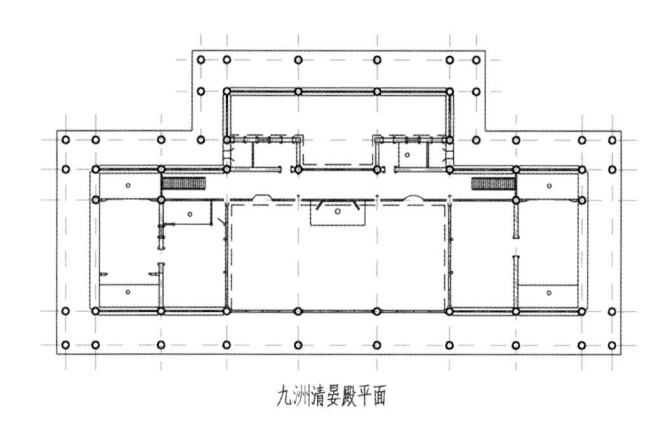

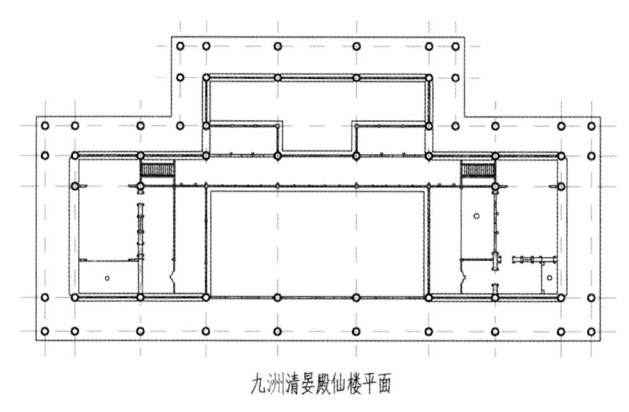

九洲清晏殿仙楼平面

九洲清晏殿一、二层室内装修平面（图2-1-D-4）

九洲清晏复原图（道光十七年改建后状况）（图 2-1-D-5）

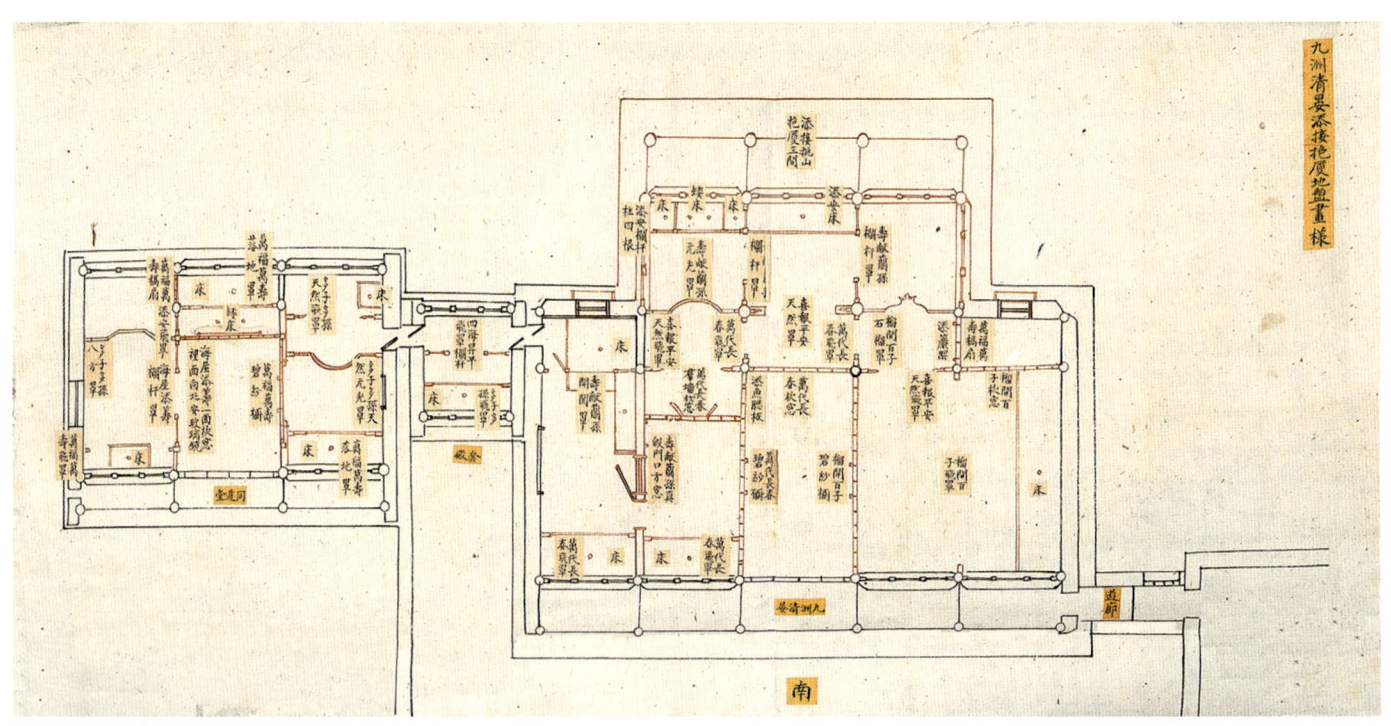

咸丰九年九洲清晏殿室内装修平面（图 2-1-D-6）

沿着清晖阁的南北轴线向北有后殿、鸢飞鱼跃等建筑。清晖阁前原有九棵松树，与乾隆帝的年龄相同，棵棵长得郁郁葱葱。乾隆二十八年（1763年），阁前乔松被烧毁[61]，乾隆帝为此感到异常伤心，在诗文中曾多次提及。乾隆三十年（1765年），他提出了按照画家倪云林、黄子久绘画中的意境改建清晖阁前景观："阁前乔松已毁，石壁独存突兀横亘，致不惬观。山以树为仪，新松长成复需岁月，乃因高就低点缀为楼斋若干间，取其小无取其大，取其朴无取其丽，坐阁中颇似展倪黄横披小卷也。"[62] 清晖阁前院落尺度并不大，进深不过十多米，且叠有假山，原有乔松相配，不觉窄小，而乔松烧毁后必觉假山堵塞。乾隆帝深知造园中"山以树为仪"的真谛，树被毁之后，便用点缀小建筑的手段来弥补。于是，在假山上建造了几座尺度更小的房屋，与山相配合，使其能得到小中见大的景观效果。它们就是松云楼、露香斋、涵德书屋、茹古堂，被称为清晖阁四景。

按照乾隆帝所说，阁前石壁突兀，但更于其上点缀松云楼，岂不愈加突兀了吗？其实，这里所说的"楼"，不比正常的楼，是小一号的，使其能够作为山景的点缀。这几座建在假山上的小建筑除了作为景观之外，还有一定的功能，如松云楼可以作为"寝堂"，露香斋作为茶室，涵德书屋及茹古堂皆为书室。火灾后，过了十二年，这里已经景色宜人了。

从乾隆时期的档案可知，当时在九洲清晏殿、奉三无私殿、乐安和、怡情书史四殿均有寝具陈设。[63] 其中乐安和是乾隆帝夏季常住的一座寝殿。但道光十一年（1831年）恰逢道光帝五旬万寿，便拆掉乐安和、怡情书史，改建为大型寝宫慎德堂（图 2-1-D-7），这座新堂前的院落宽阔，南面直接面对假山之上的松云楼、露香斋、涵德书屋等建筑。慎德堂西侧在道光五年（1825年）也进行了改建，原有的清晖阁、后殿、鸢飞鱼跃改建成两进院落，前院主殿为湛静斋，五开间带前后廊，前廊向东直通慎德堂。湛静斋南侧有穿堂殿，两者之间设有西连廊，后院仅有一座后殿。

慎德堂为三卷殿，面宽五间，进深三间，带有周围廊（图 2-1-D-8）。总面宽 19.5

九洲清宴西路道光十一年改建后平面（图2-1-D-7）

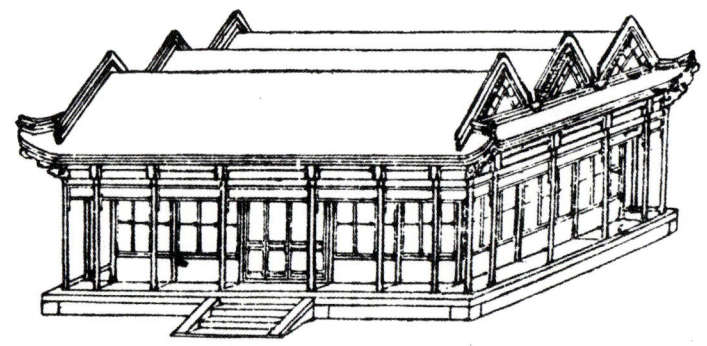

慎德堂（图2-1-D-8）

米，总进深 26.4 米。室内空间划分极其丰富，有皇帝的寝室、书房、佛堂，道光帝甚至在此宣谕立储。[64] 从当年的样式房遗图可以看到，在道光年间该殿有较大的前厅，后部通过室内装修的设置进行空间分隔，并在局部位置设有二层的空间，名为仙楼。采用的装修部件有飞罩、栏杆罩、碧纱橱、落地罩、木板墙带方窗等，家具有宝座床、高低床、大柜、玻璃镜等。这种室内空间的划分开启了使用多功能厅之先河（图 2-1-D-9）。

道光帝曾有诗表达了他对新堂的赞赏：

为爱新堂远俗缘，不雕不绘喜安便。
面开松嶂涛初起，背映冰湖月正圆。
永戒骄奢心勿放，时操勤俭力需坚。
清虚静态承天语，气志由中勿浩然。[65]

新堂建成 19 年后的 1850 年，道光驾崩于此，享年 69 岁。

随后，咸丰帝登基，仍以慎德堂为寝宫，但他并未因循皇考之旧，从咸丰元年便开始对慎德堂改建，一直不断。在一张咸丰七年（1857 年）的改建图中，室内前厅已作为演戏场所，西山墙处设置了供演员使用的上下场门（图 2-1-D-10），咸丰帝可以在自己的寝宫中随时召演员来为他演戏。咸丰九年（1859 年）还绘制若干将要更换室内装修的图样。可见这位 20 岁出头的皇帝在大清王朝气数将尽之时，仍然挥霍无度，不知天高地厚。

从现存早期图样中可见九洲清晏东路的

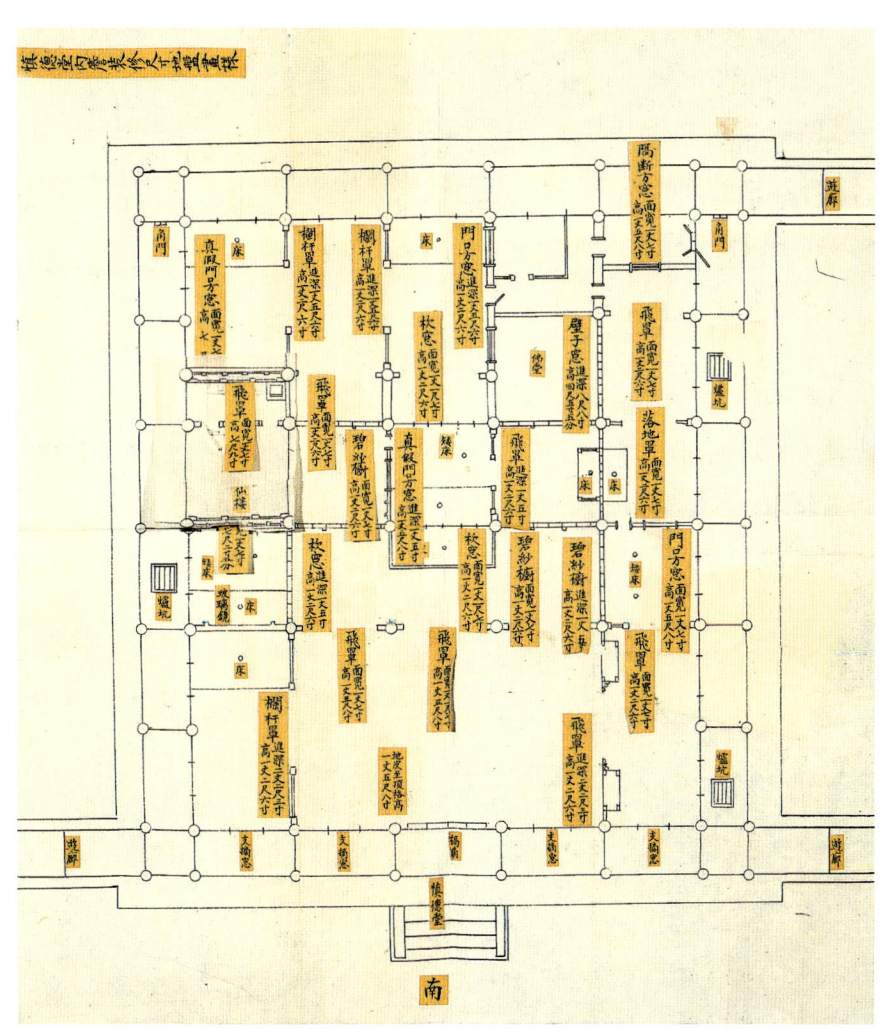

道光朝慎德堂内装修平面（图 2-1-D-9）

主要格局。以天地一家春为主要寝宫，由一条中轴线贯穿着，前后有两进院落，依次排列着宫门、天地一家春、穿堂殿、前殿、泉石自娱殿。[66]《养吉斋丛录》载："天地一家春，在九洲清宴之西（应为东）……院宇甚多，为诸主位寝兴之所。"[67] 清康熙以后，依照内工典制，皇帝的后妃分成八等，即皇后1人、皇贵妃1人、贵妃2人、妃子4人、嫔6人，此外还有贵人、常在、答应等。乾隆皇帝一生后妃不下40人，[68] 有的早亡，如乾隆帝的原配皇后孝贤皇后富察氏，于乾隆十三年（1748年）薨，第二位皇后于乾隆三十三年（1768年）薨，同时存在者当要少于上述统计数字。在东路这条中轴线的殿堂的两侧，还有并排的两列院落，再加上与九洲清晏之间的庭院，要容纳几十位妃嫔以及她们的下人，这些房屋使用起来并不充裕。在东路的东南角还带有一跨院，布置着一些排列不太规整的房屋，应为附属用房一类。

天地一家春殿面宽五开间，带前后廊，采用悬山卷棚顶（图2-1-D-11）。嘉庆帝在嘉庆十一年（1806年）所写《五福堂》诗注中称："予诞生御园之天地一家

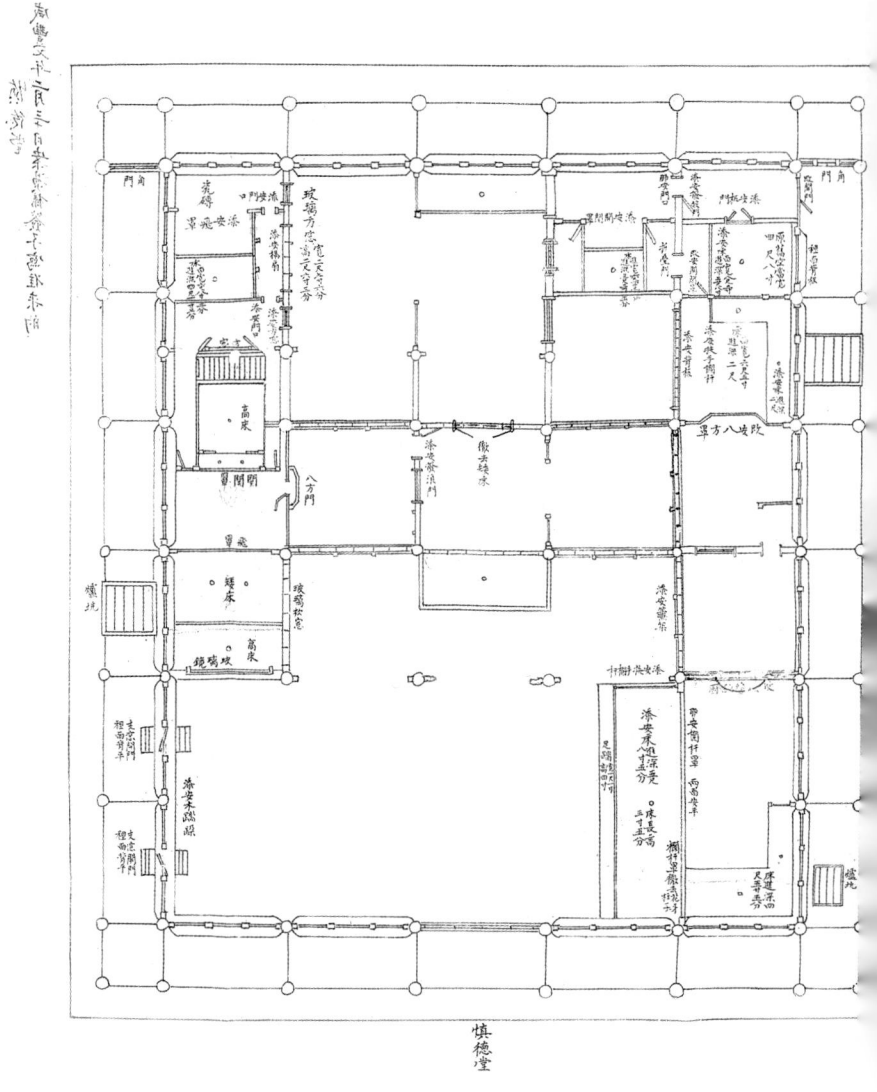

咸丰七年慎德堂室内装修平面（图2-1-D-10）

春,承皇考命,育德于是堂之东室,逮六龄就傅,三天始别处移居……"[69] 嘉庆帝的生母为孝仪皇后魏佳氏,乾隆二十五年(1760年)生皇十五子颙琰时为贵妃,嘉庆帝即位时,谥为孝仪皇后。另外,咸丰帝也生于圆明园,生母为受道光帝宠爱的孝全成皇后,不过他不是在天地一家春出生,而是生于慎德堂西侧的湛静斋,此斋后改名基福堂。[70]

"天地一家春"出自唐代杨巨源所写《春日奉献圣寿无疆词》十首中的一首:

玉漏飘青琐,金铺丽紫宸。
云山九门曙,天地一家春。
瑞霭方呈赏,暄风本配仁。
岩廊开凤翼,水殿压鳌身。
文雅逢明代,欢娱及贱臣。
年年未央阙,恩共物华新。[71]

住在圆明园的天地一家春的后妃们,把它看成具有吉祥寓意的场所。同治年间重修圆明园时,慈禧特别要求在万春园中

九洲清晏天地一家春复原图(图2-1-D-11)

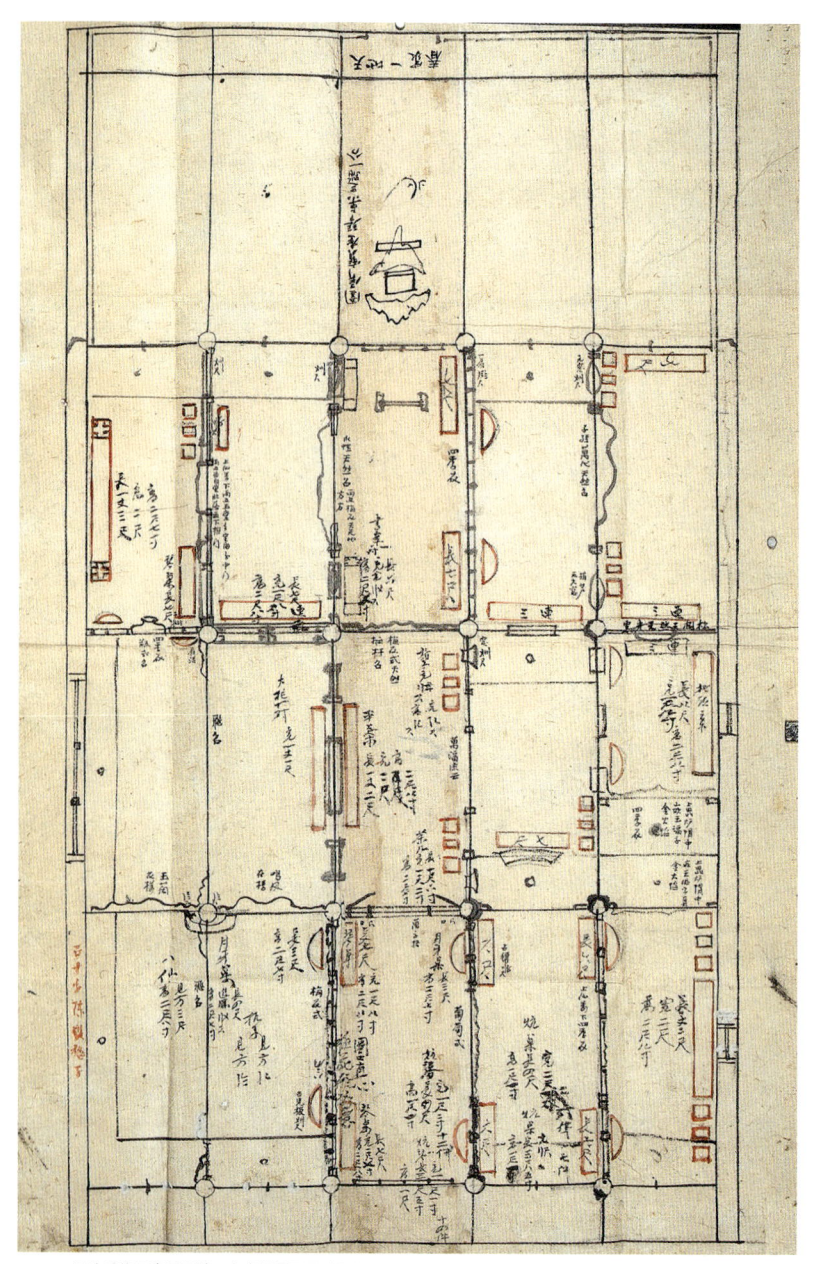

同治重修万春园天地一家春的平面图（图2-1-D-12）

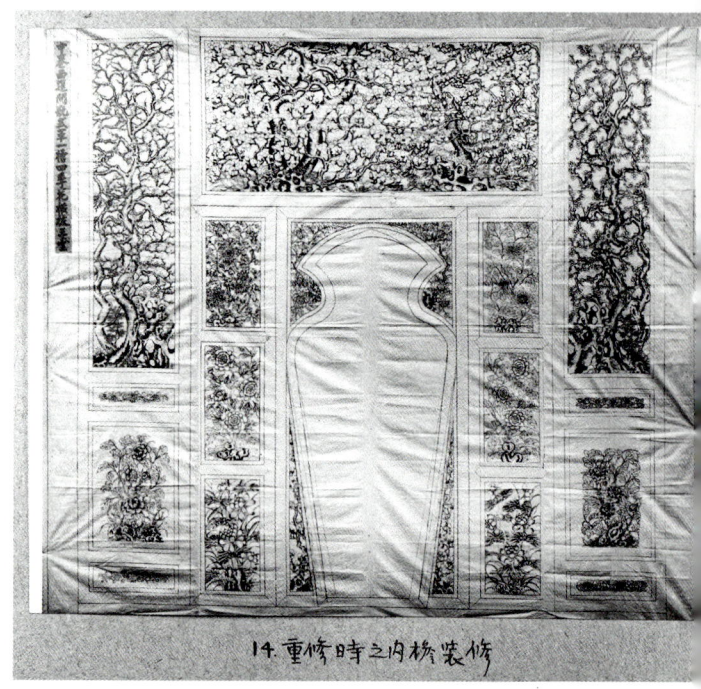

慈禧亲绘装修图样（图2-1-D-13）

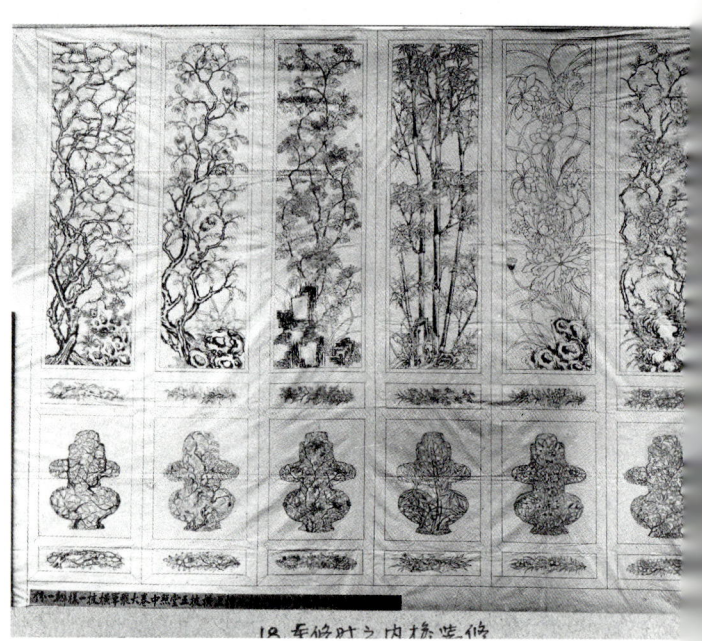

慈禧亲绘装修图样（图2-1-D-14）

把自己的寝宫称作天地一家春。这个建筑设计成四卷勾连搭的形式(图 2-1-D-12)，室内充满了各式木装修，总共使用了 24 槽之多，其中有落地罩、栏杆罩、天然罩、飞罩、几腿罩、碧纱橱、多宝格、仙楼、方窗、月窗、扇面窗、嵌入墙中的大柜等十余种类型，如果加上宝座床、前后檐床、顺山床、穿衣镜、桌张等，木器共计 175 件。[72] 如此多的装修种类和器物数目，出现在一幢建筑中，是前所未有的。慈禧不但与同治帝亲自审查天地一家春的装修题材、花样设计图纸，还操笔亲绘图样(图 2-1-D-13、14)。[73]

⊙ E. 含经堂

长春园的含经堂、淳化轩是乾隆帝为自己所建的归政娱老之所。这座寝宫居于整个长春园中部的大岛上，成为全园的主体建筑群。其周围的湖泊、河流及建筑群均衡分布，拱卫着主体，它们彼此之间虽有低矮的土山相隔，但仍体现出"以中为尊"的格局。

含经堂所在岛屿四周有土山回环，只留几处山口与周围溪河连通，东南角的山口为主要交通要道，从此进入宫门前的小广场，东西长 53 米，南北宽 33.7 米，从考古发掘出的遗迹来看，东、西、南三面曾建了 3 座琉璃牌楼，其间有十字甬路，将广场分成四块，北部的两块当年用花砖铺地，铺成 13.9 米的方形和 12.5 米的圆形图案各一块，其北还有一处铺成书卷形图案，南侧的两块也有少量图案。宫门之内的建筑布局分成左、中、右三路(图 2-1-E-1a、1b)。

中路门、堂、轩、斋沿着中轴线排列，前后共三进院落。含经堂、淳化轩不仅建筑群规模壮丽，且有丰富的空间处理(图 2-1-E-2)。

广场北侧为五开间的含经堂宫门，其遗址东西长 19.7 米，南北宽 9.1 米。坐落在 1.6 米高的台子上，此台从中部向南伸出 5.8 米，左右抱着宫门，并外展约 2.0 米。宫门本身又从台面上建起 0.6 米的台基，由此可见其规制之高。入门之后，首先见到的是一座影壁，现在仍然保存着承托影壁的滚墩石(图 2-1-E-3a、3b、3c)，上雕有包袱、石鼓、兽面文等。影壁柱间距宽 4.5 米，完全遮挡了入门者的视线，不

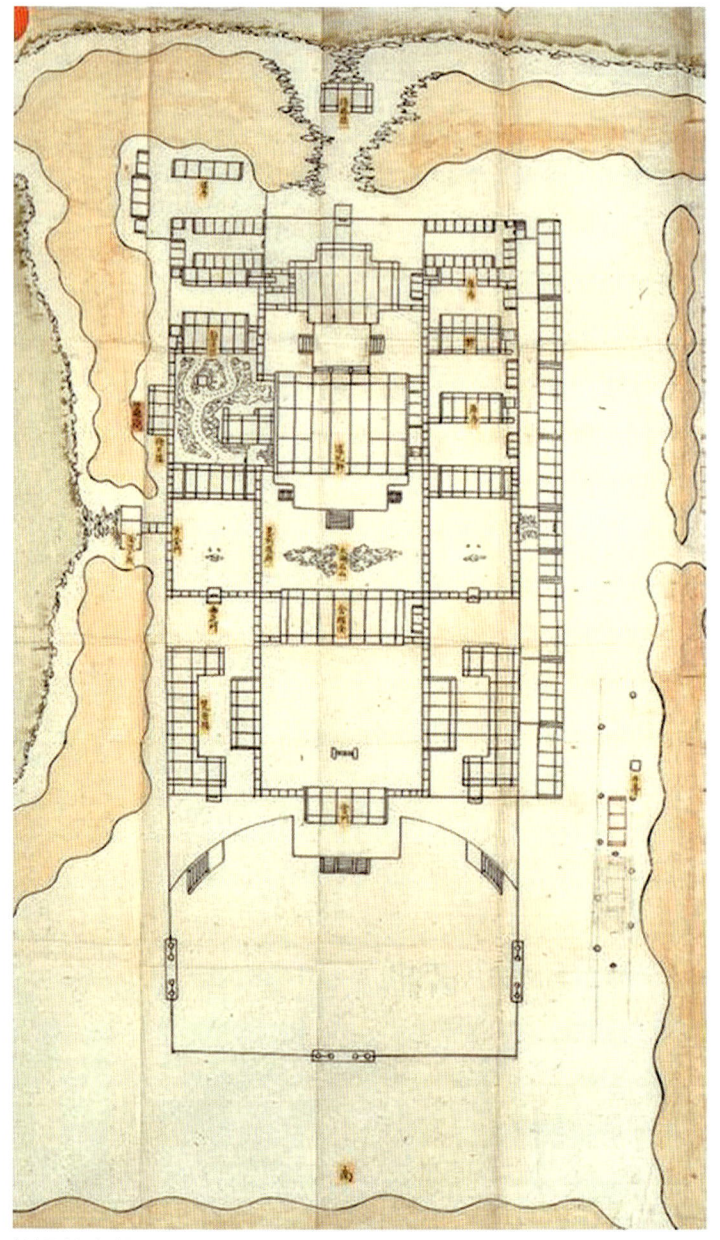

长春园含经堂总平面（图 2-1-E-1a）

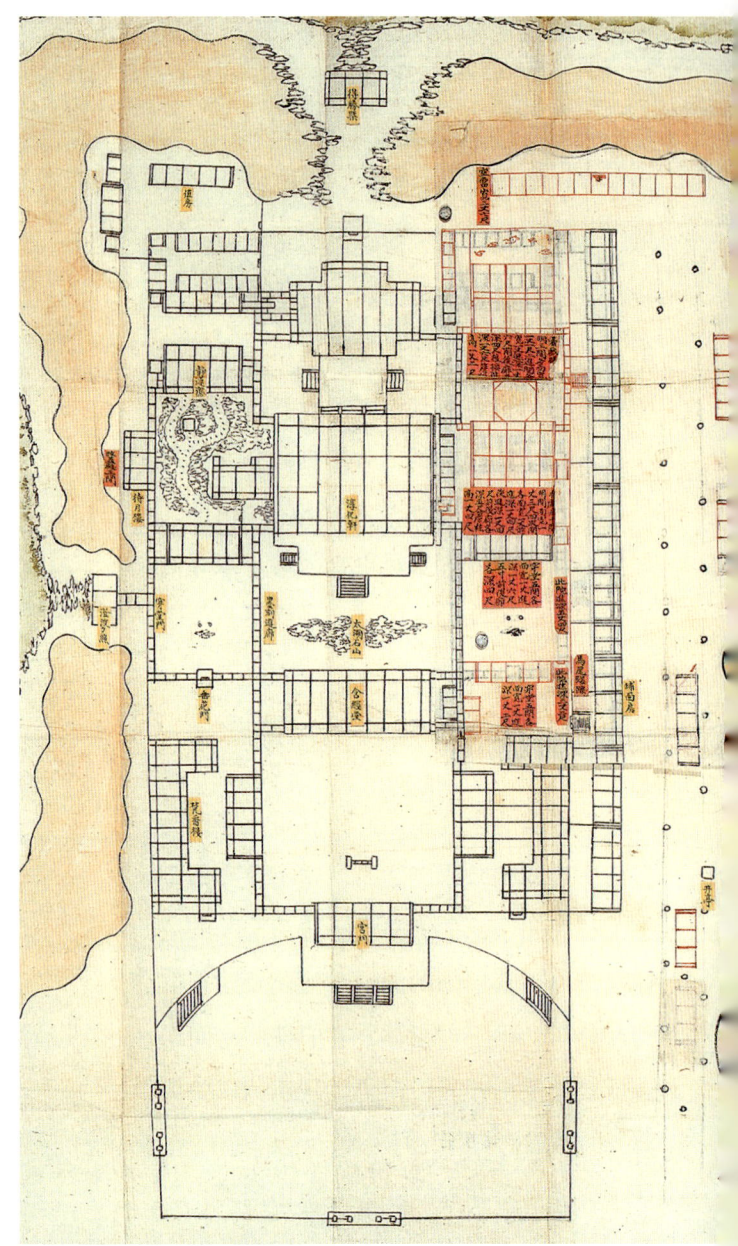

长春园含经堂改建平面（图 2-1-E-1b）

含经堂复原图（图2-1-E-2）

能一目了然地看见含经堂。

含经堂虽说是寝宫中的大殿，但这座面宽七开间带前后廊的建筑，其性质仍然是对外的礼仪活动场所。在基础层的发掘中，在西梢间、尽间的北侧，和东尽间的中部均发现了火道遗迹，这样的处理类似紫禁城殿宇中的东西暖阁，表明这里是在冬季格外温暖的房间。不过，这座殿宇在夏季也很凉爽。乾隆十四年（1749年）《御制夏日含经堂》诗称："高轩能却暑，邃室亦生凉。"[74]

含经堂左右的建筑，值得一提的有，东配殿以东的霞翥（zhǔ）楼，此楼内额悬有"味腴书室"匾，实际为藏书楼。这里曾藏有《四库全书荟要》，这部荟要编辑的目的在于"全书四库弆（jǔ，收藏）四阁，顾每阁藏书三万六千册，卷帙浩如渊海，洵非易，究因复命司事大臣等，择

长春园含经堂遗址全景（图 2-1-E-3a）

长春园含经堂牌楼门滚墩石遗迹（图 2-1-E-3b）

含经堂前广场铺地花砖（图 2-1-E-3c）

其尤精者亦分四库，得一万二千卷，别名荟要。于大内之摛藻堂，圆明园之味腴书室各缮录一部以备几余披览，分藏园内及宫中"。[75]；霞翥楼满足了乾隆帝这个爱书的特殊读者随手翻阅书目的需要。霞翥楼平面成凹字形，凹进的一面带有廊子，柱网排列清晰，南北通面宽 33.9 米，通进深 6.5 米。两山东西通面宽 13.2 米，通进深 6.5 米[76]，廊宽 1.3 米。在凹面当中三间有一建筑遗迹，为从东配殿伸向霞翥楼的小厅，两者几乎连成一体。

淳化轩是乾隆三十五年（1770 年）建成的一座殿宇（图 2-1-E-4）。乾隆帝说："淳化轩何为而作也？以藏重刻淳化阁帖石而作也。"所谓《淳化阁帖》，是宋太宗赵光义将内府所藏历代墨迹命翰林侍书王著编次摹勒上石于禁内，名《淳化阁帖》。此帖又名《淳化秘阁法帖》，简称《阁帖》，系汇帖，共十卷。第一卷为历代帝王书，二、三、四卷为历代名臣书，第五卷是诸家古法帖，六、七、八卷为王羲之书，九、十卷为王献之书。《淳化阁帖》是中国最早的一部汇集各家书法墨迹的法帖。所谓法帖，就是将古代著名书法家的墨迹经双钩描摹后，刻在石板或木板上，再拓印装订成帖。《淳化阁帖》收录了中国先秦至隋唐一千多年的书法墨迹，包括帝王、臣子和著名书法家等103人的420篇作品，被后世誉为中国法帖之冠和"丛帖始祖"。由于战乱，宋版的《阁帖》逐渐失散，到了清代已经非常难得。幸好内务府藏有保存完好的善本《阁帖》，于是经过考订重刻，所刻石板镶嵌在含经堂后部两侧的廊壁上，同时在两廊之间的院落中建轩，名淳化，内储《淳化阁帖》。

乾隆帝说建此阁的目的："若纪元得至六十则寿登八十五，彼时当归政，居此果如所愿，得以翰墨静娱诚至乐也。"[77]

淳化轩是一座面宽七间进深三间带前后廊的大型殿宇，通面宽32.15米，通进深23.2米，台明通长33.8米，通宽26.6米。前设月台，长20米，宽6.6米。开间尺寸为：当心间5.15米，次间、梢间、尽间皆为4.5米。进深的三间皆为6.4米。

淳化轩大殿复原图（图2-1-E-4）

由于当心间的宽度和进深尺寸皆超过一般建筑，这座建筑格外高大。要了解这座建筑当年的形象，与紫禁城宁寿宫的乐寿堂对照便知，因为乾隆帝说，"此堂（紫禁城乐寿堂）之制一如长春园淳化轩"[78]。由此推之，淳化轩为一座歇山顶大殿。从仅存的一张淳化轩平面图（图2-1-E-5）可知，该殿室内空间异常丰富，是一座带有仙楼的建筑，也即室内为二层，其布局确实与紫禁城乐寿堂的室内格局基本相同。当中的三开间连通，直通两层，可称之为共享空间，仅作了前后分隔；后厅仅占三分之一，前部的三分之二靠后用裙墙槛窗隔出一条走道，其余的空间连成一体，作为前厅，并在槛窗之前设置宝座。前厅空间的两侧设有碧纱橱，与故宫宁寿宫乐寿堂的空间处理完全相同（图2-1-E-6）。在前进深梢间仍然是上下连通的空间，尽间则为上下两层，安置了仙楼，这里又被称为东暖阁、西暖阁，其中、后进深皆为仙楼所在，左右的仙楼通过前、后厅之间隔出的通道相连。在这座殿中使用的装修形式有：碧纱橱、栏杆罩、落地罩、几腿罩、高低床、宝座床、宝座屏风等。这些装修

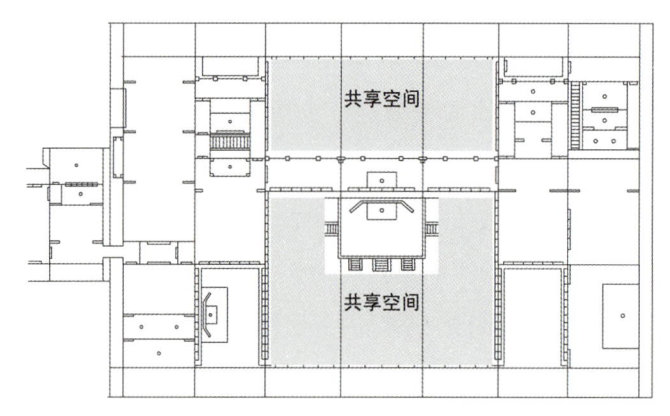

淳化轩大殿平面（图2-1-E-5）

故宫乐寿堂仙楼（图2-1-E-6）

的形式也与紫禁城宁寿宫乐寿堂有诸多相似之处，可与之参照。

从淳化轩北厅出北门，经过月台便来到蕴真斋，是一座七开间带周围廊，前出五间抱厦，后出三间抱厦的建筑。台面东西长30米，南北最宽处21.8米。这座建筑的开间和进深比淳化轩要小，但体形丰富。据档案透露其室内也带有东西仙楼，在淳化轩建设之前应当作为主要就寝空间。考古发掘出的东西两梢尽间皆有火道，说明也是采用东、西暖阁的做法。

乾隆十二年（1747年）初建时，蕴真斋本在淳化轩的位置，乾隆三十五（1770年）年因建淳化轩而将其北移。蕴真斋之北有院墙，上开北院门，通往北部山口和得胜概亭。

含经堂西路从前到后分隔成五个大小不等的院落。第一进只有一座东西向九开间的梵香楼，平面呈凹字形，正对着含经堂的西配殿。向北经垂花门进入第二进院落，此院三面回廊环绕，只有北侧置五开间前后廊的涵光室。在院的西廊有穿堂门通向西侧山口和澄波夕照水榭。第三进院落正当淳化轩西山墙位置，除了靠贴在淳化轩山墙所建的三友轩小殿之外，其余空间以叠石假山充满。奇石磴道、洞壑悬崖汇聚其中（图2-1-E-7a、b）。三友轩成为与淳化轩联系的过渡，一则可经小殿直接来到淳化轩，另一方面也可用三友轩遮挡着淳化轩尺度较大的山墙，用小殿来平衡淳化轩与不太高的人工叠山之间的矛盾。

三友轩处在假山包围中（图2-1-E-7a）

淳化轩西侧假山（图2-1-E-7b）

此外，在三友轩周围院子内，当年种植松、竹、梅，更增加了几分陶冶情操的氛围。假山北侧有静莲斋，西侧有待月楼，假山西侧的廊子串联这两座建筑和前院的涵光室；假山之上建一小方亭。第四进院落很窄，仅有一座五开间的建筑理心楼。第五进院和西北角的跨院建有二十多间值房。

含经堂东路前后共四进，第一进的霞翥楼、第二进的渊映斋建筑布局与西路相似，后部只存嘉庆改建后的状况，设有戏台、扮戏房、看戏殿等。

从近年对看戏殿的考古发掘可以看出乾隆年间原有建筑工程做法之考究。另外，在东路之外，排列着长长的一排铺面房，作为买卖街使用 (图2-1-E-8)。

在这座寝宫中的主要殿堂中供有佛像，如含经堂内供宗喀巴像；还安排了宗教建筑，如含经堂西配殿正对的梵香楼，内部供奉着金塔、银塔、铜塔、玻璃塔、珐琅塔、紫檀塔等六尊佛塔。淳化轩西北的静莲斋设有佛堂。这些宗教建筑和佛像反映着帝王寻求心理安慰的需求。

⊙ **F. 绮春园寝宫区**

绮春园寝宫区位于宫门内的前朝大殿之后，寝宫与前朝有土山相隔。据道光三十年（1850年）的图样可知，该区包括内宫门、颐寿轩、敷春堂、东所、西所及若干园林建筑 (图2-1-F-1)。道光年间，这里成为太后、太妃等后宫宫眷们的居所。她们原来居住的畅春园年久失修，残破已极，于是移至绮春园寝宫区。道光帝于道光三年（1823年）写有《诣绮春园问安恭记》一诗：

侍养东朝御园东，绮春春景四时同。
朱轩飞阁辉晴雪，秀水文峰隐碧丛。
懋著徽音彰母德，常承色笑惬予衷。
石衢策骏纤尘静，卓午言旋一棹通。[79]

买卖街遗址（图2-1-E-8）

寝宫区西、北皆临湖，主体建筑为"工"字形的敷春堂，其两侧及后部布置了若干楼阁、曲廊、亭榭。敷春堂前的颐寿轩属于礼仪活动场所，敷春堂为皇太后居所，其东部有东宫门，可通往嫔和公主们居住的东所、西所。

　这组建筑群从内宫门、经颐寿轩、敷春堂、连廊、后殿直到问月楼，由一条南

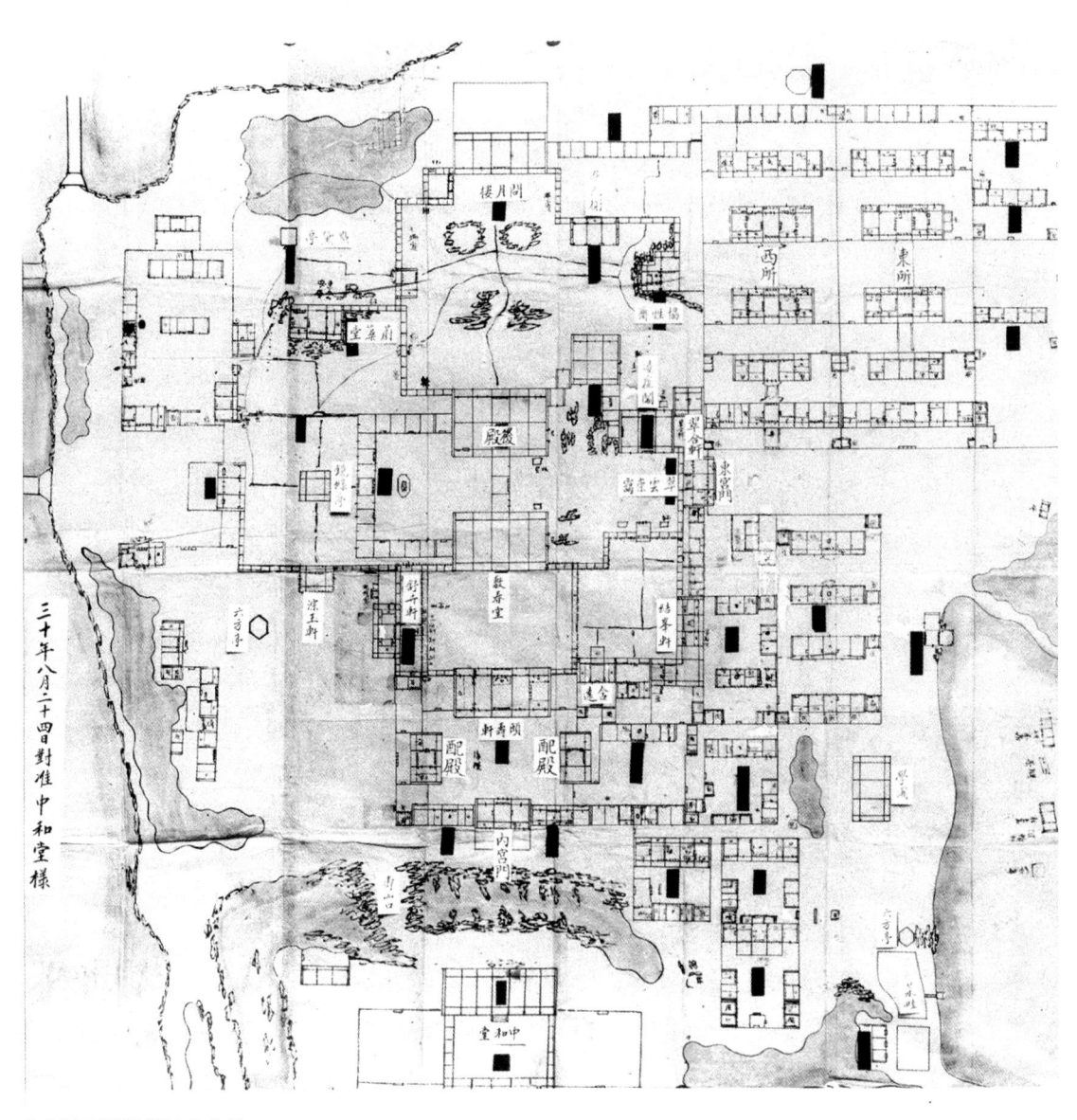

绮春园寝宫区平面（图 2-1-F-1）

敷春堂前殿复原图（图 2-1-F-2）

北向轴线贯穿起来，但其中轴线两侧的建筑布局格外自由，建筑大小、形式不拘一格，位置错落变化，并于其间穿插布置着几组假山，表现出浓郁的园林化特点。

敷春堂为工字形殿宇（图 2-1-F-2），前、后殿皆为五开间，连廊三开间。前殿采用歇山式屋顶，后殿为两卷悬山顶。前殿明间正对房门设有宝座床，是礼仪性空间，用以接待宾客；西侧的两间连通，作为起居活动场所；东侧的两间设有隔墙，布置着床铺，为接待客人的场所。后殿室内设有多张床铺及仙楼，为主要就寝场所。

从道光十二年（1832 年）的样式房图样"永春室东二所"（图 2-1-F-3）[80] 上，可知皇室女眷们在这里的居住情况。该图还绘出了前朝区建筑的位置，清楚地反映出彼此的关系。从图中所标注的"彤嫔住""成嫔住"可知，彤嫔、成嫔曾为道光之嫔，后晋为妃便迁居。图中还有"隐志郡王福晋"，隐志郡王为道光长子，道光十一年（1831年）去世，因此其福晋居于此。

东二所的居住者身份不高，建筑布局较简单，建筑的开间进深变化略有等第之别。东二所又分为"东所""西所"，两者布局相同，前后分成六进院落，除第一进为九间连排房屋之外，二、三、四、六进皆为五开间殿宇，仅在第五进为七开间。西所居住者为"彤嫔、八公主、成嫔"等，东所有"隐志郡王福晋、顺贵人"等，这些人都是道光帝的嫔、贵人、公主、皇子媳。

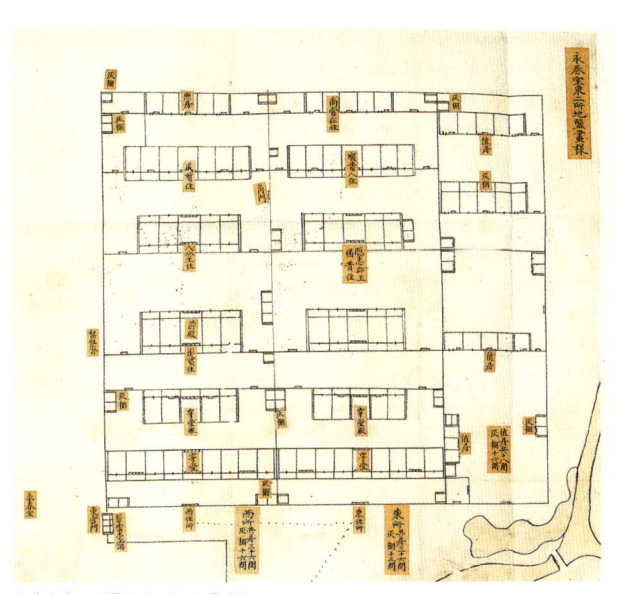

永春室东二所平面（图 2-1-F-3）

2. 天地人伦

（图 2-2-1）

⊙ A. 镂月开云

镂月开云在早期称为牡丹台，建于康熙年间。在雍正帝笔下，这里是："叠云层石秀，曲水绕台斜。天下无双品，人间第一花。"

康熙六十一年（1722年）春，身为皇四子的胤禛曾请父皇康熙帝来牡丹台赏花。就在这一天，胤禛之子弘历被引见给皇祖。皇祖见弘历聪明伶俐，举止不凡，决定对这位皇孙进行特殊的教育培养。乾隆帝后来在《纪恩堂记》中对这段往事如此述及："……恭承皇祖恩，养育宫中，则在康熙壬寅春，即驾临之日而觐于斯堂之

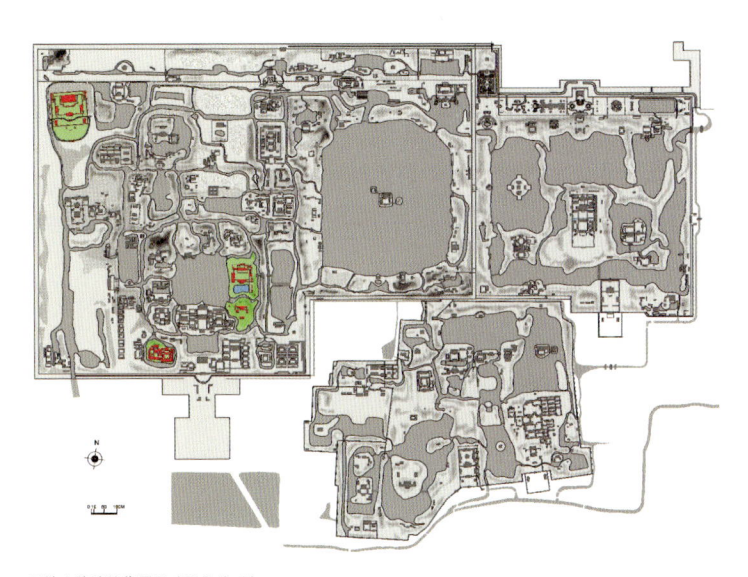

天地人伦建筑位置图（图 2-2-1）

内云。斯堂在圆明园寝殿殿左，旧谓之牡丹台，即四十景内所称镂月开云者。"对乾隆帝而言，这次与祖父的相见是永远难忘的。他不止一次回忆着："予十二岁时，皇考以花时恭请皇祖幸是园，于此地降旨，许孙臣扈侍左右云。"弘历在圆明园见到祖父康熙帝是在康熙六十一年（1722年）三月二十五日。先前，在康熙六十年（1721年）四月十六日康熙帝前往避暑山庄时，胤禛随驾同行，便把十一岁的儿子弘历带了过去。在避暑山庄如意洲观莲所，胤禛让弘历背诵所学的部分经书，弘历背诵如流，一字不漏，在周围旁听的康熙皇帝的近侍们非常吃惊。第二年，在圆明园见到祖父康熙帝时，弘历又有不俗的表现，他背诵讲解周敦颐的《爱莲说》，不仅背诵流畅而且讲解透彻。康熙帝为此感到欣喜，将弘历带回宫中，以便随时教授、指导。康熙帝不仅注重子孙文化方面的培育，同时也注重射箭、使用火器等武艺教授。[81]康熙六十一年（1722年）弘历随祖父康熙帝来到避暑山庄，住在万壑松风。胤禛住在狮子园。一天，胤禛邀请父皇康熙帝到狮子园进膳，弘历随同前往。康熙帝忽然提出，让胤禛的嫡福晋带弘历的生母来见，见后，康熙帝称之为"有福之人"[82]。胤禛即位后，将弘历生母钮祜禄氏从侍妾升为熹妃。雍正八年又升为熹贵妃。乾隆帝即位后，尊生母为皇太后。

镂月开云位于九洲区后湖东侧（图2-2-A-1），这里环境尤为特别。后湖四周，地形大多平坦，而这里却留有一片层层叠摞着的片石——"叠云层石"，园林建筑即以此为中心布局。层石间种植牡丹，中间构建一座亭榭，名牡丹台（图2-2-A-2）。台北侧，便是一组三合院，正宇为御兰芬，五开间前出抱厦，两侧带耳房。西厢位置有养素书屋，东厢位置为二层的栖云楼。三合院与牡丹台之间点缀几棵苍松，伴以叠石小品。院落的东、西、北三面围着低矮的土山，山外曲水周流。山口路旁缀着小亭，预示着"风景这边独好"。乾隆帝说：牡丹台与御兰芬"盖一轩一室向背不同，景概顿异，而兴趣因之亦殊"[83]。

牡丹台本身，不用九洲区建筑的灰瓦顶、青绿色彩绘柱梁之风格，而是"以香楠为材，覆二色瓦，焕若金碧；前植牡丹

镂月开云（图 2-2-A-1）

数百本，后列古松青青，环以杂花名葩。当暮春婉娩，首夏清和，最宜啸咏"[84]。这座三开间带周围廊的楠木歇山顶小殿，梁枋间于楠木上皆用木雕装饰，甚为珍奇。

在此处，乾隆帝所系念的不仅是观赏牡丹，风调雨顺之年，他会赞扬作为"花王"牡丹的美色，但挂在他心头的还是夏耕秋获与国家安危。乾隆帝曾有诗云：

牡丹花比寻常好，宜雨宜晴絮不颠。
却为匆匆无暇赏，今来叙樟见骚然。
山村已见插新秧，早较去年两月强。
敢即吾心此庆慰，夏耘秋获日方长。[85]

镂月开云景区复原图（图2-2-A-2）

杨柳絮稀经雨减,牡丹花放待风吹。

如斯佳景厌欢赏,为盼军营驰捷旗。[86]

然而,镂月开云留给乾隆帝最深的记忆是三帝同聚牡丹台。"犹忆垂髫日,承恩此最初。"并注曰:"予十二岁时,皇考以花时恭请皇祖幸是园,于此地降旨,许孙臣扈侍左右云。"[87]乾隆帝还专著《记恩堂记》:"恭承皇祖恩养育宫中,则在康熙壬寅春,即驾临之日,而觐于斯堂之内,斯堂在圆明园寝殿之左,旧谓之牡丹台,即四十景内所称镂月开云者。"[88]从《雍正帝观花行乐图》(图2-2-A-3)可以想见当年三帝共聚牡丹台的景象。

⊙ B. 鸿慈永祜

鸿慈永祜又称安佑宫,位于圆明园的西北角,是非常特殊的一类建筑——礼制建筑,也是中国皇家园林中唯一的一座家庙。在中国古典建筑中,凡是祭祀天、地、日、月、山岳、江河、海渎之神的建筑,以及皇家祭祀先皇、百姓祭祀先祖的建筑皆属礼制建筑。

雍正帝观花行乐图(图2-2-A-3)

安佑宫本为供奉圣祖、世宗的神御之所[89]（图2-2-B-1）。乾隆帝即位以后便在圆明园中添建了安佑宫。他认为皇祖、皇考对清王朝统治所做的贡献之大，要以非常级别的礼仪来报答，以乞求两位先帝在天之灵永远祐佑着大清江山。乾隆帝在《御制安佑宫碑文》[90]中写道：

> 设裳衣以如其生，朔有酌而望有献，尽事亲之礼，抒不匮乏之思者，原庙之制，西汉以来始有之……然汉之原庙不过月出衣冠一游耳。至宋之时乃有神御之名，盖奉安列朝御容所也。上元结灯楼，寒食设秋千，其视汉为已备矣。而崇建遍郡国，奉祀或禅院，识者多议其非礼焉……我皇祖有非常之泽及天下，是以皇考合天下之情亦以非常之礼报之……念兹圆明园我皇考向日游观在囿在沼之地也，其何忍恝（jiá，不经心）视？爰择爽垲之地，具殿庑之规，为室九，敬奉皇祖御容于中，奉皇考配东一室……使后世子孙凛观扬之志，勤堂构之基，所谓礼以义起，有其举之莫敢废也。

本来，在明代紫禁城东侧已经建有太庙祭祀先祖，附会传统建筑文化中的"左祖右社"之制。清代帝王虽非汉族，然其对儒家礼制极为重视，在北京景山曾建有

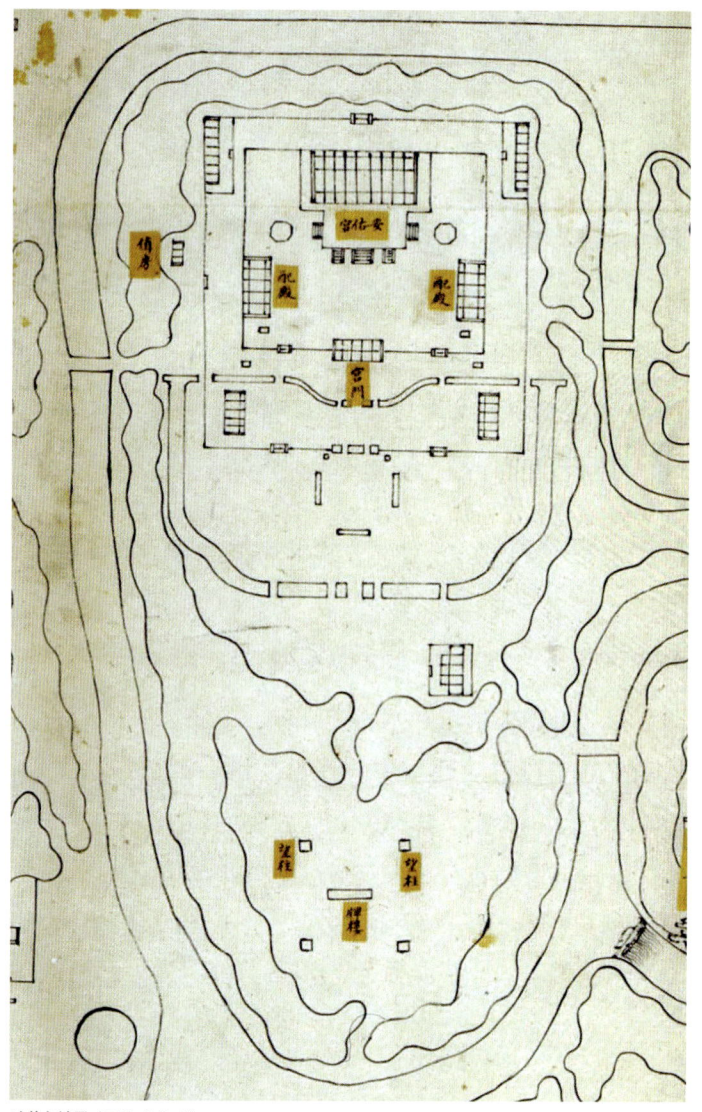

鸿慈永祜乎（图2-2-B-1）

奉祀顺治、康熙的寿皇殿，不过初期的寿皇殿仅为三间小殿，于是在安佑宫修建了"重垣广厈、戟门、九室，规模略备"。其规制仿北京太庙。安佑宫的建设是一种象征，它加强了圆明园作为离宫御园的政治地位，从而彰显皇帝其以孝治天下的理念。

乾隆二十一年（1756年）的档案曾记录了乾隆帝在圆明园恭奉皇祖、皇考的活动。正月初八日，他从紫禁城回到圆明园，当日便去安佑宫祭拜，到了正月十五日又去安佑宫磕头，这一年的七月十五日再次去安佑宫磕头。另每月朔望安佑宫有喇嘛念经，[91] 如遇清明节、皇考忌日，皇帝本人若住在圆明园则必去安佑宫祭拜。

鸿慈永祜是圆明园中一组规制严整对称的建筑群（图2-2-B-2），通过对前导空间的处理，使其融入园林氛围之中。在其前部，从南侧山口通过狭窄逶迤的山路便见一座砖木混合砌筑的牌楼，这是一座三开间六柱两夹墙的冲天牌楼，牌楼前后四角，树立着四座华表，周围环以苍松，令人感到与景区外界的空间差异。穿过牌楼，眼前三座汉白玉石拱桥跨于月河之上，过桥后有三座呈"品"字形安置的木牌楼围成小广场，广场两侧长满松柏。当人们站在那表彰先皇功德的三牌楼中间，会沉浸于追忆先皇的氛围之中。随之来到安佑宫门前，祭奠者面对北侧的三座镶嵌于围墙上的券门，会油然而生对先皇的崇敬之情。通过这道砖券门，跨过内月河上的石桥，方能进入安佑宫门，最后到达举行祭奠活动的场所安佑宫。在这个祭祀先帝的场所，通过前导空间中的四座华表、三座牌楼的多重对称处理，强化了建筑群的严肃性。随后进入围墙环绕的、对称而封闭的院落，更增加了庄严肃穆的气氛。

入安佑门院后，正面是安佑宫大殿，两侧有配殿、碑亭，周围有一道墙院。大殿安佑宫位于方形院落中，九开间、带斗栱、重檐黄色琉璃瓦屋顶，坐落在带有须弥座的台基上；前出月台，台边置汉白玉栏杆，是为这组建筑群的核心。院墙外有井亭、东西朝房。另外，在外月河的东南侧设有致孚殿，为祭奠者更衣处，此殿坐东朝西自成一小院。

整个建筑群气势宏大，各个建筑乃至围墙均覆以黄色琉璃，配以红墙、红色门窗装修，色彩格外壮丽。乾隆帝对这组

鸿慈永祜（图2-2-B-2）

建筑群甚为满意，并以诗寄情，诗序称："周垣乔松偃盖，郁翠干霄，望之起敬起爱。"[92]

乾隆帝晚年园居时恰逢皇考祭辰，触景生情、即境回思，于是写下了《恭遇皇考忌辰安佑宫行礼有作》，慨叹当年皇考对他的厚爱："历年秋狝（xiǎn，秋天打猎）木兰，此日率于行宫南望展拜。今年园居，得于安佑宫行礼，即境回思益深悲怆。园居恰值忌辰日，追忆呼天即地临。五十五番遗诏读，倏如一瞬迅光阴。"[93]

安佑宫被英法联军焚毁后，其一对华表被燕京大学运走，置于校园中，即现在的北京大学校园所存者（图2-2-B-3）；另一对华表及一对石狮被北京图书馆运走，现存北京文津街国家图书馆老馆院内（图2-2-B-4、5a、5b）。

安佑宫前华表（现存国家图书馆老馆）（图2-2-B-4）

安佑宫前石狮（现存国家图书馆老馆）（图2-2-B-5a）

安佑宫前华表（现存北京大学校园）（图2-2-B-3）

安佑宫前石狮（现存国家图书馆老馆）（图2-2-B-5b）

⊙ C. 长春仙馆

长春仙馆位于九洲区西南,独处一座小岛之上,四周溪流环绕,外围有土山环抱,显得格外僻静。"循寿山口西入,屋宇深邃,重廊曲槛,逶迤相接,庭径有梧、有石,堪供小憩。"这个景区建于雍正年间,乾隆说:"予旧时赐居也,今略加修饰,遇佳辰令节,迎奉皇太后为膳寝之所,盖以长春志祝云。"可见,乾隆帝登基以后,这里的功能从皇子住所转变为皇太后驾临御园短时居住的寝宫。每当圆明园举行节日庆典,如上元、端午、七夕、中元、中秋、重阳等,皇太后会来此赴宴、听戏、观灯、赏花、看龙舟竞渡。平时皇太后居住在畅春园。因此,乾隆帝对长春仙馆的功能作了这样的描述:

常时问寝地,曩岁读书堂。
秘阁冬宜燠,虚亭夜亦凉。
欢心依日永,乐志愿春长。
阶下松龄祝,千秋奉寿康。[94]

这首诗还表达了乾隆帝对常来仙馆居住的母后的孝敬之情。

这个景区的构成据《日下旧闻考》载:"长春仙馆之西为含碧堂,五楹,堂后为林虚桂静,左为古香斋,其东楹有阁为抑斋,林虚桂静东稍南为墨池云,后有殿为随安室。"[95]

这组建筑群由东西并列的四组院落构成,共有大小建筑135间(图2-2-C-1)。最东的一路是这个建筑群的主体,入宫门后便见一座垂花门,垂花门两侧的抄手游廊串联着东、西配殿,正殿长春仙馆。仙馆[96]为五开间带前后廊的建筑,其后有后罩房绿荫轩,宫门左右有围房十数间(图2-2-C-2)。

仙馆西侧紧邻的是以墨池云为主的一组院落。再西侧是以林虚桂静、含碧堂为主的一组院落,更西是以藤影花丛为主的院落。这三组院落彼此仅有两条游廊相隔。在仙馆西侧与墨池云之间夹着一座小殿丽景轩,仙馆东侧还有一座与丽景轩对称位置的建筑,这两者之前,成曲尺形对称布置着若干附属用房,并与宫门相接,形成护卫仙馆的形势。

这组建筑群除了几个亭子之外,几

长春仙馆（图 2-2-C-1）

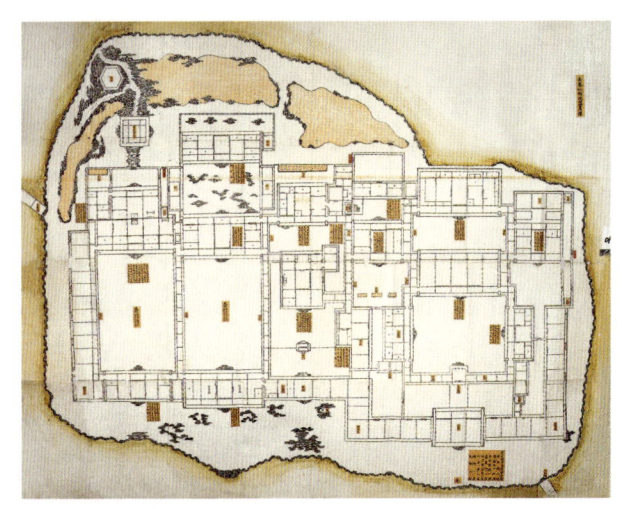

长春仙馆平面（图 2-2-C-2）

乎全部采用卷棚式屋顶。其中的墨池云尤为特殊，竟然使用了三卷勾连搭式的屋顶，这种加大进深的建筑做法在圆明园中当属最早的例子，为以后改建寝宫提供了样本。

这组建筑的功能在乾隆时期除了居住之外，多为书室。对此，乾隆帝曾有多首题诗。

乾隆六年《古香斋题壁》："书屋诚清绝，翛然水石边。时来听泉响，独坐爱岩悬。日永人偏静，斋深爽更延。忘言翻旧卷，仿佛话当年。"

乾隆三十二年《御制随安室四咏》有序称："随安室青宫时书屋名也。"[97]

乾隆三十九年《抑斋诗》[98]称：

长春仙馆中，斋额泐（lè，刻）青宫。
（长春仙馆予为皇子时所居也，颜书室曰抑斋。与重华宫西厢同，即位后凡园亭行馆有可静憩观书者，率以抑斋为额。）
到处兹数典，坐来惟恧躬。
业修德进未，昔日此人同。
祇有抑然志，庶几如武公。

不过，弘历在此只生活了七八年，长春仙馆大部分时间是其母孝圣皇太后的寝宫，直至乾隆四十二年正月皇太后于此病逝。因此乾隆帝在世时大部分时间把这里作为向母后问安尽孝的场所，这里给他留下了母子之情的诸多回忆。太后去世以后每每来到这里，他总是思绪万千，回想着母后对他的鼓励和支持，尤其是遇到天灾人祸的时候。乾隆四十三年的题诗写道：

园内赐居别一所，卅年庆节憩慈躬。
（长春仙馆予昔蒙皇考赐居也，御极以后每

100

岁孟春奉圣母幸御园，即驻憩于此，行庆度节至正月杪，始奉慈驾驻畅春园。)

昨春大故忽于此，今岁重来望已空。

(未敢频兴神御屡，去春圣母于此升遐，室宇庭阶触处皆增伤感……因之洁治佛筵崇。)

瓣香忏悔期消恨，翻惹填膺恨不穷。[99]

四十四年他又写道：

释服归来意如失，改余旧寝梵王宫。

(向年新春恭奉圣母至御园以长春仙馆为寝宫，丁酉大事以后即改寝宫为佛堂，以时瞻礼。恪遵家法，不敢奉神御也。)

未安神御存心曲，原睹慈容泪眼中。

全异赐居坐春日，(余幼时蒙皇考赐居于此，抚今思昔倍增怅惘。)顿成哀绪对秋风。

雨旸慰矣河工虑，却向何人诉此衷？

(向时每遇望雨盼晴，奏闻，圣母必多方慰谕，今岁各省雨旸时若二麦均可丰收，惟豫省河工久未合龙，愁绪刻难自释，更无可申诉余怀者，亦无复有询慰之人，追念能无哀感乎！)[100]

由此可见，乾隆帝对长春仙馆的情感更多的是源于对圣母皇太后的怀念。

嘉庆帝登基之后，又被皇父赐居于此。据嘉庆帝称："雍正年间，皇父承蒙皇祖赐居。越今六十年，予亦承皇父恩赐居此，实深感庆。"并赋诗一首：

毓德钟祥地，年光六十过。
赐居沐长庆，承泽应春和。[101]

表明要承接皇父因居此而执政了六十年的灵气。

嘉庆二年(1797年)，嘉庆帝曾写过一首《含碧堂玉兰歌》，[102] 描绘了长春仙馆景区的景观：

蔼蔼艳阳节候暖，堂下玉兰开渐满。
和风甘雨应昌期，每岁向荣发仙馆。
白毫光彻天葩盈，玉塔层叠如琢琼。
梨云掩映雕栏侧，银辉一片印晶莹。
长春福地栽培久，八十余年帝泽厚。
树人树木同绎思，小子深惧神器守。

(国家至计，首在任人。作养栽培，一树百获。此孟氏以乔木比世臣也。抚兹嘉树，每一绎思，不胜械朴梓材之望。)

长春馆，五福堂，韶华佳丽四照光。

（长春仙馆含碧堂及五福堂，皆有玉兰树。予幼时曾赐居五福堂。）

此花常作寿者相，千秋万岁扬芬芳。

道光十七年（1837年），九洲清晏失火，复建后，道光帝的后妃迁居于此。从样式房这张遗图（图2-2-C-3）中可以看到长春仙馆景区使用的情况；"仙馆"东配殿写着"静贵妃等茶果门班三间"，在丽景轩后屋写着"静贵妃下屋"。这说明，静贵妃居住在寝宫的"仙馆"。据史载，道光十四年（1834年），晋静妃为静贵妃。

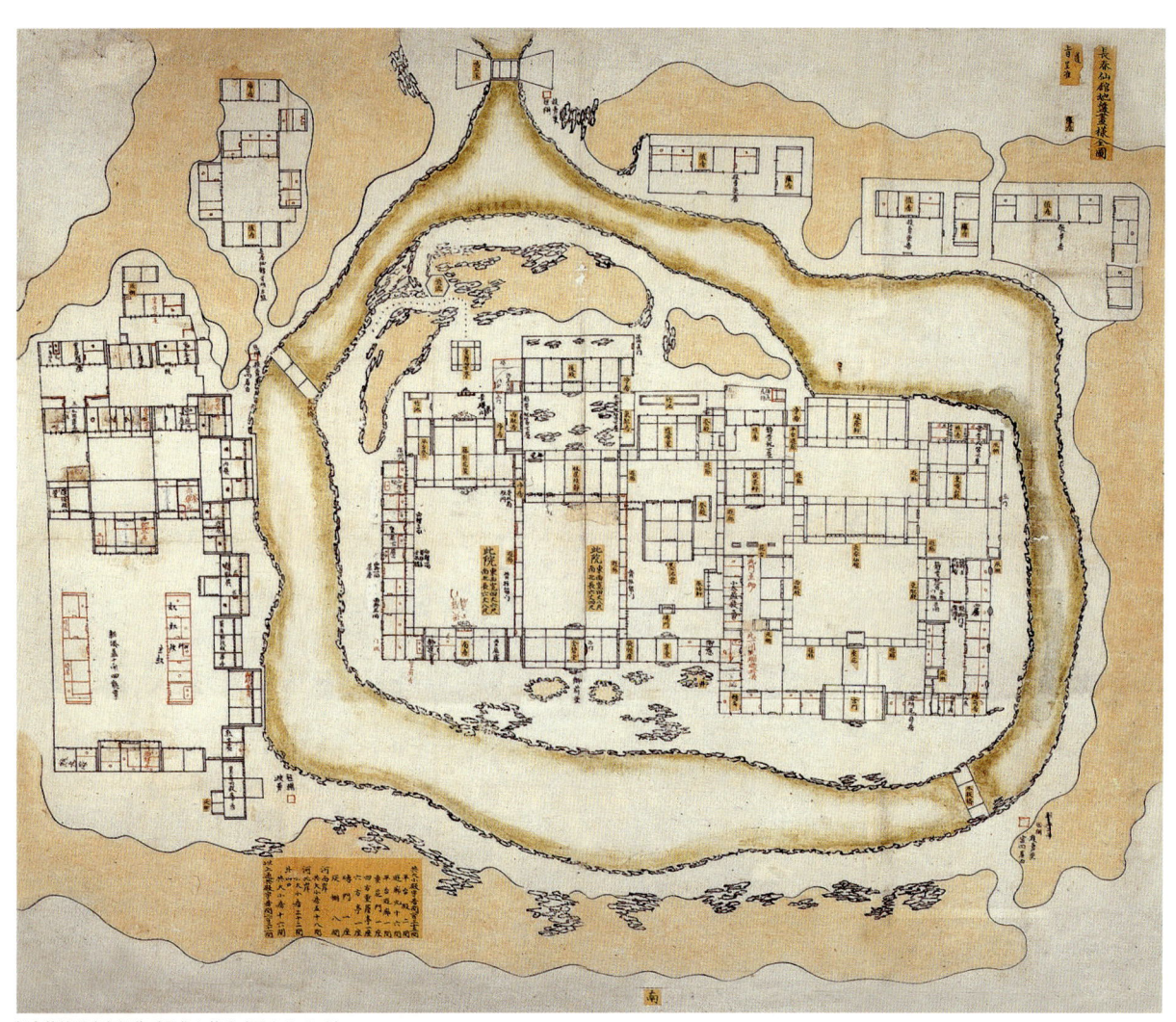

长春仙馆道光年间临时居住人状况（图2-2-C-3）

其西的林虚桂静北侧的西配殿写有"彤贵妃下屋"几字，说明彤贵妃居住的是林虚桂静殿。据史载，道光十六年（1836年）十二月，"晋彤嫔为彤贵妃"。这两位贵妃在晋升之前，作为"静嫔""彤嫔"时，仅仅居住一栋建筑，（见国家图书馆所藏的样式雷排架088-1号图纸所注。）而非一座院落；达到贵妃等级才可以带着她的下人居住整座四合院。

⊙ D. 天然图画

"天然图画"在胤禛为皇子时被称"竹子院"，在《圆明园四十景》图中，可以看到，这里的确是一个长满竹子的院落（图2-2-D-1、2），建筑群布局错落有致，院前为一水池，"池西北方楼为天然图画，楼北为朗吟阁，又北为竹䕰（kē）楼，东为五福堂五楹，堂后迤北殿五楹，为竹深荷净，其东南为静知春事佳，又东渡河为苏堤春晓……朗吟阁、竹䕰楼、竹深荷净、静知春事佳诸额皆世宗御书、竹䕰楼檐额曰桃花春一溪，亦世宗御书；五福堂额为圣祖御书，檐额曰莲风竹露，联曰：欣百物向荣每识乾坤生意；值万几余暇长同海宇熙春。皆世宗御书。"[103] 从这段记载可知，天然图画的主要建筑皆为雍正时期所建；天然图画的主要厅堂——五福堂，乾隆帝称："园内此堂古，祖恩皇考承（堂名皇祖所赐也）。"[104] 本来胤禛将康熙帝所题的五福堂匾挂在潜邸，"践位后于圆明园中复摹奎章，悬之是处"。[105] 五福堂前还种了玉兰，这棵树与乾隆帝的年纪相同，乾隆五十一年（1786年）曾有《五福堂玉兰花长歌志怀》[106]诗称："御园中斯最古堂，其年与我相伯仲。清晖阁松及此花，当时庭际同植种。松遭回禄花独存……""回禄"，是传说中的火神名，后因此称火灾为回禄。这里指的是乾隆二十八年（1763年）五月初五发生在九洲清晏景区的一次火灾，烧毁了那里的松树，而天然图画并未遭灾。若如其所说

竹子院复原图（图2-2-D-2）

天然图画（图2-2-D-1）

玉兰与自己年纪相仿，这株玉兰已经五十多年了，仍然长得很好，可能是沾了五福堂的福气吧。所谓"五福"之意，据《洪范》载："一曰寿，二曰富，三曰康宁，四曰攸好德，五曰考中命"，即长寿、富贵、健康、道德高尚、命运佳。乾隆五十二年（1787年）曾特别写了一首诗，说这个玉兰也是有福气的树木，而且得到了康雍二帝的荫庇。

五福堂是竹子院最南侧的主要殿堂，五开间前出抱厦，主殿与抱厦两者均采用了歇山顶。主殿左右带耳房，并向东西伸出长廊，廊上开什锦窗。(图2-2-D-3)建筑以五福命名，寄托着帝王的生活理想，在乾隆四十九年（1784年），乾隆帝得了元孙，实现了五世同堂，此后便将五福堂改称"五福五代堂"了[107]。

自五福堂向西伸出的廊子与朗吟阁的底层回廊相接，此阁为南向，其二层带歇山顶，在二层前接一座歇山抱厦，被称为"方楼"，造型优美。尤其是将抱厦做成敞厅，并有大台阶直通楼下庭院，更增加了

五福堂复原图（图2-2-D-3）

园林建筑活泼的气氛。朗吟阁也是园中最古老的建筑之一，乾隆帝曾记起儿时看皇父题写朗吟阁之匾的情景：

最久园中阁，两言题额横。
（此阁名为皇考潜邸时所题，其时予尚在幼龄，每于此仰承圣训。）
春秋奉明训，风月寄闲评。
五福堂依近，（阁在堂之右有廊通之。）
万年祚永宏。
闻诗闻礼日，那识朗吟情。[108]

还有一首诗中写道："画阁云楣圣藻书，题名犹在我生初（阁名犹皇考潜邸时所题也）。"[109] 这两首诗都说明朗吟阁的建造年代之早。

竹薖楼在朗吟阁之北，成东西向布置，是一座五开间带周围廊的二层楼阁，也采用重檐歇山顶，但与朗吟阁的屋顶方向不同，转来九十度，显得地位更加突出，是九洲景区里最高的一座建筑，也是一座很好的观景建筑，特别是欣赏西山景色（图2-2-D-4）。站在竹薖楼向西瞭望，只见远山层峦叠翠，有如一幅山水长卷，故

朗吟阁与竹薖楼复原图（图2-2-D-4）

将景区命名为天然图画。

自五福堂向东的廊子北转，连接着一座朝东的门殿。门殿北山墙处又有曲廊连通竹丛以北的厅堂——静知春事佳、竹深荷净，它们共同围合成一个长方形的院落。院中以修篁万竿，使人陶醉在绿满襟怀之中。五福堂前有一泓池水，并在池中布置岛屿，在水池东南、东北点缀一带土山作屏障，共同构成这个园林的小环境，又是一幅天然的图画。出五福堂院落东门，经过山口，跨过溪流，到达另一个景区——曲院风荷，在那里可欣赏荷风四面的另一番景色。

乾隆朝以后，水池和岛屿皆被填埋，直至2002年才被考古发掘出来，幸好叠石驳岸保存尚完好（图2-2-D-5a、5b），使人们得以了解当年的景物。

3. 神佛护佑

在清代的皇家园林中，除了理政、居住类建筑之外，不可或缺的是寺院、庙宇建筑，圆明园也不例外。园中有各类佛寺、宫观以及祭祀各种神灵的庙宇，供皇帝、后妃拈香、祭拜，满足他们的精神需求。对于臣民来讲，皇帝是高高在上的、是君权神授的、替天承运的代表，然而皇帝也有诸多不能解决的问题，不得不去请求神佛来护佑，所以各路神佛都被请到了这座皇家园林中。这里不仅有慈云普护、日天琳宇、月地云居等佛寺，而且有斗坛、广育宫、花神庙、刘猛将军庙，还有

天然图画前水池（图2-2-D-5a）

天然图画池心小岛遗迹（图2-2-D-5b）

宗教建筑景区位置图（图2-3-1）

建了惠济祠、河神庙。加建河神庙的理由据其嘉庆十九年（1814年）正月的自述："清江浦，为河淮交汇之处。滨河郡邑，亿万民生，视水势为安危，七省全漕皆由此转运……爰于御园之南肇建祠宇，崇奉河神，并命江南督臣恭照原像摹绘，供设祠内。"[110]

帝王们在圆明园园居理政期间的宗教活动是其精神需求的重要组成部分，从乾隆二十一年（1756年）在圆明园居住时的档案[111]中，可以看到乾隆帝的宗教生活：

祭祀关帝、龙王、碧霞元君的殿宇等（图2-3-1），乾隆帝说："何分西土东天，倩它装点名园。"当然，它们不仅是装点，更是皇帝对神佛护佑的寻求。雍正时期的涧阁、佛楼、仙香苑、佛城、刘猛将军庙，到了乾隆时期，分别被更名为慈云普护、日天琳宇、月地云居、舍卫城，刘猛将军庙依然如故。以后又建了广育宫、花神庙（又称万汇总春之庙），并在长春园建了法慧寺、宝相寺，在绮春园建了正觉寺等。此外，在许多景点之中还设有佛堂、经舍。嘉庆帝在整合绮春园时，在园中添

> 正月初八日：从紫禁城出发去圆明园，到达圆明园后，首先在奉三无私供前磕头——（九洲清晏）后码头至慈云普护、清净地（月地云居）、佛楼（日天琳宇）拜佛——舍卫城拜佛。
>
> 正月初九日：九洲清晏供前磕头——佛楼拜佛。
>
> 正月十五日：到佛楼拜佛——长春园等处拜佛——永日堂、舍卫城拜佛。

正月二十日：卯时开宝，东佛堂（可能在九洲清晏）有香桌，东佛堂供前拜宝。

四月初八日：佛诞之期，禁止屠宰。舍卫城摆浴佛会。——出西南门，至永宁寺拜佛——（回圆明园）清净地磕头——舍卫城拜佛。

四月初九日：清净地有道场。晚膳后到清净地拈香。

四月初十日：清净地道场圆满，遣官拈香。

四月十三日：（园外）西顶广仁宫开光，亲诣拈香。

四月十五日：自（九洲清晏）后码头乘船——慈云普护拜佛——码头——清净地磕头——佛楼、舍卫城拜佛——早膳后，办事毕往长春园等处拜佛。

四月十八日：接皇太后至聚远楼看会，上至广育宫拈香。

四月二十三日：静明园祈雨，亲诣拈香。

四月二十四日：从圆明园回宫（即紫禁城），至阐福寺拜佛——钦安殿斗坛磕头。

四月二十七日：（在圆明园）至斗坛磕头。

五月初一日：是日演斗龙舟。（九洲清晏）后码头乘船——慈云普护拜佛——万方安和码头——清净地磕头——佛楼、舍卫城拜佛——早膳后，办事毕至广育宫、长春园拜佛。

五月十二日：至静明园龙王庙拈香。

五月十三日：关圣帝君降神，遣官拈香。驾诣黑龙潭求雨。

五月十五日：（九洲清晏）后码头乘船——慈云普护拜佛——码头——清净地磕头——佛楼、舍卫城拜佛——早膳后，办事毕往广育宫拜佛——东园（长春园）等处拜佛。

五月十九日：静明园龙王庙拈香。

五月二十日：驾幸静明园谢雨。

五月二十五日：驾诣黑龙潭谢雨——大觉寺拈香。

五月二十七日：从万寿山回圆明园，乘船至瑞应宫斗坛磕头。

六月初一日：（九洲清晏）后码头

乘船——慈云普护拜佛——码头——清净地磕头——佛楼、舍卫城拜佛——早膳后，办事毕往广育宫、长春园等处拜佛。

六月初三日：至斗坛磕头。

六月十五日：（九洲清晏）后码头乘船——慈云普护拜佛——码头——清净地磕头——佛楼、舍卫城拜佛——早膳后，办事毕往广育宫、长春园等处拜佛。

六月十九日：静明园中岳庙开光，上去拈香。

七月初一日：（九洲清晏）后码头乘船——慈云普护拜佛——码头——清净地磕头——佛楼、舍卫城拜佛——早膳后，办事毕往广育宫、长春园等处拜佛。

七月初三日：至斗坛磕头。

七月初七日：七夕令节。（九洲清晏）后码头乘船至西峰秀色供前拈香。

七月十二日：是日未初二刻七分立秋，生秋亭有供。至供前拈香。

七月十五日：（九洲清晏）后码头乘船——慈云普护拜佛——码头——清净地、安佑宫磕头——佛楼、舍卫城拜佛——早膳后，办事毕乘船至蕊珠宫——长春园等处拜佛——广育宫拜佛——佛楼、古香斋拜佛。

七月二十七日：佛楼、斗坛磕头。

八月初一日：（九洲清晏）后码头乘船——慈云普护拜佛——码头——清净地磕头——佛楼、舍卫城拜佛——早膳后，办事毕往广育宫、长春园等处拜佛。

八月十五日：（九洲清晏）后码头乘船——慈云普护拜佛——码头——佛楼、舍卫城拜佛——早膳后，办事毕往月供前拈香。

八月十七日：奉三无私有供，至供前磕头。是日起程驾幸木兰。

十一月十五日：至万寿山大报恩寺拜佛。

这一年，乾隆帝在圆明园共居住了168日。根据上表统计，有35天的时间去各处祭拜神佛，其中除圆明园之外，还去了静明园、大觉寺、永宁寺、西顶等处，但以园内的活动为主。除此之外，在九洲

慈云普护（图 2-3-A-1）

清晏寝宫中还设有佛堂,以便于日常拜佛使用。乾隆帝在园中礼佛活动的规律一般与一些重大节令以及每月的初一、十五等日对应,其在园中礼佛的行程都是乘船。可以说,他是一路边游览,边拜佛,颇为惬意。

⊙ A. 慈云普护

慈云普护位于圆明园后湖北岸。早在雍正时期,这个景点已经建成(图2-3-A-1)。雍正帝有诗写道:

> 平桥依麓转,一带接垂杨。
> 阁峻横云影,栏虚漾水光。
> 度香花外厦,挹翠树西廊。
> 倚槛看飞鸟,披襟引兴长。[112]

这首诗描绘出了慈云普护所处的环境。《日下旧闻考》进一步说明了慈云普护的位置及其所包含的建筑和功能:"碧桐书院之西为慈云普护,前殿南临后湖,三楹,为欢喜佛场。其北楼宇三楹,有慈云普护额,上奉观音大士,下祀关圣帝君,东偏为龙王殿,祀圆明园昭福龙王。"[113]

(图2-3-A-2)乾隆帝在《慈云普护》诗的序言中,写出这里景物的个性和情趣:"一径界重湖间,藤花垂架,鼠姑[114]当风,有楼三层,刻漏钟表在焉。殿供观音大士,其傍为道士庐,宛然天台。石桥幽致,渡桥即为上下天光。"[115]

从这些史料可以看出,这里既有喇嘛教的欢喜佛场,又有汉地佛教的观音殿,还有道士庐以及民间供奉关帝和龙王的殿宇,真正是东土西天共冶一炉。这些神灵都是王朝的保护神,其本意是凡能护佑皇室政权者皆请入园中。从命

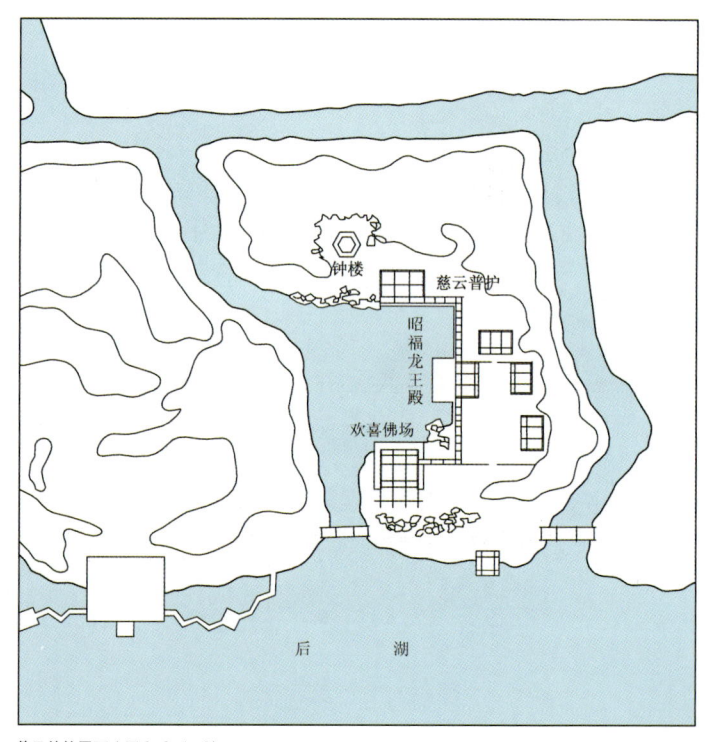

慈云普护平面(图2-3-A-2)

名到其中所供奉者，都充分体现了这层意思。其中还加入了自鸣钟楼。对于处在园林环境中的这座寺院，已经找不到世俗宗教所要求的建筑个性，而是地地道道的园林化了（图2-3-A-3）。临湖的前殿本身采用双卷悬山顶，并向东伸出一段带有什锦窗的廊子，殿前有藤架、牡丹、叠石驳岸，左右各有一座小桥，特别是东边的那座诗词中所说的"石桥幽致"，是一座带有近似宝塔形栏杆的小桥，别具一格[116]。自鸣钟楼的鸣响，乾隆帝说是通过刻漏钟表来完成的。所谓的刻漏钟表是一组高低排列的铜壶，壶底穿孔，壶中竖立着一个有刻度的浮标，随着水的漏出，而显露度数，用以计时。以这种钟表再带动机械装置，即可报时。从《圆明园四十景》图上看，钟楼顶上还有一只铜凤鸟，是一个风向标（图2-3-A-4），又称铜凤旗。自鸣钟楼是一项包含着中国古代科技成果的建筑。

慈云普护临内湖建筑复原图（图2-3-A-3）

自鸣钟楼复原图（图 2-3-A-4）

　　这组建筑群的另一园林品质还反映在其总体布局上，这个群组本身没有轴线，建筑物的布置跟随地形的走势，主要建筑成南北向依次排列，彼此间用廊相连。在其两侧为一泓池水，在北部和东部堆起一座曲尺形的低矮土山，形成一个独立的园林小空间。更有意思的是，钟楼偏离主要建筑群，却正对南部的小木桥，并与后湖南侧的九洲清晏殿相呼应。这样的处理使其与后湖景区的主要建筑群取得了联系。因此可以说，慈云普护在圆明园的总体布局中占据了相当重要的位置。从宫门区经正大光明穿过前湖到九洲清晏，存在着一条南北轴线，这条轴线穿过后湖而到达了

日天琳宇（图2-3-B-1）

慈云普护，轴线的终点恰好布置了自鸣钟楼。这座三层高的小钟楼犹如从大宫门起始的一曲建筑空间交响乐的休止符。

⊙ B. 日天琳宇

日天琳宇位于九洲区以西，早期称佛楼，乾隆九年（1744年）以后虽已有此名，但平常仍以佛楼相称。在《圆明园四十景》中画的是两组建筑（图2-3-B-1），西部一组为"佛楼"，东部一组为"瑞映宫"。佛楼建筑格局相当特殊（图2-3-B-2），"其制有中前楼、中后楼，上下各七楹。有西前楼、西后楼，上下各七楹。前后楼间穿堂各三楹，中前楼南有天桥，与楼相属。天桥东南重檐八方者为灯亭，西前楼前为东转角楼，又西稍南为西转角楼。"[117] 前后两排联立的十四间楼房，共计二十八间，前后楼还有穿堂、飞桥相连，"其规制皆仿雍和宫后佛楼式"[118]。这种布局的用意，似在营造一种繁盛的理想天国景象，从"日天琳宇"的命名上看，"琳宇"正是神仙居住之处，可见乾隆帝确定此名的本意。佛楼本是雍正时期所建，并曾书写中前楼匾"极乐世界"，西前楼匾"一天喜色"，也都带有浓厚的宗教氛围。建筑本身更非寻常，两组共四栋七开间的楼房毗连并列，前后楼都有穿堂楼相接，南楼前出抱厦，又有敞厅、连廊、灯亭、太岁坛等形式各异的建筑点缀，通过特殊的建筑布局，达到营造繁盛天国极乐世界的目的。虽然建筑本身的装饰不多，但仍给人留下深刻的印象。

佛楼所供奉的神灵又是多种多样的："中前楼上奉关帝……西前楼上奉玉皇大帝……此外凡楼宇上下皆供佛像及诸神位。"[119] 同时，在西南角上还有太岁坛，加上雍正四年（1726年）在东侧加建瑞应宫，于其中供奉龙王，这里的功能显得相当庞杂。虽称"佛楼"，乾隆帝说："修修释子，渺渺禅栖，踏著门庭，即此是普贤愿海。"[120] 似为佛门圣地，实际上这里却

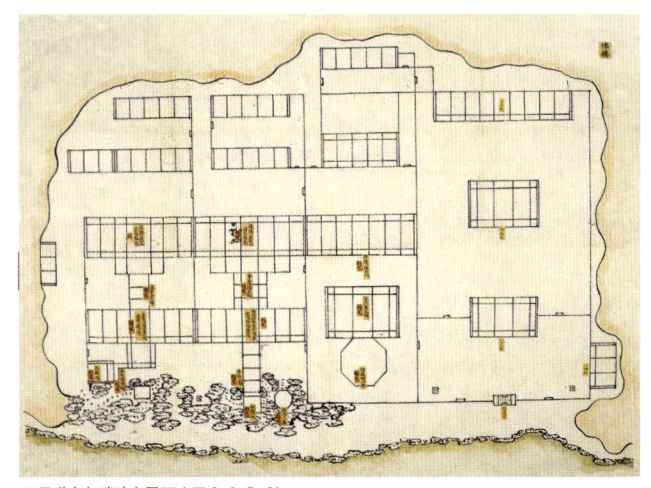

日天琳宇与瑞映宫平面（图2-3-B-2）

日天琳宇与瑞映宫复原图（图 2-3-B-3）

成了多功能的供神场所。在帝王心目中没有必要区分东土还是西天，他们每月的初一、十五总要来这里祭拜神灵，乞求神佛恩赐（图 2-3-B-3）。

⊙ C. 月地云居

月地云居又名清净地，在鸿慈永祜以南。雍正时期已有建设，名仙香苑，后改称乐志山村。乾隆二年（1737年）改称清净地，乾隆九年（1744年）以后称月地云居（图 2-3-C-1）。其所处环境优美，"琳宫一区，背山临流松色翠密，与红墙相映……"[121] 寺院建筑规制较为严整，虽无寺之称谓，但格

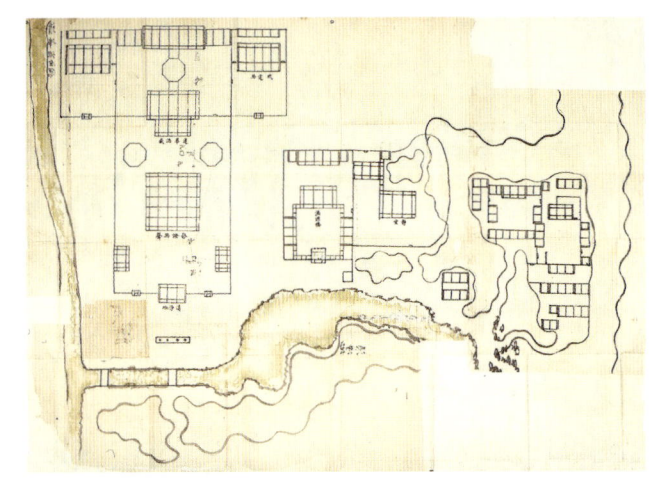

月地云居平面（图 2-3-C-1）

局宛在。建筑状况如《圆明园四十景》所绘（图 2-3-C-2）。该建筑群大门为一座歇山顶三开间的门殿，匾名"清净地"，两旁各有一处便门。进门左右为钟楼、鼓楼，三开间歇山顶，楼下带周围廊。同汉传佛教寺庙不同的是，这里没有天王殿，建筑采用藏传佛教寺院的"都罡法式"。主殿为一座四方形大殿，五开间带周围廊，用重檐攒尖顶，其匾额曰"妙证无声"。其后正中为月地云居殿，五开间前出三间抱厦，大殿和抱厦均为硬山式屋顶。殿前左右各有一重檐的八角亭式殿。穿过此殿，正中有一座八角亭式小殿，过亭殿为后楼，匾名"莲花法藏"，是一座七开间带前廊的硬山殿宇。月地云居殿两边都有围墙（墙上无门），只有通过此殿才能进入后院。其与莲花法藏殿之间有穿堂相连，中间又插入一八角殿。后楼中央供佛，其余几间藏经。楼两侧各有耳房三间，东耳房在明间设置了转轮藏，[122] 西耳房为开花见佛。[123] 这最后一部分的组合同北京雍和宫的万福楼、永康阁、延绥阁的组合十分相似，但建设的年代更早。

在后院东西分别并列着一座格局相同的偏院，有独立的院门，建筑比较简单，东院前为五开间硬山顶带五间抱厦的戒定慧小殿，后为后罩房，可能是僧房。

月地云居整个景区由两组建筑构成，一组是上述的严整对称寺庙格局的院落，另一组是较为园林化的别院——法源楼，位于寺院东侧。从功能分析，这座别院是皇帝临幸时的休息场所。法源楼处建筑原为一层，东西有配殿，四周有围墙，前有月洞门，于乾隆后期改建为楼。东侧还有环绕山丘而建的几座小建筑，其中最南的一座名静室。

月地云居目前保留的遗迹只有门殿前

月地云居（图2-3-C-2）

牌楼的夹杆石了（图 2-3-C-3）。这座牌楼的位置在乾隆四十年（1775年）样式房的图纸上已标明，但乾隆九年所绘的《圆明园四十景》图中未绘，可能为后来增添。

⊙ D. 舍卫城

舍卫城是圆明园中规模最大的一组宗教建筑，位于同乐园以北，渡桥经买卖街北段即是（图 2-3-D-1）。"舍卫城"本是外域一处佛教圣地，为北印度峤萨罗国之都城，释迦牟尼曾在此弘扬佛法二十五年之久。《金刚般若波罗蜜经》称："如是我闻，一时佛在舍卫国祇树给孤独园，与大比丘众千二百五十人……入舍卫大城。"因此，舍卫城之名也就有了超越地名的意义，成为佛教文化的象征。圆明园的舍卫城"前树坊楔三，城南面为多宝阁，内为山门，正殿为寿国寿民，后为仁慈殿，又后为普福宫，城北为最胜阁。"[124] 从舍卫城的平面图（图 2-3-D-2）中可知，城内的建筑布局分为中、东、西三路，是传统高等级建筑群惯用的布局方式，南北城门之上有城门楼，南门楼名多宝阁，内部祭祀关帝，南门楼所挂的匾为"至神大勇"，表达对

月地云居前牌楼夹杆石遗迹（图 2-3-C-3）

舍卫城南门（图 2-3-D-1）

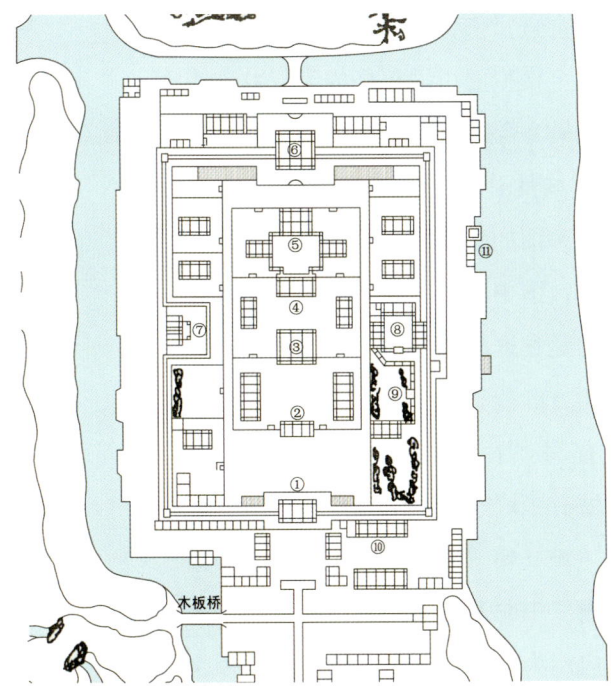

舍卫城平面（图2-3-D-2） 1.多宝阁 2.寿国寿民 3.山门 4.仁慈殿 5.普福宫 6.最胜阁

关帝的褒扬。北门楼名最胜阁，挂着"乾闼持轮""祇林垂鬘"的匾额。南北城门外各有值房一排。

入城门之后，便见被围墙所包围的中路一区，入山门则见主殿，寿国寿民殿，额曰："心月妙相"，殿前有东西配殿，构成一进院落。殿后为仁慈殿，额曰："具足圆成"，两侧有配殿，是为第二进院落。再后为普福宫及两侧的配殿，构成第三进院落，但这进院落的格局小有变化：配殿皆为南北向，且用廊子将各殿串联起来。普福宫是中路最后一座建筑，过了此宫，即见城北门最胜阁。东西两路各有南北向围墙，与中路完全隔开。西路有成东西向布置的三世佛殿和一些附属用房。东路为一处小小的寺院园林区，布置有亭榭、回廊、假山等，其中主要的一座为湛然室，位居回廊中部坐东朝西的亭子为悦霁亭。乾隆帝对于这两处很欣赏，写下多首诗以抒发情怀：

书室额湛然，无非取即景。
我意弗在斯，每因以自警。
湛者澄之谓，私欲首当屏。
湛者寂之谓，好恶犹应省。
内以养心田，外以持政柄。[125]

从这首诗可知，在舍卫城中也布置着一处书室，不过其中还供奉有佛像。乾隆在另一诗中曾写道："此室问宜谁作伴，手拈花者坐金仙。"[126] 即使在这里读书也有金仙作伴。

而悦霁亭的另外一些诗反映的是乾

隆帝在舍卫城乞求神佛护佑，期盼农情向好。他写道：

暮春及首夏，时雨复时晴。
二麦可称稔，黍禾亦遍耕。
五月弗藉霖，农谚还堪征。
（农谚云有钱难买五月旱，以利于晒麦也，今岁节气早，此时麦已登场，晴雨虽俱无碍，然尚系五月晴霁更相宜耳。）
然惟今岁耳，那忘往岁情。
此际方望泽，何暇登此亭。
悦霁真悦霁，艰遇慰益增。
而吾愿进之，书云戒满盈。[127]

舍卫城中建筑普遍尺度不大，但数量较多，空间疏密有致，以便与"城"的含义相配。城内建筑的命名，体现着帝王护国佑民的思想。其中多宝阁中奉祀关帝显然是配合这一思想的，希望将关帝作为神灵来供奉。以"舍卫城"为名目建一座佛、神同在的城，也显示出帝王非只思一己之娱乐。

从使用来看，当年舍卫城的一大功能是收藏佛像，每年太后的生日，全国的达官贵人自会进贡佛像及珍宝等物，为太后祝寿，这个模拟的小城正好成为收贮这些礼品佛像最为合适的地方。

舍卫城的建筑形象，仅仅在《圆明园四十景》图的坐石临流一景中可见其城的最前部，图中有城墙和城楼多宝阁。更有意思的是在这座佛城之前，设有一条买卖街。西方的传教士王致诚曾经对这个小城有过描写："由帝宫起，筑有大道通至小城，城有围墙……四向有楼、有垣、有栏、有（雉）堞。"对于城的用途王致诚做了猜测："其城局度窄小，内容自必一无可视，启用为何尚烦猜思。或者谓皇帝为变乱不虞之备。万一有警，藉以自保。建筑时容有是意，本无可疑。为其主要原因，则在备君上随时临幸览观。城市喧嚣，非为人主所厌弃也。"[128] 王致诚当年并不理解皇帝建造这座"佛城"的意义，于是提出了可笑的猜想，不过对其前的买卖街设置的目的倒很是明白。

舍卫城东西宽 110 米，南北长 150 米[129]，已是规模可观的一组建筑群了。再加上城墙耸立，体量又不同于一般的建筑群组。其前的买卖街，犹如古代寺院、宫观之前每逢节日出现的临时性"市场",在圆明园中发展成模仿街市的情景。商业本身是一种城市化的产物,只有园林背景而无城市氛围,显然对于"佛城"在气氛上是有差距的,因此这条街起着烘托"城"的作用。它将佛、神圣地与市井生活结合,为皇族众人提供市井生活的体验,同时又有告诫众人神佛与其同在的空间特点,借以维持着皇室内部的固有秩序,这正是在皇家园林中建造每一处宗教建筑的本意。

舍卫城现在尚存有城墙夯土遗迹（图2-3-D-3）。

⊙ E. 广育宫

广育宫位于福海南岸,从《圆明园四十景》图中"夹镜鸣琴"一景可以看到,这座宫斜对夹镜鸣琴桥亭,建在小土山上,自土山北侧石阶可下达到福海南岸（图2-3-E-1、2）。其属雍正帝继位之后所建。

广育宫中所奉神灵为碧霞元君,碧霞元君之祀可以上溯到宋代或更早,到了明清已大盛,在北京清代已有二十多处碧霞

广育宫（图2-3-E-1）

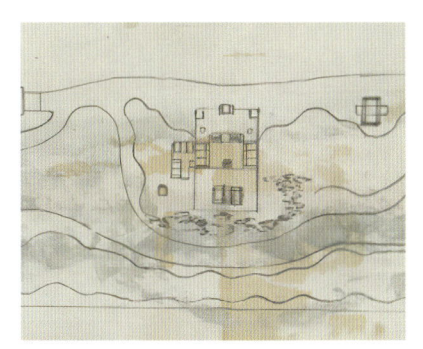

舍卫城城墙夯土遗迹（图2-3-D-3）

广育宫平面（图2-3-E-2）

广育宫复原图（图2-3-E-3）

福海南岸的广育宫入口遗迹（图2-3-E-4）

元君庙，规模大的往往由皇家出资兴建或扩建。例如《日下旧闻考》载:"大红门外碧霞元君庙，士人呼为南顶。乾隆三十八年发帑重修……草桥在右安门，碧霞元君庙在桥北数十武。士人呼为中顶。乾隆三十六年发帑重修。前殿奉碧霞元君，额曰'资生溥化'。中殿奉东岳，额曰'大德日生'。俱皇上御书。庙有康熙中大学士王熙、李天馥二碑。"[130] 此外还有俗称北顶、西顶的元君庙。所谓"顶",表明其希望与山东泰山之顶的碧霞元君庙相比肩。在中顶元君庙的正殿前有"中顶普济宫百子胜会碑记",明示"举会以来,神之福我者至矣。无子者有子也,有子者多子也。"[131] 民间每月朔望士女云集为盛事。"俗传四月八日娘娘降生。妇人难子者宜以是日乞灵。"[132]

园中供奉也依此意,供女眷们来此祈愿皇族多子多孙。宫内其中除了供奉碧霞元君像之外,还有乾隆十五年(1750年)左右移自雍和宫原观音殿的娃娃山大型木雕。"原来的娃娃山是一座满布观音殿后檐墙的大木雕,山的正中是银胎点翠的紫竹林。林中石台上供奉着一座观世音坐像,山上山下遍布裸体儿童偶像。改建万福阁时,把娃娃山拆下,大部分移往圆明园的广育宫"。[133] 从娃娃山的安置更可进一步说明修建广育宫的目的,就是为了求多子多孙。从命名到其中供奉的神灵和殿内装饰都是围绕这一主题。清代宫廷殿宇从"榴开百子"到"多子多孙"再到"子孙万代"这个系列的主题,一直是建筑装饰、装修的永恒主题。

从一张样式房所绘的圆明园总平面图上看,这座宫的建筑不多,分成前后两进,第一进为宫门及左右竖着的旗杆,入门后面对着一个从左右登上第二进的台阶;第二进只有正殿和两座配殿。这几座殿宇虽然不大,但都覆盖着黄琉璃瓦,以突显其地位(图 2-3-E-3)。由于所处地段的特殊,只能从福海一区前来祭拜,所以山门与主殿均坐南朝北,一反一般庙宇坐北朝南之俗。现在来到圆明园福海南岸,尚可见到夹杆石和登上第二进的台阶遗迹(图 2-3-E-4)。

⊙ F. 正觉寺

正觉寺建于乾隆三十八年,是一座满族喇嘛教寺院,位于绮春园的南面边界。这座寺院平面布局采用对称式,前后分成三进院落。入山门后为第一进院落,迎面为天王殿,两侧有钟鼓楼,经过天王殿便进入第二进院落,迎面为全寺最主要的殿宇,面宽七开间、进深五开间带后抱厦的三圣殿,其两侧有东、西配殿各五间。三圣殿前有高约0.8米的月台，殿两侧有围墙与后部隔开。过了墙门便可到达第三进院，其中的殿宇包括文殊亭、东西配殿、最上楼以及楼两侧的转角围房等。其中，轴线上的建筑山门、天王殿以及两侧的钟鼓楼皆为单檐歇山顶，三圣殿为重檐歇山顶，最上楼和配殿采用硬山顶，只有文殊亭为八角攒尖屋顶（图 2-3-F-1）。满族喇嘛寺院是乾隆帝首创。当时在北京、承德等地建立的藏传佛教寺院，有以下十二座：宝谛寺、正觉寺、宝相寺、功德寺、常龄寺、方圆庙、梵香寺、实胜寺、大报恩延寿寺、东陵隆福寺、西陵永福寺、承德殊像寺等。[134] 其特点是喇嘛由满族人担任，念满文经典。这些满族喇嘛寺院是皇室御用寺院，佛事活动的开销全由内务府负责。满族喇嘛寺的住持为达喇嘛，地位不高，待遇与太监差不多，喇嘛多为满族下层人士。其职责从内务府的档案中可知，主要系为就近的宫廷寺院念经："乾隆三十八年十月，奏请新建正觉寺。安设喇嘛住持焚修，奉旨著由香山宝谛寺拨大喇嘛一名、小喇嘛四十名，即于此内委署副达喇嘛二名，住持焚修念经，即

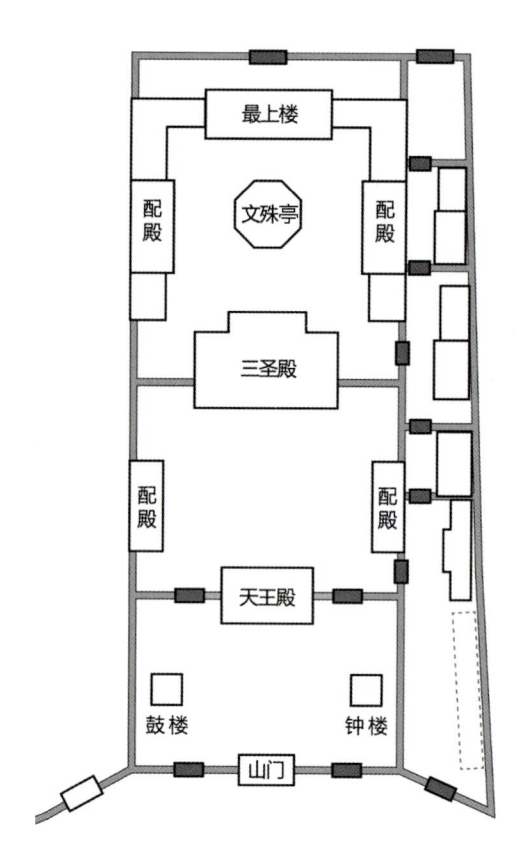

正觉寺平面（图 2-3-F-1）

正觉寺山门（图 2-3-F-2）

著伊等就近前往含经堂,梵香楼,每月初一、十五、初八、十三、三十日念经五次。"[135] 这则条例反映出,正觉寺的喇嘛只为长春园内宗教建筑中的活动服务,还涉及圆明园中其他宗教建筑,其原因可能是由于圆明园的宗教建筑创建较早,其中已有喇嘛居住,如月地云居、舍卫城等,都有相应的居住空间,因此不必再有喇嘛前往。上述长春园中的这两处,平时并无僧人居住。清王朝出于政治需要崇奉藏传佛教,修建了众多喇嘛寺院,琳宫梵刹遍布京城、承德、内外蒙古。正觉寺所在位置恰好为正红旗上营,正黄旗南营、北营,正黄旗小营驻地,选择这里建满族喇嘛寺院与当地为满族人聚居区有密切关系。

乾隆帝对自己所实行的宗教政策有着清醒的思考。归政后,嘉庆元年,他曾经写了一首七言诗《小香幢》,还在诗的末尾做了长长的注释,说明他兴黄教(藏传佛教宗派之一)的目的,即为了安抚蒙古族。他还讲述了对活佛转世的看法,以及如何采用金瓶掣签的办法杜绝私弊。其原文如下:

香幢自是梵家法,
番(喇嘛)汉(和尚)相传各有言。
若谓吾心崇佛道,
喇嘛着说正规存。

(佛教番汉经典本一而名称不同,汉僧讲经者为禅门,予深悉佛法,而从不与此辈讲论。至番僧喇嘛,则以西番蒙古语讲经,向年前辈章嘉国师在时,曾偶与之论晰禅理,亦不过习其语言,以联众蒙古之情,初非及于政事也。盖蒙古倾心信佛,兴黄教即所以安蒙古,关系甚大。自国初以来,达赖喇嘛、班禅额尔德尼转世袭封相沿已久,用寓绥怀藩部之意。然非若元代之崇奉喇嘛,殴之者截手,詈之者断舌,甚至怙势恣肆,气焰熏灸,为害四方,其弊不可枚举。至其……转世化生人之义,夫佛本无生,岂有转世?但不用其法,则数万番僧无所皈依,故不得不仍其旧……前年平定廓尔喀后,特命制金奔巴瓶颁发藏地供养佛前,遇有(佛)转世时,令各举数人书名,置所供瓶内,会同驻藏大臣公同签掣定之……贮名于雍和宫佛前之金奔巴瓶内,令理藩院堂官会同签掣,庶几杜私弊而息纷,竟为一定不移之制,详见予向所制喇嘛说中此实厘定,中外喇嘛传授大公至正之道也。)[136]

小香幢本为长春园北部狮子林一景中一座小建筑的名称,"幢"在中国古代建筑中,是一类刻满佛经的石头建筑。在狮子林一景中,这个建筑并非石构,仍为木构,可能当年室内存有佛教经典。

或许因为寺院处在绮春园内比较偏僻的位置,使得正觉寺避开了英法联军的暴行,没有被大火烧毁,幸存至今。不过其中一些殿宇后来改变了用途,又曾受到使用单位破坏,并未完全保存下来。近年,对仅存的残破建筑——山门和四座配殿进行了修缮(图 2-3-F-2),对缺失的建筑进行了重建,如天王殿、钟鼓楼、三圣殿(图 2-3-F-3、4)、文殊亭(图 2-3-F-5)、最上楼(图 2-3-F-6)等。

⊙ G. 法慧寺

法慧寺位于长春园海岳开襟之东,西洋楼景区之南,背依小山,面临湖水。它"山门西向,内为四面延楼,后殿为光明性海,其西别院有琉璃方塔"。[137] 据样式房图(图 2-3-G-1)可知法慧寺的格局:中间一路是三座五开间的殿宇,开间尺寸前后

正觉寺三圣殿正面(图 2-3-F-3)

正觉寺三圣殿背面(图 2-3-F-4)

一致。最南面的应为山门，签注为"福佑大千"。正殿签注为"法慧寺"，其间有两座东西相对的凹字形建筑，形成四面围合的院落，故称之为"四面延楼"。正殿与光明性海后殿在当心间有两间廊屋相连，形成工字殿的平面格局。

另据乾隆四十六年（1781年）十二月奏销档载："法慧寺殿前有青砂石的连面八级的高台阶一座，南面楼前七级的高台阶一座，东西配楼每座楼前有六级的台阶一座。"由此可知，在这个四面围合的院落中，四面的建筑所处的地平高低

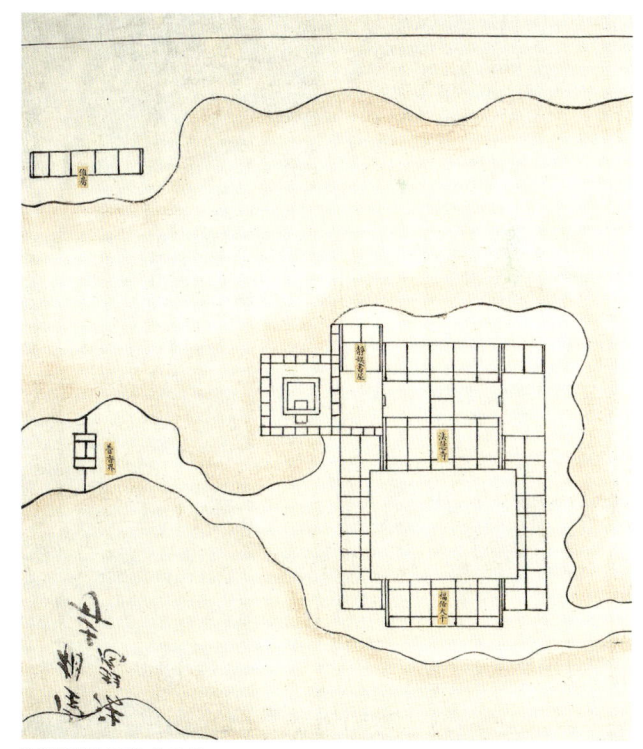

正觉寺文殊亭（图2-3-F-5）

正觉寺最上楼（图2-3-F-6）

法慧寺平面（图2-3-G-1）

有所差别。正殿即法慧寺殿，经过八级台阶抬高后，与坐落在小山丘上的后殿光明性海在明间用廊屋相连，形成工字殿的平面格局。紧邻后殿之西山墙有两卷勾连搭的两间小房，自成一小院，为静娱书屋。

书屋之西为方形塔院，建在高台之上，四周有围廊，中央即是八面七级的多宝琉璃塔（图 2-3-G-2、3）。这座塔上下共三层，最高的一层为圆形平面，上覆三重檐，每层檐各用不同颜色的琉璃瓦，自上而下为蓝、黄、绿，下有须弥座。这层总高 6.97 米，塔身直径 2.56 米。中间一层为八角

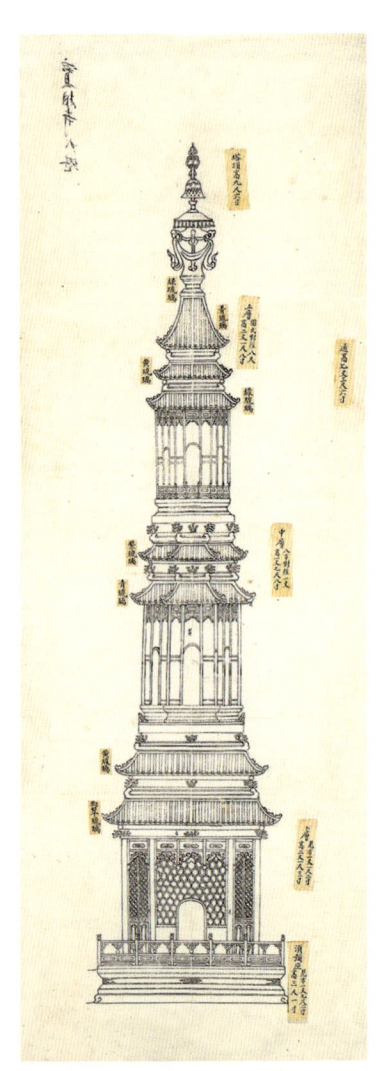

长春园法慧寺多宝琉璃塔（图 2-3-G-2）

长春园法慧寺多宝琉璃塔（图 2-3-G-3）

形平面，覆两重檐，间用五踩斗栱，檐部所用瓦为紫、青琉璃，一层塔身为正方形，所覆重檐用黄、翡翠琉璃，间用五踩斗栱。各层皆立于须弥座上，一层的须弥座周以汉白玉围栏。塔顶上有铜塔刹，该塔总高达 23.55 米，底座仅 5.5 米见方，比例过于清秀；只是其身上五颜六色的琉璃令人赏心悦目。乾隆时期所建琉璃多宝塔只有清漪园（即现颐和园）花承阁的一座与此造型相似（图 2-3-G-4）。

寺之西，沿着小径西行，有一间小门，样式房遗图签注为普香界。由此可通往长春园西部、北部的景区。

清漪园花承阁琉璃多宝塔（图 2-3-G-4）

⊙ **H. 宝相寺**

法慧寺东为宝相寺，山门南向，内为澄光阁，后为昙霏阁，又后崇基上有殿为现大圆镜[138]。

宝相寺平面完全对称，所处地段南低北高，紧凑的四进院落随地形变化逐渐升高，虽然规模不大，但空间层次并不单调（图 2-3-H-1）。依据图样所绘可知，在山门前设有从两侧攀登的台阶，山门的地平已比四周自然地平高，入门后正对五开间的澄光阁，阁内奉玉皇大帝。对这座楼阁的

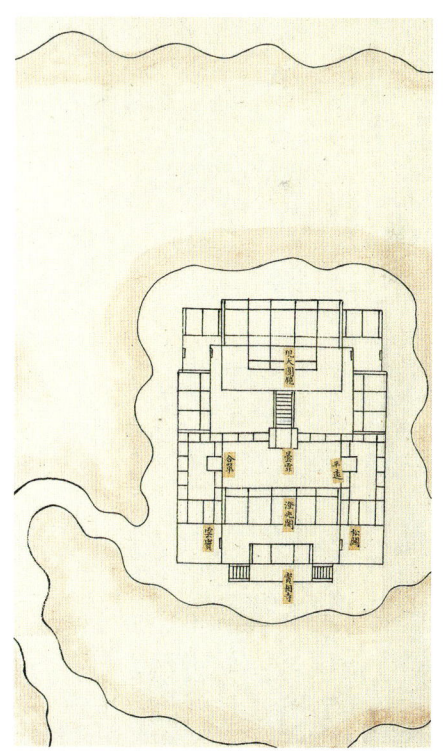

宝相寺平面（图 2-3-H-1）

处理，乾隆帝称："高低楼阁学天平。"[139] 这句话有两方面需要解释：一是其中所谓的"高低楼阁"，意指澄光阁为两层，而山门由于地平抬高，从外部看也似一座楼阁，但并非两层，故将其称之为低阁，而澄光阁为高阁。另一层意思是，"天平"即苏州的别称，原来的诗作中曾注曰："是处略仿范家高义园为之。"高义园在苏州天平山中，为苏州名园，原为"宋范仲淹祖墓在焉，旁即范氏义庄，后辟为园。乾隆十六年（1751年）赐名高义"。[140]

阁后为院，北又一小阁，三开间，名为昙霏阁。据内务府修缮档案中称之为"昙飞敞厅"，并设有楼板，即为两层。昙霏阁相当于第二道门，出阁即为台阶，图中所绘昙霏阁后紧接一梯段，能与台阶如此紧密相接，并非常规的木构建筑。依此推断，这座敞厅建在中间带门洞的台座之上，门洞顶部即为楼板，敞厅犹如楼阁，因此又称其为昙霏阁。穿过门洞拾级而上即可登上平台，台上有五开间正殿"现大圆镜"，南面中部伸出三间抱厦，其前布

宝相寺复园图（图2-3-H-2）

置着月台。此寺格局殊异常理，重重院落皆采用短小进深，以突出最后的正殿，使得占据最为有利地形的正殿，气势更加巍然（图 2-3-H-2）。

4. 书院书楼

圆明园中不仅有一处处书院、藏书楼，还有多处书屋（图 2-4-1），有的特别标明为皇帝读书之所，有的虽在字面上没有提及读书之意，如"洞天深处"，实际上却是皇子专门读书和居住的地方。乾隆帝说，洞天深处稍南的"前垂天贶"，是他同兄弟们的"旧时读书舍"。其中有孔子的神龛，龛两侧写有一副对联："道统集成归智德；圣功养正仰微言。"意思是，想治理好国家，必须学好儒家的道统，这样才能有智慧。

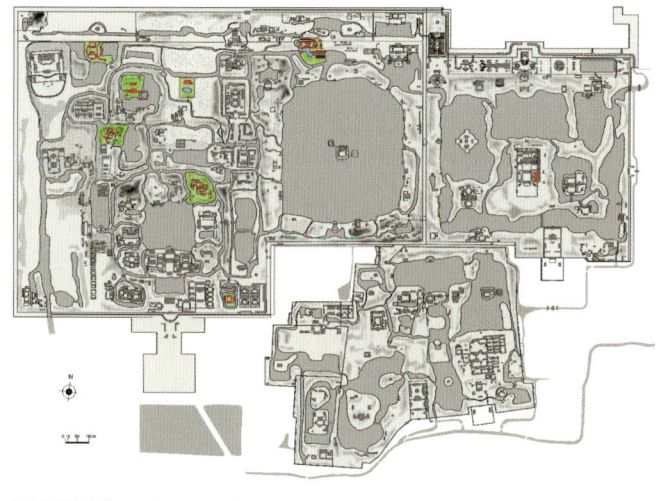

更值得注意的是，即使有些匾额名字似乎与读书无关，皇帝也常会在那里研习经史。如九洲清晏景区，本为帝后寝宫，乾隆帝的题咏却说，"旰食宵衣，左图右书"，表明自己或其父其子要实现九洲清晏的志向，离不开书史。乾隆帝在咏天然图画景区的诗中说："徵歌命舞非吾事，案头书史闲披对。"即使有空闲的时间，也绝不听歌观舞，而是披对书史。实际如何，姑且不论，但乾隆帝确实表现出了对内圣外王的追求。

清朝帝王非常注意对皇子的教育，"皇子六龄即入上书房读书……定制卯入申出，攻五经、史、汉、策问、诗赋之学，禁习时艺，蹈举业窠陋之习。日课诗赋，虽穷寒盛暑不辍，皆重笃实之学……圆明园书房在勤政殿东，屋凡三进，地宇幽邃，有纯皇帝御书'先天不违''中天立吉''后天不老'三匾额，时呼为'三天'云。"[141]乾隆帝自称："予自六龄入学堂，读易、书、诗三经。"[142]

也正因此，在圆明园的各个景区，除了直接称为书院的景区，其他数十处"斋

书院书楼所在位置图（图 2-4-1）

馆"也有若干是以读书为题命名的。例如冠以书屋之名的有九洲清晏的长春书屋，镂月开云的养素书屋，濂溪乐处的味真书屋，北远山村的湛虚书屋，接秀山房的怡然书屋，藻园的夕佳书屋、贮清书屋，狮子林的探真书屋、四藏书屋，法慧寺的静娱书屋，如园的含芳书屋，茜园的韵泉书屋，以及养正书屋、解愠书屋、写琴书屋、夕春书屋、陶嘉书屋、卧游书室、爱山书屋、四宜书屋、溪岚书屋等。另外还有含经堂的味腴书室，武陵春色的品诗堂，四宜书屋的菲经馆（按：菲，音祚，藉也。"菲经"者，指经书遍布，连休息时都以经书作枕）、茹古堂、开益轩、虚明室、怡情书史等。这些场所皆为读书之处。读书可以使人"茹古涵今"，可以"探真""养正""得趣"。通晓古今思想，不是为了附庸风雅，而是要掌握古今帝王治世经验。"茹古非关希博雅，古来治乱在遗篇。"[143] 乾隆帝说，他在御园中设有这样多的书屋，是因为他"平生喜读书，处处有书屋"。[144] "来如读画领神韵，坐则翻书晤古人"。[145] 对乾隆帝来说，"读书"是一种生活乐趣。

读书、亲贤在皇帝看来，是重要的政治生活，二者常常融为一体。皇帝通过与儒臣一起读书来培育贤良。在咏"汇芳书院"中，乾隆帝直道："菁莪棫朴育贤意，佐我休明被万方。"用周文王"能官人"的典故，表示自己招贤亲贤，要用贤人一起治天下的心愿。汇芳的"芳"，便是贤良之意。乾隆帝正是通过亲近贤良儒臣，以他们为师为友，而得以体道、正心、明性；也由此而正天下之人心。

学的最高境界和目标是体道、悟道，作为圣王，便是"接夫道统之传"。而道原于天，出于自然，所以要"体道""接道"，须得从自然中直接感悟。这也是为学之不可或缺的途径。圆明园是精心构筑的宫苑，但又极力"法自然"，从多方面呈现自然的本色与本性。这不仅是为了观赏和怡情悦性，更重要的是帮助皇帝借此体悟天机妙道。

"愿为君子儒，不作逍遥游。"是乾隆帝咏《洞天深处》诗作中的两句，也是他一生的追求——要作一个内圣外王的皇帝。他说："治天下者，以德不以力。故德胜者王，德衰者灭。"[146] 圆明园作为皇帝的"游豫"之地,自然应有多处供观赏的美景胜地,但乾隆帝对这些景点的欣赏不是抒绘景物本身,也少抒发个人儿女情怀,他总是引经述典,自觉规范德行,检讨功过。《论语·雍也》中说:"女(汝)为君子儒,无为小人儒。"君子儒努力修身进德,有济天下的胸怀。小人儒虽为儒者,满腹经纶,但不过是为求一己之私利。乾隆帝不但以君子儒的标准要求自己,而且告诫他的子孙不作逍遥游,要做一代明君圣王。

⊙ A. 汇芳书院

汇芳书院建于乾隆七年(1742年),位于圆明园北侧,西邻鸿慈永祜。乾隆帝有诗,诗序描绘了其构成和所处的环境:

> 阶除闲敞,草卉丛秀。东偏学月牙形,构小斋数椽,旁列虚亭。奇石负土争出,穴洞含牙,翠蔓蒙络,可攀扪而上。问津石室……

汇芳书院所居地形为山溪汇合的半岛,景点不似九洲景区密集,处于一种相对舒缓的环境中。虽然有溪水穿带,小桥相连,但与相邻景点有足够的隔离,从各个路径进入建筑群前,都有适当的山、水、植物或较长的路径来缓冲(图2-4-A-1)。

从平面看(图2-4-A-2),这个建筑群的中部有一条南北轴线,将主要建筑涵远斋、抒藻轩、汇芳书院等自北而南串联起来。这三座建筑几乎是清一色的五开间,只是进深方向小有变化,抒藻轩北部出抱厦,其他两栋只是带有前后廊的卷棚顶建筑。中轴线两侧的布局则是完全不对称的,建筑的形式也完全不同。西侧较为单纯,前后两进院落中皆采用了回廊、厢房的格局,只是在涵远斋的院落中加了一道竹篱;东侧则用极其夸张的手段,建起了

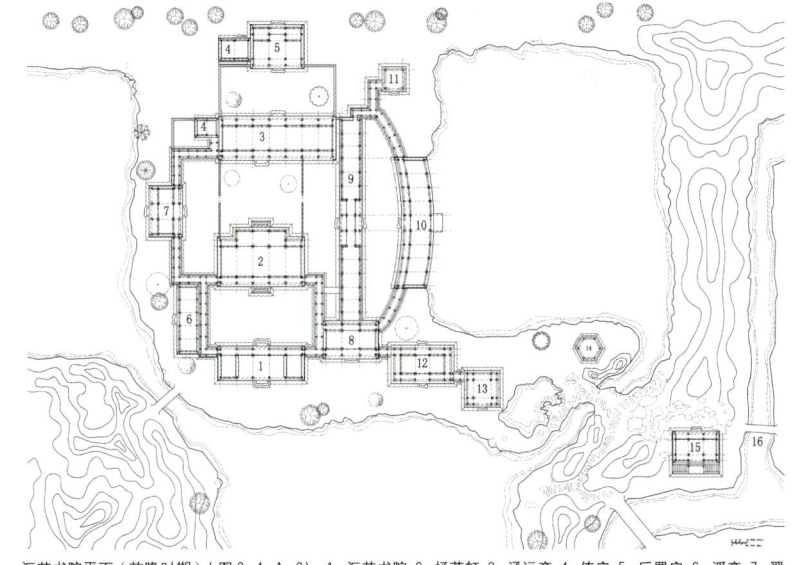

汇芳书院平面(乾隆时期)(图2-4-A-2) 1.汇芳书院 2.抒藻轩 3.涵远斋 4.值房 5.后罩房 6.溪斋 7.翠照轩 8.倬云楼 9.竹深荷净 10.眉月轩 11.秀云亭 12.随安室 13.挹秀亭

汇芳书院（图 2-4-A-1）

一座长达十多间的二层倬云楼和翠照楼，在其东面还建造了形态极其特殊的眉月轩，周围有亭榭点缀。

这座建筑群的空间设计极其丰富，建筑错落有致，院落形态不同，建筑与山水彼此关系处理得体，环境幽雅，静性怡人，颇得乾隆帝喜爱。在乾隆二十一年（1756年），他曾为汇芳书院东南山前的小轩"问津"，题写了一副对联，用的是陶渊明《归去来辞》内的两句话："云无心以出岫；鸟倦飞而知还。"

圆明园建筑的群体组合极尽其变化之能事，把中国传统建筑院落布局的多变性发挥到了极致。一些景点建筑群的变化，是追求形式，一些则是由功能引发的；但是在大部分景点中，典型的传统院落是在与自然空间和局部山水地貌相结合的过程中，因地制宜地发生了变化。汇芳书院便是处理得最成功的一处。

汇芳书院整个建筑群被倬云楼分为两部分。如果从倬云楼将汇芳书院切开看，西半部分是较规矩的三进院落，有正房、厢房、耳房、游廊。建筑样式也非常规矩，只有其中最主要的抒藻轩有一个小小的抱厦，算是一点变化和对主要建筑的强调。但是，这组建筑群没有按照抒藻轩和涵远斋的中线对称过去。倬云楼以东，包括倬云楼在内，建筑形式非常自由，有平面成弯月状的眉月轩（图2-4-A-3），有屋顶各不相同的亭子三座，并与山水环境紧密结合。东半部分是一条T字形和一条弧线排列成的两座形式非同常规的建筑。从方向上讲，西半部分的三进院子，无论是单体建筑还是院落走向，都是南北向的；而东半部分的倬云楼和眉月轩却是东西向的，视觉上东西轴线非常强烈。这条东西轴线延伸到东侧水域。这块水面，四面围合严密，只在东南角的山下有过水洞，与外界水域相连。这个小湖使眉月轩以向水面突出的形式来表达"亲水"的个性，与自然环境相得益彰，构成主要建筑群的一隅延伸带。所以，东西轴线的处理也采用了不对称手法。倬云楼北端只是几间曲廊接着一座方亭；南面则利用延伸带，安排随安室、挹秀亭、延赏亭、问津亭等建筑，成为从外部进入书院的一个前导空间，是书院与全园联系的主要通路。过了问津后，横在眼前的是一处小山丘，并随山势起伏，转折布置有六角延赏亭、四角重檐的挹秀亭、三间带周围廊歇山顶的随安室。当人们从圆明园中部来这里时，一路上翻过小山丘，一座座造型各异的亭榭便映入眼帘，使人感到书院即将到达。特别是最前面的这座三间敞厅式的亭子，被命名"问津"，其含义应该是通过研读经史、为帝王的统治方略指点迷津吧。乾隆帝晚年曾称：

　　假山上三间朴屋，额以问津，乃皇考御书也。其联用归去来辞语，则予有意所题。下小岭有汇芳书院在内，盖其时即有归政来居于此之意。因循四十余年其间，复建长春园于圆明园之东。兹偶过此，因思予二十五岁登极至乾隆二十一年书此联时，已四十六岁矣，而望六十年则寿当八十五岁，在可必不可必之间。今蒙上天垂佑竟符初愿，传位予皇帝，予仍日勤训政康健如常，实千古仅有之事。回忆书联时岁月，堂堂旧题如昨，爰笑而识之。[147]

竹深荷净与眉月轩院落复原图（图 2-4-A-3）

整个汇芳书院巧妙地把高耸的楼、弧形的轩以及曲廊、亭榭等一系列变化丰富的单体建筑，安排得妥帖、活泼，主次建筑之间达到了平衡（图2-4-A-4）。

⊙ **B. 碧桐书院**

天然图画西北，有梧桐院。胤禛曾赋诗一首："棹泛湾湾水，桥通院院门。吟风过翠屋，待月坐桐轩。秋叶催诗落，春花应节繁……"从诗的字里行间可以意会到：这里有几组庭院，被溪流环绕，所以只能靠桥通院院门。院中种植着梧桐，翠荫笼罩着轩亭。这就是后来的"碧桐书院"。乾隆帝的诗序和诗，有着更具体的描述：

> 前接平桥，环以带水，庭左右修梧数本，绿荫张盖，如置身清凉国土。每遇雨声疏滴，尤足动我诗情。月转风回翠影翻，雨窗尤不厌清喧。即声即色无声色，莫问倪家狮子园。[148]

这里的狮子园指的是元代画家倪瓒曾经绘过的《狮子林图》。乾隆帝认为，倪瓒画的是苏州的狮子林，因之称其为倪家狮子园；并认为，碧桐书院可以与苏州狮子林媲美。这里既有乾隆帝对书院景色的称赞，又含有对倪瓒绘画的欣赏，乾隆帝对倪瓒的评价极高："元称四大家，逸品推倪迂。师承自北苑，笔与造化俱。小景夙所见，秋林位置殊。一扫了了习，不失太古初。"[149] 后来在几次南巡之后，他便在长春园仿建狮子林一景。

碧桐书院的格局，据《圆明园四十景》所绘（图2-4-B-1），有大大小小十几栋建筑，清一色的采用卷棚悬山顶。虽大体成主次两路排列，却有意追求着错落变化。右侧的一路为主，从前到后，排列着三进院落，房屋皆成南北向，第三进院落为主要厅堂所在，南北两座厅堂西端皆有廊向西延伸，并与坐西朝东的一座三开间小榭相接。紧邻院落的周边有一条很窄的溪流，即"前接平桥，环以带水"一句所描绘的景色。这条"带水"，从西北的小瀑布开始向南流，绕过南部小殿后北转，穿过药栏、主殿东侧的连廊西转，到达主殿背后，东流后与西侧瀑布相接，这就是

汇芳书院南面入口复原图（图 2-4-A-4）

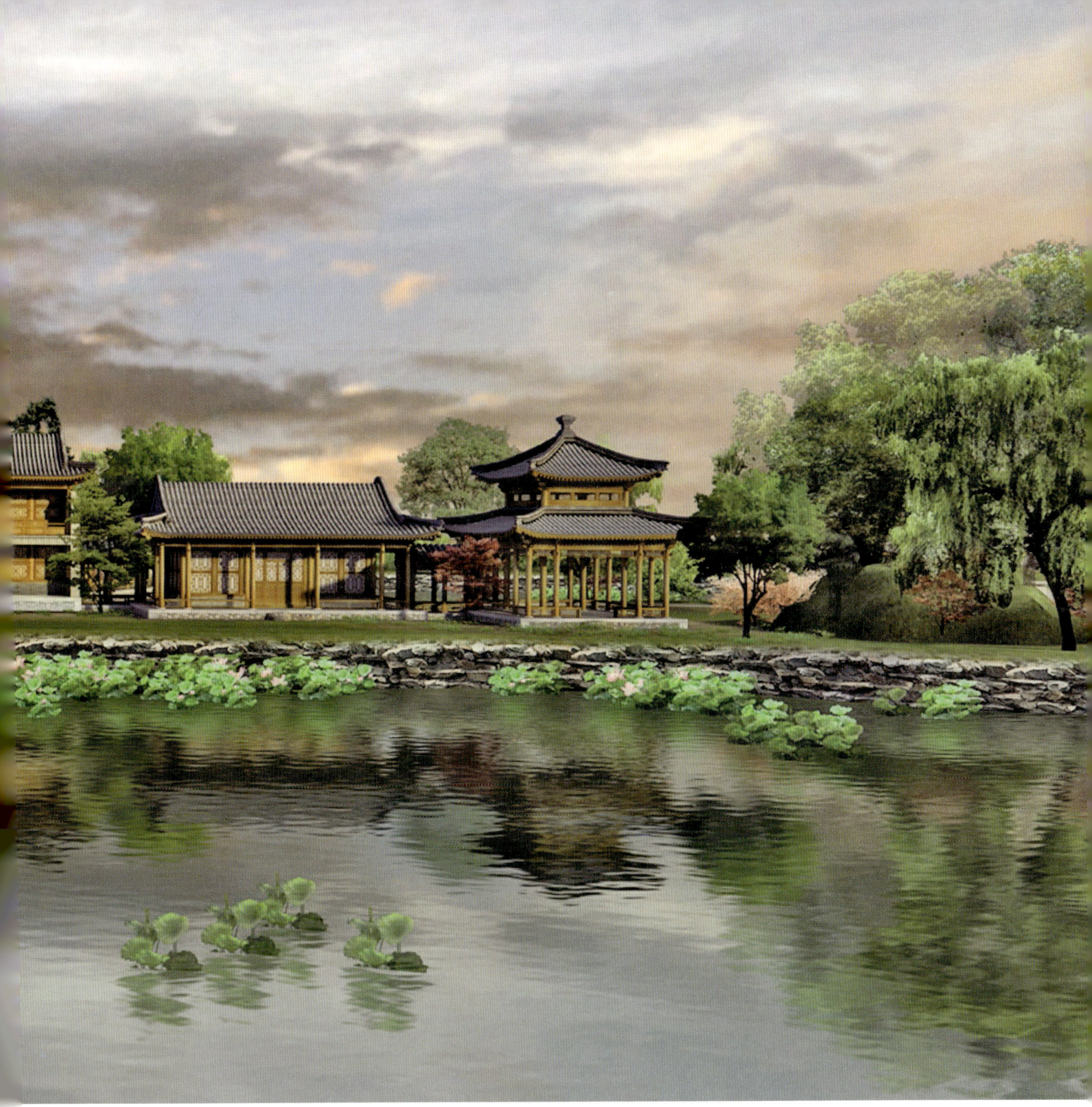

碧桐书院（图 2-4-B-1）

诗序中所描述的"环以带水"。就在被主殿遮挡的一段，现已发掘出一条用整齐石块砌筑的窄长水池。旧时在窄长水池上架设木棚架，用以遮阳，这种设计使书院的主殿尤为凉爽（图 2-4-B-2）。在后期的样式房平面图中可以看到。院中有特别长的长方形水池，池上有座桥，现在的遗址中还保存着这个水池和石栏（图 2-4-B-3）。在这个景区最南侧五间殿前，架有一座灰白色石桥，即为诗序所说的"平桥"。

景区左侧前后形成大小极不规则的四个院落，每个院落中的建筑几乎都是三开间的小型厅堂，但朝向小有变化。主路之东还散置两三座小堂，以为点缀。

这组书院周围不但环以带水，而且四周土山环抱，显得格外僻静，不愧为读书、作诗的好地方。所以乾隆帝称："每遇雨声疏滴，尤足动我诗情。"（图 2-4-B-4）

⊙ C. 武陵春色

《皇朝通志》载："武陵春色旧名桃花坞，雍正四年皇上读书于此，颜曰乐善堂（系桃花坞中的一座建筑名）……"乾隆帝自己也曾谈道："是处（指桃花坞）为予十四五六岁时所居之地。"[150]

武陵春色位于九洲景区以北，圆明园的中部（图 2-4-C-1），建于康熙年间。这是一处模仿陶渊明《桃花源记》风光和意境而建的景区，为了体现原文中"土地平旷，屋舍俨然。有良田、美池、桑、竹之属。阡陌交通，鸡犬相闻"[151]的景象，在这个景区四周土山环抱，其南部点缀假山、石洞、小溪、桃林，且散落布置了几处轩、亭，初名桃花坞。胤禛《园景十二咏》中

书院主殿前的水院及木棚架复原图（图 2-4-B-2）

水院中的水池遗迹（图 2-4-B-3）

幽静的读书院落（图 2-4-B-4）

《桃花坞》《壶中天》等诗写的就是这里的景色。

其中的《桃花坞》诗写道：

水南通曲港，水北入回溪。[152]

"壶中天"为武陵春色石洞内题字，题诗写道：

峰峻疑无路，云深却有扉。

鹤闲时独唳，花静不轻飞。
洞里春长驻，壶中月更辉。
一潭空似镜，碧色动帘衣。[153]

山间的小轩和亭榭，有壶中日月长、洞天日月多佳景、天然佳妙等建筑，南边还有亭子，名小隐栖迟（图 2-4-C-2）。乘船来此时，首先经过一处以溪流、假山为景区入口的前导空间，越过山洞，然后才可以来到主要建筑所在区域。如若走陆路，

武陵春色（图 2-4-C-1）

则需自万方安和景区,向北渡桥,便可见南侧的一组建筑——全碧堂。全碧堂本身是座四面围合的院落,院落中置两座小殿。其北侧还有另一组建筑群,房屋三三两两,分散布置。较大的一座建筑名为桃花坞,其后有清水濯缨;桃花坞西侧的建筑有桃源深处、乐善堂、清绘亭等。桃花坞以东紧邻的是以木隔栅围成的小院,其中的小轩是为绾春轩,轩东北的小堂为品诗堂。北侧的这组建筑皆采用木料本色,不雕不绘,东西向设置的乐善堂西侧有水井㴲㴲,东侧有竹篱围合,更显出几分农家氛围(图2-4-C-3)。乾隆帝称:在此"有书屋数间,清爽幽静,山水之趣,琴鹤之玩时呈于前,菜圃数畦,桃花满林,堪以娱目"。[154] 他即位以后,只是偶尔来此,每当来时都会引起一番对青年时代的回忆:

赐居西北御园隈,葺治乘闲偶一来。
少小情怀昔悠矣,惕干朝夕此殷哉。
绿铺砌草步如毯,白绽山桃讶似梅。
本是坞名拟吴下,便疑雪海亦苏台。[155]

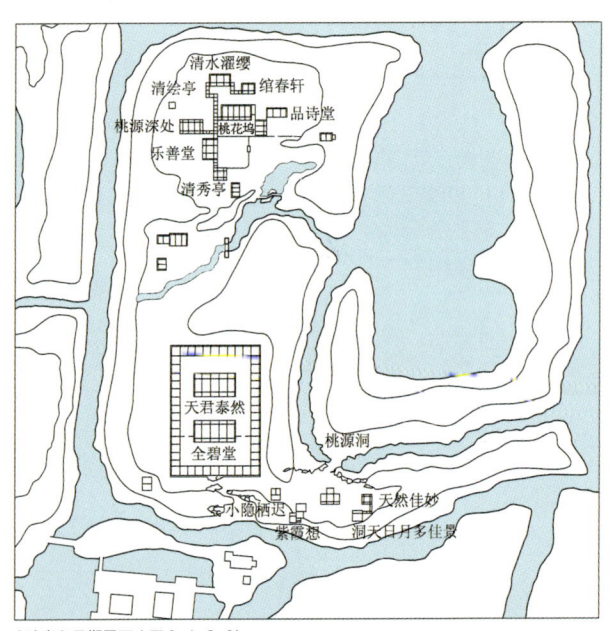

武陵春色早期平面(图2-4-C-2)

武陵春色乐善堂与桃花坞复原图(图2-4-C-3)

其中的绾春轩亦为弘历青年时的书室。他对这座书室别有一番情怀。在乾隆四十一年（1776年），他已年过六旬，仍有诗回忆居住在桃花坞读书的这段往事：

书轩亦绝胜，棐几傥来凭。
旧学温何有，新知契几曾。
砌花红雨过，庭树绿阴增。
春意去杳矣，问谁绾得能。[156]

到了乾隆五十三年（1788年），乾隆帝已年近80，他又写了一首《题绾春轩诗》[157]，说明绾春轩之名的含义是留住春天，惋惜春天的逝去。

偶来绾春轩，遂绎绾之义。
或以注曰绕，或以训为系。
其解虽不同，总具惜之意。
绾韵复同挽，放翁诗曾寄。[158]
居然先获心，协此额轩志。
小憩仲月初，韶光未昌炽。
风拂柳丝丝，大似循名试。
善解坤初爻，履霜坚冰至。[159]

同时，他还写了一首名为《品诗堂》的诗以自嘲：

幼时书室此栖迟，六十余年未废斯。
题额仰看却失笑，一经入品总非诗。[160]

皇子时期，弘历朝夕勤咏经史群书，他的思想、人格都得到涵养，他也从中寻求到智慧和哲理。早在青年时期，他就写出许多政论文章，将其冠名为《乐善堂文集》。对此，人们不由得会想起武陵春色乐善堂，这个皇子读书的地方。

⊙ D. 四宜书屋

四宜书屋在圆明园福海北部、隐于山岗之后。[161]雍正年间，这里曾有春宇舒和、秋襟畅远、夏馆含清等建筑。乾隆九年（1744年），春宇舒和改称四宜书屋。所谓"四宜"，乾隆帝在其御制诗小引中写道："春宜花，夏宜风，秋宜月，冬宜雪"，"春夏秋冬无不宜，所宜总乐读书时"。[162]乾隆二十年（1755年），园中失火殃及四宜书屋，需要进行改建。乾隆帝称："予于壬午年（乾隆二十七年，1762年）南巡观海塘，地方大吏即以海宁陈氏之隅园为行馆，因赐名曰安澜。回京后喜其结构之佳，就御园四宜书屋左右前后，肖其位置为之。"[163]由于改建时"于其地略仿海宁陈氏安澜园之意"[164]，故四宜书屋也常称为"安澜园"。这个名字会使他想起浙江治海潮的情景。他曾经写道："御园小景写隅园，书屋闲来书偶翻。恰是南巡江浙典，民情亲切永心存。"[165]

在四宜书屋，他会借景生情地想到："图来陈氏隅园景，构筑居然毕肖观。每月奏闻涨沙势，何曾一日忘安澜。"[166]乾隆帝的这些诗句反映着当时的国情和他的心情。在中国的东南沿海地区，经常发生"海啸"，涌溢，江浙滨海地段，海潮飞涌，漫溢塘堤，居民被灾，海塘被冲。为了防灾，乾隆朝将民修海塘转变为官修海塘，决定动用官方财力，建设一劳永逸的防洪御潮工程，其本意为"安澜之愿无时不廑于怀……故非游情泉石之为，而实蒿目桑麻之计。"[167]对一位帝王来讲，确实有比欣赏景色更重要的职责，四宜书屋仿海宁安澜园，表明其本意是希望以"安澜"寄托自己的心愿，使百姓过上安宁的生活。

据乾隆九年（1744年）的《圆明园四十景》图（图2-4-D-1、2），所绘的是一组东西向扩展成散点布局的建筑群，几乎没有以建筑围合的院落，主体建筑是烟月清真楼、四宜书屋、远秀山房和涵秋堂。由曲廊串联，小丘、石笋布列前后，房屋风格简素，显得格外自由轻松。

四宜书屋（图 2-4-D-1）

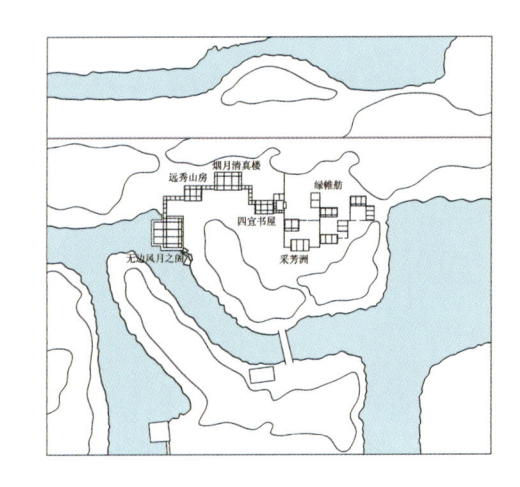

四宜书屋早期平面（图2-4-D-2）

改建后的四宜书屋，由几组不规则的院落组成，前后皆有溪流引入，更具有江南园林的特点（图2-4-D-3），藏书的菇经馆"不减陈氏藏书楼也"。命名"菇经馆"，寓意是可以"垫籍""菇枕图史"，随时随处有图书、典籍可供阅览。这时的四宜书屋可以从水路到达，"入园门朴室三间，背倚峰屏，右临池镜"。迎面正对着的便是菇经馆，从西侧回廊西转便可到

改建后的四宜书屋复原图（图2-4-D-3）

达四宜书屋、无边风月之阁、涵秋堂。这几栋建筑随溪流婉转布局,景观各异。处在水口之处的涵秋堂,为一座三开间周围廊带抱厦的敞厅,东临溪流,西邻长河,令人心旷神怡。乾隆帝有诗称:"不论何时此偶坐,总如爽气面前浮。"[168] 四宜书屋之北,为烟月清真楼,是一座五开间的二层楼阁,在这组建筑群中体量最大。登上这座楼,"又似在陈氏竹堂、月阁间"。[169] 烟月清真楼以西有一座假山,上建远秀山房,可以"远纳西山秀色"。东侧建筑较为密集的小院中,也有一座假山,上建一亭名曰"飞睇亭"。乾隆帝说它:"翼然亭子冠嵚崎,规仿龙泓式创为。(龙泓亭在西湖龙井上。)飞睇宁论千百里。"[170] 登上此亭纵望园外,"稻塍千顷皆在目中,直与农夫田父共较雨量晴矣"。[171] 乾隆帝来到四宜书屋,不只研读经史,还想着体察农情。

乾隆帝要仿海宁安澜园改造四宜书屋,固然有把安澜园的美好景观引入圆明园的意思,但其意义并不仅仅在于欣赏仿建的景观,更重要的是把清代康、雍、乾三代治理海塘的民生工程,作为自己执政的警示。

E. 濂溪乐处

濂溪乐处位于圆明园西北部,其中有若干建筑环绕在一个小湖周围,主要殿宇分置小湖南北(图2-4-E-1)。《日下旧闻考》称"水木明瑟西北环池带河为濂溪乐处,正殿九楹,后为云香清胜,东垣为芰荷深处,折而东北为香雪廊,其东有楼为云霞舒卷,楼北亭为临泉……殿(正殿)檐额曰慎修思永,联曰:与古人相对左图右书,偕造物者游仰观俯察……濂溪乐处之南为汇万总春之庙,正殿为蕃育群芳,五楹。

濂溪乐处平面(图2-4-E-1)

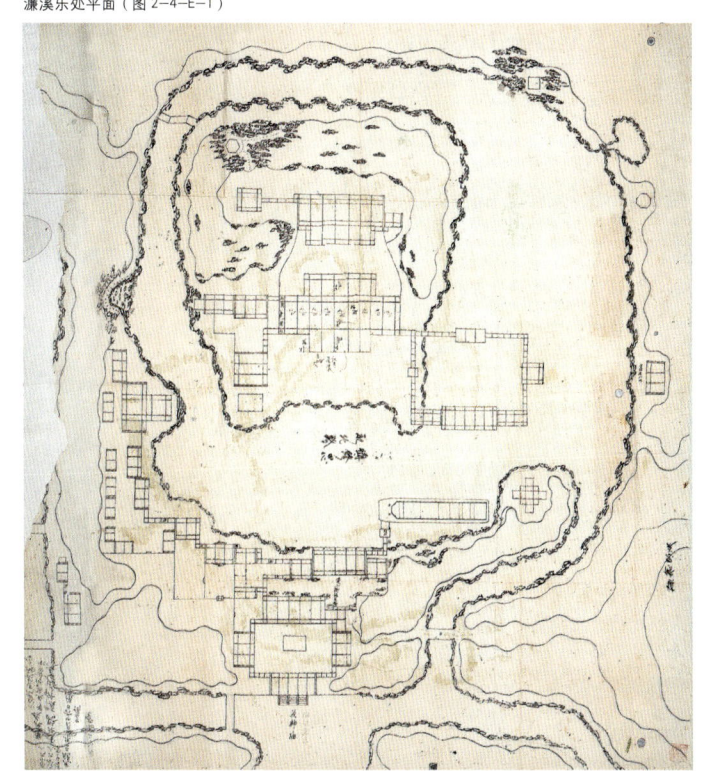

殿东北楼为香远益清，楼西为乐天和，为味真书屋。又西为池水共心月同明……汇万总春之庙以祀花神，殿楼诸额皆皇上御书，池水共心月同明额世宗御书。"[172]

从这段记载可知濂溪乐处和汇万总春之庙早在雍正年间已经建设，乾隆帝对这里的印象是："苑中菡萏[173]甚多，此处特盛。小殿数楹，流水周环于其下。每月凉暑夕，风爽秋初，净绿纷红，动香不已。想西湖十里野水苍茫，无此端严清丽也。左右前后皆君子，洵可永日。"[174]看了乾隆帝这段话，似乎觉得他在欣赏荷花盛开的景色，因此有的人把圆明园的景物归类时，将这里归属为"田园境界"。乾隆帝固然欣赏这里的净绿粉红，动香不已，然而之所以称这里为"濂溪乐处"更主要的是因为这里是一处修身养性的处所。从他在乾隆九年所写的《濂溪乐处》诗中便可觉察：

水轩俯澄泓，天光涵数顷。
烂漫六月春，摇曳玻璃影。
香风湖面来，炎夏方秋冷。
时披濂溪书，乐处惟自省。

君子斯我师，何须求玉井。

他认为读濂溪的书，提高自身修养，便可得到快乐。濂溪是宋代理学家周敦颐的别号，他提出一种宇宙观，认为"无极而太极"，"太极"指一动一静，产生阴阳万物；而圣人又模仿"太极"建立"人极"。太极为理，阴阳五行为气，人以中正律己，以仁义治人，以修养而成圣人。濂溪乐处所具有的山环水抱、菡萏满塘的环境，令人无欲而主静，正宜随时自省、修身养性。

濂溪乐处一景的建筑布局自由，大体成三组（图2-4-E-2）。正宇为慎修思永，其北有后殿云香清胜，其西南伸出曲廊与水云轩相连，这几座建筑位于莲池北部的一个小岛上。岛的东侧另有一组伸入水池中的院落，由芰荷深处、荷香亭、香雪廊等围合成一个水院。莲池南侧有另一组建筑群，为汇万总春之庙，祭祀花神，又称花神庙；正殿名蕃育群芳，独立成一座小院。其周围还有几座殿宇，庙的东北为香远益清，庙的西北部向北延伸的有乐天和、味真书屋等多座小殿，其中朝东的一座T形

濂溪乐处（图 2-4-E-2）

小殿名为池水共心月同明，此外还有几座亭榭散布周围。通往濂溪乐处的交通主要是靠水路，从东南河道进入，可达上述三组建筑。而陆路交通仅在西北部有一条路穿过山口，需要跨过一座小桥方可进入。通往花神庙的陆路交通只有庙东的小桥普济桥。

慎修思永殿面宽九开间，带前后抱厦（图2-4-E-3），前抱厦作五开间敞厅，后抱厦五开间带周围廊，主殿与廊子之间用窗封着，并不相通。该殿前后抱厦及殿身皆为歇山顶的组合体，造型异常丰富。

慎修思永殿室内平面呈凸字形，形成前后进深不同的空间大小，前进深与后抱厦两者仅仅在主殿西侧第二次间有门相通，其余四间用槛窗、壁板相隔。前进深的九开间利用室内装修进行了空间分隔，仅仅当中三开间连通，当心间将宝座设置在矮台子上，左右和前部设有台阶可供登临，宝座背后设有八字形的屏风。两次间在前后内柱间设有壁纱橱，两梢间和尽间设有落地罩、床罩之类的装修，

濂溪乐处后期的慎修思永殿复原图（图2-4-E-3）

布置有床、榻，皆可用作书室、寝宫，显现出较私密的气氛。

据乾隆四年内务府活计档载，殿内设有西洋戏台，从样式房图上分析，这个戏台和看戏宝座即设在后抱厦中，东侧为戏台，西侧为观戏厅，两者空间相通。"戏台"包括演员的表演区及后台，表演区仅以设在东次间一樘栏杆罩做界定，充当台口。东梢间则为戏台的出入场门、"天幕"和后台。所谓"西洋戏台"的西洋之意可能是戏台上具有西洋花纹的装饰。看戏宝座安置在西次间西壁，西梢间则作为服务用房，有单独的门通往室外。

前面一进的空间设计主次分明，当中三间布置着宝座，氛围比较庄重，这样做的原因与"慎修思永"名之不无关系，在《赋得慎修思永》中，乾隆帝说要"修身继进详，举端惟致谨"，表示自己未归政以前，不敢松弛，仍然是孜孜以求、旰食宵衣。偶或遇有臣子来到此殿，仍然觉得气氛严肃。

后殿六香清胜本为一座七开间带周围廊的殿宇，乾隆四十七年添建前抱厦五间建成双卷殿，题名为"知过堂"，并将其所著《知过论》泐于墙壁之上。《知过论》写于乾隆四十六年，总结前代帝王治国的问题和自己的功过，其称：

> 而予引以为过者，盖心有所萦系，必有所疏忽，得毋萦系于小，而或有疏忽于大者乎，夫小者游目赏心是也，大者敬天勤民是也，予虽不敏，实不敢因其小者废其大，是以向偶游万寿山诸处，率过而弗留，尹继善遂有驰驿观山之语，予不惟不责，且笑而肯之，实获我心也。若夫时巡所经各督抚，每缮行宫以备驻跸，虽云出自捐养，廉资商力，然争奇较胜，予不为之喜，且饬谕之，究其致如此者，过应归于予，谓之无过实自欺也。

建知过堂的缘起是"去冬山东巡抚国泰呈进雕漆桱槛屏扇等，什以其费工无益，甚不惬怀，传旨严行申饬，第念成器不毁，又不肯因此添建大屋，不得已于慎修思永殿后旧有之云香清胜室，接檐装用，并泐所著《知过论》于壁遂以名堂云"。[175] 知过堂正是他身体力行改过的标志。他在《题知过堂》诗中写道：

去年着论曾自讼，匪遑虚文敬畏存。
谁谓庸臣贡漆饰，仍因旧室构松轩。

乾隆五十二年，他已经77岁，又写了《题知过堂》："过而能改则无过，徒此云知实未知。"[176] 后来他又写了《知过堂口号》[177]"知过后曾创作罢，葺前修旧不能无，（此堂就慎修思永殿后之室名之，即泐向所著知过论于壁，近年并无创修工作，然旧有工程不能不随时修葺以复旧观。每对此论仍引以为愧。）是为过抑非过也，每坐堂增惭愧吾……"

慎修思永西北的平顶房题名为水云居，此建筑为东西向三开间，乾隆帝从它的名字联想到农事与水云的关系，他写道：

御湖虽弗宽，颇具沧波趣。
水云本一家，然各有时遇。
春之水云艰，夏之水云屡。
艰每愿其来，屡每愿其去。
水云岂有意，而人殊好恶。

好恶分公私，即公亦情附。
谁能去安排，忘情任其素。[178]

花神庙作为濂溪乐处的对景，添建于乾隆三十四年以后，建筑布局错落有致，庙院采用回廊式院落，两侧建筑从东西两侧折而向北，对于慎修思永形成环抱态势。对于花神庙一组建筑群，乾隆帝写过多首咏赞之诗，如咏味真书屋的诗，是他对"时披濂溪书，乐处惟自省"的深刻体会。他写道：

书史有真味，此人共所知。
然味不在彼，在我宜思之。
味更有臧否，其能辨者谁。
辨矣复在行，法戒分毫厘。
得臧味乃真，吾今亦含饴。[179]

书屋分明额味真，知真味者信谁人。
新春即景于何是，一字无他曰在仁。[180]

再次表现出其对内圣外王理想的追求。

此外还有一些景点的题名也体现出"修身养性"的追求，例如"涵虚朗鉴""澡身浴德"等。乾隆帝以后的几位皇帝在园中皆知此堂的意义，皆称不忘皇祖教诲，但他们仍未能治理好国家，因为他们根本不了解社会前进的方向，不知道他们所践行的社会制度之弊病，闭关锁国，最后惨遭侵略者蹂躏，乃至把他们自己的"家"都葬送火海！

⊙ F. 文源阁

清前期的帝王对文化比较重视，雍正四年（1726年），出版了《古今图书集成》，全书共一万卷，是一部集理学、经济、博物、历法之大成的类书。乾隆三十七年（1772年）始，用十年工夫纂修了《四库全书》，同时出版了《四库全书总目提要》，广泛评价古代的典籍。这反映出两位帝王希望成为一位有学问的"圣王"的理想。与此同时在圆明园建起了藏书楼——文源阁，在长春园的含经堂也建了专门的藏书楼：霞翥楼，前者用以储《四库全书》《古今图书集成》，后者用以藏《四库全书荟要》。此外，长春园的朝仪大殿澹怀堂也藏有《古今图书集成》。而专门规制的藏书楼则要数文源阁了。

文源阁位于水木明瑟以北，是一组以藏书为主的建筑群。文源阁修建之前这里曾有四达亭。[181]乾隆三十七年（1772年）开馆纂修四库全书，以明《永乐大典》为基础，全国征集书籍3503种79330卷，按唐朝以经、史、子、集为四库的方式编纂，分为经、史、子、集四部，故称《四库全书》。该书用了十年的时间才编纂完成，共抄写了四部。藏书之阁于同时筹建，乾隆三十九年（1774年）在圆明园内建文源阁[182]，总体布局和个体建筑造型皆仿自宁波天一阁。据乾隆《文源阁记》载："藏书之家颇多，而必以浙之范氏天一阁为巨擘。因辑四库全书，命取其阁式以构庋（guǐ）贮之所。"[183]

文源阁包括藏书阁、宫门、碑亭、趣亭、月台、水池、假山等。藏书阁坐落于长方形庭院的北侧，阁前为水池，池南有一座东西铺陈的大假山。宫门置于假山南侧，藏书阁的中轴线上。入宫门后或穿过山洞，或经崎岖的磴道，绕过水池，方可到达藏书阁。阁之北也有一小型假山，遮掩着北院墙上的月洞门（图2-4-F-1）。

文源阁采用六开间，带有前后廊形式

的二层楼（图 2-4-F-2），与天一阁完全相同。由于天一阁"阁之间数及梁柱宽长尺寸，皆有精义"，这里的"六间"之特殊做法"盖取天一生水，地六成之之意"。即将开间数取做"六"，取阴阳五行学说中奇数象征"阳"，偶数象征"阴"的意思，故与水有相同的意义，表示作为可以防范火灾的象征物。对照现存的与文源阁同时建造的故宫文渊阁、避暑山庄文津阁来看，为了加强防火的寓意，三座书阁都特别用了黑琉璃瓦绿剪边的屋顶。文源阁六间中西梢间尺寸格外窄小，仅为 5 尺，充作楼梯间。其他五间照样区分出明间与次间，明间宽 16.4 尺，四次间各宽 12.5 尺，通进深 38.5 尺。[184]

文源阁建成后，又相继建成了紫禁城的文渊阁、避暑山庄的文津阁、沈阳故宫文溯阁。镇江金山寺建文宗阁、扬州大观堂建文汇阁、杭州建文澜阁，都与文源阁采用相同的模式。

文源阁已建成，但打算储存于皇家宫殿和御园中的四部《四库全书》却未能同时抄录完毕。[185] 当时，第一部抄录完成后

文源阁景区平面（图 2-4-F-1）

文源阁复原图（图 2-4-F-2）

首先贮藏在紫禁城的文渊阁，乾隆四十八年（1783年）才将贮藏在文源阁的这部抄录完毕。乾隆三十九年（1774年），乾隆帝第六次南巡归来，他非常高兴地题写了一首《题文源阁叠去岁诗韵》，其中有云："六度南巡庆典行，归来高阁弆书成。"[186]

文源阁一层前半部当中明间、两次间与夹层连通，空间格外高爽，为皇帝看书的场所，两梢间和后部五间及楼上的空间陈放了楠木书架（图2-4-F-3），并按经、史、子、集以黄、红、蓝、灰不同的颜色装帧书背，乾隆有诗称"昨岁书成楠架陈，题分四色一时新。"[187]

关于阁的题名，乾隆帝解释道："文源，喻以水其源。"[188] 他又说："以水喻之，则经者文之源也，史者文之流也，子者文之支也，集者文之派也……集也，子也，史也，皆自经而出。故吾贮四库之书，首重者经，而以水喻之，顺溯其源。"

文源阁内，有一块80多穴的"北太湖石"矗立于庭院水池中央。乾隆对其颇为喜爱，命名为"玲峰石"，并有诗称："体大气博复玲珑，八十一穴过犹远。"他还说："此石胜米老"[189]，"一峰峙我文源

文源阁室内复原图（图2-4-F-3）

阁，育秀通虚映万卷"。[190] 这块巨大的玲峰石在圆明园被焚后犹存。可惜，民国时期它被毁坏折断（图2-4-F-4a、4b）。

阁前假山西侧建有趣亭，可供读书者来此小憩，乾隆帝为亭题诗：

层阁前头迭石巘，小亭如笠架岩开。
梅心柳眼无非趣，得趣仍于书里来。

假山东侧建有月台。阁东侧的碑亭中竖有乾隆帝御书《文源阁记》碑。圆明园被毁后此碑尚存，民国年间北京图书馆落成后，收存了此碑（图2-4-F-5）。

文源阁及水池中的玲峰石复原图（图 2-4-F-4a）

水池中的玲峰石遗迹（图 2-4-F-4b）

圆明园文源阁碑残迹（图 2-4-F-5）

为贮藏《四库全书》所建的北四阁、南三阁，目前建筑保存完好的有：紫禁城文渊阁、避暑山庄文津阁、沈阳故宫文溯阁等处 (图 2-4-F-6、7)。除了文源阁本《四库全书》被烧之外，文渊阁本《四库全书》已被运往台湾，文溯阁本现藏甘肃省图书馆，文津阁本现藏中国国家图书馆，文澜阁本现藏浙江省图书馆，文宗阁本、文汇阁本皆不知下落。

⊙ **G. 洞天深处**

洞天深处建于雍正时期，位于勤政亲贤以东，接近圆明园东围墙。《日下旧闻

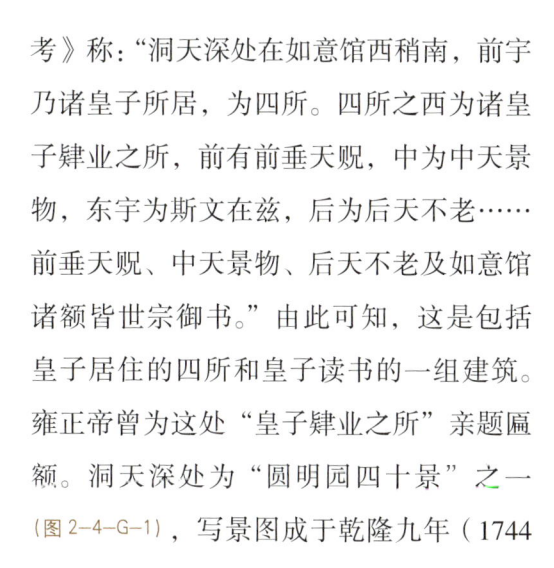

北京故宫文渊阁（图 2-4-F-6）　　　　　　　　　　　　沈阳故宫文溯阁（图 2-4-F-7）

考》称："洞天深处在如意馆西稍南，前宇乃诸皇子所居，为四所。四所之西为诸皇子肄业之所，前有前垂天贶，中为中天景物，东宇为斯文在兹，后为后天不老……前垂天贶、中天景物、后天不老及如意馆诸额皆世宗御书。"由此可知，这是包括皇子居住的四所和皇子读书的一组建筑。雍正帝曾为这处"皇子肄业之所"亲题匾额。洞天深处为"圆明园四十景"之一（图 2-4-G-1），写景图成于乾隆九年（1744年）。[191] 其用地东西宽约 192 米，南北长约 157 米，占地约 3.01 公顷。

《圆明园四十景》图中所绘的洞天深处是乾隆年间的状况。图中东侧为四所，四所中的每组建筑群采用相同的布局，每座庭院均为三进院落，最前边为三开间的大门，门两侧设有倒座房一排。第一进院落之内有正房五间，左右各有一个小院，院内仅有三间小房。第二进院正房五间，两山带耳房，东西另有厢房三间。第三进

洞天深处（图2-4-G-1）

乾隆九年甲子九月奉
勅臣唐岱臣沈源恭画

院只有十一间后罩房，其两山设有极小的院落，内仅有一间小房。建筑群东西皆有围墙包围，极其封闭。皇子居住的四所在道光后期有较大变化，改成了东西二所（图2-4-G-2），可能由于皇子人数减少了，为了便于管理而改建。东西二所仍然是三进院落，只不过每进院落进深加大，每进院的正房皆为五开间，厢房或五间，或三间，主要院落两侧，从前到后各有一条狭长的院落，南北各有一排联排式房屋，四周设有围墙，封闭性依然如故。其形象单一，与圆明园内的其他场所的园林化处理不同，圆明园作为皇帝的"游豫"之处，自然应有多处供观赏的美景胜地，但这里不同，它是培养后继统治者的场所，要求皇子们按照儒家的最高标准自觉规范德行。

前垂天贶，乾隆帝称"予兄弟旧时读书舍也"。建筑布局与前者不同，既有院落，也有小园林，两者结合。从四十景图上看，这个部分由前后两组建筑构成，各自有小溪环绕，前面的院落较方整，主要殿宇为南向五开间的前后殿，东西两侧有游廊、值房，前殿当为讲课之所，名"前

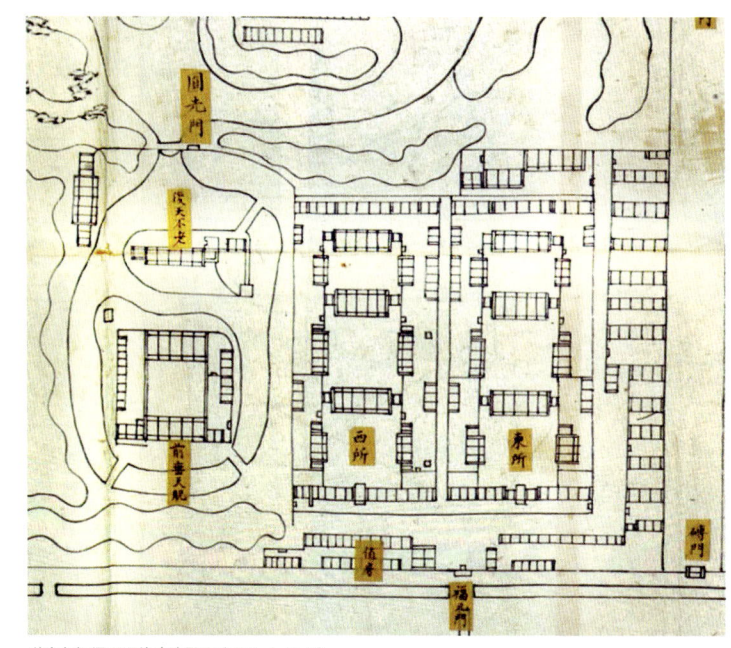

道光年间洞天深处改建平面（图2-4-G-2）

垂天贶"、后殿名"中天景物，"从建筑名称来看，"垂"有"留传"之意，"天贶"有"天赐"之意，具有后世不忘前世之师，不忘老天对皇朝的赐予之意。《日下旧闻考》还记载了此处曾有"至圣先师神龛"，要求皇子不忘至圣先师的教诲。其后部有隔着溪流，是一排书房，名"后天不老"，两侧有小殿、天台、行廊。这组建筑群的西端，有土山，与外部相隔，山脚处设有爬山廊、小楼、小亭、值房等。

乾隆诗称：

> 幽兰泛重阿，乔柯幕憩榭。
> 牝壑既虚寂，细瀑时淙泄。
> 瑟瑟竹籁秋，亭亭松月夜。
> 对此少淹留，安知岁月流？
> 愿为君子儒，不作逍遥游。[192]

这处是一个稍显活泼的空间，但乾隆帝也提醒皇子们"对此少淹留，安知岁月流？愿为君子儒，不作逍遥游。"（图2-4-G-3）。

乾隆年间在皇子住所的西北，有几间联排式房屋，是为如意馆，也即郎世宁、蒋友仁等传教士们工作的场所，他们在此不仅作画，还参与建筑设计、室内装修。道光年间，此处的建筑已被改作库房了。

皇子读书处复原图（图2-4-G-3）

5. 观稼验农

圆明园中有不少与农事相关的景区（图2-5-1），有的景区更被直接称呼为村，如"北远山村"，有的景区建筑旁即为农田，以便于皇帝在园中与种田人讨论农事。

早在康熙年间，圣谕中就提出《重农桑以足衣食》：

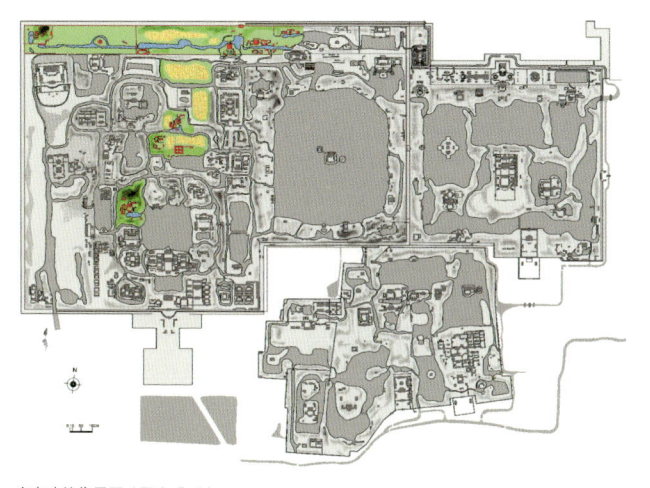

农事建筑位置图（图2-5-1）

朕闻养民之本在于衣食，农桑者衣食所由出也，一夫不耕或受之饥，一女不织或受之寒。古者天子亲耕、后亲桑，躬为至尊，不惮勤劳，为天下倡……自古盛王之世，老者衣帛食肉，黎民不饥不寒，享庶富之盛，而致教化之兴，其道胥由乎。[193]

乾隆九年（1744年），乾隆帝在《御园亲耕》诗中写道：

我朝得天下，马上搴旗帜。
刱武守以文，耕稼尤留意。
皇祖绘为图，种获编次第。
皇考耕藉田，岁岁禾双穗。
谓是御园中，朝暮便亲视。[194]

以农立国的方针在圆明园的建筑中有着突出的反映。乾隆帝还写道："湖山岂不美，最喜是田家……城市厌笙歌，农讴惬听多……"[195] 像这样的诗，他写过多首，大都提及如何关心农事，如何借此了解稼穑之艰难等等。这便是圆明园中有不少与农事相关景区的原因。乾隆帝还表白，其驻园并不是为了游燕玩赏，而是要体察农情。他说："园居岂为事游观，早晚农功倚槛看。"

在圆明园中，能够验农桑的场所很多，有的景区本身建筑处理并不追求村居、乡野的风格，只是周围环境便于知农、验农；有的景区对建筑作了特殊处理，使之能望而触景生情。乾隆帝有诗称："斋外水田凡数顷，较晴量雨谘农夫。"在《观稼》[196]诗及诗注中，更为形象地描绘出他关心全国农情的心态：

夏秋旸雨幸调匀，观稼欣观铚艾新。
忱切不孤勤一己，稔连差足慰群民。

（昨岁各省秋收自八九分以至十分，可称大有，今岁闽省已报早稻收八分有余。山东亦报约计收成九分有余，滇省则早者收足九分，晚禾亦极丰蔚，其北省之直隶、豫、晋、陕、甘，南省之江、浙、江西、湖北及边省之黔、粤，均经各督抚奏报雨水调匀，禾谷畅茂，丰稔可期。兹阅山田秋稼亦全熟，待获屡绥之象，实可为寰宇群黎庆矣。）

只有得到寰宇群黎之庆，皇帝的统治才有经济基础，才能万方安和、九洲清晏。

⊙ **A. 杏花春馆**

杏花春馆位于九洲景区后湖西北角。胤禛初建时称菜圃，雍正四年（1726年）开始称作"杏花春馆"。从《圆明园四十景》图上可以看到它早年的景象（图2-5-A-1），四面有土山环绕，山口处"由山亭迤逦而入，矮屋疏篱，东西参错。环植文杏，春深花发，烂然如霞。前辟小圃，杂莳蔬蓏(luǒ)，识野田村落景象。"[197] 其所谓的"矮屋"，有杏花春馆、杏花村、翠微堂、土地庙、涧壑余清等建筑，布置得疏疏落落；村落南面屋间空地辟成菜畦（图2-5-A-2），畦北缘立井亭，亭南开渠以利灌溉，菜畦西南建小型土地庙。沿北山山路蜿蜒上行，山腰处建一小型六方亭，东北的山巅上遥立一座小城关，内外各挂一匾——"屏岩""泮镜"，是小村出口的标志（图2-5-A-3）。景区内建筑体量都不大，有的建筑屋顶特别采用石板瓦，墙壁用虎皮石砌筑，风格简素。乾隆九年（1744年），乾隆帝的《杏花春馆》诗更清楚地描绘了这里的景观：

霏香红雪韵空庭，肯让寒梅占胆瓶。
最爱花光传艺苑，每乘月令验农经。
为梁谩说仙人馆，载酒偏宜小隐亭。
夜半一犁春雨足，朝来吟屐树边停。

杏花春馆（图2-5-A-1）

杏花春馆早期的菜圃景观（图 2-5-A-2）

到了乾隆二十年（1755年），对景区进行改建，挖掉了菜圃，并在东南山口处开渠与后湖相通，将湖水引入低洼的小山谷，形成"上"字形的曲折水面。景区中部的"矮屋"，这时改建成一组院落，其东、南两面临水，南侧置五开间带回廊的小殿"涧壑余清"，兼做该景点的入口。此殿前出月台，台南建桥，直对南部坦坦荡荡的假山山洞。院落正北为面阔五间

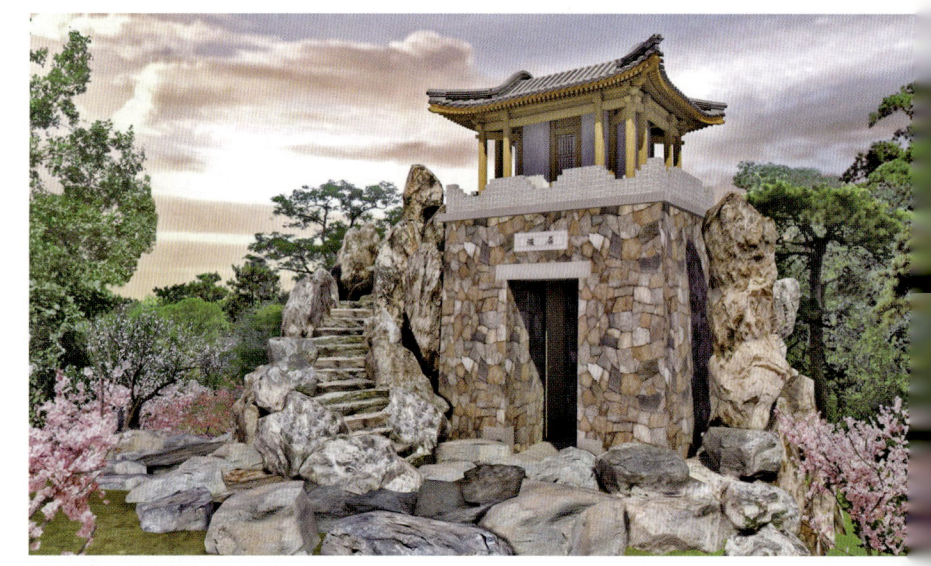

屏岩和泮镜小城关复原图（图 2-5-A-3）

后出三间抱厦的主殿春雨轩（图2-5-A-4），涧壑余清与春雨轩之间以游廊相连。春雨轩北，东西两侧各依山势点缀镜水斋、赏趣、抑斋、翠微堂等小殿。仅在西南角保留了早期的土地祠，并以值房、井亭组成另一小院曰"杏花村"。早期的菜圃、疏篱已经不见踪影。乾隆三十四年（1769年），又在春雨轩后堆叠山石高峰，成为后湖周围山体的最高峰[198]，改变了景区的山水格局。这时，已经没有以往的山野村落景象，而成为一处完整的园林，不但有主要的厅堂，还有次要的附属用房，山水主次分明，自成一体，形成一处具有差序格局的建筑群。由此也可以看出乾隆帝与雍正帝不同的追求。近年，假山西侧的六角亭遗址、东侧的小城关遗址已经被发掘出来，还可寻觅到《圆明园四十景》图所表达的信息（图2-5-A-5）。

春雨轩是当年乾隆帝观察天候验"农时"的重要场所。在以农为主的社会，春雨的多少关系着一年农业收成的好坏。作为帝王，乾隆帝不得不为农业操心，而

杏花春馆春雨轩复原图（图2-5-A-4）

雨雪如何,也是他最为关心的事。面对上天,他能做的事,只有乞求神灵的护佑。因此,每当少雨之时,他便要去龙王那里"祈雨",而来雨之后,他又要去"谢雨"。例如乾隆二十一年(1756年)四月二十三日,他便去玉泉山静明园龙王庙祈雨。这一天,他戴的是"勒苏草拆杯缨"的帽子,穿的是蓝色棉纱袍、红青夹缎褂、纺丝单套裤、白布棉袜、青缎凉里皂靴。出发前先去勤政亲贤的怀清芬用早膳,之后,便乘四人抬的亮轿,从圆明园西南的藻园附近的侧门出发,到静明园拈香。[199]为此,乾隆帝还写了一首《诣玉泉祈雨》诗:

十日期还过,分龙候正回。
旦明希沛泽,堀堁镇扬埃。

德水真灵矣,甘膏冀霈哉。
亦知迟节气,(是岁逢闰五月二十四日始夏至。)何以救麰(móu,大麦)秫(shú,高粱)?
云望目惟倦,景攀兴转灰。
名山权阁笔,匪为豫游来。[200]

五天后,果然下雨了。对于这场雨,乾隆帝大大吟咏了一番,并随之写了一首谢雨诗:

阵雨沛今昨,都来七寸滋。
敢云诚有格,信是泽无涯。
碧水增新涨,青山助旧姿。
远方霑也未,慰矣复生疑。[201]

这一年,五月十三日,他又曾到黑龙潭拈香祈雨,之后便下了一点雨,于是他写了这样的诗:

细雨不成寸,徂云去弗留。
人言将酿泽,我觉祇添愁。
十日期应迫,三农望莫酬。
无能甘玉食,谅匪为身谋。[202]

杏花春馆小城关遗迹(图2-5-A-5)

看来雨量太少,于是他又到玉泉山祈雨。直到五月二十日,终于才下了一场浓雨,乾隆帝记道:

阵雨油云数日连,徘徊酝酿始祁然。
难为去岁春膏后,原是常年夏至前。
(北方春夏苦旱,每于夏至前后始得沾足。)
饼饵登盘期半熟,黍禾被垄睹全鲜。
筹农深为吾民幸,敢即云怡意倍干。[203]

春雨轩的出现,正是他关心农业心态的写照,他说:

溪上轩成春雨时,佳哉遂以与名之。
十年中不一二遇,万事如斯慎在斯。[204]

自从春雨轩建成后,连年春雨不断,他非常高兴地写道:

春雨名轩果是奇,自兹春雨每逢之。
最优渥者为今岁,未烂漫兮恰好时。
彻日彻宵还莫问,或疏或密总相宜。
凭栏却幸何修遇,喜共东郊农父知。[205]

因此,杏花春馆成为他经常到来之处,他记载:

文轩岂不佳,一年有数到。
率因雨知时,乃来观其妙。
是盖弗易得,艰致从吾好。
今朝霏细澍,烟中穷窈窕。
真树灌祥花,假山藏泂峤。
轩傍开菜圃,疑是芝田墺。
所欣在兹乎,因近远可校。[206]

每次来到这里,即使小坐,也会感慨万分:

去岁春雨好,轩成因名之。
今年春亦雨,清跸方东移。
归来已夏月,始佳后愆期。
侵寻亟待泽,沾足幸今兹。
砌葩鲜以馨,屏林华且滋。
所喜不在此,开畦绕前墀。
菜甲既勃生,麦穗方饱垂。
学圃岂鄙哉,验农亦因斯。
先是虽慰志,后来复愿时。[207]

⊙ B. 北远山村

北远山村建于雍正晚期，原名北苑山房，位于圆明园北侧围墙之内，靠近大北门（图2-5-B-1、2）。"循苑墙度北关，村落鳞次，竹篱茅舍，巷陌交通，平畴远风，有牧笛渔歌与春杵应答。读王储田家诗时遇此境。"[208] 这是一组模仿水村面貌的景区，整个村落临溪而建，两岸建筑布局参差错落，周边禾畴弥望。景区内的建筑分布在溪流两岸，自东向西依次安排着院落、田舍、茅屋、楼阁、庙宇，东部北岸有铺着石板瓦的"兰野"小屋，其前廊跨于溪上，后为小院及院中正房绘雨精舍，院中有一座小西屋。院落之西为水村图，这座三开间带前廊的小建筑，从溪水岸边，后退了几尺，似乎是表达着几分谦虚。又西有楼，前为皆春阁，是村中唯一的二层楼，也是最主要的一座建筑，后为稻凉楼，阁的左右头是两座茅草顶的小房子，皆春阁前设有码头，可供登临。再西有涉趣楼、湛虚书屋、观音庵等。观音庵做得最有个性，村中其他房屋使用原木本色，不施彩绘，仅作粉墙、黛瓦，而观音庵采用了红漆木柱、门窗，梁架画着青绿彩画，墙面也涂成暗红色。庵内设八边形小殿，采用攒尖顶，左右配殿采用悬山顶，只有随墙建的庵门作了一个小小的歇山顶。这组建筑在山村中颇有鹤立鸡群之感。溪流南侧，对应地布置着几组建筑，在后期的图档中，有的直接被称为点景房，可见设计者的意图。村外辟有桑田，为植桑养蚕之地，农夫、蚕妇年年在此作业，更将水村景象活生生地呈现出来。

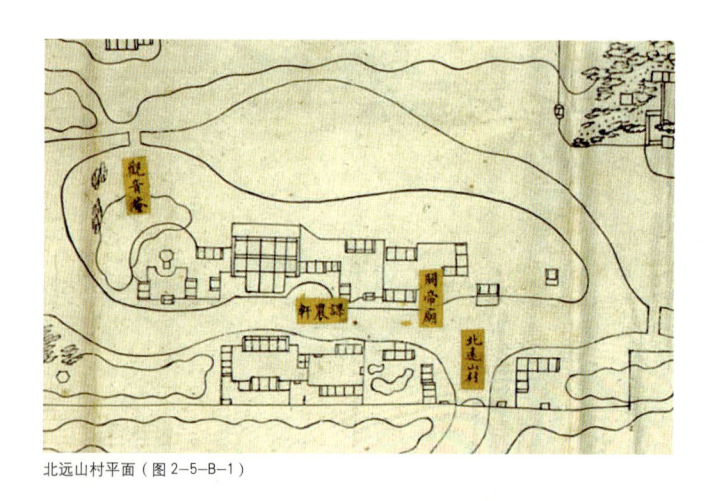

这一带的田园风光的体现最为成功。乾隆帝的诗中对此多有描写。如乾隆九年（1744年）所写《北远山村》诗：

> 矮屋几楹渔舍，疏篱一带农家。
> 独速畦边秧马，更番岸上水车。
> 牧童牛背村笛，馌妇钗梁野花。
> 辋川图昔曾见，摩诘信不我遐。[209]

北远山村平面（图2-5-B-1）

北远山村（图2-5-B-2）

乾隆帝经常泛舟来此，在风景如画的村庄里体察农情，他有诗写道：

山容染黛水澄泓，面面江村画意迎。
……
最爱鳞塍方脉起，扶犁叱犊一声声。
……
手卷画中开别业，水车声里过前川。
敲诗饶有勤农意，不是寻花问柳船。[210]

苇岸沙汀曲复斜，溪村一棹玩清嘉。
田间野老骑秧马，朮上牯牛转水车。
试舞鹤雏双羽䎡（shī），学讴牧竖数声哑。
迎眸好景披图画，何异游仙泛若耶。[211]

放眼山村水郭间，轻帆聊趁片时闲。
……
蓑笠农人浸种去，钩筐妇女采桑还。
……[212]

从这里还感受到江南村落的景象。在乾隆二十五年（1760年）的一首《北远山村》诗中乾隆帝写道：

山村迩岁略稀游，雨后偷闲试泛舟。
桃李清溪穿一带，诗吟摩诘雅相投。
……
记得南巡好景在，行春桥接石湖南。
青蒲白芷碧溪湾，入影新螺过雨山。
有喜近臣许知得，那知喜在稻田间。[213]

北远山村出现在皇家园林之中，颇有诗情画意，乾隆帝甚至说，这里的景色有如赵孟頫的水村图，还说，绘雨经舍的景色有如文伯仁的《听雨楼图》：

时雨时晴首夏天，插秧一月早常年。
水村佳景胜图画，着我几间好试船。
白芷青蒲绿水涵，槿篱茅舍学江南。
知耕亦复思知织，桑叶初肥好浴蚕。
下溪水引上溪流，西墅烟飞东墅浮。
比似石渠同上品，[214] 饶他活处是宜游。[215]

嘉庆帝在刚刚登基的嘉庆元年（1796年）即有描绘北远山村景区特点的诗作：

山村幽静碧溪东，曲涧萦回一水通。

汀柳如春余浅绿，崖枫若绘染深红。
盈庭浩浩松篁籁，夹岸萧萧芦荻风。
更上层楼舒远目，西峰百里豁晴空。[216]

北远山村虽称"山村"，但周围并无多少"山"，去这里主要是走水路。如嘉庆在嘉庆二年（1797年）所写《北远山村泛舟作》诗中说：

望里山村接北垣，轻舟缓入水关门。
柳丝摇曳青绦漾，棹影回旋碧浪翻。

另一首描写《北远山村》的诗说："直北山村境不同，门开水郭一舟通。"[217]都表明是走水路的。

不过，北远山村景区毕竟不同于真正的农村。这里的建筑并不是让农夫、蚕妇居住的村舍，而是皇帝的书室、经舍。例如皆春阁，乾隆帝称：

书阁号皆春，皆春名在循。
天心惟爱物，君道止居仁。
试看三阳泰，敷为万汇新。
吾民可得所，返已愧惟真。[218]

北远山村后期景观复原图（图2-5-B-3）

村中的观音庵也不是村妇向观音求子的庙堂，而是满足帝王心灵藉的吉祥之所。北远山村摹写水村景物，除了房屋之外，还有柳树、桃李、榆树、竹子、红杏等，都颇有乡土气息。后来，嘉庆皇帝后期进行了改建（图 2-5-B-3），皆春阁更名课农轩，建筑体量加大，变成一层大进深的格式，采用双卷勾连搭式屋顶，前出抱厦。门窗装修也更换了，据图注载"明间前后檐隔扇改成冰纹式。添加玻璃风门"（图 2-5-B-4）。

⊙ C. 澹泊宁静

澹泊宁静、映水兰香、水木明瑟这三处景点位于圆明园中部，与后湖景区有土山、溪流相隔。三景紧邻，但建筑各有特色。三景周边有大片稻田，其中建筑命名也多与农事有关。这几处建筑更多的是表达皇帝重农、观农、以农桑为本之意。

雍正帝早年所写《耕织轩》[219]描绘了这一带的景色：

轩亭开面面，原隰对昀昀。
禾稼迎窗绿，桑麻窣地新。

檐星窥织火，渠水界田畛。
辛苦农桑事，歌诗可击壶。

雍正五年（1727年）建成田字形建筑，又称田字房，并"燕接亲藩，游豫于此"，后改称澹泊宁静（图 2-5-C-1）。这里

课农轩外檐装修画样（图 2-5-B-4）

澹泊宁静（图 2-5-C-1）

的建筑形式采用了隐喻的手法，用"田"字的形式来诉说帝王对农业重视的心态。乾隆帝即位之前所写的《田字房记》有明确的昭示："……其北则稻田数亩，嘉禾生香，蔼闻于室……盖我皇父重农之心，虽于燕闲游观之所，亦未尝顷一刻忘也。"[220] 借此说明身在御园不忘以农为本吧（图 2-5-C-2）。

后来，乾隆帝在乾隆四十一年（1776年）写的另一首《题多稼轩》[221] 诗再次说明了这层意思：

园中辟弄田，引水学种稻。
轩名额多稼，奎章悬圣藻。
无非垂教心，当识谷为宝。
要惟雨旸时，逢年殷祝好。

处于田垄中的田字房（图 2-5-C-2）

春夏例多旱，布种艰致早。

乾隆二十四年（1759年），乾隆帝在《多稼轩十景诗》诗序中说："……惟稼以为宝"。[222] 可见其设观稼景点的意义。

⊙ D. 映水兰香

在澹泊宁静之西，据《日下旧闻考》的描述可知，这组建筑群以多稼轩殿为核心。"澹泊宁静西门外别垣内宇为多稼轩，南向，七楹。"多稼轩东有紧邻稻田田坎而建的观稼轩，其后有怡情悦目、稻香亭等，多稼轩西侧有水精域、静香屋、招鹤磴、寸碧、引胜、互妙楼等（图2-5-D-1、2）。对于多稼轩的描述见于乾隆帝《多稼轩》诗及序："朴室数楹，面势廫（xiāo，高深）豁，东牖临水田，座席间与农父老较晴量雨……"这座建筑，屋顶铺着石板瓦，风格确实显出一派朴野格调。东山墙正对稻畦开了窗，窗外置一小抱厦，借此强化了它与稻畦的联络。乾隆帝诗称：

径入翠云曲，窗含老屋深。
数畦水田趣，一脉咸农心。

进一步借景言情。多稼轩所挂乾隆帝题写的匾联中有"曰阳曰雨验农时"之语，道出了园中观农的目的在于"验农时"。

嘉庆帝曾写有《多稼轩》诗及注，以表其领会先祖验农的教诲：

御园辟地阡陌连，学稼欲探其大略。
课晴量雨愿协和，收麦耘和验时若。
食乃民天在务农，艰难力穑邦本托。
疆理弄田祖泽深，示俭知依勉守约。

（御园隙地，垦为广亩，种植麦禾，课雨晴，验丰歉，知稼穑之艰难，厘三农之作苦。盖即近征远之意也。兹地为皇祖所辟，知依示俭，寓意精深。每当几暇来临，目击如云，不觉勤民之念

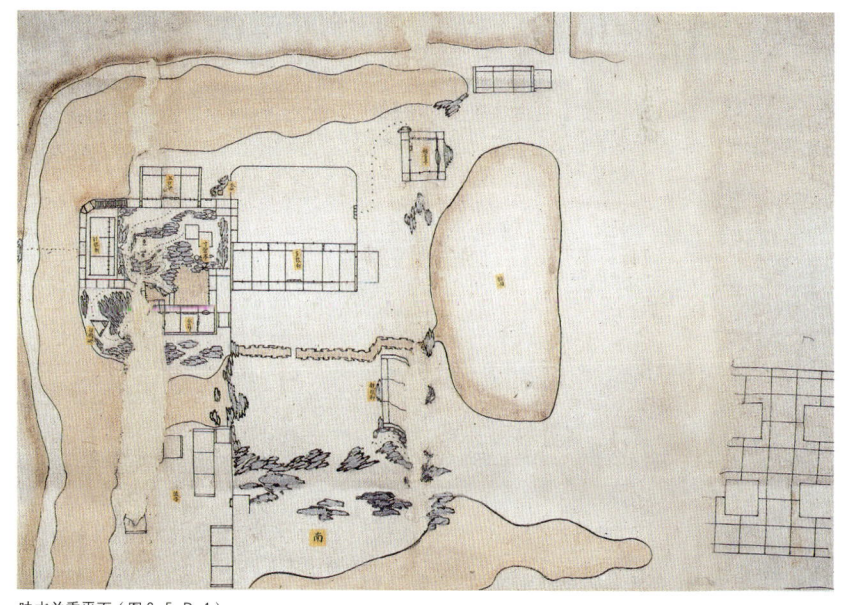

映水兰香平面（图2-5-D-1）

映水兰香（图2-5-D-2）

与肯获之心并切尔。）[223]

映水兰香的多稼轩周围有假山、溪流、竹亭、朗榭，乾隆帝描述着这优美的景色：

络石萦林邈，飞湍云锦淙。
岚扉沿得得，花雨落重重。
可迟平桥步，恰闻远寺钟。
只疑幽绝处，仿佛赞公逢。

坐落在多稼轩以东，邻稻畦的观稼轩是一座敞厅，乾隆记载："此轩在台上，不施户牖，故观稼恒于此。"乾隆帝有诗称自己观稼的目的不在于赏景游弋：

园居岂为事游观，早晚农功倚槛看。
数顷黄云黍雨润，千畦绿水稻风寒。
心田喜色良胜玉，鼻观真香不数兰。
日在豳风图画里，敢忘周颂命田官。[224]

豳为古代地名，在今陕西彬县、旬邑县一带。"豳风"为《诗经》中豳地民歌。《周颂》也为《诗经》之一部，为宗庙祭祀所奏的乐舞歌。乾隆帝在御园中观稼验农，体会到古代民歌中所表达的那种丰收的喜悦。他还曾写道：

台上疏轩不设楹，便于观稼验农经。
兴锄时节知犹未，一意四时那有停。[225]

⊙ E. 水木明瑟

由澹泊宁静向北渡桥为水木明瑟。从《圆明园四十景》图上看（图2-5-E-1、2），这组建筑核心部分是一组置于水池中的建筑群，建筑皆成东西向布局，最西的五间殿带周围廊名为"丰乐轩"，面对着一条长廊，廊子南北两端各向东转折，南侧与一座方形小殿相连，小殿深入水中，名钓鱼矶。北侧与一座三间小殿相连，小殿四周用矮墙围成院落，院外池水周环，水池名"印月池"。在其东部位于溪流上有"水木明瑟"小殿（图2-5-E-3、4、5），《日下旧闻考》载印月池："北为知耕织，又北稍东为濯鳞沼"，以曲廊相连，两者间以药栏围合成一座小院。在丰乐轩西南有一座三开间小殿，名贵织山堂，在其中祀蚕神。

水木明瑟（图 2-5-E-1）

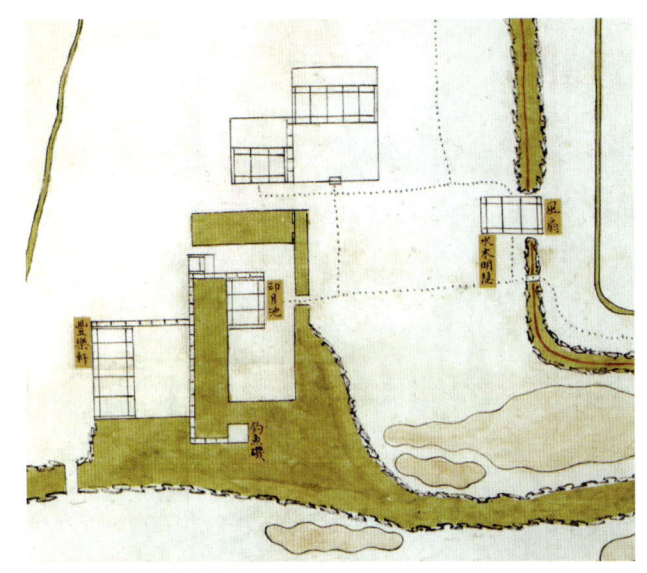

水木明瑟平面（图 2-5-E-2）

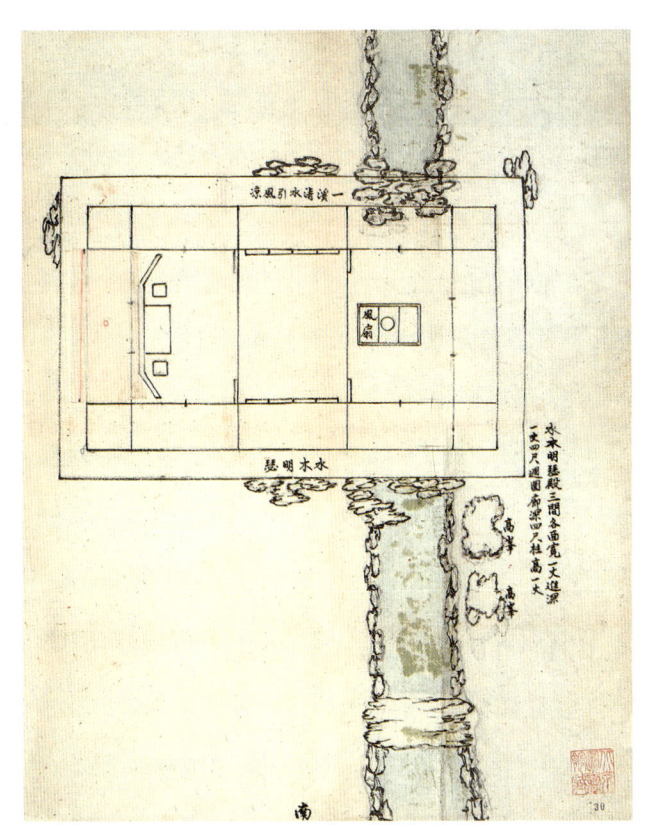

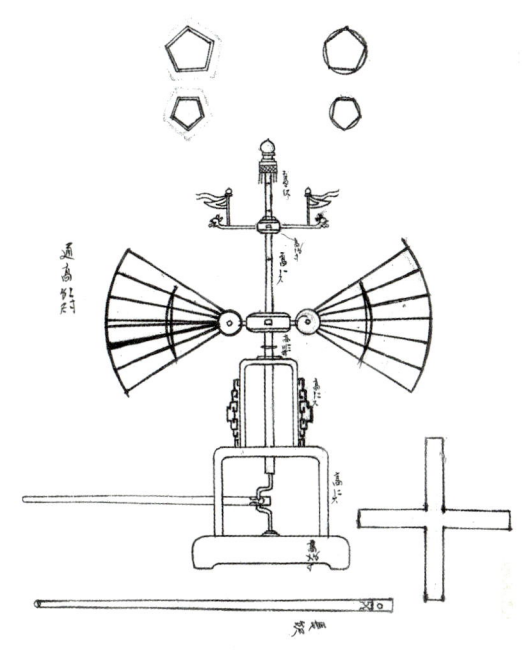

水木明瑟小殿室内风扇（图 2-5-E-4）

水木明瑟是借助印月池以东的溪流建造的一座跨水游乐建筑，在《圆明园四十景》图上仅露出一半，从样式遗图可见其具体位置。其中引进了西洋水法，带动风扇转动，泠泠瑟瑟，用以消暑。乾隆帝的感受是：

林瑟瑟，水泠泠，
　溪风群籁动，山鸟一声鸣。
斯时斯景谁免得，非色非空吟不成。

水木明瑟小殿平面（图 2-5-E-3）

水木明瑟小殿复原图（图2-5-E-5）

嘉庆帝称：

石渠引水来屋里，盈科不息俯清泚。
转机运箑（shà，扇子）凉自生，习习南薰座间起。[226]

这里的建筑群组合活泼自由，建筑与水体的结合形态多样，殿堂与亭廊的结合不拘一格。建筑本身的造型在平凡中小有变化，如映水兰香屋顶铺以石板瓦，略显几分农家建筑的质朴性格。目前，在圆明园尚可寻觅到这几处建筑的遗迹，如河道、溪流、水池、假山等。

⊙ F. 耕耘堂

北远山村的田园景色一直向东延伸，只是东部的景点脱离了溪流，更向北展开。《日下旧闻考》称："北远山村东北度石桥，折而西为湛虚翠轩，又西为耕云堂，又西为若帆之阁，湛虚翠轩东数十步有关帝庙。"

乾隆三十五年（1770年），乾隆帝在所写的一首《耕云堂》诗中曾描绘了这里的景色（图 2-5-F-1）：

> 山堂近北墙，俯视见墙外。
> 墙外复何有，水田横一带。
> 绿云蔚芃芃，怒长雨既霈。
> 耕耘忙农夫，胼胝力诚惫。
> 所以廑祈年，斯实苦之最。[227]

在圆明园北墙之外是一片水田，耕耘堂建在小土山上，由此可以看到园外农夫耕耘忙的情景。

此堂稍西，在靠近园北墙的位置，于乾隆二十九年（1764年）还建造了另一组楼阁建筑，这就是若帆之阁。其中的若帆之阁和安止楼皆为二层楼阁，两者之间有连廊。朝北的一面设外廊、栏杆，可凭栏眺望。这座楼阁临溪而筑，所得到的景象则是稻浪滚滚。楼阁有如漂浮在水上的船只，因此名为"若帆之阁"。乾隆帝反复描述过他的这种感受：

> 高阁筑溪上，因之号若帆。
> 虽云出想象，体物意不凡。

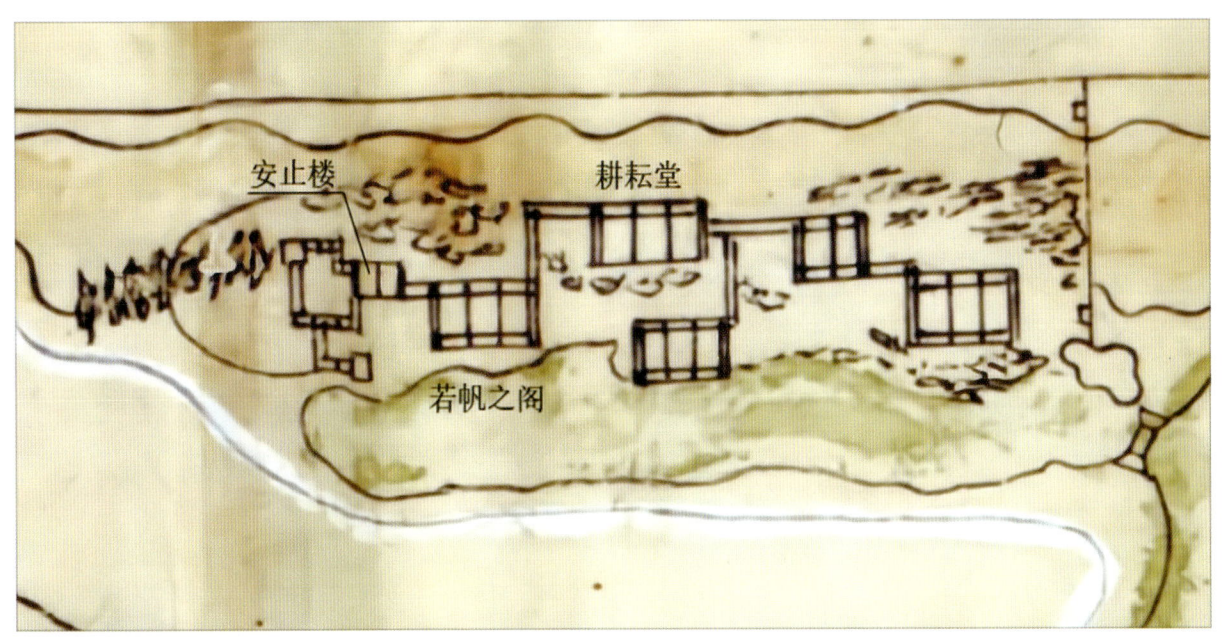

耕耘堂与若帆之阁（图 2-5-F-1）

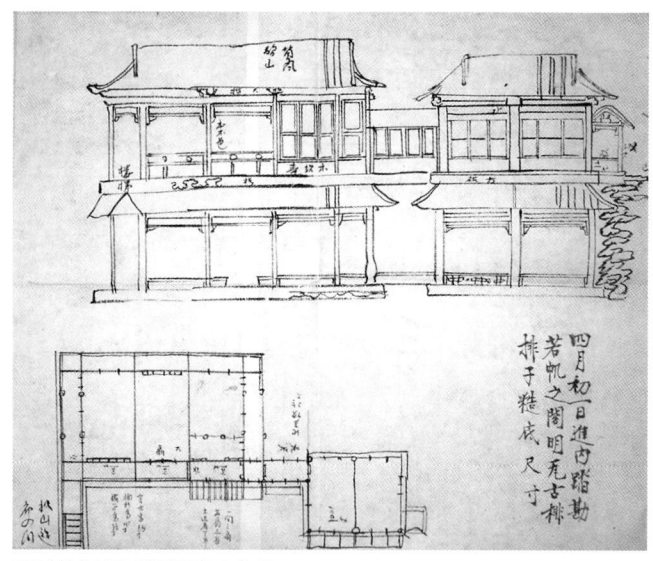

若帆之阁北立面、平面（图2-5-F-2）

自远视之如舣舟，坐来忽亦疑乘浮。
……
若帆之名此有由，仿佛蓬莱三岛游。

若帆题额真若帆，下浸烟波上云气。
讵因风势为转旋，常与月轮共光霁。

或称舟作庐，或号室为舫。
名象有何真，比喻遂无量。
试思称谓始，夫谁为定相。
溪阁额若帆，平临碧波漾。

有风亦弗动，无风原一样。
是诚息安排，齐物庄生状。

乾隆帝之所以有如此雅兴去观察园外景物，并非欣赏田园风光，而是为了考察园外农情。对此，乾隆帝在晚年所写的《耕耘堂》诗和诗注中说得非常明确：

山堂临园墙，墙外田近阅。
弄田园中多，莫如此亲切。
园中属官物，墙外私垦别。
当官与治私，尽力殊勤拙。
何事不穷理，亦弗苛察屑。
耕云见始春，因之生慰悦。
（墙内公田不如墙外私田耕垦之善，此亦人情，非可以法制禁令治之也。孟子所云公事毕，然后敢治私事，乃言其理而殊不近情。）

样式房图档中有一张若帆之阁的立面草图（图2-5-F-2），可以看出它非同一般的做法：立面上，楼下各间装修对称处理与楼上各间手法不同。楼上外廊东侧三间开敞，仅有栏杆，门窗退到后排金柱位置，为了在此眺望。西侧两间门窗置于外檐位置。通往二层的楼梯未设在两座楼阁之中，而是设在外部，一在东侧前廊，另一在西侧，利用假山作楼梯。嘉庆帝称："飞阁连山倚北垣，回廊石磴接庭轩。"[228]

⊙ G. 紫碧山房

紫碧山房位于圆明园的西北角，雍正初年已建成。这里，原有地形较高，风水师张钟子评价为"吉"，造园时用人工堆叠山体，使其地形再加高，风水形势极佳。根据近代的几次实测地形图，得知紫碧山房确实为全园最高点，山顶海拔58.85米。[229]而园内较低的九洲清晏区为45.54米，两者相差13米左右。[230]

由于紫碧山房景区所处地段并不宽敞，因山就势布置殿宇、亭榭，追求错落变化（图2-5-G-1）。山之西侧有一泓池水，山水通过暗渠流入池中，池水在东南注入溪流，这条溪水绕过山体南侧东流，与全园水体连接。进入景区的宫门就开在溪水的北岸。

景区的宫门为三开间、左右各带两间耳房（图2-5-G-2）。为了接待游船，将门前溪流放宽。若从陆路来此，只能通过靠西的过水石步道，跨过溪流，来到宫门。

入宫门后，眼前一带低矮的叠石山岗横亘，只有通过左右两侧闪出云步石磴道，才能通往西侧的殿堂或从此登山。在西侧山水之间安排了两进院落的一组建筑群，是该景区的主体，通过西侧闪出的S形通道，便见这组殿宇。其为三座层层抬高的南向小殿，依次为三开间的紫碧山房、三开间的横云堂、五开间的乐在人和，这三座小殿两侧用连廊相连，这组建筑西侧水池中还有一座水榭——澄素楼。紫碧山房东侧的"岩洞中为石帆室，东南为丰乐轩，北为霁华楼，迤东为景晖楼，学圃……西北为引溪亭等"[231]。除此之

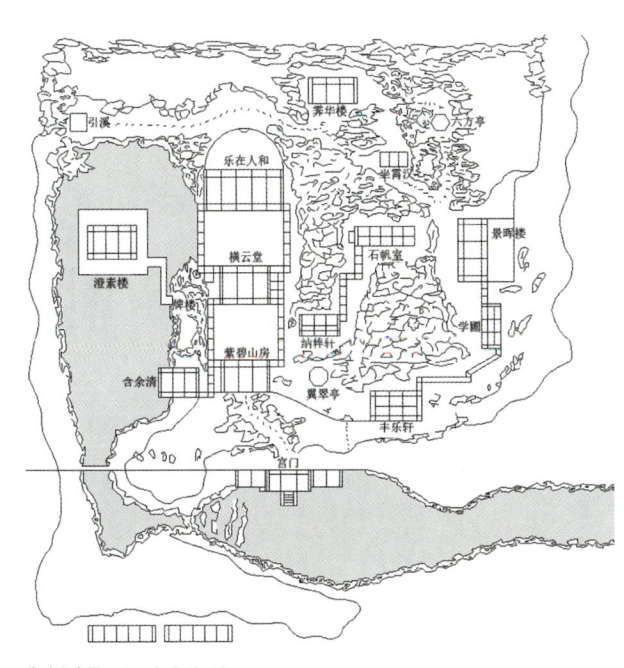

紫碧山房平面（图2-5-G-1）

外，还有一些亭榭，散置于山间水际。

紫碧山房殿位置稍高，成为人们视线关注点，该殿带有前后廊，穿过此殿，经两侧的抄手游廊可达横云堂，从图 2-5-G-1 原有图注可知，西侧廊外有座假山，其中设有山洞，"洞内踏跺改成三十级"，还注有洞高 1.7 丈，合 5.57 米，出了北侧洞口还要走几步台阶，可达横云堂北廊。由此可知横云堂所处的位置更高。从乾隆帝题诗可体味其中的奥妙。

乾隆帝多次来到这个景区，写有登霁华楼诗多首：

一年不数登，登在快晴凭。[232]

快雨常教继快晴，楼窗霁映远山横。
清风百里吹华黍，纵目能无一畅情。[233]

在这里，不仅能登高望远欣赏西山风景，使他"一畅情"的还有那园外禾苗、华黍的长势。这里也是他观农的好场所。在此登高，就可以观望园外百里的农田。

紫碧山房宫门复原图（图 2-5-G-2）

乾隆帝题写的诗为我们想象这里当年的景色给予了提示。如《题横云堂》：

> 穿池出余土，为山凡几篑。
> 事半得倍功，轩堂因迥置。
> 虽无九仞高，颇有横云致。
> 西峰近在望，映带岚霭气。
> 既惬昭旷观，兼饶窈窕意。[234]

诗里不仅讲述了这座小园林建造的手法，达到事半功倍的效果，而且写出了这里的景观的艺术效果，例如：

> 假山故无九仞高，名曰横云想象耳。
> 偶然写雾出楹时，寻思亦或有其理。[235]

> 假山能几仞，讵有干霄状。
> 山堂名横云，亦惟出想象。
> 然既得其名，副实宁容旷。
> 凭窗见西山，荟蔚峰头望。
> 蒸雨信其灵，凝雪亦云当。[236]

在该景区东部山脚下，设立有"学圃"，开辟弄田。在东侧土岗上的景晖楼，面向园内的学圃菜园，可以观察园内弄田农作物的生长。乾隆帝在这里可以"因迥得高楼，疏前纳远畴。"[237] 东侧"丰乐轩""学圃"等建筑雍正时期即已存在。乾隆十五年（1750年），他曾有《学圃杂兴五首》[238]：

> 北村有隙地，种树还艺蔬。
> 清溪贯其间，不井可辘轳。
> 将谓无愁旱，川涸圃渐枯。
> 乃悟凡百为，省力非良图。

> 雨足百谷滋，我圃亦日好。
> 烟甲黄转绿，菱叶润苏槁。
> 果可待秋实，菜即摘露晓。
> 圃人乃色欣，资益良不少。
> 高谢汉阴翁，勤恁瓮自抱。

> 年年问所获，不偿灌艺资。
> 信斯恒失利，外应无圃师。
> 我非事章榷，人情亦欲知。
> 为公与自为，所差在毫厘。
> 既惭彼刍荛，小节应听之。

樊迟请学圃，子云小人哉。
偶观自无碍，町疃左右开。
顺木为政方，佐谷祈年怀。

漾舟进圃门，夹岸菁葱美。
云凑又霏丝，便因观雨里。
既易宁忘艰，对此还思彼。
于焉乐生意，亦以参物理。
光明祝匏瓜，吾谋非为己。

诗中说明了皇帝弄田事农的重要性，强调无论为公为私，课农学桑都很有必要。他在《丰乐轩》诗中写道：

文轩额取郭橐传，学圃因之亦课田。
欲阜吾民无别术，虔恭一意为祈年。[239]

小轩题丰乐，久矣焕奎文。
园中辟弄田，课量观耕耘。
祈岁祝丰乐，丰乐岂易云。
九州仗三农，胥愿登高囷。
乐少忧实多，家法遵惟勤。[240]

这两首诗感叹的都是农民不易，同时，约束自己必须勤俭劳作。这也许是他设弄农田后的感悟吧。

在这座小园中，还有一些建筑非常有特色。如上述的横云堂因位置较高，常常处在云雾迷茫之中，引得乾隆帝诗兴大发；而另一座建筑名为石帆室，以叠石构筑，也颇为巧妙。乾隆帝在几首《石帆室》诗中写道：

峰如倒插室如浮，便拟称帆恰当不？
忆似田盘精舍里，石林云海泛虚舟。[241]

堆石翩如风帆浮，三间室亦似虚舟。
会心此即蓬莱岛，何必裹粮更往求。[242]

紫碧山房假山遗迹现状（图 2-5-G-3）

迭石成假山，林立若帆挂。
以赠米襄阳，应知不胜拜。
付之云海中，常住斯为快。
那计风顺逆，无虑涛滂湃。[243]

在该景南侧的山脚下，有一座八角亭，名为翼翠。此亭以其优美造型而令人赞叹，乾隆帝《翼翠亭》[244]一诗写道：

若飞檐翼虚而敞，过雨林姿生翠攒。
色相设从禽谱觅，不为凰即定为鸾。

诗中，把这座亭比作了鸾凤。这座小亭虽然不大，但颇具动感。

笠亭十笏据嵚崎，翠幂菁葱上下枝。
若论翼然如鬐势，飞来青鸟自西池。[245]

因为在紫碧山房可以登高远望，四望借景颇为丰富；如西边水潭中的澄素楼，因为靠近园墙，所以能够看到园外真正的山野乡村。又如霁华楼，坐落在山脊北坡，面向园外，乾隆帝诗句云："清风百里吹华黍，纵目能无一畅情。"[246]再如景晖楼，在东侧的土岗上，面向园内的学圃菜园，因而可以观园内景物，乾隆帝诗称："因迥得高楼，疏前纳远畴。"[247]

不过从现在的遗址看出去，已非彼时能纳远畴了（图2-5-G-3），整个圆明园已经处在现代楼堂建筑的包围之中。

6. 观演建筑

观察建筑为园内宴会、观戏场所，包括：山高水长、同乐园、乐奏钧天、展诗应律、半亩园和石方安和小戏台等处。（图2-6-1）

⊙ A. 山高水长

乾隆帝称："山高水长在园之西南隅，地势平衍，构重楼数楹，每一临瞰，远岫

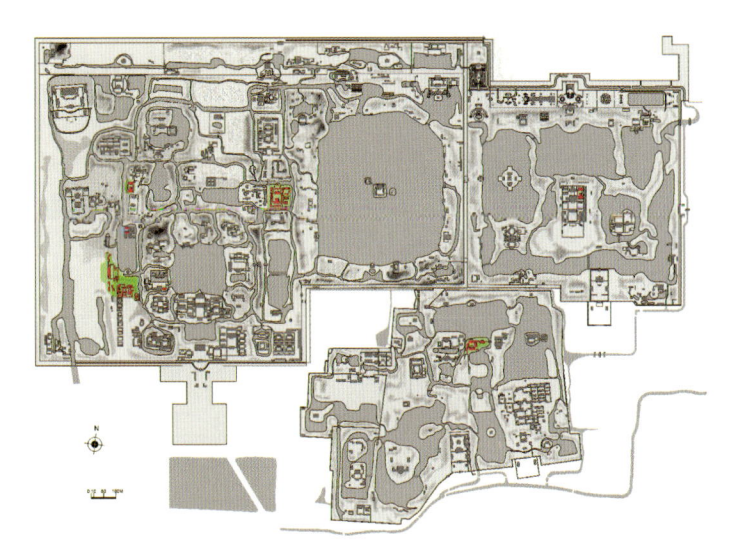

观演建筑位置图（图2-6-1）

山高水长（图2-6-A-1）

堆鬟，近郊错绣，旷如也。为外藩朝正锡宴、陈鱼龙、角抵之所。平时宿卫士于此较射。"[248] 描绘出山高水长所处的环境及其功能。这个景区以一座东西向的长楼为主，长楼长九开间，朝东的一面与两座三开间的南北向小殿组合成一个院落。长楼朝西的一面，地势宽敞，放眼望去可见园外远山层峦叠翠（图2-6-A-1）。

雍正时期这里称为"引见楼"，为见外国使臣用。乾隆帝也在此宴请外国使臣和外藩，时间为每年正月十三日，即元宵节前，同时赐观烟火、观灯和火戏。《御园山高水长楼前锡宴外藩有作》[249]一诗，写的便是嘉庆三年（1798年）在此赐宴的情况：

阁宴今番移御苑，
（御园山高水长楼前地面宽敞，每岁于此设灯火赏节。至新正锡赉外藩，例于紫光阁筵宴。今岁初六日临幸御园，为期较早，数日前无暇于紫光阁锡（赐）宴，遂于御园举行此典。）
谍辰锡祉取良佳。
（锡宴颁赏为新韶令典，用敷恩赉不可阙也。）
历年行赏岂宜汰，
抚远待恩应令皆。
翠幕张春观听熟，
（每岁上元节前后俾外藩属国预观烟火，且避暑山庄锡宴藩部，于万树园设幄成礼，兹移紫光阁筵宴，于此列幕联茵，皆众蒙古所熟习倍形欢忭。）
红镫近节景光谐。

这样的宴会并非在楼内举行，而是在楼前搭设几座蒙古包，于其中设宴。嘉庆帝称："黄幄高张陈彩仗……"[250] 蒙古包大者直径达24米，最小的也有5—6米。道光年间的一幅样式房图详细绘出了山高水长建筑、大蒙古包和灯盏、烟火设置的具体格局（图2-6-A-2），其中蒙古包的布局与《清高宗万树园赐宴图》中的大幄格局颇为类似（图2-6-A-3）。圆明园山高水长的大蒙古包为黄色，表示皇帝宴请在此，其余蒙古包当与此有所区别，可能为常见的白色。

在山高水长看烟火的情况，据《啸亭杂录》载：

山高水长殿看烟火，乾隆初定制，

于上元前后五日,观烟火于西苑西南门内之山高水长楼。楼凡五楹,不加丹垩,前平圃数顷,地甚爽垲,远眺西山,如髻出苑墙间,浑如图画。是日申刻,内务府司员设御座于楼门外,凡宗室、外藩王、贝勒、公等及一品武大臣、南书房、上书房、军机大臣以及外国使臣等咸分翼入座。圃前设火树,棚外围以药栏。上入座,赐茶毕,凡各营角伎以及僸侏(jìn mài)兜离之戏,以次入奏毕,上命放瓶花。火树崩湃,插入云霄,洵异观也。膳房大臣跪进果盒,颁赐上方,络绎不绝,凡侍座者咸预焉。[251]

在这里乾隆帝与宾客们"百戏欢情洽,千方远意昭"。[252] 他们欣赏着来自各地的表演,包括西北边陲的节目。"楼前百戏于斯列,跳索寻橦更覆盂。看惯却殊西域传,艳称奇技有都卢。……幻拟虚空

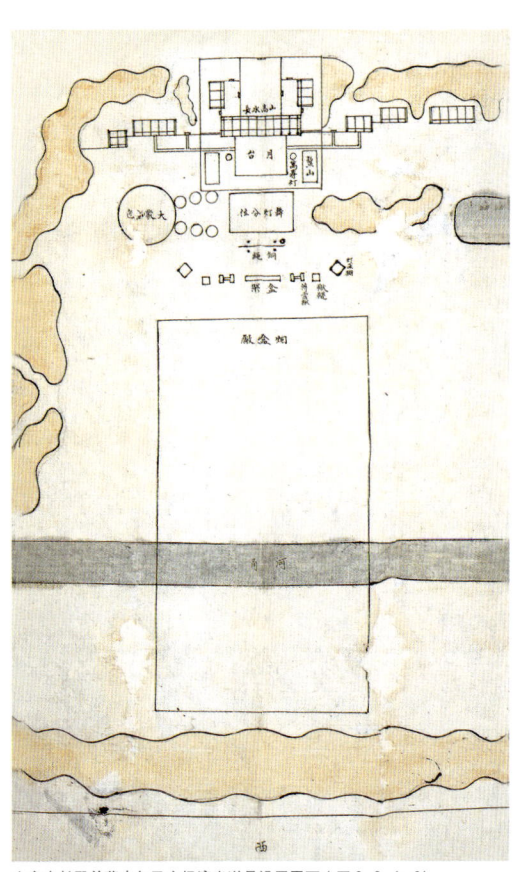

山高水长殿前蒙古包及广场演出道具设置平面(图 2-6-A-2)

清高宗万树园赐宴图(图 2-6-A-3)

摘星斗，真教陆地苴芙蕖。"[253] "都卢倒刺奇难述，转碟缘绳技毕罩。"[254] "广场杂技阅从容，倏已高春落下春。"[255] "掌仪杂技增回部，凸鼻凹眼舞木熙。"[256] 在彩灯的照映下，山高水长的表演更是美不胜收，异常精彩。"黄昏徐隐下春明，满院千灯万烛呈。"[257]

通常观灯从正月十三日开始，至十九日收灯，其间除了各种表演之外，还要扎起大牌楼，供放烟火之用，称为野意鳌山灯，置于山高水长西侧月台左右。乾隆帝所写的《燕九灯词》[258] 对当时的景况作了淋漓尽致的描摹：

层层火树衔丹凤，焰焰莲花踏碧鸡。
西域法轮无尽转，东山仙迹又重提。
月色今朝似让灯，灯将阑际月初升。
一轮原比千枝朗，标出心禅最上层。
吐雾兴云成指顾，嘬蜂化鸽只斯须。
丹台试问登仙者，幻术何曾有略殊。
（七宵灯宴对鳌山，自十三至燕九观灯凡七日，过此则收灯矣。电火原消瞥眼间。最是流风真解事，常收傍晚树梢闲。）

灯节布置花样繁多，由于观灯的人除了宾客之外，还有皇太后，所以要特别表达对皇太后的祝福之情："明灯忽缀千珠网，翠火全张万寿图"[259]，"翠火结成万寿字，银花图出九如篇"，[260] 都体现出乾隆帝对母后的一片孝心。

山高水长平日为较射场所，楼前所设马道，地平高低小有变化。练武功、骑马射箭、打枪等都在此处。乾隆年间景区西侧筑有土墙，乾隆帝曾写了一首土墙诗：

苑西五尺墙，筑土卅年矣。
昔习虎神枪，每尝临莅此。
（习枪苑中，远速筑土墙以遮枪子，恐伤人也。）
木兰毙于菟，不一盖已屡。
土墙久不试，数典忍忘尔。
得新毋弃旧，可以通诸理。[261]

咸丰帝称："碑刻圣制土墙诗，盖因御虎神枪而作也。"[262]

⊙ B. 同乐园

同乐园位于圆明园西路、后湖东北

的坐石临流景区内。同乐园南、北、东三面环水，分别与舍卫城和曲院风荷隔水相望，西面正对着舍卫城前的买卖街，市井气息较浓重（图2-6-B-1）。

同乐园建于清初，雍正四年（1726年）内务府的活计档中曾出现"同乐园"的名字。[263]因此，推测同乐园建于雍正朝。

关于同乐园的使用及日常修缮状况，有较多的记述。清吴振棫《养吉斋丛录》中记载：

> 同乐园在圆明园大宫门东，转东楼门，乘舟里许乃至。乾隆间，年例自正月十三日起，在园酬节。宗室王

同乐园（图2-6-B-1）

公及外藩、蒙古王公、台吉、额驸、属国陪臣，俱命入座赐食听戏。又万寿庆节前后数日，亦于此演剧。正屋凡五间，圣驾临莅，主位亦从观焉。诸臣命听戏者，先数日由奏事处以名单奏请。皇子及内廷王公、大学士、尚书、御前大臣、军机大臣、内务府大臣、南书房供奉翰林皆例与。例坐于东西厢，某某同屋一间，亦先期指定。皆赐茶酒果物。[264]

仅在乾隆二十一年（1756年）这年，乾隆帝驻跸圆明园的158天之中，光顾同乐园即达82次之多，但并非都是看戏，有时来看灯会，大多数时间是来进膳。

同乐园是圆明园中的宫廷娱乐中心。按照惯例，每年正月十五前后举行大型的观演活动，实际上可以说，同乐园的戏是为朝廷官员社交准备的，属"行庆令典"，非"深宫清暇，宣唤乐工"性的戏曲鉴赏。

同乐园清音阁是一座拥有三层歇山卷棚顶的大戏楼，后带五开间扮戏楼。戏楼北侧有卷棚悬山顶看戏楼以及后楼，还有环绕在看戏楼两侧的双层看戏围廊等一系列建筑，形制完备。它作为清代重要的宫廷戏台之一，在构造技术和设备上体现了当时的科技水平所能够达到的程度；由于戏曲表演中复杂严格的功能限制，同乐园的布局、大戏楼的诸多结构做法，与普通的楼阁建筑不同，有其特有的精妙之处。

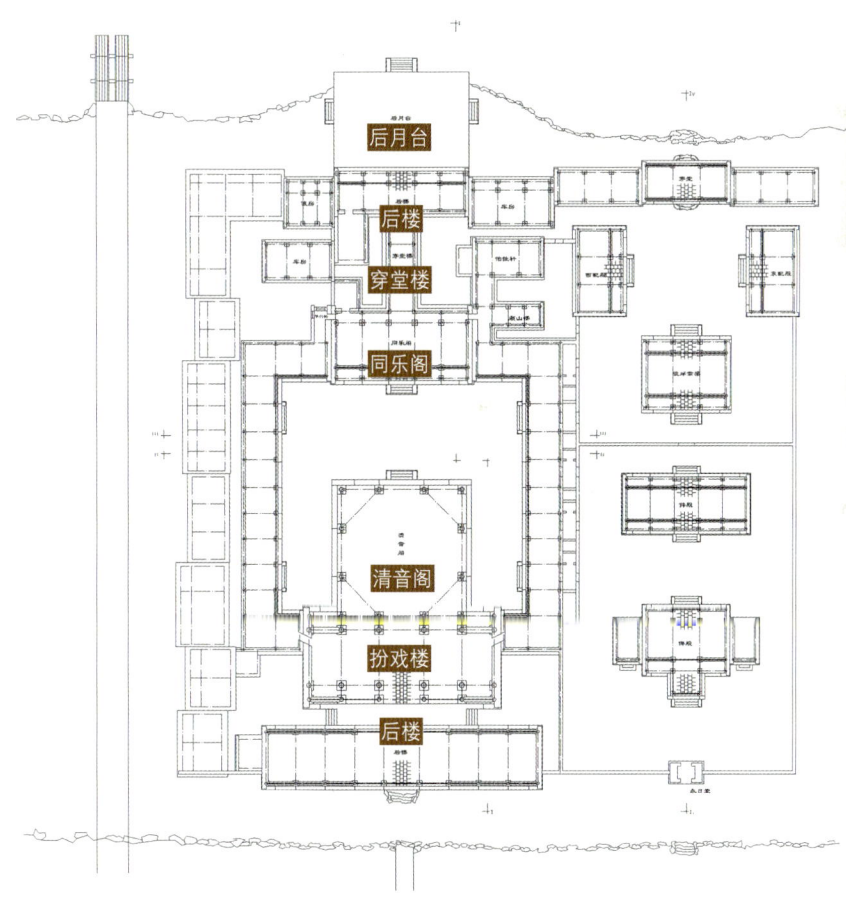

同乐园戏台与看戏殿平面（图 2-6-B-2）

(1) 同乐园的平面布局

同乐园戏院建筑群东侧为永日堂，具有宗教功能，有四进院落；西侧为买卖街，有出入口可从戏院直达街道。同乐园主体建筑共有三进院落（图2-6-B-2）；南端第一进院落在《圆明园四十景》图中表现为院落，而样式房所绘制同乐园的图样中为一东西长南北窄，前后两座建筑相夹的狭长空间，其南侧为倒座楼，北侧为扮戏楼。

第二进院落是整个建筑群的主体，院南建扮戏楼和戏台清音阁，院北建看戏殿，名同乐园殿，两侧设转角廊庑，向南伸展。扮戏楼、戏楼、看戏殿与其北面的后罩楼依次位于南北轴线之上。东西围廊两端与看戏殿及扮戏楼相接，形成环绕戏台的合院式格局。观戏者按照等级高低分别就座于看戏殿、东西围廊中，并有侍卫于殿外台阶上守候。

第三进院落南为同乐园殿，北为后罩楼，是皇帝后妃等人的休息空间，也用于朝廷中的社交活动。同乐园位于园林环境中，且北面临水。在平面设计中结合地段特点，后罩楼北向带外廊，并设带栏杆的北向平台，以欣赏临水景色及周边建筑。

总的来说，这座戏台建筑的布局，围合感很强，空间感觉较为封闭内敛，与外界较少有渗透。尤其是戏台，位于当中的这一进院落，四周建筑朝向内部的戏台，方向性明显，内聚感强。同时，在功能要求较灵活的地方，空间处理上有所变通，与周围环境取得了呼应。

(2) 同乐园的戏楼、扮戏楼

戏楼部分是具有表演功能的舞台，为整个同乐园建筑群的核心。扮戏楼则相当于后台、演员化妆室及库房。根据样式房绘制的同乐园图样和《圆明园四十景》图看，戏楼清音阁为三层，三开间，平面见方，歇山顶；其后所带的扮戏楼为二层，五开间，悬山顶。扮戏楼与戏楼位于同一水平的台基之上，戏台高出院落地面一米多。戏楼后部与扮戏楼共用四根檐柱，结构彼此相连。

这座戏楼不是一般的楼阁，其上下三层，每一层楼皆有一层表演的舞台，分别被称为福台、禄台、寿台。但实际上另外还有一层台面，那就是在底层寿台的后部还建有一个夹层台，名为仙楼，也是一层表演台面。这样，三层大戏台实际上有四层可进行表演的区域,每层表演区都有自己的上下场门或通道,而各层之间又有沟通各层舞台之间的天井彼此勾连,临场时可以随机应用,对此可以颐和园德和园大戏台为参照物(图2-6-B-3)。

"天井"设在第三层福台和第二层禄台的地板上,平时盖合,用时可以打开。人物可以利用绳索通过天井上下于各层台面之间,用以表演升天或入地的情节。

从第二层禄台通往下层的天井有七个:中间一个大的,其余的较小,有的可下达寿台,有的可下达仙楼。如表演的《升平宝筏》这出戏,舞台提示有:"从西天井云兜下","杂扮四仙乘云兜从中天井下,八仙从四隅天井云兜下"。这出戏的剧情安排充分利用了这样的空间处理。

从第三层福台下通的天井也不止一个。为防止事故,在各层台面中,主要井口上安装有扶手栏杆。三层福台天井四角有很粗的木柱支撑着木架,架高约为1.6米,架上悬着铜芯滑车。栏杆的东、北、西三面都有木制的辘轳。通过卷动辘轳上面的绳索,以升降穿过铜滑车悬吊着的"云兜"或"云椅子"。这正合《清升平署志略》中所记,"云兜""云椅子"上坐着演员并系着绒绳升降:"绒绳子上端合为一,与粗长绳接,上绳上绕于木贯井架上所钉之铜轴(即铜滑车),而斜引至辘轳梃上,作无数之回匝。用人扳动辘轳,即可将云兜下降至台上,长绳上刻有记号,放至所记之点,而云兜适已至台。"

清代赵翼在《檐曝杂记》中对这类三

颐和园德和园大戏台(图2-6-B-3)

层大戏台的演出状况作过描述：

  内府戏班，子弟最多，袍笏甲胄及诸装具，皆世所未有。余尝于热河行宫见之。上（指乾隆皇帝）秋狝至热河，蒙古诸王皆觐。中秋前二日为万寿圣节，是以月三、六日即演大戏，至十五日止。所演戏率用《西游记》《封神传》等小说中神仙鬼怪之类，取其荒幻不经，无所触忌，且可凭空点缀，排引多人，离奇变诡作大观也。戏台宽九筵，凡三层。所扮妖魅，有自上而下者，自下突出者。甚至两厢楼亦作化人居，而跨驼舞马，则庭中亦满焉。有时鬼神毕集，而具千百，无一相肖者。神仙将出，先有道童十二三岁者作队出场，继有十五六岁，十七八岁者，每队数十人，长短一律，无分寸参差，举此则其他可知也。又按六十甲子扮寿星六十人，后增至一百二十人。又有八仙来庆贺，携带道童不计其数。至唐玄奘僧雷音寺取经之日，如来上殿，迦叶、罗汉、辟支、声闻，高下分九层，列坐几千人，而台仍绰有余地。[265]

  其所描述的这些演出情况，对了解同乐园的状况颇有参照价值。

  同乐园戏楼的独特性可归纳为两个方面：

  一是戏台的大木结构需满足上下三层同时进行表演活动的要求；同时还要减少柱子的数量以弱化对舞台的遮挡，使演员在三层戏台的空间中可穿插自如，所以结构上必须进行特殊处理。

  另一方面是大戏楼具有复杂而特殊的设备构造。三层大戏台所演出的剧目，对表演的场地要求非同一般，需要众多贯通上下的天井、楼梯、道具设备，增加了戏台构造的特殊性。

  三层戏台由于演出设备的不同，构造小有差异，样式房所绘平面图清楚地表明了这点。

  首层（寿台）

  在三层戏楼中，首层空间较大，为演出的主舞台。同乐园戏台首层轴线内 14.5 米见方，整个首层台面 16.8 米见方。除寿台可供演出外，其夹层，即仙楼，也是重要的表演场地。仙楼进深约为戏台次间开间的三分之二，由寿台上立的四根方柱与扮戏楼四根檐柱共同支撑。其北有四道梯段，可供登上仙楼。颐和园的德和园大戏台设有与此相似的仙楼。

首层戏台的天花上可见天井7个，正中较大的为"中井"，两侧细长的为"云渡"，另外四角还有4个方形小天井。寿台台面上装有活动地板，说明下部应有供演出使用的空间。在现存的颐和园德和园戏台首层台面下有地井6个，最深的井深约15米[266]。同乐园资料中对地井没有专门的记载。近年，对圆明园淳化轩戏台进行了考古发掘，舞台台面以下为一地下室，未设"地井"，地下空间净高2.47米，[267] 墙壁和地面全部为花岗石砌筑。这里似乎只是供演员表演"入地"场景戏使用的空间而已。

中层（禄台）

中层檐柱轴线内面积与下层相同，分为室内、室外两部分。室外部分集中在戏台北侧，面积约为40平方米，占整个二层面积的五分之一。这一部分是表演区域。由于仰视时看戏者的视线会被戏台结构部分遮挡，高层的表演区只能被推到临近观众的北侧台面前沿，并设很矮的栏杆（中层的栏杆高度为1.5尺，合0.48米，是通常栏杆高的一半，远不能满足一般的防护要求，只是起一种提示作用）。室内外区域用隔扇门分开。隔扇在明间位置呈内凹的曲折形，这就增大了室外表演区域的面积和局部进深，而且凹进的隔扇像一道八字屏风，增加了表演区的方向感。中层的室内部分正中是最主要的天井，贯通三层。故宫畅音阁天井井口每边为4.5米，德和园为4.1米。天井的大小一方面受使用功能的制约，不能太小，要保证演员、道具能够通行；另一方面受明间开间大小的限制。除正中的大天井之外，中层平面上另有6个小天井，与下层天花上的井口装修一一对应。中层台面还有两道楼梯，可通上层。

上层（福台）

上层在主要结构檐柱之外还有擎檐柱，柱内轴线内同样也是14.5米见方，合210平方米；檐柱轴线内面积为104平方米。与中层同样，也分室内室外两部分。因为其所处位置距离首层已有两层楼高，观者抬头可看见的表演区域就更加有限。室内外也是靠隔扇门分隔，隔扇在正对看戏殿方向的明间向室内凹进呈弧形。福台室内地面上有三个开口。除左右两个楼梯上下的开口外，正中是整个中井升降机械设备的集中地。中井四角有较粗的方柱支撑着木架，架上应悬有铜芯滑车。栏杆的东、北、西三方都有木制的辘轳。辘轳上有把柄，供人卷动辘轳上面的绳索，以升降穿过铜滑车悬吊着的道具，可运送演员至任何一层。当时，演员和各种道具是从南侧的扮戏楼方向到达中井的，因此，中井的南面没有辘轳。

（3）同乐园的观戏席位

同乐园殿和回廊均为观戏席位，皇帝、后妃在看戏殿中观戏，王公大臣等人则按照官级差别从殿两侧到围廊分别就坐；同乐园观戏的情况正如清吴振棫《养吉斋丛录》中描述："同乐园正殿凡五间，圣驾临莅，主位亦从观焉……（宗室、王公、大臣）例坐于东西厢，某某同屋一间，亦先期指定，皆赐茶酒果物。"[268] 这种院落式的观众席，观众的视听效果差别很大，对颐和园德和园大戏台的音响测试效果表明，只有皇帝宝座处的音质效果最好。[269]

看戏殿（同乐园殿）的后罩殿是皇帝或后妃休息、更衣、用膳甚至接待大臣的地方，相当于供皇帝私人享用的休息空间。

在样式房图样中，有一张对同乐园看戏回廊描绘与《圆明园四十景》图中描绘的两翼贯通的回廊的景象相同，这是早期的状况。回廊十四间，两端与看戏殿及扮戏楼相接，东西厢则分别通过顺山楼和平台楼相通。回廊为二层，设穿堂可出入戏院。回廊进深较广，为1.2丈，相当于3.84米，大大宽于一般进深4尺左右的建筑前后廊，在回廊中可容摆设桌椅等，边观戏边饮茶。

在建筑造型上，看戏殿、后罩殿与一般楼阁相同，仅槛墙高度有所差别。看戏殿槛墙较普通建筑低矮，以便坐在窗前看戏获得广阔的视野。如故宫畅音阁戏台的看戏殿"阅是楼"，槛墙高为0.73米，颐和园德和园看戏殿槛墙高仅为0.59米。而通常普通建筑槛墙高约0.9米。

在清中期的同乐园总平面中，后罩楼

五间北向带廊，与看戏楼经穿堂相连，形如工字。这组建筑的室内空间处理，别具匠心。工字形殿宇在中国建筑史上出现得较晚，而一经使用便逐渐在宫廷建筑中取得了重要的位置，在宋元之际成为重要的朝仪大殿的惯用形制。至明代，宫殿前朝遂为三大殿形制取代。但是在众多的宫廷建筑当中，有不少还是采用工字形的建筑平面的，如故宫文华殿、武英殿等朝仪用殿宇，奉先殿等祭祀用殿宇，清代改建的故宫养心殿也如是，同时还用于大量的居住、逸乐、游观性建筑。作为室内空间处理，尤其是后者，与简单的长方形平面的建筑相比，可以发挥创造性的地方较大。

看戏殿的室内与一般建筑不同，主要使用空间在前部靠窗处，其前殿除明间之外各间皆设有前檐炕，而在前殿明间室内照样设有宝座，朝向戏台。这里是皇帝看戏的地方，妃嫔只能在前檐炕的位置看戏。其他陪同帝后看戏的人只能在两侧的围廊中就座。前殿后部分设楼梯，并有较大的活动空间，可自由地通往后楼、穿堂楼等。乾隆帝所书上元节日诗章便悬挂在同乐园殿的墙壁上，被邀看戏者可以尽情欣赏。不过，更主要的是，帝王利用与官员节日恩赐观戏之机，向官员宣示自己的贤德。乾隆的诗清楚地表明了这点：

月余萦念一朝舒，（昨年腊月初二日，雪至今月余矣。）同乐顾名幸不虚。
岂以笙歌为共众，亦惟稼穑是仅予。
树生花讶春昌矣，麦吐芽欣泽沃如。[270]
傍晚飘萧势未止，罢灯何碍节之初。
（至晚雪势尚未止，因恐外藩外国人或湿衣履遂命众不必伺候元宵节前，以优遇雪泽而停烟火，亦佳话也。）

看戏殿这种工字形殿宇的室外环境，被殿宇的复杂体量勾勒出比较丰富的轮廓，形成左右两个院子，增加了观戏场所的游赏性，与戏曲演出的气氛相辅相成。

清代宫廷的戏台集中在四处：圆明园、紫禁城、颐和园、避暑山庄。其中与圆明园内同乐园大戏楼形式相近的有紫禁城的寿安宫戏楼（建于1760年）、畅音阁戏台（建于1776年）、颐和园的德和园大戏楼（建于1894年）、避暑山庄福寿园大戏台

(建于 1756 年前[271])等，都是属于院落式三层戏楼，但以同乐园为最早。寿安宫戏楼已毁，从故宫所存老照片中可见其形制、规模与畅音阁类似。但其具有三面观众席，是二层楼座形式，而不是像畅音阁、德和园那种一层式，这与同乐园戏楼相同。[272] 圆明园的同乐园戏台在清宫戏台中具有重要价值。现将同乐园戏台与扮戏楼复原出来，使今人可目睹其当年面貌（图 2-6-B-4）。

同乐园另一功能是作为进膳的场所。以乾隆二十一年（1756 年）为例，乾隆帝从正月初八回到圆明园当天，便在同乐园进晚膳。这天的行程如下：

> 乘轿进入贤良门后，至奉三无私供前磕头毕，至九洲清晏少坐，（至）后码头北拖床至慈云普护、清净地、安佑宫、佛楼拜佛毕，乘四人暖轿至舍卫城拜佛毕。乘四人暖轿至长春仙馆请皇太后安毕。至九洲清晏……少坐，（自）后码头乘拖床至同乐园进晚膳。[273]

自北南望同乐园鸟瞰复原图（图 2-6-B-4）

此后接连数天，乾隆帝皆在同乐园进早膳或晚膳。正月里总共在同乐园进早膳 14 次，进晚膳 3 次。由于正月宴请活动较多，但并不在同乐园，所以进晚膳并不多，没有宴请的季节，则在同乐园用晚膳的次数增多。二月到初十乾隆帝才来圆明园，仅住了 4 天，在同乐园进膳 2 次，直到三月二十九日回到圆明园，当天便在同乐园进晚膳。四月，虽住在圆明园，但出行频繁，在同乐园用膳不多。五月，用膳开始增多，到十一月为止。乾隆帝在同乐园进膳天数如下：

驻园时间	正月初八日入园	二月至四月	五月	六月	七月	八月（十七日去承德）	九月二十四日至十一月十六日
进早膳次数	14	0	3	1	1	2	0
进晚膳次数	3	7	9	9	15	12	0
总次数	17	7	12	10	16	14	0

这一年，乾隆帝在同乐园进膳总计 76 次。除此之外，乾隆帝还常在勤政亲贤的怀清芬进早膳，偶尔会在万方安和进早膳。进晚膳的处所还有九洲清晏、蓬岛瑶台、秀清村（别有洞天景区），偶有在长春园含经堂、茜园。这年，乾隆帝在圆明园居住到十一月十六日，最后的晚餐便是在秀清村。

乾隆帝在冬季来同乐园时乘坐暖轿或拖床，春夏秋三季多乘船。同乐园的北侧有小河通过，可以直接登船。此外则乘四人台的轿子，名"肩舆"。

乾隆帝之后的各帝仍然喜欢在同乐园

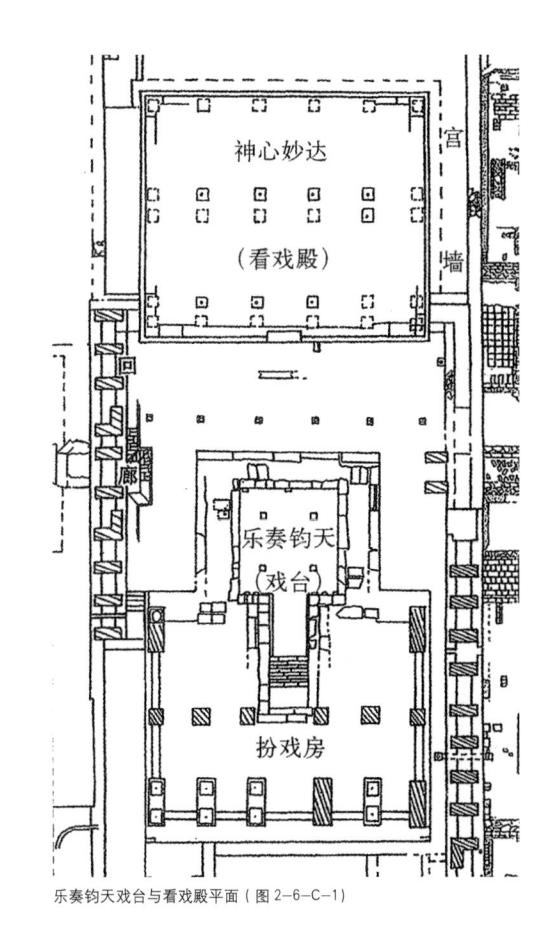

乐奏钧天戏台与看戏殿平面（图 2-6-C-1）

进膳。如道光帝在道光三年（1823年）守孝之后回到圆明园，马上便在此侍皇太后进膳，并赋诗一首：

> 春光先到御园中，侍辇初临晓日融。
> 层阁交辉调律吕，最欣长此奉慈宫。
> 新绿盈池雪积山，今春气暖喜承颜。
> 天家衍庆无疆寿，不羡蓬莱水石寰。[274]

⊙ C. 乐奏钧天

乐奏钧天戏台及看戏殿位于长春园淳化轩景区东北，系嘉庆十九年（1814年）改建而成（图2-6-C-1、2）。北侧的神心妙达看戏殿，面宽五开间，总宽5.3丈（17.4米），进深3.6丈（11.8米），是一座颇为宽敞的看戏殿。对面的戏台考古发掘出的尺寸为11.5米宽，10.6米深，台面高出院落地平线1.06米。戏台下设有地下层，东西宽6.1米、南北长6.4米，深2.47米。当年，戏台台面以上为两层，下层悬挂着"乐奏钧天"，上层悬挂着"阆苑仙音"匾[275]，戏台后部设有扮戏房。在现场

乐奏钧天戏台复原图（图2-6-C-2）

可以看到当年戏台的地下层遗址，四周用石材砌筑，做工讲究，地面以上部分已毁。目前现场用砖粗砌戏台四维高度，上覆玻璃罩（图2-6-C-3a、3b）。

⊙ D. 展诗应律

展诗应律位于绮春园中部靠北的半岛上，景区东西宽约108米，南北长约60米，占地约0.54公顷。

这一景兴建于嘉庆六年（1801年）[276]，是绮春园内唯一具有演出功能的室外戏台"庆乐升平"。每年正月十五元宵节、四月初四浴佛日、五月初五端午节，以及皇太后生日等，皆在此演戏。[277] 从绮春园总图中可以看到，这个建筑群周围环境优美，三面邻水，特别是北面邻后湖。此处既可在室内看戏，又可在室外赏景，是一处少有的游赏场所。

从展诗应律的平面图（图2-6-D-1）可以看出，此景主要由戏台和看戏殿组成。戏台坐南朝北，看戏殿位于北侧，有正殿展诗应律和东配殿吟玉轩。此外，还有西配殿，仅作通往外界的穿堂，无看戏设施。由于绮春园自道光朝以后为太后、太

乐奏钧天戏台下层遗迹（图2-6-C-3a）

上覆玻璃罩的乐奏钧天戏台（图2-6-C-3b）

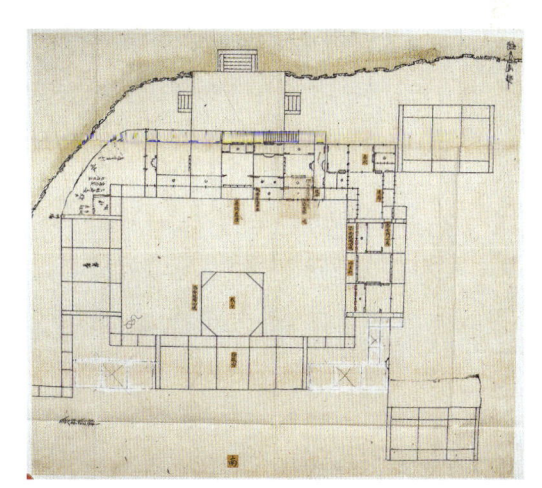

展诗应律平面（图2-6-D-1）

妃的寝宫所在区域，观众以太后、太妃为主，陪同人数不像皇帝看戏那么多，因此，观众席位也不会很多。戏台在室外院落南侧，看戏殿对面，仅为一座小亭，想必不会演大戏（图2-6-D-2）。

这组建筑群在对称的四合院基础上，于正殿与东配殿之间添加了套殿和游廊，以便于两者的联络。套殿功能属于服务性用房，可以分别与两者勾通，去正殿时从展诗应律东山墙南侧的方门口进入后右转，通过梢间的瓶形门到达。从套殿去吟玉轩则需要走套殿明间南侧的门口后右转，通过游廊从吟玉轩北山墙新添安的双扇板门进入。

在样式房遗存图档中，有一幅看戏殿内外檐装修改建图，改建区域在展诗应律西次间、梢间、吟玉轩两次间。改建内容主要是"添安玻璃"，目的是便于看戏。

展诗应律小戏台复原图（图2-6-D-2）

坦坦荡荡半亩园小殿外观复原图（图 2-6-E-1）

图中所画安玻璃的窗口均不大，反映出当时玻璃的产量不高、面积不大，即使在其他宫殿建筑中也无法安装大玻璃窗。

该建筑本为一座五开间带周围廊的殿宇，但对于廊子的处理别具特色。东、西、北三面被封在室内，仅仅将南廊靠西侧的三间和明间敞开。通过这样的处理，取得了室内空间的变化，更好地满足了观戏的功能。

⊙ E. 半亩园室内小戏台

坦坦荡荡景区的主殿素心堂东侧，紧接着的一座五开间殿，名半亩园。其北面朝向景区中部的鱼池，明间挂着牌匾（图2-6-E-1）。在室内设有一座小戏台，采用小亭式。半亩园带有前后廊，将小亭戏台置于半亩园室内的东侧（图2-6-E-2），看戏宝座位于室内西侧（图2-6-E-3），宝座处做成双层，看戏者也可到上层观看演员的表

半亩园室内小戏台复原图（图2-6-E-2）

半亩园室内下层看戏宝座复原图（图2-6-E-3）

演。演员只能利用小亭与外墙之间的过道进入戏台。这座小殿的装修非常讲究，在南侧设有一排模仿竹子篱笆式的半透空隔断，小殿顶部的天花糊饰着画满藤萝的纸张，使得这个空间的氛围犹如在室外的藤萝架下。小戏台前，还有一个用栏杆围着的更小的台，可供演员越出小亭，近距离表演，皇帝也可以与演员频繁对话。

⊙ F. 万方安和小戏台

万方安和室内空间最有特点的是小戏台和隔水所设的观戏场所。小戏台（图2-6-F-1）位于西北一翼，自西数第二间，其左右有附台和供演员候场、上下场使用的空间。戏台朝南的部分没有窗，只是一排栏杆，台的两侧也有栏杆通往侧台，不过侧台朝南的一面是安装门窗的。观戏的座席设在对面的建筑中，自西数第二间为皇帝的观戏厅，北侧临窗设宝座床。第三间临北窗的床，是供后妃们使用的。这种隔水看戏与前述之独立戏台的共同点在于，演员与观戏人彼此相隔着一个室外空间。不过隔水看戏可见演员演出时的倒影，别有一番情趣。

7. 人间仙境

圆明园中的景观建筑可以区分为几类：

第一类是特别塑造的，有某种寓意的景区，如想象中的仙境、文学作品描绘的"洞天""福地"，极尽浪漫情怀。

第二类是写仿某处风景的景区或景点，如写仿苏州、杭州、扬州一带的已有江南园林景物。

第三类是望物生情、借景言志的景观。

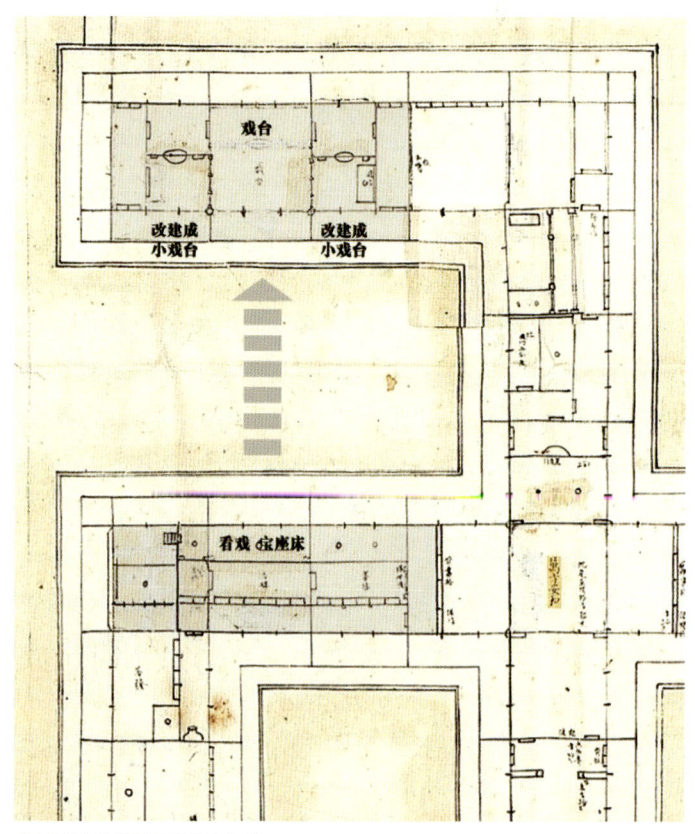

万方安和小戏台平面（图2-6-F-1）

第四类是山水园庭，这种景观以欣赏圆明园外周边大自然为特点。

现分别加以介绍（图2-7-A-1）。

⊙ A. 蓬岛瑶台

蓬岛瑶台，位于圆明园最大的湖面福海中央，建于雍正年间。它原名蓬莱洲，由大小不同的三岛构成，模仿东海三神山——蓬莱、方丈、瀛台，大岛居中，在大岛西北、东南各有一个小岛。三岛彼此间有桥相连。三个岛上均布置着一些建筑，中岛上建了一个四边围合的院落，西岛和东岛则只点缀少量房屋（图2-7-A-2）。中岛上的建筑群"门三楹南向，正殿七楹，殿前东为畅襟楼，西为神洲三岛，东偏为随安室，西偏为日日平安报好音"。"由蓬岛瑶台东南度桥为东岛，有亭为瀛海仙山，西北度桥为北岛正宇三楹。"[278] 蓬岛瑶台的建筑乾隆帝称："仿李思训画意为仙山楼阁之状……"

传说东海有神山，是古代人们向往的地方，在皇家园林中很早就出现了模仿海中仙山类型的景点，如秦朝的兰池宫，正式挖池筑岛、以池像海、岛像山的形式出现在皇家苑囿之中。据《元和郡县志》载："秦兰池宫在咸阳县东二十五里。""始皇引渭水为池，东西二百丈，南北二十里，筑为蓬莱山，刻石为鲸鱼，长二百

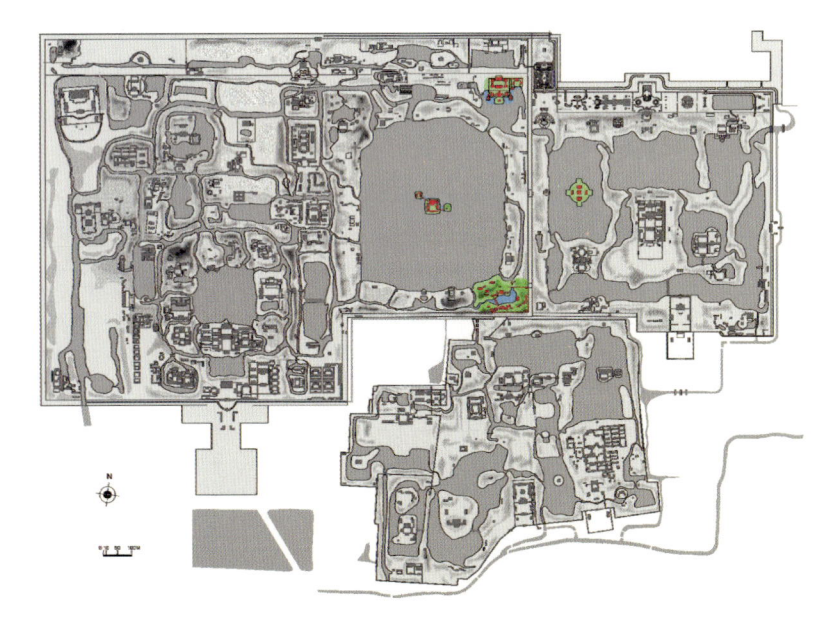

仙境景观建筑位置图（图2-7-1）

蓬岛瑶台（图2-7-A-1）

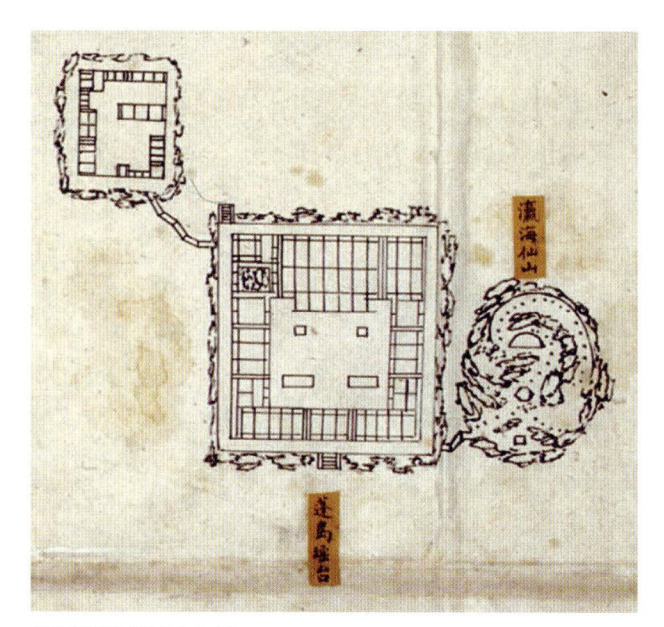

蓬岛瑶台平面（图2-7-A-2）

丈。"[279] 之所以出现这样的景点，是由于古人认为东海的"海中有三神山名曰蓬莱、方丈、瀛洲，黄金白银为宫阙"。[280]"此三神山者其传在渤海中，去人不远，盖曾有至者，诸仙人及不死之药皆在焉。"[281] 秦始皇曾派"徐福入海求神……请延年益寿药"[282]。此后，这样的景观为历代帝王所青睐。不过以后的帝王并未学秦始皇去找仙药，仅把一池三山作的园林景观，络绎不绝地仿建在历代的皇家园林之中。到了圆明园，又出现了蓬岛瑶台。乾隆帝虽说是仿李思训画意，实际乃是对传统园林景观手法的继承。这一景观经过造园匠师的加工，其人间仙境的效果令乾隆帝非常满意，其有诗云：

名葩绰约草葳蕤，隐映仙家白玉墀。
天上画图悬日月，水中楼阁浸琉璃。
鹭拳净沼波翻雪，燕贺新巢栋有芝。
海外方蓬原宇内，祖龙鞭石竟奚为。[283]

他随时都在感受着这种人间仙境的艺术魅力。

蓬岛瑶台福海中，往来只藉舟相通。
昨近冰脆鱼陟负，拕床弗可舟艰冲。
还宫四日倏瞥眼，再来春水呈溶溶。
鸣榔直到镜中阁，（台南门也。）回看画舫浮云空。
若台若榭皆熟境，庭松峙翠盆花红。
不如可望不可即，引人企思翻无穷。[284]

蓬岛瑶台的仙境效果一则在于位置处在大水面中间，岛的大小与福海的大小在尺度上形成强烈对比。从福海岸边看岛，视线要穿过二三百米宽的湖面，而岛的面积又不大，每当晨光暮霭之中，顿生虚无缥缈之感，如入九霄云外的神仙境界（图 2-7-A-3）。

再则是岛上的房屋非同寻常。建筑有殿、有楼、有亭、有廊，体量大小不同，主次分明，各得其所。这组建筑的大殿面宽七开间，进深作双卷勾连搭，前出五间抱厦，大殿屋顶采用悬山式，抱厦屋顶采用硬山式，这样的处理使得进深很大的房屋，屋顶体量并不大，这对营造虚无缥缈的氛围是非常重要的。蓬岛瑶台的南门镜中阁作三开间的硬山顶建筑，其两侧各有一座五开间的悬山顶建筑。为了使当中的三间更加突出，于屋顶之上突起一个仅仅一开间的歇山顶小楼，成为画龙点睛之笔（图2-7-A-4）。大岛正中的蓬岛瑶台殿是最大的一个建筑，为了减小建筑的体量，将这座面宽七间的殿宇做成双卷勾连搭式屋顶，前出五开间歇山顶抱厦。中岛西侧布置了一座楼房，名畅襟楼，可供人们登高远眺。此外，还有平顶房神洲三岛、六角亭瀛海仙山等，总之建筑形态变化多姿，且色彩绚丽夺目。所有建筑的屋顶都以黄、绿、蓝多色琉璃瓦覆盖，并采用剪边做法，彼此交替使用，因此，创造出了琼楼玉宇的强烈效果。再配上假山、松柏，真是胜似仙境。乾隆帝曾写有《蓬岛瑶台八咏》，[285] 透露出这里的建筑特点，如使用玻璃窗看到"万景当前罗"，室内置有玉片屏风，屋顶上有相风的金鸟，这只金鸟即内务府造办处活计档中所载的，雍正三年（1725年）六月在蓬莱洲西北角亭子上安"铜风旗"。同时还进一步揭示了这个人间仙境的美景：

石岸

镜中悬楼台，四围垒石岸。
如取石以归，支机拟天汉。
奚必资徐福，驾舟溟渤乱。

蓬岛瑶台鸟瞰复原图（图2-7-A-3）

镜中阁复原图（图 2-7-A-4）

纱疏

纱疏一镫虚，水风五月爽。
纳来心境凉，凭处内外朗。
疑彼佺乔翁，留此云霞氅。

庭松

当庭两株松，卅年前所种。
苍鳞已作龙，翠盖欲舞凤。
千载讵可量，付与仙人弄。

晶窗

玻璃即水晶，廊长有所过。
糊窗堪纵目，万景当前罗。
金山高阁上，陡忆俯江波。

玉屏

玉片惜余材，百衲成一屏。
瑶台琼室间，清防图沧溟。
永怀漆器喻，吾心斯未宁。

瓷鸡

谁将陶氏瓦，易以越州瓷。
虽无司晨用，亦有承露姿。
栖同皂荚树，刘放犹堪哂。

月台

月台临沧波，如月才涌海。
八鸿岂伊遥，三壶斯宛在。
公远实小哉，掷杖银桥待。

相风

金乌栖屋顶，旋转验风色。

弗竿用则同，具翼飞岂得。
方士每回舟，此物安能识。

在蓬岛瑶台景区中，畅襟楼为一座书楼，乾隆帝喜登楼吟诗，舒畅襟怀（图2-7-A-5）：

湖心轩榭写蓬瀛，旁有书楼俯碧清。
岂是虚无候仙侣，居然经史乐平生。
远堤四面柳桃绘，春水一泓凫雁鸣。
设问畅襟真畅处，端惟时雨与时晴。[286]

此处非背山，即境因起楼。

畅襟楼复原图（图2-7-A-5）

楼高可骋目，万景供吟眸。
吟景襟随畅，然畅岂易不。
岁美与民安，始可略解愁。
而吾闻之古，曰先天下忧。[287]

构筑层楼图畅襟，名言虽易实难谌。
较量旸雨自春始，终岁愁中畅那寻。[288]

这首诗道出了乾隆帝的心情，能否畅襟对于一位帝王来说并不取决于景物如何。尽管已经生活在人间仙壶，也未必能够畅襟啊！

蓬岛瑶台是御园中水上景物和活动的观赏场所，乾隆帝年年都在此侍奉皇太后观龙舟，龙舟赛时蓬岛瑶台奏以"仙乐"。

⊙ B. 方壶胜境

方壶胜境位于福海东北方，涵虚朗鉴之北的小湖北岸，建于乾隆三年（1738年）(图 2-7-B-1)，是圆明园中规模最宏大的建筑群之一。其中有两层楼阁十座、亭榭三座。建筑布局一反传统的院落格局，前中后三排安置楼宇，每排三楼并列，第一排楼宇前临池水，当中一座宜春殿正面朝前，左右锦绮、翡翠两楼变换方向，皆以山面朝前，楼宇间的连廊向左右延伸并折而向前与水中亭榭辉渊、集瑞相连。宜春殿前经三孔石桥可达坐落在水中的迎薰亭。第二排中间为哕（huì）鸾殿，两侧并列紫霞、碧云二楼。第三排中间为琼华楼，两侧并列千祥殿、万福阁，这两排楼宇彼此有廊相连 (图 2-7-B-2)。

这些建筑一律采用清代官式建筑做

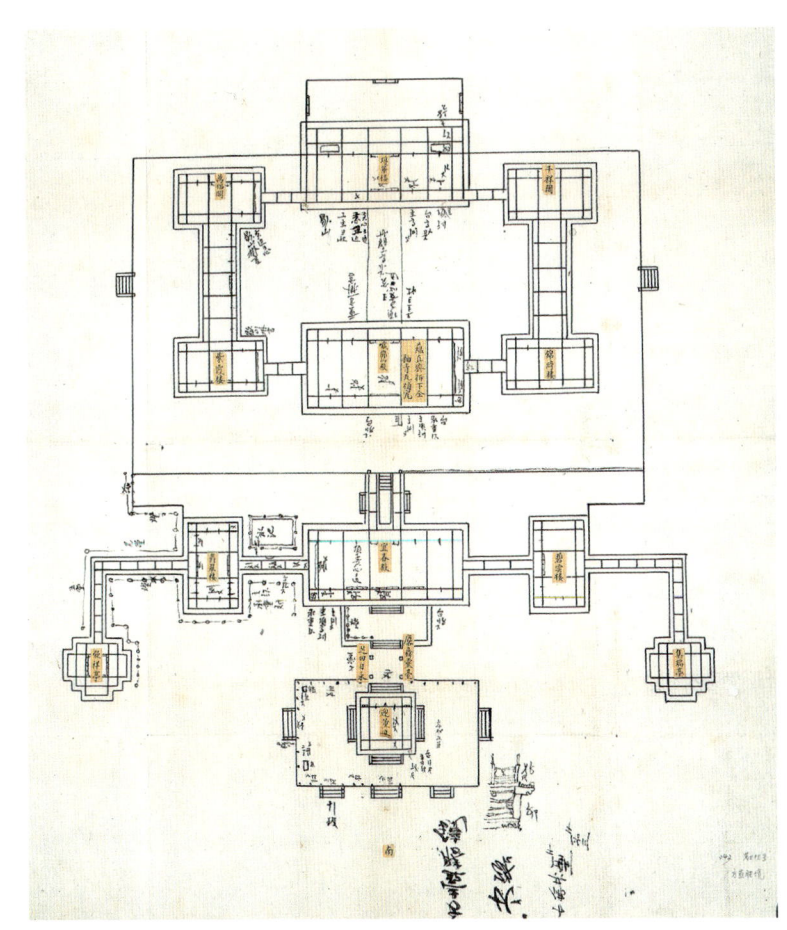

方壶胜境平面（图 2-7-B-2）

方壶胜境（图 2-7-B-1）

法，建筑群的规格高，作了九栋楼阁，三栋亭榭，楼阁之间有飞阁复道相通。在造型设计方面，有七座建筑都采用了重檐歇山顶，有两座水榭采用十字形平面，上檐屋顶随之用十字脊，下檐四面出抱厦，用了四个歇山顶，最前部的迎薰亭用了重檐攒尖顶。目前存留于世的建筑群尚未有能与其相提并论者。

这组建筑群的另一特点是色彩丰富超群。所有建筑的屋顶皆覆以黄、绿、蓝、紫多种颜色的琉璃瓦，其与红色的木梁柱、装修相配，色彩异常斑斓。圆明园里的建筑大多都不用琉璃瓦，仅有的用琉璃瓦的建筑如鸿慈永祜、蓬岛瑶台，也只是用一种或两种颜色。只有方壶胜境用了七彩琉璃。每个屋顶皆由两种颜色的琉璃组合在一起，每座房子用的琉璃颜色都有变化。如有的是黄琉璃绿剪边，有的是绿琉璃黄剪边，还有的是蓝、紫颜色的琉璃黄剪边等。每幢建筑各不相同，五光十色，异常华丽，让人感觉到一种世上不曾见过的仙山琼阁的氛围。所以乾隆帝说：

要知金银为宫阙，亦何异人寰？

即境即仙，自在我室，何事远求？此方壶所为寓名也。[289]

从建筑群安排和个体建筑的处理，以"方壶"来称呼是名副其实的。"方壶"据《列子·汤问》称，在东海之东，几万里之外，有山名为方壶。此即古人想象中的神仙境界。

这组规模最大的建筑群在位置选择上一反常规，并没有临园中最大的水面福海，而是紧紧面临一个小水池，与福海之间有一道低矮的土山相隔，这道土山中间断开一道豁口。在福海上乘船环游时，可以透过这个豁口觉察到那琼楼玉宇的一角，颇有犹抱琵琶半遮面之情趣。方壶胜境位于福海向北突出的这块小水面北岸，其东还布置着一组体量较小的建筑群，名蕊珠宫。其西也有散落的几处亭、桥、榭，并在水中模仿西湖的三潭印月，布置了三个水中的小石坛。这两组建筑群与大体量的方壶胜镜形成鲜明对比。

这组建筑群建成后，乾隆帝对其"仙境"之美不止一次地称赞，在乾隆七年（1742年）的一首诗中曾写道：

高只有天尘迥绝,下临无地水回环。
立销赤帝庚三伏,坐待姮娥月一弯。
却笑秦皇求海上,仙壶原即在人间。[290]

乾隆帝笑秦始皇的仙境观,从环境特色角度说明自己能做到。在这里,他欣赏琼楼玉宇的同时,还感受着身边的美景:

梧竹萧森列几株,文轩长日丽清都,
蕉心抽绿画千轴,荷瓣漂红霞一湖。[291]

飒爽檐帷生薄寒,梧桐枝上玉阑干。
云飞别岫当轩暗,雨过前溪隔座看。
声泻池荷吟凤管,点催檐瓦弄珠丸。
西山拟望秋晴黛,烟屿鸥波正渺漫。[292]

高树横楼出,碧云金字题。
含风翻飒飒,过雨转凄凄。
缃帙氤氲映,晶帘淡荡低。
晚来更别致,山色夕佳西。[293]

与此同时,他并未忘记作为帝王的责任。在题中轴线上的宜春殿诗中他写道:

春园初驻永宜春,又是一年景象新。
可识自天开造化,由来与物益精神。
虽迟柳暗花明候,已是风和日丽辰。
借问对时何所思,惭无恺泽遍吾民。[294]

春为元也善之长,惟是一宜无不宜。
朵殿顾名每思义,寰区发号必先施。

方壶胜境遗址(图2-7-B-3)

安怀老幼常廑彼，彩贴华灯岂乐斯。
舒迷群雍奉粤宛，同民台者共登之。

（每于隔岁冬底，驰询各省督抚，有无偏灾应行加赈之处，至岁首即先颁发，恩旨以普春祺。）[295]

秦始皇派徐福到东海寻找仙境的目的在于寻求长生不老之仙药，对此，嘉庆帝对着"方壶圣境"感慨地说："海上神山，本属方士幻说……清心寡欲，自能久视长生，初不待外求也。"并赋诗一首：

长生有道在养心，海外祈求妄劳逸。
丹药芝草皆寓言，尘世奚能见黄石。[296]

"至园庭辍景，不妨取其语为颜额。"[297]
不过是造一种景观而已！

遗憾的是，今天的我们已经看不到当年"金银为宫阙""即境即仙"的景物了，只留下了那难以焚毁的石台基供人们凭吊（图2-7-B-3）。不过，现在的科技手段还能复原当年的盛景，在一定程度上弥补我们的遗憾。（图2-7-B-4、5、6）

自南望方壶胜境复原图（图2-7-B-4）

方壶胜境宜春殿前牌楼复原图（图 2-7-B-5）

方壶胜境全景复原图（图 2-7-B-6）

C. 海岳开襟

海岳开襟建于乾隆十二年（1747年）左右，位于长春园西半部的一处独立水域之中，与周围其他景区有低矮的土山相隔。这个景区本身为一座圆形小岛，岛的直径约90米，距离四面的水岸最近者大约70多米，最远者达200米，所处环境十分宁静。在岛上中央建起一座三层高的方形楼阁，首层每面五开间，中层收进成每面三间、外带檐廊，上层每面三间，内收出檐廊。首层在中央正楼的四面出轩，周围东西南北四个方向分别建有四座重檐抱厦，抱厦与正楼之间设有重檐穿堂配殿两座，再外有重檐方亭四座，亭子之间各有环廊九间，最外为牌楼四座。[298] 如此复杂密集的建筑群组合，目的是营造出奇特的建筑形象，引发人们对仙境的联想。(图2-7-C-1)。乾隆帝曾赋诗称：

沧池漾漾蛟龙窟，中耸玉台观宝月。
祖洲之草琪树枝，袭芳笼影水精阙。
周裨瀛海诚旷哉，昆峤方壶缩地来。

乾隆年间海岳开襟复原图（图2-7-C-1）

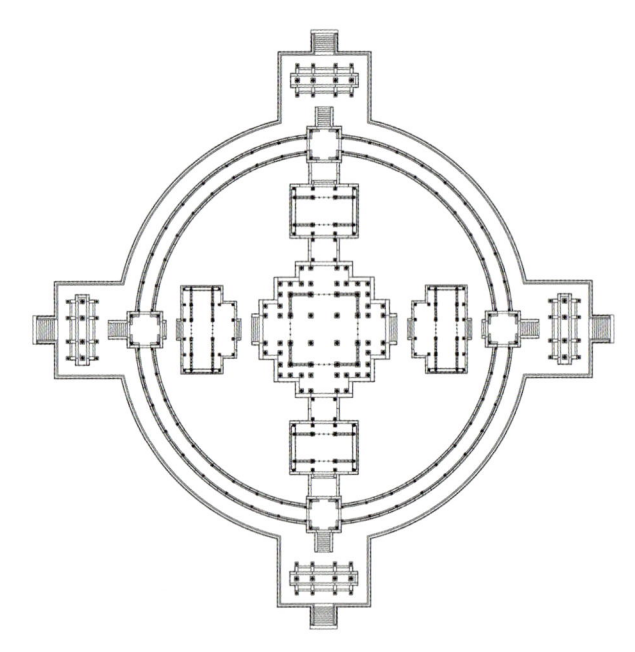

八琅云璈底须奏？松风磈听尘襟开。

不惜工本地建造仙境样的景物，其能利用的游览空间则非常局促，整组建筑更适合远观，在虚无缥缈中给人一种期待。

同时，这样密集的建筑群在池水中央，通风很差，环境潮湿，建成之后的三十多年便出现多处木构件糟朽，不得不于乾隆四十六年（1781年）进行大修；到了道光年间，图档中已经仅剩正楼和四面的四座建筑了（图2-7-C-2、3）。乾隆时期的景观仅仅留在了档案中。

⊙ **D. 别有洞天**

别有洞天位于福海东南，建于雍正年间。它的北侧与福海有小山相隔，东南两侧也有小丘、林木、溪流与外界隔开，仅西侧在土山之间设有一座小城关，似乎为出入口，是一座颇为独立的小园林（图2-7-D-1）。乾隆年间，这里被呼做旧名"秀清村"，乾隆帝曾描写道：

几席绝尘嚣，草木清且淑，
即此凌霞标，何须三十六？

乾隆年间海岳开襟平面（图2-7-C-2）

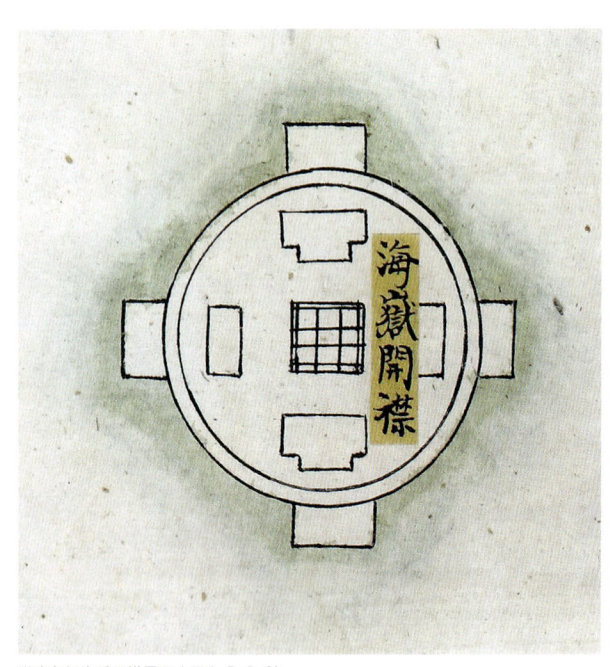

道光年间海岳开襟平面（图2-7-C-3）

别有洞天（图 2-7-D-1）

认为这里远离尘嚣，大自然一片清新，在这里所感受到景色之美，何须再谈道家仙境三十六洞天呢？

这里的建筑群布局沿着一条自西向东转北的溪流两侧展开（图 2-7-D-1）。在《圆明园四十景》图中所表现的状况是溪流北侧以主要厅堂别有洞天为主，其向左右伸展，各有小厅一两座。溪流南侧布置了较多的建筑，前后参差错落，既有造型典雅的歇山顶，又有造型别致的盝（lù）顶，并在盝顶之上作平屋顶，建一个四角攒尖小亭，通过假山叠石可以登临，颇有趣味。这就是乾隆诗中所说的："溪上小楼号片云，龙泓一例霭氤氲（一片云为龙井八景之一），升楼迭石为阶级，朵朵英英蔚莫分。"[299]

乾隆十六年（1751年）后，对秀清村进行了较大改建，从样式房图档中可以见到，增加的建筑很多（图 2-7-D-2），乾隆帝还题写了匾额和诗词，例如溪流北侧的建筑有别有洞天、水木清华之阁、纳翠楼、时赏斋、接叶亭，南侧的建筑有活画舫、眺爽楼，东侧的建筑有竹密山斋、延藻楼、扇薰榭。此外还有澹闲室、韵松斋、自达轩等建筑。

这里，"筑室山水间，水澹山斯闲"。[300] 风景格外优美（图 2-7-D-3）。《日下旧闻考》所记载的便是溪流北岸的几个建筑彼此的关系："别有洞天五楹，西为纳翠楼，西南为水木清华之阁，阁西稍北为时赏斋。"[301]

乾隆帝在御园居住期间经常来此。例如乾隆二十一年（1756年），就曾来过25次。这一年五月是来此最多的一个月，前后有8次。有时是晚膳后来此小坐，偶尔也在此进膳；但主要是在这里看书，读画，陶冶情操。对此，在他的诗句中有所表述。《澹闲室》诗写道：

红芳早谢花，绿荫全辞树，
书室则依然，是真澹闲处。[302]

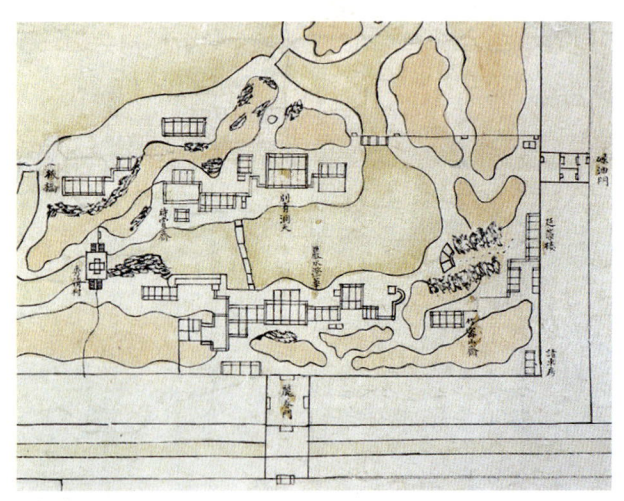

别有洞天平面（图 2-7-D-2）

澹则心无欲，闲斯体有安，

……

我诚临民者，祗识为君难，
澹闲夫岂能，无逸铭心官，
寓意或云可，亦克己之端。[303]

《竹密山斋》诗写道：

爱竹缘他君子节，构房疑此渭川滨。
来如读画领神韵，坐则翻书晤古人。[304]

《自达轩》诗写道：

（应自觉警示自己。）

选字题轩斋，喻表情与景，
两言额自达，亦可资深省，
达理当去私，达动必由静，
斯非藉外来，率乃由已领，
民艰难自达，思之切心警。[305]

达者塞之对，达善塞为否。
坐轩偶览额，因而悟其理。
轩本敞且虚，其达易为耳。

别有洞天溪流两侧景观复原图（图2-7-D-3）

人则有好恶，塞易达难矣。
泰山岂不巍，蔽之费一指。
何以祛其蔽，要惟在克己。
蔽祛则自达，言行胥视此。[306]

在这个景区中有几处独特的景观，一是时赏斋，为一处建在台上的三开间带周围廊的厅堂，其前部设叠落廊形成一个回廊院，中置太湖石名青云片。乾隆帝《时赏斋》诗称：

当门湖石秀屏横，坐喜松阴满砌清。
时赏试言底为好，树姿花意盼春情。[307]

这块太湖石本为明季画家米万钟开采，打算置于芍园，由于运力不济，弃置良乡。清代将其运至圆明园。

另一处是位于溪流南岸的活画舫。其建筑基址做成一座船形，上建长屋。即乾隆帝所谓：

砌石临溪肖舫式，于焉活画以名之……[308]

不帆冉虑惊风浪，四时佳趣一篷窗……[309]

木舫原飘动，称云活画宜。
此诚石舫耳，何以亦名之。
流水窗前过，行云天上披。
讵非无定趣，转语听乎斯。[310]

这里目前仍然保存着一座石舫，是园内极为难得的建筑文物（图 2-7-D-4）。上部的建筑虽然无存，但船体仍然保存完好。活画舫建于乾隆二十七年（1762 年）左右，这与他经过两次南巡后的感受不无关系。

别有洞天石舫遗迹（图 2-7-D-4）

8. 写仿胜景

(图 2-8-1)

⊙ A. 西湖十景

江南美景，对于乾隆帝充满着吸引力。早在南巡之前，他已经开始使用西湖十景的名称来命名圆明园中的景物了。从他在乾隆二十八年（1763 年）的诗中便可以觉察到这点：

十景西湖名早传，御园柳浪亦称旃。
栗留几啭无端听，讶似清波门那边。[311]

御园中写仿江南名胜之多，正道出了他对江南景物的欣赏。乾隆帝写的那些歌咏西湖的诗句，揭示了他的内心世界：

西湖景好好在春，西湖春日多游人。
水态山光静入画，歌楼酒舫乐同民。
……
富丽临安迹已陈，六桥烟柳又从新。
只今惟有平湖月，阅尽千秋游赏人。[312]

在圆明园的景物中，仿江南风景种种，各有缘由。有的取自江南名山大川，本着"师法自然"的原则，创设"第二自然"；有的仿建已有的人工园林，则会对以往的加以批判、扬弃、继承、发展。

在圆明园中，首先是仿建西湖十景。据《日下旧闻考》记载：

一、天然图画……（东侧长堤上敞轩）曰苏堤春晓（图 2-8-A-1）。

二、汇芳书院……逾溪桥数武有石坊为断桥残雪（图 2-8-A-2）。

三、水木明瑟之北，稍西为文源阁……阁西为柳浪闻莺（仅立了一座石牌坊）（图 2-8-A-3）。

四、西峰秀色之东为含韵斋……又东南为自得轩，后垣东为岚镜舫，西为花港观鱼（为一座跨河敞榭）（图

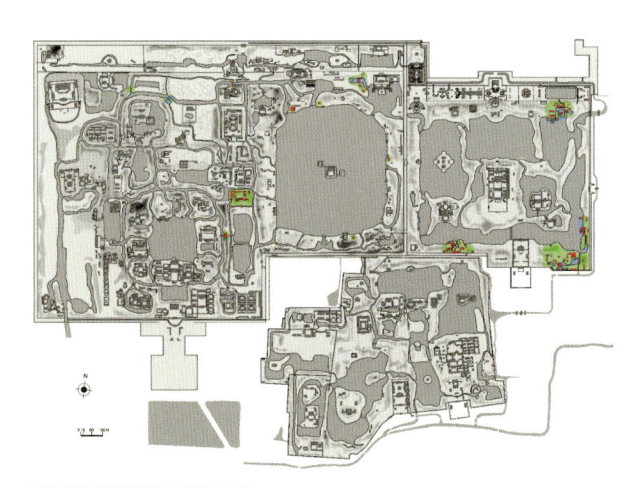

写仿景观建筑位置图（图 2-8-1）

2-8-A-4)。

五、方壶胜境西北为三潭印月（图2-8-A-5）。

六、平湖秋月（景区）在福海西北隅，正宇三楹（名平湖秋月）（图2-8-A-6）。

七、（福海）东北出山口……折而东南度桥为两峰插云（亭）（图2-8-A-7）。

八、广育宫，前建坊座，后为凝祥殿。宫东为南屏晚钟（亭）（图2-8-A-8）。

九、涵虚朗鉴，在福海东，即雷峰夕照正宇也（图2-8-A-9）。

十、坐石临流……正东为曲院风荷（景区）（图2-8-A-10）。

这些景点大小不一、形式不同，而且并非同时建造。其中，既有完整的建筑群，如平湖秋月、曲院风荷，成为圆明园中的一个景区。又有仅为景区的局部建筑，甚至不见原有的任何实物，只是一处建筑物的题名。以完整群组出现者，则所取环境也略微相似，如平湖秋月，南临大片湖水，建筑群利用亭廊组合穿插。又如

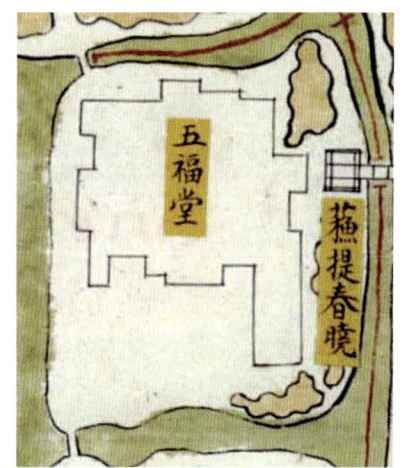

苏堤春晓位置图（图2-8-A-1）

断桥残雪位置图（图2-8-A-2）

柳浪闻莺牌坊遗迹（图2-8-A-3）

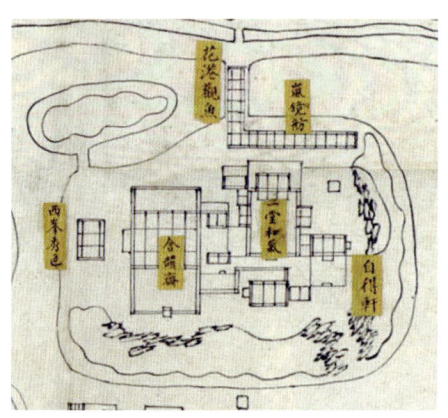

花港观鱼位置图（图2-8-A-4）

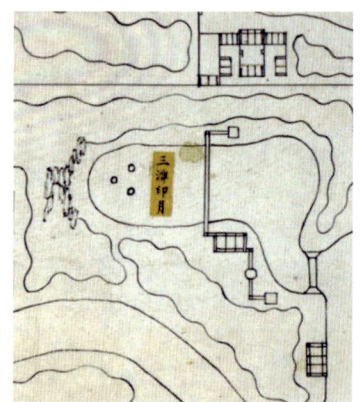

咸丰九年之三潭印月位置图（图2-8-A-5）

平湖秋月（图2-8-A-6）

曲院风荷，则建了一组普通的农家院，模仿一个制酒的小作坊，只不过其前面临着一大片荷花池，能够使人联想起"曲院"与"风荷"的关系。作为景点中的一座建筑的，如苏堤春晓、雷峰夕照、花港观鱼、南屏晚钟，这种建筑位于一个可以"观赏"之处，以便欣赏到题名之中相似的景色。如位于福海东岸的雷峰夕照，可以欣赏到夕阳西下的美丽景色。苏堤春晓在天然图画之东的长堤上，东侧有曲院风荷前的水池，西侧有天然图画的水池，再

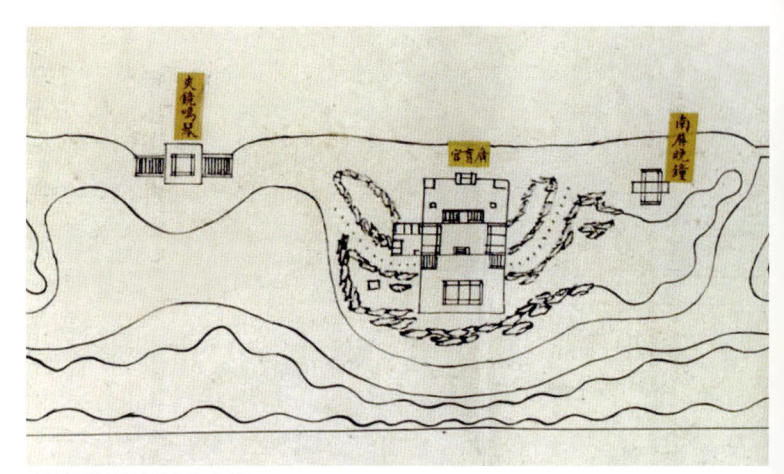

南屏晚钟位置图（图2-8-A-8）

两峰插云（图2-8-A-7）

曲院风荷复原图（图2-8-A-10）

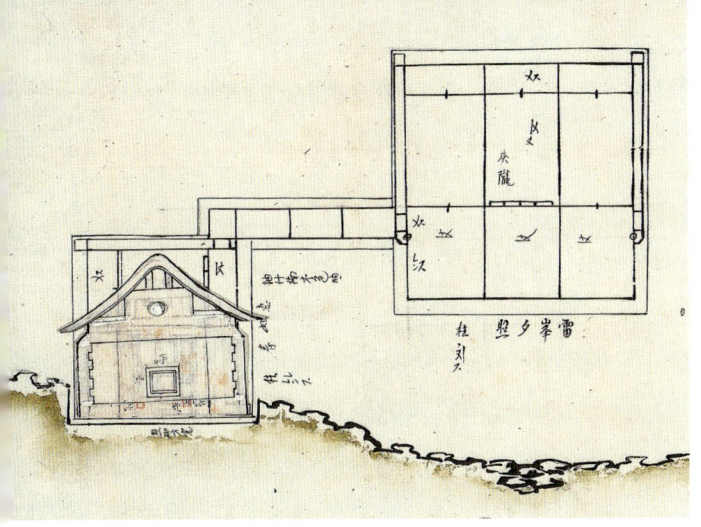

加上堤上的桃花、杨柳等植物点缀，确如杭州的苏堤一般。有的则仅仅是一座石牌坊，如柳浪闻莺、两峰插云、断桥残雪，只是对周围景物起一种点题作用，用以引发人们的联想。乾隆帝有诗称：

在昔桥头密雪铺，举头见额忆西湖。
春巡几度曾来往，乃识西湖此不殊。[313]

这首诗写于乾隆二十八年冬，他去汇芳书院的路上，看到了桥头所立的"断桥残雪"牌坊。这说明圆明园内的西湖十景不过是乾隆帝借用"题额"引出联想，满足一种将"人间天堂"纳入御园的愿望而已。

在圆明园中，对西湖十景的仿建，实际上起于雍正时期。雍正帝胤禛曾经在康熙帝第四次南巡时作为随员同行，对西湖十景的风光有了切身的体验。乾隆帝自乾隆十六年（1751年）南巡后也对西湖有了了解。想把西湖景物照搬是不现实的，西湖十景是在天然风景之中点染成景，而圆明园这座人工建造的园林，在规模和山水条件上都与西湖有很大的差异，因此必须有所取舍。

雷峰夕照位置图（图2-8-A-9）

对于杭州的写仿在长春园中也微有体现，并且还有一段故事。在长春园的茜园后，河北岸为思永斋，斋东别室曰"小有天园"。提到小有天园，自然让人联想到了杭州的小有天园。乾隆帝南巡曾驻跸于此，并对其中的景物颇为欣赏。乾隆十六年（1751年），他便写下《题小有天园》[314]一诗：

佳处居然小有天，南屏北渚秀无边。
如依妙鬓云中佳，便是超然劫外仙。
几曲涧泉才过雨，一园梅柳欲生烟。
坐来拈句浑难得，不落空还不涉诠。

乾隆二十七年（1762年），他第二次南巡时，在扬州，约前来接驾的因病退休的礼部侍郎齐召南和他一起游金山，齐召南推辞说："臣有足疾，不能行。"乾隆帝说："那就给你一匹马。"齐召南又说："臣不能骑马，江山的自然风光，臣乘船就能领略得到，若新修台阁殿宇，粉饰得尽管一新，皆人工罢了。"乾隆帝听后，颇不高兴。到了杭州，他便在小有天园召见齐召南，命齐召南和他一起作诗。齐表示因病不能写诗。过了几天，乾隆帝又会见齐召南，并说："朕闻天台景色胜过两浙，你是天台人，能为朕作向导吗？"齐召南说："山皆峭壁悬崖，虎豹所居。臣虽生长于此，敬遵孝子不登高、不临深之意，未曾登过此山。"乾隆帝只好解嘲说："你真是个土人啊。"[315]一些大臣们对乾隆帝借南巡游山玩水，耗费巨资是不满的，但只能默默反抗，稍有不慎还有被革职者。乾隆帝南巡沿途接驾，仅苏州府用于修路的费用即达30万两白银，来回5800里路程，费用之大可想而知。他虽口称："时时思物力之艰难，事事惟奢靡之是戒。"并要求各地从俭办理接驾事务，但实际仍旧非常奢华铺张。乾隆帝到了晚年曾说："朕临御天下六十年，并无失德。惟六次南巡，劳民伤财，实为做无益、害有益。"[316]

⊙ B. 长春园狮子林

狮子林在长春园东北角。长春园是乾隆帝一手创建的，选择的景观皆是其所钟爱的景物，狮子林便是仿苏州狮子林建造的。一开始，乾隆帝由于喜欢画家倪瓒的《狮子林图》，并以为苏州狮子林是按照倪瓒的《狮子林图》建造的，于是在长春园构筑狮子林一景。早在乾隆四年（1739年），他的《倪瓒狮子林图》一诗已表露出他寻找狮子林的愿望。[317] 乾隆二十二年（1757年），他第二次南巡时有机会游览苏州狮子林，首次观赏到狮子林的真景。他本以为这个园子在山谷中，没想到却原来处于闹市。[318] 他在另一首诗《题倪瓒狮子林图叠旧作韵》中还说：

谁知狮子林，宛在金阊有。
（旧题云借问狮子林应在无何有，盖彼时不知即在苏城也。）

一溪与一峰，位置倪翁手。
（园中点缀云皆云林自构）。

这里的"一溪与一峰，位置倪翁手"明确表达他坚信狮子林是出自倪瓒之手。到了乾隆二十七年（1762年）、三十年（1765年）他第三、第四次南巡再次拜访狮子林时，又写过多首诗，赞颂这座园林的优美景色。

乾隆三十八年（1773年），他第五次南巡，那时长春园的狮子林已经落成，乾隆帝又来到苏州狮子林，在《再仿倪瓒狮子林图因成是什》[319] 的诗注中，他再次表达了对苏州狮子林的爱恋之情，在《恭奉皇太后游狮子园》[320] 一诗中，他认为御园中仿建的狮子林不如苏州的狮子林。但这时，他仍然把苏州狮子林看作是基于倪瓒的作品。

直到乾隆四十九年（1784年）第六次南巡时，"得徐贲画《狮林景》十二帧，姚广孝跋云：贲为元僧维则三辈弟子如海作，乃知以狮林为倪迂别业者讹也。又册中陆深跋，维则得法于本中峰，本时住天目之狮子岩，盖以识授受之，原不忘本师之意也"。[321]

到此时，乾隆帝才弄清楚苏州狮子林建造之原委。于是，他在晚年写下了另一首诗及长长的诗注[322]：

维则狮林始创宗，不忘授受本中峰。
（世传狮子林为倪瓒别业，以瓒有狮子林图而附会之，其实非也，瓒图藏石渠宝笈，其自识有如海因公宜宝之云云。及查徐贲为如海作狮林十二景，帧有陆深跋，始知为僧维则所居，如海乃维则三辈弟子也。维则好聚奇石，状类狻猊，因以狮子名之。或云维则得法于本中峰，本时住天目狮子岩，以狮子名园，不忘授受所自。此说得之迫后，倪瓒、徐贲皆为如海作狮子林图，自中峰至如海凡五世。狮林之由来盖自维则之不忘其师始也。

兹御园有狮子林十六景，避暑山庄有文园狮子林十六景，皆仿象吴中邱壑为之。前后临憩屡经题咏。）

即今御苑塞庄里，笑我无端又仿重。

《狮子林图》画的是如海的师父维则居住的地方，搜集有很多奇石，样子像狻猊，因此称为"狮子"。维则的这种搜集奇石的爱好是受于他的师父中峰的影响，中峰所住的地方在天目山狮子岩，被称为狮子园。至此，乾隆帝考证出苏州狮子林不是倪瓒所作。

其实，关于狮子林的主人和始建年代，在明人王鏊所撰《姑苏志》卷二十九《寺观》上卷中已有非常明确的记载："狮子林庵，在城东北隅，元至正二年僧维则建，则多聚奇石，状类狻猊，故取佛氏语名，一名菩提正宗寺；内有卧云室、立雪堂、问梅阁、指柏轩、禅窝竹谷诸景。并经名人品题，最号奇胜。"

狮子林的建造是有缘由的。元至正元年（1341年），高僧天如禅师维则到苏州讲经，受到弟子们拥戴。元至正二年(1342年)，弟子们买地置屋为天如禅师建禅林。天如禅师因师父中峰禅师曾倡道于天目山狮子岩，取佛书"狮子吼"之意，易名为狮子林。至康熙年间，寺、园分开，后为衡州知府黄兴祖买下，取名"涉园"。

关于《狮子林图》，除了徐贲的《狮子林十二景图》之外，明洪武六年(公元1373年)，73岁的大画家倪瓒途经苏州，曾绘《狮子林横幅全景图》。此外可考的还有朱得润的《狮子林图》。倪瓒和徐贲所绘之图在清代由皇家收藏，近世有延光室影印本，真迹目前下落不明。

长春园狮子林建成后，乾隆帝请来苏州的匠师做叠山，但他仍然认为"其亭、台、峰、沼，但能同吴中之狮子林，而不能尽同迂翁之狮子林图"。并因此于承德"避暑山庄清舒山馆之前，度地复规仿之"。[323]

乾隆帝对狮子林的造园景观效果不满

意,感觉它不如倪瓒画中的"狮子林"。其实,一座园林,经过画家之手,势必会产生差异。因为画家对景物进行了取舍和艺术加工。乾隆帝在书画鉴赏方面尽管有很高的艺术造诣,但他毕竟不是画家,还不太能体会画家艺术创作的真谛。

将御园狮子林与苏州狮子林相比,发现有差异是很自然的。大的环境不同,亭台楼阁等建筑的安排也不完全相同。乾隆帝于乾隆三十八年(1773年)为景区题了八景,即:狮子林、虹桥、假山、纳景堂、清閟阁、藤架、磴道、占峰亭。后又续题八景,即:清淑斋、小香幢、探真书屋、延景楼、画舫、云林石室、横碧轩、水门。

从以上的十六景来看,狮子林确实是一个景观非常丰富的建筑群,在样式房所绘平面图中(图2-8-B-1),可以看出这个小园的总体布局和个体建筑的状况,可以找到其所述之景名。乾隆帝写了多首诗,赞美这些景物,不过诗的内容多为有感而发的抒情之作,其具体的建筑实物如何呢?

在园子西侧有一个院落,中轴线上的主要厅堂自北向南布置有丛芳榭、琴清斋、漾月亭,更东还有一个六角亭。这几

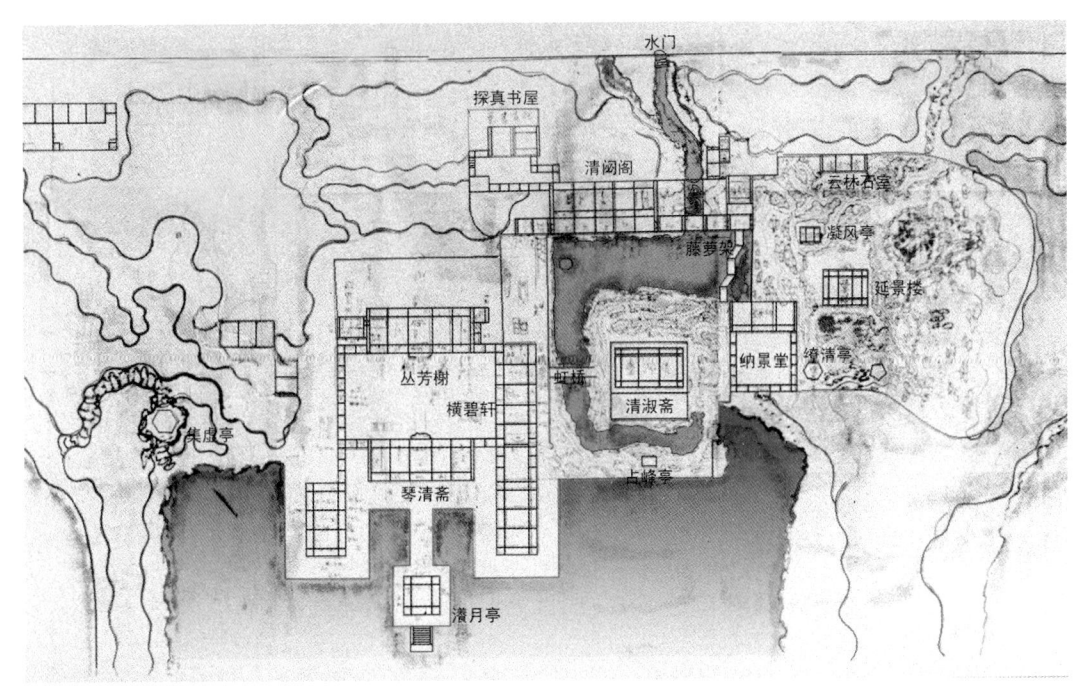

长春园狮子林平面(图2-8-B-1)

幢建筑在乾隆十二年（1747年）已经建成，乾隆三十年（1765年）第四次南巡后，乾隆帝决定在长春园仿建苏州狮子林。于是，他选择在丛芳榭的东部添建假山、厅堂、亭榭等。所以《日下旧闻考》称：丛芳榭之东为狮子林，有纳景堂、清闷阁诸胜，别为狮子林八景，又有清淑斋、探真书屋诸胜，为狮子林续八景。

乾隆帝所写的狮子林十六景，位置皆在东部。仿建部分东侧为假山，西侧为池水，并有建筑置于四周形成水院。清淑斋为水院中的主体建筑，采用敞厅的形式，三开间带周围廊，但厅的北、东、西三面皆有假山环绕，并不能直接邻水，仅在南面临一小池，池南仍然是假山。这里的景色是："斋不设窗牖，旷观惬倚凭。齐檐迭石诡，入座俯冰澄。"[324]

假山亦岩峿，曲径致幽深。
花色淑非艳，溪声清以沉。

并在山顶上建占峰亭一座，乾隆帝写道："虽是假山亦有峰……四柱小亭翼然据。"[325] 由此可知，此处假山堆叠高出周围，在山顶上置有一座小亭，而假山所能占有的南北向空间有限，这反映出假山堆叠的高超技巧。

水院之北有清闷阁，为一座五开间的二层楼阁，阁名源于倪瓒的藏书楼，这里曾藏有倪瓒的绘画。[326] 乾隆帝在嘉庆元年（1796年）的一首诗中，曾具体地谈到所藏绘画之名称：

倪迹阁中珍六种，
其真其赝尚存疑。
（倪瓒清闷阁多蓄名人书画，是阁数典倪迂，因将石渠所藏瓒画《江岸望山图》《雨后空林图》《竹树野石图》三种藏此阁中。其《万壑秋亭图》《岩居图》《溪亭山色图》三种藏避暑山庄狮林清闷阁中，以副其名。然内府倪迹亦不无赝，鼎阁中所贮虽选佳者，而亦难尽信为真面也。）
幼文未免心生忌，
（倪瓒、徐贲同绘狮林，乃阁中贮云林画，而无幼文之迹，幼文或不免以艳羡生。忌然阁名昉于高士，自不妨存倪而略徐耳。）
或许无名却是宜。[327]

同时，阁中还藏有将新构筑的御园狮

子林景观，仿倪瓒的《狮子林图》之意，绘成的长卷。[328]

水院之东有藤架，这座藤架采用与石桥相结合的形式，别有一番风味。

石桥既曲折，藤架复逶迤。
春时都作花，步障垂茸紫。[329]

院西北角，有一座小桥名虹桥（图2-8-B-2），连接着清淑斋和西部的横碧轩，这座桥如"垂虹宛在，片云帆影，何必更羡吴江！驾溪宛若虹，其下可舟通"。[330] 从图上看，通舟的路线须绕过占峰亭的假山，而且只能是小船。

在清閟阁的西北，有一座小小的探真书屋，高居土岗之上，自清閟阁以叠落廊与之相连。故乾隆帝称："云廊拾级上，书屋号探真。"

水院正西，面对架着虹桥的溪流，布置有一座五开间带前后廊的横碧轩。这座建筑的安排，使得西部的丛芳榭、琴清斋等建筑群与后来添建的狮子林连成整体。横碧轩似乎是丛芳榭的厢房，同时又是虹桥游览路线上的对景。

清淑斋东侧布置了一座回廊院，院内主要建筑为三开间的纳景堂。这里有"花木四时趣，风云朝暮情。一堂无意纳，万景自为呈"。[331] 再东有延景楼。这座楼置于大假山之上，楼仅作成小小的三开间带周围廊，但所得景致却有"万壑云深"之境。

大假山北部，临园墙建云林石室，这石室之名，乾隆帝称："盘山精舍名，置此实相称……幽宅才三楹，纳景乃无罄。"[332] "湖石丛中筑精室，偶来憩坐可观书。云林仍是伊人字，数典依然欲溯初。"[333]

不过，这里的云林石室比起盘山的静

狮子林虹桥遗迹（图2-8-B-2）

寄山庄，缺少古松挺拔冲天的意境。乾隆帝说："假山虽肖吴中，稚松皆新种，固不如田盘古松林立也。"

位于云林石室西侧，正对藤架曲桥有座一间的建筑"小香幢"，紧邻石磴玲珑的假山。在苏州狮子林的"香幢维则用供佛"。在御园，乾隆帝深知"香幢自是梵家仪"，"供养香幢实余事，若论佛法本来无"。[334] 他建了这座佛室，只不过是"偶然别学倪家调，若论尘心实未降"。[335]

以上是乾隆帝所题的十六景中的主要建筑景观。此外，他还题写了水门、假山、画舫、磴道的景观，其中最主要的是假山，为这座园林精华所在。他特别请了吴中的叠山匠师，利用北京附近燕山的石材堆叠造景。乾隆帝称："燕石几曾让湖石（西山玲珑石不让太湖石，此假山即就近取彼为之，乃日下旧闻载，明宣宗广寒殿记称，金破开封辇艮岳石至燕京，即今之白塔山为花石纲之遗，语涉傅会不足信也），垒成岩壁亦屡颜。"[336] 这些燕山石受到了乾隆帝的赞赏。此后，这种石材成为北方园林的假山叠石品种之一，被称为"北太湖"（图 2-8-B-3）。

水门，在苏州的狮子林中是没有的。但御园面积辽阔，水体彼此相通，所以，在狮子林北侧的围墙上开了水门（图 2-8-B-4），水门的券脸石上刻满了乾隆帝的题诗（图 2-8-B-5），有的题诗刻石还镶嵌在水门旁的围墙上。乾隆帝写道：

墙界林园水作门，泛舟雅似武陵源。
赢他只有渊明（指陶渊明）记，不及迂翁（指倪瓒）画卷存。

这首诗当年的刻石如今仍在，只不过已经躺在了水门旁的地上了（图 2-8-B-6）。过了水门，便可到达西洋楼景区的方河。

狮子林假山遗迹（图 2-8-B-3）

遥想当年泛舟经过嶙峋的山涧，穿过水门，眼前一片西洋园林风光，好不惬意。

⊙ C. 长春园如园

《日下旧闻考》称："鉴园西南为如园，门三楹，西向。内为敦素堂，堂北稍东为冠霞阁，又东为明漪楼。"[337] 如园的建造据乾隆帝称：是因为在南巡游建康（即南京）瞻园时，喜爱其景物，归来后便在长春园内仿建之。由于如园位于长春园的东南角，紧邻熙春园（又称"东园"），两园围墙之间相隔一条道路，于是架起一条复道，使两园彼此相通。每当乾隆帝去东园，必经如园，所以乾隆帝有诗称：

> 南北临衢各筑垣，过来复道便如园。
> 有泉有竹清幽致，日室日斋淳朴敦。
> 境写中山遥古迹，石移西岭近云根。
> 迹方小得心怀畅，景对南薰略可论。[338]

这首诗不但记载了如园的位置，写出了如园的景色，还表明了如园是模仿中山王徐达的瞻园环境，而园中的石材则取自北京的西山。据《江南通志》载，瞻园

狮子林水门遗迹（图 2-8-B-4）

水门券脸上乾隆帝题诗（图 2-8-B-5）

狮子林园墙镶嵌题诗石刻（图 2-8-B-6）

"在江宁县大功坊,明魏国公徐达赐第,内西偏竹石卉木,为金陵园亭之冠"。今人考证,瞻园为徐达的七世孙徐鹏举所建"西圃",清初名为"瞻园"。[339] 乾隆帝的诗不仅称赞了如园的竹石,还说:"取义如之较胜此,(御园亦曾肖此为如园,而景趣较胜于此。)无须池馆重盘桓。"[340] 如园虽仿自瞻园,但乾隆帝认为它的景色更胜一筹。

如园中的建筑比《日下旧闻考》的记载多得多,乾隆帝诗中吟咏过的有敦素堂、挹(yì)泉榭、静虚斋、深宁堂、合翠轩、写镜亭、含芳书屋等。这些建筑随着嘉庆帝的改建已易名,但从乾隆帝的若干诗句中或可觅得如园的一鳞半爪。这个小园总体风格为江南园林,园内有山有池,建筑朴素无华;园中斋、榭、楼、台高低错落,颇具诗情画意;园内人工瀑布更可称奇,这种景观的构建正是仿自瞻园,瀑布旁建有挹泉榭。对此,乾隆帝曾题咏:

平流引墙外,落峡便成瀑。
虽藉人工为,天然趣颇足。
虚榭据峡上,挹清可蠲(juān)俗。
盈耳声其金,谋目色其玉。
久假即疑真,兴在武夷曲。[341]

目前如园已经进行了考古发掘,呈现如园改建后的面貌。

嘉庆帝写过一篇记文,与后期样式房遗图对照(图2-8-C-1),或可了解其概貌:

斯园建于乾隆三十二年,至今已四十余载。地近河壖,渐觉沮洳,风雨剥落,多有倾圮。岂可任其荒废,弗加修治乎。爰出内帑,命苑臣略加营葺,顿复旧时面目矣。

园门西向,朴素清幽,入门不

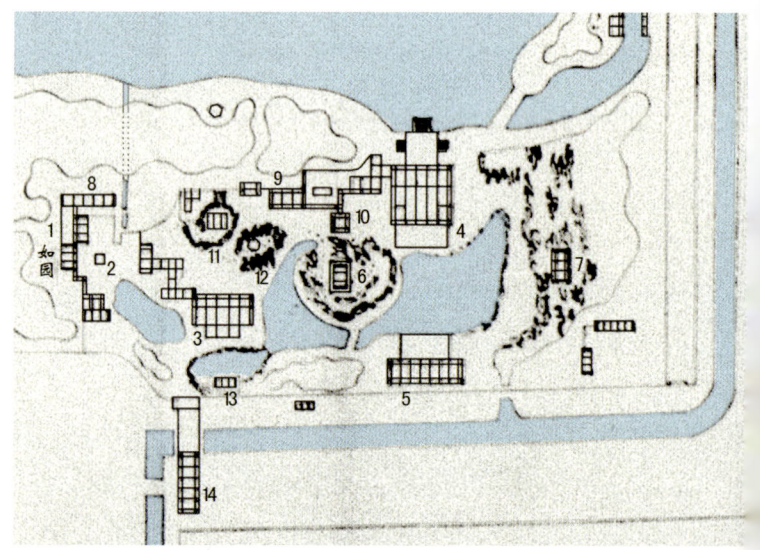

长春园如园平面(图2-8-C-1) 1.如园门 2.翠微亭 3.芝兰室 4.延清堂 5.含碧楼 6.清瑶榭 7.观丰榭 8.新赏室 9.香林精舍 10.撷秀亭 11.静怡斋 12.可月亭 13.锦谷洲 14.过街楼

如园假山山洞遗迹（图 2-8-C-2）

数武，即翠微亭。周环假山，萦青缭翠。东有方沼，跨以小石桥。流泉琤琤，入耳成韵。桥东有榭，额曰听泉曲，室曰云萝山馆。巡檐而南转，东则芝兰室……室前溪流聚成小池，缘池岸南登虚榭，额曰锦谷洲。风来，水面叠为绿绮。大块文章，自然佳妙也。东则层楼高峙，八窗洞开。园中诸景，一览在目。集其大成，楣额含碧。南俯原田，验晴雨，占丰歉，一室千里，康田在念。楼北度板桥，大石岩雄踞一园，卓立千仞，石磴盘纡，峰回路仄，登其巅，坐清瑶

榭，益觉心旷神怡矣。下有洞，可四达。东有荷池，亭亭净植，清芬徐来，如挹君子。池北则延清堂，为园之正殿。规模轩敞，栋宇崇隆，四时皆宜，消寒避暑……堂前东山，由挹霞亭至观丰榭，可望园外稻畦。南则待月台，堂西有引胜斋、撷秀亭、香林精舍、可月亭，皆得其自成之妙境，不可殚述也。北有静怡斋，南下石磴，过溪桥，又达翠微亭矣。北曰新赏室，南曰搴芳书屋。屋南幽篁数亩，挹翠浮筠。南有墙门，可达熙春园……（图 2-8-C-2）[342]

⊙ D. 长春园鉴园

鉴园位于长春园东侧，东邻园墙，西邻长长的小湖，所处地段窄长，是乾隆帝第四次南巡之后，仿扬州瘦西湖旁的趣园所建小园。趣园本名"四桥烟雨"，乾隆帝南巡时欣赏其景，赐名趣园，并吟诗以抒发游园情怀："偶涉亦成趣，居然水竹乡……目属高低石，步延曲折廊。"[343]

乾隆四十九年（1784 年），乾隆帝第六次南巡重访趣园之后的诗作，进一步道

出了将其赐名为趣园的原因。乾隆帝诗称：

> 借问何成趣，趣因竹及梅。
> 竹香留冬翠，梅野笑春开。
> 半亩波不作，一查影与陪。
> 天然澄照处，五载偶重来。[344]

对趣园中的竹子、梅花，他更是情有独钟，"沿堤柳叶护梅花，步入溪园清且嘉"。[345]

由此可知，趣园不但有江南园林的叠石、曲廊、亭台，而且竹子与梅花也别有

鉴园水池遗迹（图2-8-D-2）

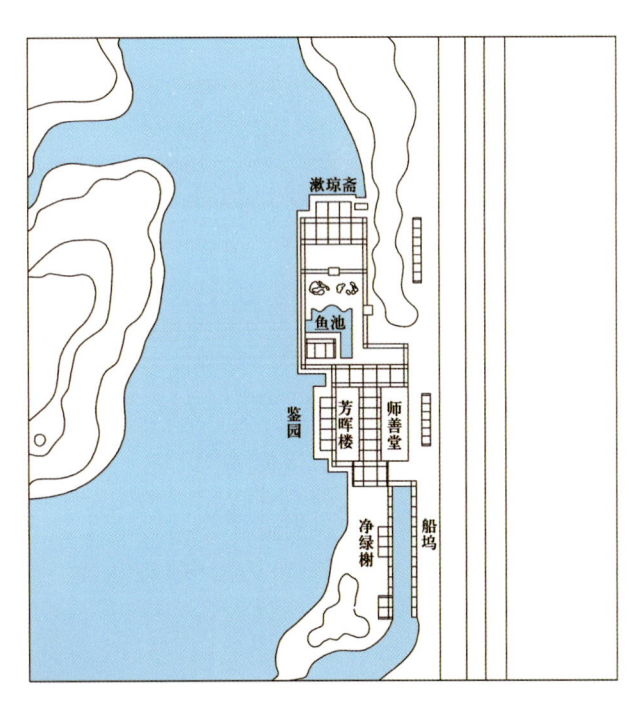

风趣。乾隆帝命人在长春园仿建，于乾隆三十二年（1767年）建成。在当时的内务府活计档中，仍然称之为"趣园"，到了第二年的档案中则改称"鉴园"了。乾隆三十六年（1771年），内务府工程复查汇总清单记录了初建时的情况："原办监督、原任苑丞富德等承办长春园内添建鉴园殿宇、楼、亭、游廊、房间，装修油饰、裱糊、堆做山石驳岸。"[346]

鉴园总体呈南北向的长条形（图2-8-D-1），最北部的一座厅堂名漱琼斋，独立成一小院，院南设垂花门，门前有一曲尺形小池，池的北岸成弧形曲线（图2-8-D-2）。池南设有小轩，名开益轩，正好填补着曲尺

鉴园平面（图2-8-D-1）

形水池的凹处。再向南为另一组朝西的院落，临外部河池的是一座五开间的敞厅，其所处环境如乾隆帝鉴园诗所描绘："是处水周遭，楼台镜中睹。无尘清净界，有象琉璃宇。"[347] 敞厅东侧的院落中有师善堂、芳晖楼、净绿榭等。师善堂中挂着传教士王致诚所画的人物画。[348] 芳晖楼前点缀着假山叠石，据乾隆帝的诗句"候迟今岁芳犹勤，只有临堤柳湖黄"[349] 可知，芳晖楼前种着牡丹，西侧的长堤种着柳树。

小园虽无趣园的竹子与梅花，但在北方寒冷的地带也不失情趣（图2-8-D-3）。在南侧紧邻鉴园有一座船坞，朝西的一面为了打破长长的船坞之单调感，建立了一个三间的绿净榭，这里另有景色："敞榭偏宜绿树丛，既深而净韵薰风。"[350]

对于鉴园与环境的关系，嘉庆帝有诗《题鉴园》写道：

长春极东境，虚廊面清溪。

鉴园全景复原图（图2-8-D-3）

波光印林影,漪澜接碧堤。
西山滴飞翠,秀峙星汉齐。
众妙聚一室,纳景水殿低。
澄心鉴物理,静默寻端倪。[351]

⊙ E. 长春园茜园

茜园,属于江南园林的集锦,由于乾隆帝对江南园林的眷恋,所以建造长春园时,尽可能以江南园林的手法仿造,虽称不上具体写仿某处,但情趣宛然。据《日下旧闻考》载:"澹怀堂迤西滨河水石之间为茜园,门西向,内为朗润斋三楹,其东为湛景楼,又东为菱香溆。朗润斋西有石立于园门内,为青莲朵。斋东南山池间为标胜亭,又东南为别有天,西(东)北为韵天琴,南角门外别院为委宛藏。"从活计档中可知,当时同期建造的建筑除了上述的七座建筑之外还有饶野意、虚受轩、此中大有佳处等。

《日下旧闻考》点出的建筑和山石之位置在样式房图档中大多可找到(图2-8-E-1),不过这张图并非始建图,内湖东侧的建筑被压盖,例如前述之"内为朗润斋三楹,其东为湛景楼,又东为菱香溆"。其中的湛景楼属于被压盖者,另外,在图的下层依稀可见的还有"别有天""云霞思"。乾隆十八年(1753年),曾有茜园八景的御制诗,包括有朗润斋、湛景楼、菱香

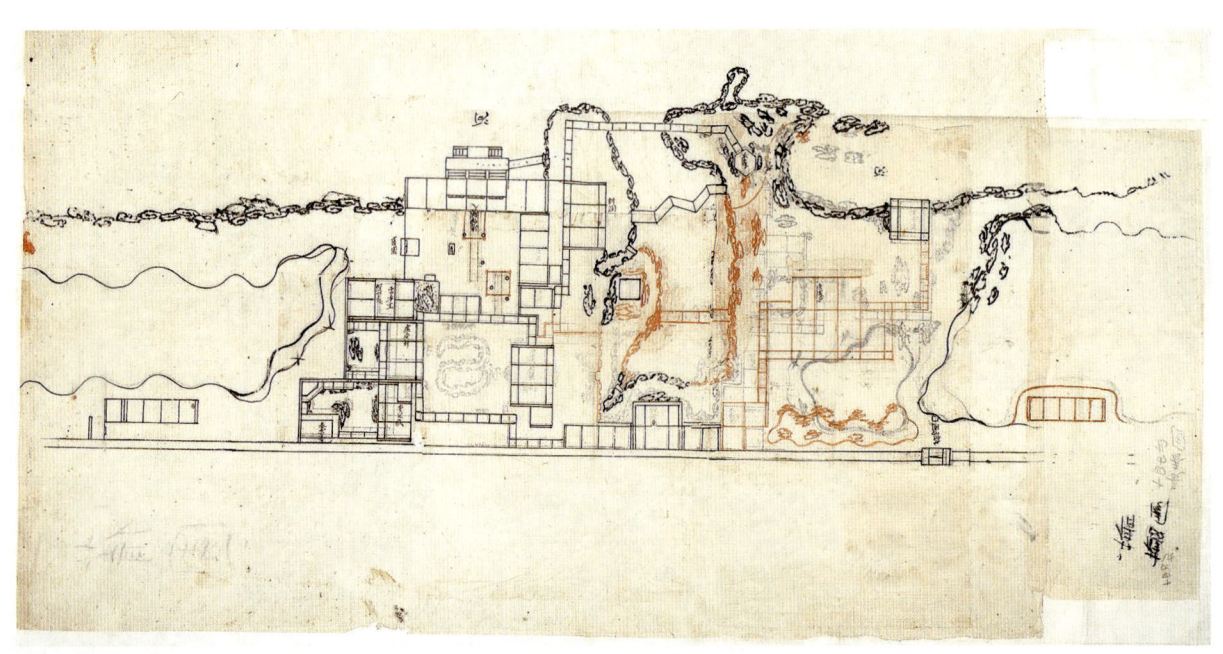

茜园平面(图2-8-E-1)

沜、青莲朵、别有天、韵天琴、标胜亭、委宛藏等，证明了在乾隆年间这些建筑的存在状况。图中所标"清晖娱人"及其东侧建筑，则非茜园初期所建，图中红线所绘五开间带北抱厦的建筑，推测为嘉庆帝写的御制诗《碧静堂》。"山庄颜堂对碧崖，御园题额面碧水。"[352] 这首诗为咏此堂最早一篇，写于嘉庆十三年（1808年），其建造年代当不晚于此年。嘉庆十四年（1809年）有诗说明他建此堂的意义：

碧沼含漪晃远浮，波光淡荡映堂深。
塞山额室探全体，御苑颜楣印寸心。
（碧静之名，堂也，仿于避暑山庄。而山庄据山，兹则临水。碧，其色，则无不同。夫山以静为体，水以动为用。故仁知，殊其乐焉。然则兹之名……我又将视为鉴视。为民，不敢溢此心也。则以碧静名临水之堂，其谁曰不宜。）
即境拈吟物外得，体仁用知性中寻。
理繁以静斯通彻，勿作聪明自照临。[353]

这个建筑的使用功能从"石径玲珑接回廊，碧溪一带绕书堂"[354] 一句可知，其为"书堂"。图中的清晖娱人及其东厢建筑应于碧静堂之先所建。此图的底样并非始建时的面貌。

茜园作为长春园中的小园，北临大湖，南临围墙，地段狭长，用地条件并不理想。设计者将东西分成三段处理，在中段将外部的湖水引入，做成一个内湖，周围布置着朗润斋、标胜亭、此中大有佳处、饶野意、太虚室、云霞思、别有天、韵天亭等，并有曲桥横跨小池，通过理水取得丰富的景观。如朗润斋前具有"银塘横半亩，万顷烟波意"，[355] 湖东北侧处在假山包围中的小亭，当有水至山隙，便可见到"石激出淙乳，俨中宫商音"[356] 的小景，故定名为韵天琴。在内湖西侧还有高居山顶的标胜亭，可以登高望远，则另是一番景色。当年，还有湛景楼，"楼临内外湖，地高望斯远"。[357] 应为中部内湖周围的标志性建筑之一。可惜这座楼已经被改建，图上找不到了。

核心区东侧，以叠石一类的自然景观为主，但在北侧安排着菱香沜，作为景区的结束。在这里曾使乾隆帝联想起江南景色：

风前度弥静，雨后香益清。
仿佛吴兴岸，菱歌唱晚晴。[358]

此景西侧，除了观赏从杭州德寿宫运来的太湖石青莲朵[359]之外，并安排了几个串联着的小院，展现了"境以曲折幽"[360]的空间情趣。

初建时期，此园体现出"尺宅寸田"的江南宅园特点。每幢建筑体量不大，布局紧凑，彼此间错落变化。嘉庆十三年（1808年）的改建，弱化了这种风格。五开间带抱厦的碧静堂成为这座院子的主角，其东侧仅以曲廊折向东北的菱香沜，缺乏能与这五开间大殿匹配的陪衬型建筑。在堂西增加的平桥与曲桥重复，破坏了内湖的艺术魅力。不过，从总体来看，其所具有的江南园林风貌尚能留存（图2-8-E-2）。

茜园全景复原图（图2-8-E-2）

9. 言志陈情

古人常常借诗言志，园林可称为立体的诗，将诗情画意写入其中，皇家园林中这种造园手法颇为常见，圆明园中尤为突出（图2-9-1）。

言志景观建筑位置图（图2-9-1）

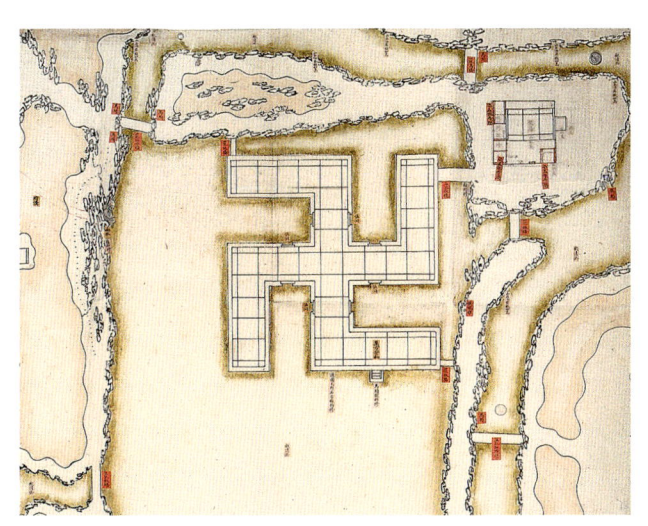

万方安和平面（图2-9-A-1）

☉ A. 万方安和

万方安和景区位于九洲区以西，即后湖周围九岛的西部，处在一独立的水池中。建筑平面形如万字，建于雍正年间（图2-9-A-1），曾为雍正帝"于御园寝兴之所"[361]。这座造型特殊的建筑，一方面反映着帝王的审美理想，希望自己统治之下的国家各方安宁，天下太平，因而采取了"万"字形；另一方面，在这栋建筑中，所看到的景色变幻多样，乾隆帝说："夫室一区耳，为景不可胜计……"在乾隆二十九年（1764年），他写下了《万方安和九咏》，[362]诗序中提到："圆明园西首于湖上筑室作卍字形，万方安和其总名也……回廊面面各标胜概，曲折向背輒复不同，就四言标榜者得景凡九，皆我皇考御笔也，其二三言者尚不在此数……"

对于雍正帝所书四言之匾的位置在《日下旧闻考》中有过粗略的记载："万方安和……南面正室额也。东西内宇曰对溪山，曰佳气迎人。卍字中宇曰四方宁静，西面曰观妙音，曰枕流漱石，曰洞天深处。东面曰安然，曰一炉香，曰碧溪一带，曰山水清音。北面曰涤尘心，曰神洲三岛，曰高山流水。"[363] 这些匾额实际是对这座建筑所得景观的解读。不过，其中最有趣味的还在于其室内小戏台的处理。

为了便于认知万方安和的特点，首先需要把这座万字形建筑各个部分的名称作一界定，可分成如下几个部分来描述（图2-9-A-2）：

1. 东南侧朝南的五开间带回廊部分，称"东南正宇"，为A区。

2. 东北侧朝东的五开间带回廊部分，为B区。

3. 西南侧朝西的五开间带回廊部分，为C区。

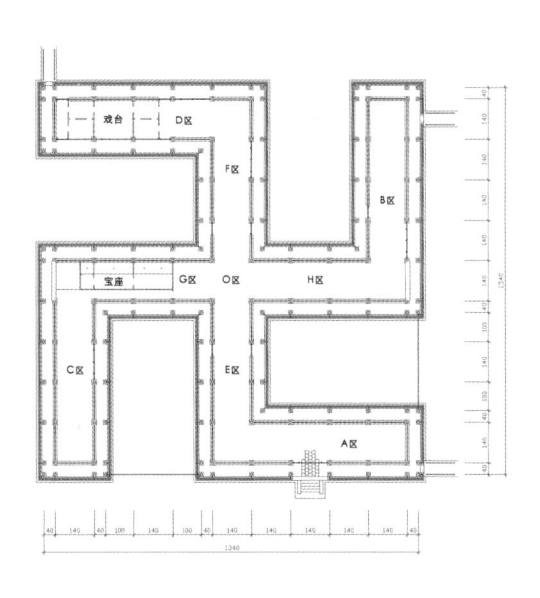

4. 西北侧朝北的五开间带回廊部分，为D区。

5. 自A至O的三开间前后廊部分，为E区。

6. 自D至O的三开间前后廊部分，为F区。

7. 自C至O的三开间前后廊部分，为G区。

8. 自B至O的三开间前后廊部分，为H区。

9. 卍字中部的空间称中宇，为O区。

对照乾隆帝在御制诗中的描述和样式房所绘平面图，可知一些匾的位置：

在中国传统建筑中，挂匾的位置大多在门的上部。根据文献分析，万方安和在室外挂了四块匾：

第一块匾"万方安和"，"是额悬于卍字东南方，为向阳正室，即以此统名之"。从《圆明园四十景》图上可以看到，在"卍"字形屋顶覆盖下的南向五开间带回廊的歇山顶建筑（图2-9-A-3），即所谓"向阳正室"，A区当心间即悬挂万方安和之匾。

第二块匾"碧溪一带"是挂在万方安和B区的次间，朝东一面的外檐隔扇门上。

万方安和平面示意图（图2-9-A-2）

万方安和（图2-9-A-3）

在《圆明园四十景》图上可以见到，这条伴随南北向长堤的长溪，长堤上并有一座小石桥，与御制诗中的景观吻合："东向俯长溪，溪烟入牖低。"这间建筑的室内设有宝座和八字围屏，恰好适于在此赏景。

第三块匾"神洲三岛"挂在 F 区朝东一面自北第二间外檐。这一间室内有二层，称之为仙楼，与乾隆帝诗所记吻合。即"室中亦有楼，仙榜揭神洲。云自栋梁写，风从窗户流"。

第四块匾"观妙音"似应挂在 C 区朝西的一面，其面对有溪流瀑布[364]的山水环境，可以临窗观赏，在一张样式房遗存的平面图中也曾绘出瀑布的符号。

另外的五块匾都是挂在室内的，根据样式房所存的一张较晚的平面图，可进一步探知建筑内部挂匾的位置与装修和家具布置状况。其中在"中宇"（即 O 区）明确记载挂有"四方宁静"，推测是挂在中宇的北侧的门罩类木装修上，其他几块可能会挂在室内的几处门扇上。

现存的万字房遗址已经发掘，可以露出房屋基座的原有面貌，不过表面石材残缺不全，最近做了简单整修（图 2-9-A-4）。

⊙ **B. 坦坦荡荡**

坦坦荡荡位于圆明园后湖西岸，为后湖周围的九岛之一。岛上有一个很大的鱼池，池的南部有素心堂、半亩园、澹怀堂，三者一字排开。鱼池中部建有一座厅堂光风霁月，这座厅堂东、西、北三面各有一条甬道跨在池上，随之将水池划分成三个部分，西北部水池中建有四方亭。水池东南有知鱼亭、萃景斋，西南有双佳斋。此景据称是仿自杭州"玉泉鱼跃"（图 2-9-B-1、2）。

整个建筑群布局疏朗，个体建筑主次分明。乾隆帝园居期间经常来此喂鱼。在起居注中可以看到，有时一段时间，他几乎每日清晨必来，以观鱼为乐，陶冶情操。从乾隆九年（1744 年）所写的"坦坦荡荡"诗及序中更可了解其内心世界：

万方安和遗址（图 2-9-A-4）

(凿池为鱼乐国。池周舍下,锦鳞数千头,喁喁拨剌于荇风藻雨间,回环泳游,悠然自得,诗云众维鱼矣,我知鱼乐,我蒿目乎斯民!)

凿池观鱼乐,坦坦复荡荡。
泳游同一适,奚必江湖想?[365]
却笑蒙庄痴,尔我辨是非。
有问如何答,鱼乐鱼自知。

这首诗以金鱼在池中悠游的状态,比喻自己不但知鱼之乐,而且举目望庶民,时刻想到百姓。诗中的"蒙庄"即指庄子,其为战国时代楚国蒙人,故称"蒙庄"。诗的这几句指的是《庄子·秋水》篇中所记与惠子辩论知不知鱼乐的典故。

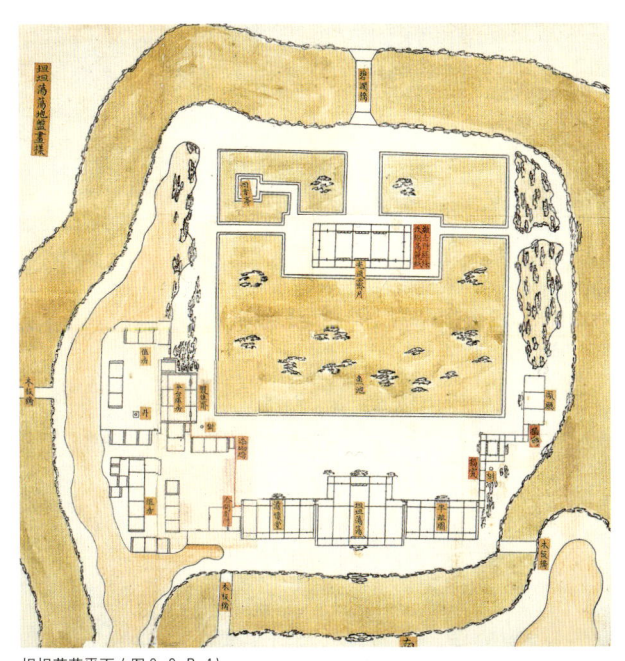

坦坦荡荡平面(图2-9-B-1)

"坦坦"一语出自《周易》中的"履道坦坦,幽人真吉";"荡荡"一语出自《书经》中的"无偏无党,王道荡荡"。故而,乾隆帝用以标榜自己统治的清白坦荡,标榜理政治世要"无一毫人欲之私"。[366]

这个景区中的正宇素心堂为一座五开间带前廊悬山顶建筑,朝鱼池的一面伸出三间歇山顶后抱厦,两侧的半亩园及澹怀堂也是五开间的建筑,只是尺度稍小(图2-9-B-3)。从半亩园及澹怀堂东西两侧各向北伸出曲尺形廊子,东部的串联着攒尖顶的知鱼亭和歇山顶的翠景斋,西部的串联着平顶的双佳斋。素心堂是陈放图书的厅堂,乾隆帝有诗称:

古屋园中咫尺近,一年堂上几回临。
乍欣此日观佳景,都为宜时需好霖。
香喷缥缃插架润,响调琴瑟挂檐斟。
在兹试问相应句,只有祈农是素心。[367]

意思是,祈求农业的好收成是他常年所追求的,否则说关心百姓完全是空

坦坦荡荡（图 2-9-B-2）

谈。随时不忘祈农，也就是不忘庶民。乾隆称帝60岁之际，曾再次表明这种"素心"，有诗称：

溪堂号素心，素心见于何。
敬天凛明旦，祈年祝时和。
爱民仅向隅，勤政励无颇。
斯为四大端，恒虞有错讹。
宵旰之弗遑，徒斯景物罗。
五十年光阴，阶前逝水过。[368]

实际上，他随时都在宣示自己的素心：

春初值几暇，流览憩溪堂。
悦目迟花柳，怡情足缥缃。
昔今漫介意，景物正含阳。
设以素心论，爱民斯不忘。[369]

鱼池中央的光风霁月在整个景区中地位最高，虽然仅有五开间带周围廊，但采用了歇山卷棚顶，表明是皇帝在此观看鱼

自北侧庭院回望素心堂（图 2-9-B-3）

儿游弋的最佳场所(图2-9-B-4)。

坦坦荡荡现仍保存着鱼池和建筑遗迹多处，经考古发掘已能窥测当年之一斑。池以巨大的花岗石砌筑，池中设有假山、有的假山下带水井，假山可供鱼儿嬉戏。水井又称鱼甃（zhòu），可供鱼儿躲避寒暑(图2-9-B-5)。

⊙ C. 廓然大公

廓然大公位于福海西北角，是一处小园林。该园四周有山，中部为水池，建筑

坦坦荡荡修复后的金鱼池和假山（图2-9-B-5)

光风霁月（图2-9-B-4）

物环绕水池四周布置，对照《圆明园四十景》图、样式房图和清末的一件烫样可窥见当时园中建筑之概貌（图2-9-C-1,2）。《日下旧闻考》载："平湖秋月之西为廓然大公，正宇七楹，前为双鹤斋，西北为规月桥，东北为绮吟堂，又北为采芝径，又北径岩洞而西为峭蒨居，北垣门外有楼，为天真可佳，峭蒨居西为披云径，又西亭为启秀，又西稍南为韵石淙，西北平台临池为芰荷深处，垣外为影山楼，双鹤斋西为环秀山房，西北为临湖楼。"[370] 这段记载与乾隆九年（1744年）《圆明园四十景》图中所绘的建筑小有不同，与咸丰年间的样式房图也不同，反映出其经历着改动的状况。现依照样式房图做一介绍。

此园主要殿宇名廓然大公，置于水池南侧，作七开间前后廊悬山顶，北侧中部三间为一歇山顶抱厦，突出于池中。殿两侧作游廊，向南接五开间南向的双鹤斋，为一座双卷勾连搭的悬山顶建筑。自廓然大公向东伸出曲廊，廊间有临河画、绮吟堂，廊子北转随着山势做成爬山廊，最后到达山顶的攒尖顶小亭采芝径。自采芝径沿着山脊北行到达丹梯亭，再西行，可达

廓然大公烫样（图2-9-C-2）

规月桥（图2-9-C-3）

廓然大公（图 2-9-C-1）

六角形的启秀亭。水池北侧，假山之前，有峭茜居，为一座三开间带周围廊的歇山顶小榭，并在东山墙处出抱厦。峭茜居的西北有妙达轩。

水池西北有二层的影山楼，水池西侧，较大的是静嘉轩，三开间带周围廊，东出月台，西出一间的门罩。临池的还有湛存斋，仅为一座三开间悬山顶的小斋。池西南布置着曲尺形廊子，联系着湛存斋与廓然大公。廊子的转折处有一廊桥跨溪，名规月桥（图2-9-C-3）。此外，双鹤斋之南还有鸽棚一座。

在乾隆帝笔下，这里是："平冈回合，山禽渚鸟远近相呼，后凿曲池，有蒲菡苕。长夏高启北窗，水香拂拂，真足开豁襟颜。"于是赋诗曰：

> 有山不让土，故得高巍巍。
> 有河不择流，故得宽弥弥。
> 是之谓大公，而我以名此。
> 偶值清晏间，凭眺诚乐只。
> 识得圣人心，闻诸程夫子。[371]

此诗典出自李斯《谏逐客书》："太山不让土壤故能成其大，河海不择细流故能就其深，王者不却众庶，故能明其德……此五帝三王之所以无敌。"[372] 诗里的"程夫子"指理学家程颢，他曾著文称："夫天地之常以其心普万物而无心，圣人之常以其情顺万事而无情，故君子之学莫若廓然而大公，物来而顺应。"[373]

廓然大公所在的环境是平岗回合，池中生长着菖蒲、荷花、山禽、渚鸟，在山边水旁共生同游，各适其性、各得其所；乾隆帝由此想到山河的宽让大度，公平无私，万物由此适性成长，体悟到圣人之心即当如此。

乾隆帝早在皇子时期就曾写过《宽则得众论》："泰山不让土壤，故能成其大；河海不择细流，故能就其深；王者不却众庶，故能明其德。何则宽以容之故也。诚能宽以待物，包荒纳垢，宥人细故成己大德。则人亦感其恩。而心悦诚服矣。"[374] 深知宽则得众的道理。只有做到廓然大公，才能使世人心悦而诚服。在他即位后，标榜的便是廓然而大公，于是也便以此来命名御园中的景点。不仅在圆明园，乾隆帝在题写玉泉山静明园的十六景中，也有廓然大公一景,并说:"听政之所,虚明洞彻,境与心会。"乾隆帝正是按照程颢的论述来磨砺君王心志的。

乾隆帝对廓然大公一景非常欣赏,经常在听政之余,从勤政亲贤乘船前往,并多次题写了吟咏八景,即廓然大公、绮吟堂、峭蒨居、披云径、韵石淙、影山楼、澹存斋、启秀亭的诗句。现选择数首可供追忆当年景色。

双鹤斋[375]

前接陌柳,后临平湖。轩堂翼然,虚明洞彻。皇考御书题额,时有卿云护之。廓然大公,匾即在后室;一泓涵碧,颇有物来顺应之趣。

深柳偏宜羽客嬉,会心恰当读书时。

(是处昔又名深柳读书堂。)

在阴能和宁吾谓,好爵还思与尔縻。

绮吟堂[376]

机政之余,拈吟适兴,每遇佳景不觉,绮思浚发。

逢源左右足深资,适兴无非把笔时。

设使古人癖诚有,吟之一字我何辞。

峭蒨居[377]

西山怪石如湖石,堆作假山峭蒨深。

曲径偶然循屧步,田盘一例坐云林。

(盘山有云林石室,叠石为假山与此颇相肖。)

韵石淙[378]

曲涧奔泉,琤琮作金石声,韵出天然是谓云山韶濩(huò)。

逆水摐(chuāng)摐下石矶,八音繁会太音稀。

辋川漫拟王家画,虞陛高怀舜手挥。

韵石淙[379]

石上流泉因有韵,可欣此韵是天然。

韵石淙是将泉水引到叠石当中,水流的声音又如音乐一般,令人赏心悦目。这种造园手法在皇家园林中不止一处,例如颐和园的谐趣园中就有"八音涧"一景。

披云径[380]

奇石含岈回,互径出其中。烟云往来披拂襟袖。

绿云丛翠径紫纤，面面深奇步步殊。
倩得仇英写生笔，定须为作采芝图。

仇英为明代画家，披云径的景色可与仇英笔下的景物媲美。

启秀亭 [381]

山巅笠亭，孤标秀出，左顾飞瀑，右挹云林，尽得此间胜概。

诡石苍松扶翼然，氤氲朝暮幻云烟。
林光泉韵无非秀，都付山亭秀占全。

影山楼 [382]

面东为楼，杜陵句曰："半陂以南纯浸山，动影窈窕冲融间。"斯楼有焉。

因迥为高结构清，层楼因得影山名。
窗中峰作波中态，上下明漪最有情。

规月桥 [383]

枕岸看如上下弦，影波原见一轮圆。
是为规月是真月，照彻三千与大千。

规月桥本是一座廊桥，而且与廊子连成一体，在圆明园的一百多座桥中，这是

自北南望廓然大公殿（图2-9-C-4）

少有的。其桥洞成半圆形，与水中倒影构成了一个整圆，故而名"规月"。

澹存斋[384]

书室俯澄瀛，澹存因得名。
天光含上下，月影印亏盈。
坐处心同澈，披来志以明。
南华何用展，秋水面前呈。

廓然大公水池假山至今犹在，只不过建筑已经全部被毁。廓然大公殿的北侧基址考古学家已经找到，其他建筑基址期待能进一步发掘。现在，我们只能借助数字化方式还其原貌了 (图 2-9-C-4)。

⊙ D. 澡身浴德

据《日下旧闻考》载"澡身浴德在福海西南隅，即澄虚榭，正宇三楹，东向。南为含清晖，北为涵妙识。折而西向为静香馆，又西为解愠书屋，西南为旷然阁。

澡身浴德为《圆明园四十景》之一 (图 2-9-D-1)，这一景区建筑不多，有几组建筑皆沿着福海西岸布列。从后期样式房图纸中可见澡身浴德包括澄虚榭、延真院、深柳读书堂、望瀛洲等建筑群组列入此景区之中 (图 2-9-D-2)。

乾隆帝《澡身浴德》诗称：

福海西壖，平漪镜净，黛蓄膏停，竹屿芦汀，极望弥弥，浴凫飞鹭，游泳翔集。王司州云：非惟使人情开涤，亦觉日月清朗。

芩香含石髓，秋水长天色。
不竭亦不盈，是惟君子德。
我来俯空明，镜已默相识。
鱼跃与鸢飞，如如安乐国。[385]

这里曾经为观景、读书场所。如赏月，在乾隆二十四年曾写有一首《澡身浴德待月作》：

朗榭临碧湖，潆洄不计里。
因居岸之西，待月恒于此。
罗落迤东林，掩暎金盘子。
须臾升其杪，翻影漾湖水。
天水月胥虚，谁与分别是。
三闲独无言，了然洞妙理。[386]

澡身浴德（图 2-9-D-1）

到了乾隆四十三年皇太后去世以后，这里改为观看龙舟赛的地方，据乾隆四十六年乾隆帝所写《端阳日作》一诗称：

> 夜雨晓晴景气新（昨夜微雨），龙舟齐待苑湖滨。难教例事一朝罢，耐可行时四载循（未度端阳节者兹四年矣）。绿艾红榴争美节，劳资赏格乐诸人。望瀛洲（亭子名向年坐以观竞渡处）不堪东望（东即蓬岛瑶台奉圣母观竞渡处），回忆承欢越怆神。[387]

望瀛洲只是一座方亭，在深柳读书堂东端，这组建筑早在圆明园建园初期，即胤禛时期，已经作为园中一景。

嘉庆帝曾有咏《澄虚榭》（图2-9-D-3）诗，对景名含义有所诠释：

> 秋水苍茫浸太虚，蒲汀深处雁来徐。千重浪叠西风紧，一色波含明镜舒。云敛遥空现峦岫，烟收极浦剩芙蕖。静观元华勤修省，木叶萧萧积玉除。[388]

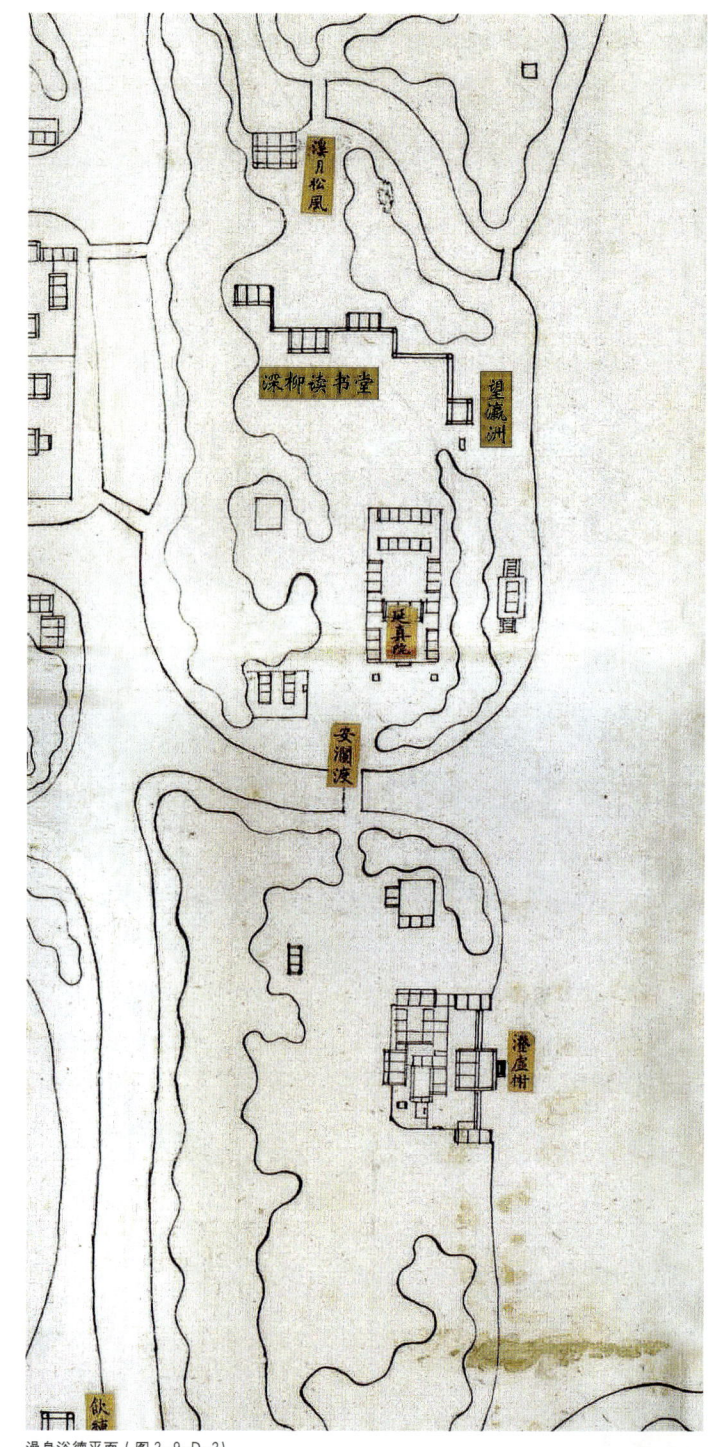

澡身浴德平面（图2-9-D-2）

澄虚榭复原图（图 2-9-D-3）

这一景的景名寓意据康熙帝称"夫君子澡身浴德，如沃盥以去垢，朕于此窃附汤盘之警，期与天下日新，而所以膏泽吾民以及蒙古诸部落，使咸寿考康宁者，则不能无望于佛之庇佑焉。"[389]

乾隆帝后来也写过此意之诗，见于乾隆二十五年所写的北京北海《漪澜堂小憩》：

潆沆澄虚若镜空，赢他镜者漾微风。
有情鱼跃鸢飞共，无定游丝灯影同。
琼岛阴含五云表，液池秋满一窗中，
澡身浴德时披对，学海因之溯莫穷。[390]

10. 观山赏水

圆明园地处北京西北郊，西部为太行山之余脉。在这里，金元以来皇家、私家、寺观皆有园林修建，其山水环境受到历代造园者的青睐。自圆明园西望景色尤胜，香山、玉泉山之景皆被纳入御园（图 2-10-1）。

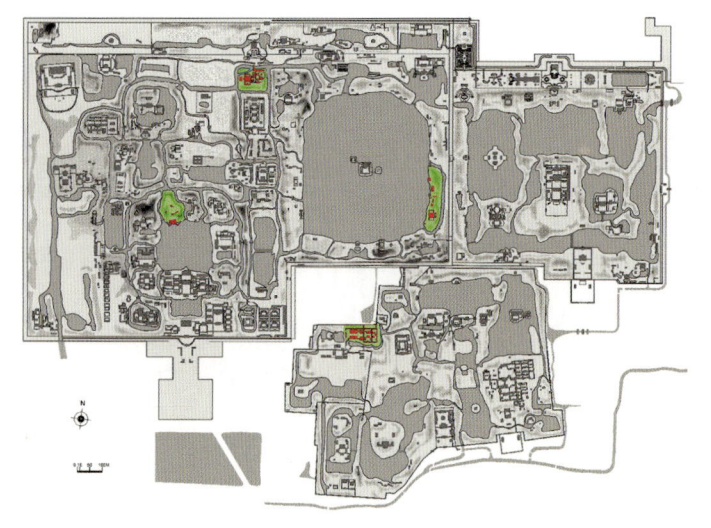

观赏景观建筑位置图（图 2-10-1）

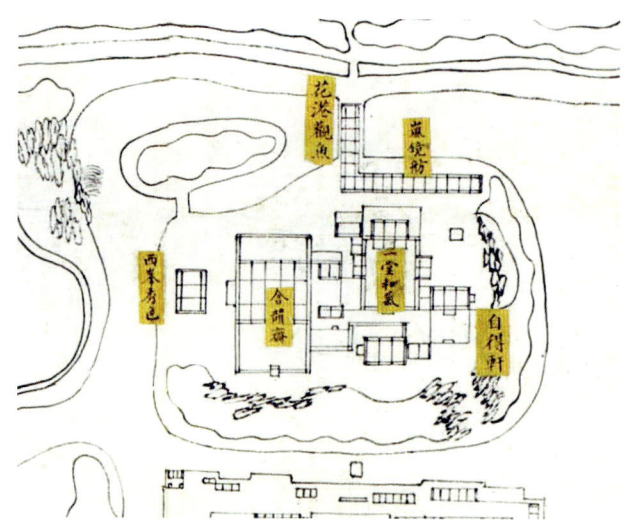

西峰秀色总平面（图 2-10-A-2）

⊙ A. 西峰秀色

西峰秀色建于雍正六年（1728 年），位于圆明园北部，舍卫城以北，廊然大公西北的一个小岛上，是一组规模较大的园林建筑。四周溪流回环，东南两侧各有一带小丘包围，只有西部开敞（图 2-10-A-1、2），以欣赏西部自然秀丽风景，故名西峰秀色（图 2-10-A-3）。

这个景点的建筑主要有两组，西侧的一组设有主殿含韵斋（图 2-10-A-4），面宽五开间，进深三间，带周围廊，前后另设有回廊，围成两个小院落。主殿采用三卷勾连搭式屋顶，颇为壮观。其西部有一座独立的临河敞厅即名西峰秀色，溪流以西，山谷之间还有两座小建筑，小匡庐和龙王庙。东侧的一组主殿为一堂和气（图 2-10-A-5），系三开间前出抱厦的小殿，殿前并有两开间的东西厢房，回廊将三者串联起来于南侧的垂花门结束。含韵斋与一堂和气两者之间还有几座小殿，轩、亭自由穿插其间，东南角的一座建筑为自得轩，北部近后垣者为岚镜舫，其西为花港观鱼。景点各个建筑间并配以花架、药栏、木篱等。另外，该景含韵斋前置有玉

西峰秀色（图2-10-A-1）

西峰秀色远山近田（图 2-10-A-3）

兰十余棵，西峰秀色河西松峦翠密，更有紫藤、女萝、桃李、杨柳栽植其间，景观异常丰富。乾隆帝称：这里是"轩楹洞达，面临翠巘（yǎn），西山爽气在我襟袖，……含韵斋周植玉兰十余本，方春花气袭人，宛入众香国里"。他还说："是地轩爽明敞，户对西山，皇考最爱居此。"[391] 并写下了吟咏这处景点的诗句：

埯地高轩架木为，朱明飒爽如秋时。
不雕不斫太古意，讵惟其丽惟其宜。

西窗正对西山启，遥接峣峰等尺咫。
霜辰红叶诗思杜，雨夕绿螺画看米。
亦有童童盘盖松，重基特立孰与同？
三冬百卉凋零尽，依然郁翠惟此翁。
山腰兰若云遮半，一声清磬风吹断。
疑有苾刍（chú）单上参，不如诗客窗中玩。
结构既久苍苔老，花棚药畦相萦抱。
凭栏送目无不佳，趺榻怡神良复好。
春朝秋夜值几余，把卷时还读我书。
斋外水田凡数顷，较晴量雨谙农夫。

清词丽句个中得，消几丁丁玉壶刻。
但忆趋庭十载前，徊徨无语予心恻。[392]

这里的建筑本身比较朴素，但其可以借西山之景，故有"西峰秀色"之名，既可欣赏那近在咫尺的峣峰、西山的霜辰红叶，还可欣赏那有如米芾所绘之画——"雨夕绿螺"。放眼远望，可见到被云雾遮掩的半山腰寺院，还可以听到那一声声的梵音。近处有水田数顷，真是凭栏送目无不佳！然而，更令人欣赏的是这组建筑群布局之匠心：殿宇主次安排之得体，建筑群中既有大空间建筑含韵斋，又有中型空间的一堂和气，还有自得轩一类的小型建筑。既有敞厅西峰秀色，又有亭、轩多座，为举行各种活动提供了有利的条件。西峰秀色经常举行的是七夕乞巧筵。

七夕是一种古老的民俗活动，据民间传说，牛郎织女于农历七月初七夜在天河相会，最早见于汉代文献。后发展成妇女穿针乞巧，祈祷福寿的活动。

宋吴自牧撰《梦粱录》卷四载："七月七日谓之七夕节，其日晚晡时，倾城儿童女子，不问贫富，皆着新衣；富贵之家于高楼危榭，安排筵会，以赏节序。又于广庭中设香案及酒果，遂令女郎望月瞻斗列

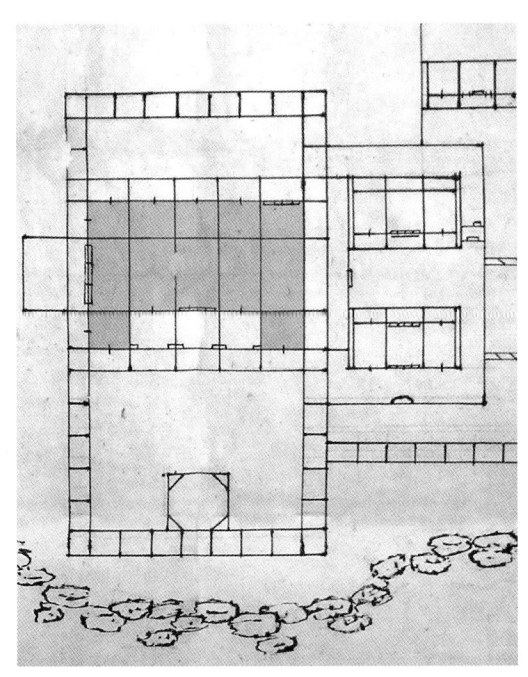

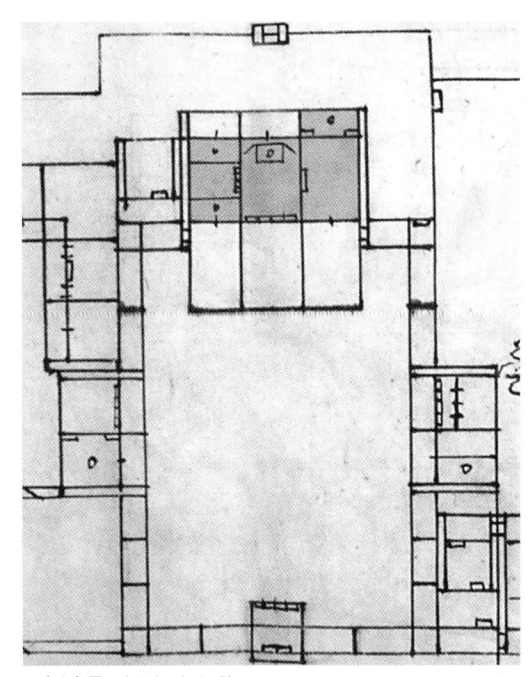

含韵斋平面（图2-10-A-4）

一堂和气平面（图2-10-A-5）

拜。"宋周密撰《武林旧事》卷三载："立秋日都人戴楸叶，饮秋水、赤小豆，七夕节物多尚果、食茜鸡……妇人女子至夜对月穿针……饮酒为乐，谓之乞巧。"

这种活动，宋代已经开始在宫廷中举行；到了清代，御园中也有此项活动。乾隆帝在做皇子时就曾写有《七夕篇》，记载了七夕的故事：[393]

白月皎皎欲上弦，西风送爽侵帷筵。
秋声秋色相婉娈，抚景策杖庭梧前。
迢遥碧落横银汉，此夕双星得相见。
脉脉盈盈一水间，经年话别情何限。
桂宫云帐罢龙梭，羽盖初严欲渡河。
天下人间两无异，惟有今宵秋思多。
秋思绵绵亘今古，离愁渺渺迷处所。
可怜罗幔暗惊秋，不比寻常乞巧楼。
谁家砧杵伤独宿，何处边筯泪欲流。
边筯砧杵断复续，恨比蛛丝萦万曲。
仙人掌上露华寒，曝衣楼畔金飔肃。
天鸡唱曙各东西，榆影茫茫路更迷。
可知此夕双星会，便是当年古别离。

乾隆二十年也曾写过《七夕》诗[394]：

西峰秀色霭宵烟，又试新秋乞巧筵。
今古女牛几曾别，往来乌鹊为谁填。
山围河洛思榆塞，盒钿丝蛛异昨年。
（去岁自山庄启跸行围七夕已至塞上矣。）
儿女子情我何有，一因耕织祝心虔。

但七夕乞巧筵不是每年都有，如乾隆二十一年（1756年）的七夕这天，[395]乾隆帝头从九洲清晏后码头乘船，至西峰秀色"供前拈香"。此后在此进早膳，然后回勤政殿办公。晚上，并未进行乞巧筵，只是在同乐园进晚膳。

可见，乞巧筵并非年年举行，但仍要拈香乞福。

⊙ B. 接秀山房

接秀山房位于福海东岸，建于雍正年间，是一处沿福海湖东岸成南北向展开的建筑群。景区面临着宽广的水面，从景区西望，远山与其倒影皆可映入眼帘。乾隆九年（1744年）曾题写了如下的诗序和诗：

接秀山房（图2-10-B-1）

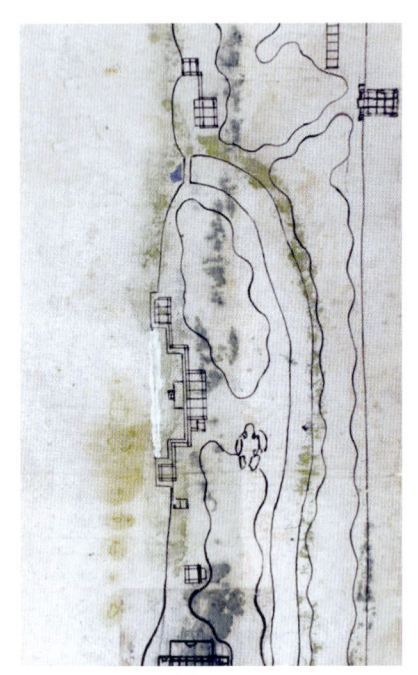

接秀山房平面（图 2-10-B-2）

平冈萦回，碧沚停蓄，虚馆闲闲，境独夷旷。隔岸数峰逞秀，朝岚霏青，返照添紫，气象万千，真目不给赏、情不周玩也！

烟霞供润沺，朝暮看遣兴。
户接西山秀，窗临北渚澄。
琴书吾所好，松竹古之朋。
仿佛云林衲，携筇（qiáng）共我登。[396]

对照《圆明园四十景》图和样式房平面图来看（图 2-10-B-1、2），其中的接秀山房本身为一座五开间带前后廊的悬山顶建筑，两梢间带有山墙。南侧的揽翠亭为一

接秀山房南端的揽翠亭复原图（图 2-10-B-3）

座方亭（图2-10-B-3），与接秀山房有曲廊相接。这两栋建筑有雍正题写的匾额，年代最早。接秀山房之北又向北伸出一条曲廊与澄练楼相接。《圆明园四十景》图所表现的状况为景点早期的样子。这组建筑由于所处地段限制，只能采用长条形布局，但建筑匠师仍寻求错落变化，在个体建筑方面选择有楼，有房，有亭，有廊。彼此前后穿插，巧妙组合。

这组建筑群在《日下旧闻考》中曾有记载："正宇三楹西向，后稍东为琴趣轩，其北方楼为寻云，东南为澄练楼；楼后为怡然书屋，寻云楼稍东佛室为安隐幢，接秀山房之南为揽翠亭。"[397] 但与《圆明园四十景》图所绘景观相左，在乾隆九年（1744年）以后曾有过添建或改建，其中的琴趣轩、澄练楼、怡然书屋等在乾隆二十八年（1763年）以后出现在乾隆帝的诗作中。

这个景区成为园中欣赏西部风景的另一处好地方。无论是近处的"平冈萦回，碧沚停蓄，虚馆闲闲，境独夷旷"（图2-10-B-4），还是远处的"雨足诸凡好，西山送秀来，爽真在襟袖，润直到根荄"（图

接秀山房遗址（图2-10-B-4）

从接秀山房远望西山（图2-10-B-5）

2–10–B–5），[398] 都使乾隆帝感到"真目不给赏、情不周玩也"。他有时会从"湖上乘舟至，登楼更望湖。一层高位置，万象顿形殊……今朝宜有喜，喜在稻苗腴"[399]。"乘舟偶至临湖楼，不爱舟中爱楼上。于楼为静舟为动，一例澄湖披荡漾。"[400] 有时也会在琴趣轩欣赏流泉滴水的声音："无弦亦不壁间悬，琴趣居然在目前。"[401] 但作为一代君王，即使来到绝好的观景点，也不能不忧虑国家大事。所以，在这里的书屋他写下了这样的诗篇：

架是琳琅笥，床非玳瑁筵。
识名探义府，玩象汲神渊。
少暇惭萤纸，多愁忆麦田。
甘膏渥盈尺，今日始怡然。[402]

书屋额怡然，怡然义足研。
雨旸总时若，民物各安全。
仓廪余三岁，兵戈靖九边。
是均非易致，多愧此名悬。[403]

⊙ C. 上下天光

上下天光景名来自范仲淹《岳阳楼记》中的名句"春和景明，波澜不惊，上下天光，一碧万顷"。由于这一景属圆明园后湖九洲岛之一，其所临后湖虽与洞庭湖无法相比，但却可以激发人们的联想。该景区，"临湖有楼，上下各三楹……左右各有六方亭，后为平安院"[404]。从《圆明园四十景》图中可见其全貌（图2–10–C–1）。乾隆帝在诗序中写道："垂虹驾湖，蜿蜒百尺，修栏夹翼，中为广亭，縠纹倒影，滉漾楣槛间，凌空俯瞰，一碧万顷，不啻胸吞云梦。"紧接着有诗称：

上下天水一色，水天上下相连。
河伯夙朝玉阙，浑忘望若昔年。[405]

乾隆帝的诗序写出了上下天光楼所呈现的美景，令其想起水天一色，上下相连的广阔空间。在九洲区临湖的房屋，基本为一层，这座上下天光楼格外凸显，虽说"上下各三楹"，实际还带有周围廊，挑出的阳台，体量绝非一般的三间小楼，尤其在首层，前部还有突出湖面的平台，台上布置着若干盆景，非同一般。

初建时楼的左右两侧有深入湖中的

上下天光（图 2-10-C-1）

曲桥和亭子,四十景图中所绘左侧为九曲桥。桥中部有一座小三间的桥亭,右边为七曲桥,中间有六方亭。

据《日下旧闻考》载:"右六方亭额曰饮和及平安院额皆世宗御书",可知这个景区建于雍正年间,不过景区的景观有过较多的改建,最早是乾隆年间,在乾隆三十九年编辑的《日下旧闻考》称"上下天光……左六方亭额曰奇赏,皇上御书"。说明这时左侧亭子已经改成六方亭了（图2-10-C-2）。

在道光六年的样式房档案中有一张名为《涵月楼》的图样,[406] 把原有的建筑加以扩充,平面简图绘成三大间带前后廊的样子,三间各宽8.6米,室内进深7.68米,前后廊深1.28米。前出较大的月台,伸入后湖,这个月台东西宽将近28米,南北进深18.7米。但湖中的曲桥和桥亭皆已去掉,后部平安院的房屋也有所变化（图2-10-C-3）。

改建后的上下天光楼,从一座敞轩变成了带有门窗的大型楼宇,室外在三大间主要承重结构之间加了构造柱,表面形成九间的形式,室内分隔成大小不同的空间,大者如明间,格外宽敞,其他利用不同的装修形式分成多样而丰富、曲折、多变的空间,一堂堂栏杆罩、八方罩、碧纱

乾隆中期上下天光复原图（图2-10-C-2）

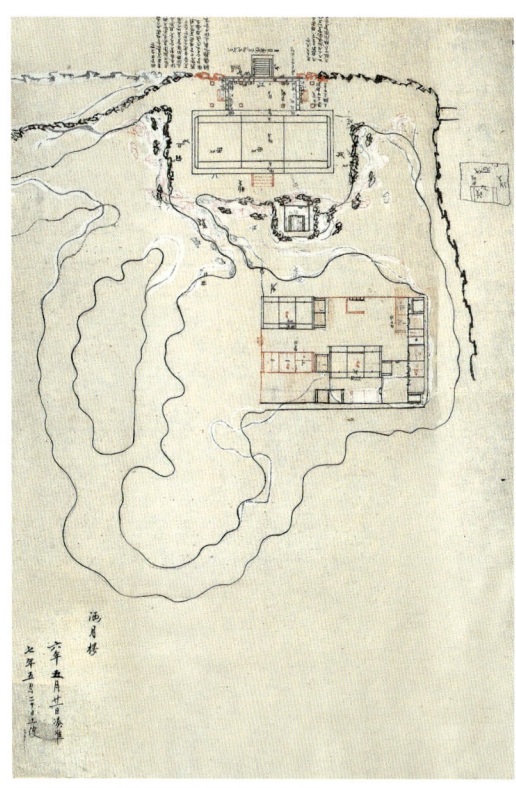

涵月楼总平面（道光改建）（图2-10-C-3）

橱，分别展示出空间的私密性与开敞性。在首层明间放置皇帝的宝座，空间透露出使用者的身份非同一般。两侧到了二层，明间空敞，适于设家宴，在西侧在栏杆罩之内设置了满族喜用的万字炕，可供亲属小坐攀谈（图2-10-C-4、5、6）。道光七年八月中秋节"帝于涵月楼侍皇太后赏月，设酒宴，升平署承应《霓裳献舞》《金定愈夫》两出戏。"[407]道光七年涵月楼刚刚建成不久，道光帝便写了《涵月楼对月即事》诗：

澄霁秋中碧落宽，波函明镜浸光寒。
烟开岸角千顷碧，风定湖心玉一盘。
偶凭高楼看月朗，换欣九曲庆澜安。
凯旋善后期长治，咨度筹边寸虑殚。[408]

八月初十还在"涵月楼酒宴承应，（演戏）行围德瑞"[409]。道光八年又写有《涵月楼即景》："高楼明暖喜春阳，一鉴澄清上下光。午阴迟迟度危槛，和暄景象正舒长。雨水节过暖不遥，山腰积雪全未消。园中花事如相约，转瞬杨枝埛小桥。"[410]这首诗描绘了御园的春景。可见道光帝不仅喜在此楼赏月，也喜在此赏景。

咸丰即位后，涵月楼在档案中仍称为上下天光，建筑无大变化，仅在咸丰十年二月的旨意档中称："上下天光天棚加进深，换柁板。"这个天棚何时所建？未说明。在样式房图样中找到一张天棚草图，[411]并据此绘成带有天棚的模型（图2-10-C-7）。

278

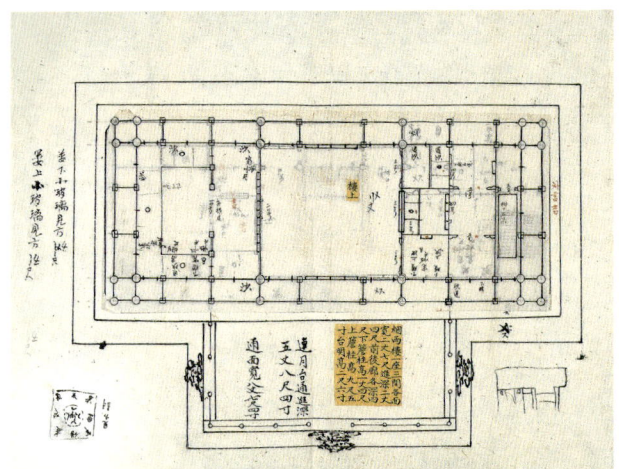

涵月楼楼上平面（图2-10-C-4）

涵月楼楼下平面（图2-10-C-5）

道光年间涵月楼复原图（图2-10-C-6）

咸丰年间的上下天光复原图（图 2-10-C-7）

⊙ D. 清夏斋

清夏斋一组园林本属乾隆帝十一子成亲王颙琰。乾隆年间，这个赐园名西爽村。嘉庆四年（1799年）和珅被诛，原和珅在西郊的淑春园改赐颙琰。嘉庆四年（1799年）三月，便将西爽村收归绮春园，并更名清夏斋。嘉庆帝于嘉庆十年（1805年）所题《绮春园三十景》诗中曾包含有"清夏斋""镜虹馆"。《题清夏斋》诗曰："书斋新创建，旧额凤麟洲。"可知，清夏斋开始在绮春园中是作为书斋的。

道光以后，这里成为太后、太妃们居住的寝宫。在国家图书馆藏样式房的图档中有一张有明确纪年的清夏斋图样，编号为"101-001-0-1"，即"道光二十九年十二月二十二日准尺寸样底"，表现为道光二十九年（1849年）主要殿宇改建平面图样，其中画着宝座床、高低床，以及普通的寝具，足以说明作为寝宫使用的功能

（图 2-10-D-1）。

但是，"101-001-0-1"是一张双层图，从图中涂改的痕迹看，其底样应当是更早的建筑格局，推测其描绘的应该是这里作为书斋时的状况。

在绮春园现存图样中，有一张编号为"101-007"的图纸，应为本景目前所得早期的图纸，其中包括延寿寺、清夏斋、延英论道、西爽村宫门的总平面图，原注图名为清夏斋（图 2-10-D-2）。图中有几处用草字标注；即："清夏斋""竹林院""延英论道""西爽村宫门""升平署"等。最东为竹林院，即延寿寺。这组建筑群分成东、西两个部分，东半部分作为寺院，建筑甚为简单，前部有三座三开间的小殿，一座正房两座厢房，后部是五开间带后抱厦的较大殿宇，两侧并带有耳房两间，整个寺院仅前后设门。东部偏院置有三排小殿和一座东厢房，与西部以墙相隔，在东墙上设有小门，直通山口外溪流上的小石桥。圆明三园当年园中有许多小寺院，并无固定的僧人居住，这里的东院更像值房性质。

延寿寺以西包括清夏斋一组建筑，和西部的延英论道，两者之间分隔空间的除了清夏斋西侧的几栋建筑之外，还有两座小土山。虽有分隔，隔而不死，两者是相通的。延英论道以西的部分有两处水面及若干小型建筑，错落的布置在山水之间，分隔两处水面的岛屿上有一处三间的小

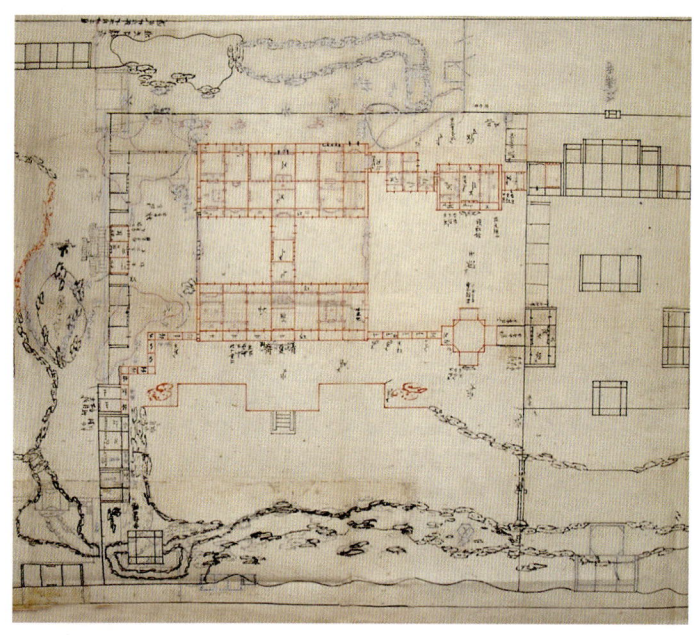

清夏斋改建景区平面（图 2-10-D-1）

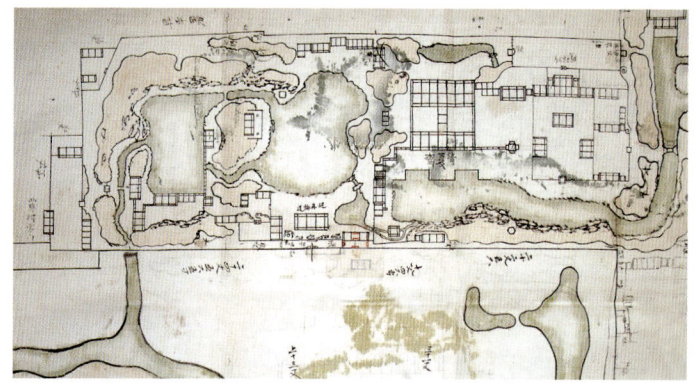

清夏斋、延英论道、竹林院平面（图 2-10-D-2）

庙——龙王庙，这个部分似乎是清夏斋的西花园。

清夏斋南部的含晖园，在嘉庆六年（1801年）至十六年（1811年）之间并不属于绮春园，当时是庄敬和硕公主赐园。嘉庆十六年（1811年）公主病逝，才重新归回[412]。它与清夏斋的关系在嘉庆十七年（1812年）嘉庆帝所写的《含晖楼远望》诗注中曾予以记载："绮春园内之西南偏，旧以缭墙别界一区，名曰含晖园，又横界一区，名曰西爽村，中有联晖楼，为成亲王寓园憩止之所。予经帷之暇，亦常抬吟校射于其中，后成亲王经予别赐园宅，迁移已逾十稔矣。"在第二条注中还写道："嗣以庄敬和硕公主下降，亦曾赐居含晖园。去岁，公主病逝，复经额驸索将那木布斋呈缴……即其地葺治倾颓，疏刜淤滞移建是楼。"[413] 由此可知，含晖园和西爽村曾经是两个部分。西爽村是成亲王寓园憩止之所，这个部分在嘉庆四年（1799年）已经收回，即后来的清夏斋，含晖园部分在嘉庆六年（1801年）又赐给庄敬和硕公主，清夏斋部分仍然属于绮春园，所以西爽村和镜虹馆在嘉庆十年（1805年）所写的绮春园三十景诗中被列入。

关于含晖园，在《养吉斋丛录》中也曾记载："绮春园……园西南以缭垣别界一区，名含晖园……旧又横界一区名西爽村，有联晖楼，为成邸寓园。嘉庆间成邸别赐园宅，西爽、含晖皆并入为一园，而规模宏远矣。旧有数楹，名凤麟洲，后易名清夏斋。"[414] 这进一步说明，清夏斋与含晖园曾经分为两个园子。含晖楼前有狭长的东西向广场（图2-10-D-3），当年在此可以骑马射箭，供皇室人员练习骑射，对此，道光帝写有《孟冬含晖楼马射》一诗：

禁园恰值小阳时，挟箭调弓骑射宜。
木落高峰晴旭丽，草枯长垺薄霜披。

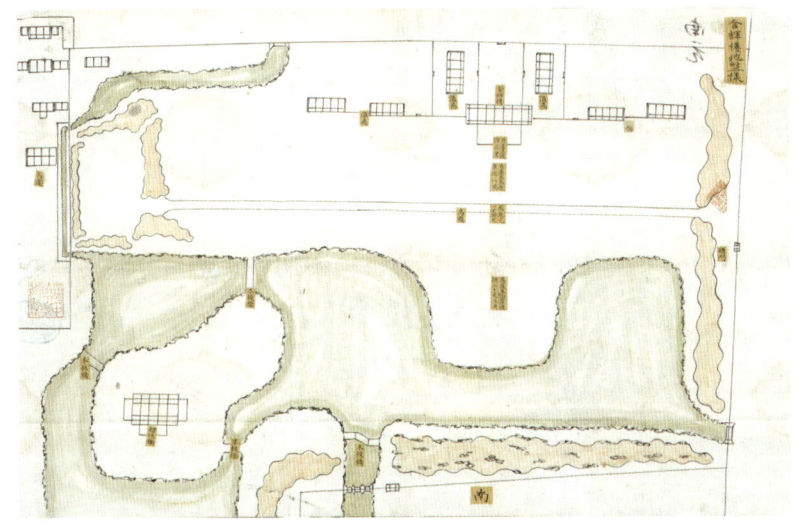

含晖园平面（图2-10-D-3）

矢能连中由慈训，身莫忘劳守旧规。
电掣青骢欣惬意，几余肄武一驱驰。[415]

清夏斋大殿为工字形殿宇，前殿面宽七间，进深带前后廊，采用歇山卷棚式屋顶。后殿也为七开间，进深加大，带前后廊，采用双卷勾连搭式硬山屋顶（图2-10-D-4）。

从道光二十九年（1849年）所绘的室内装修图可了解其室内空间形态，供人们探讨其不同功能的安排（图2-10-D-5）。

前殿当中，三开间为连成一体的大空间；明间设有高等级的宝座，即采用地平宝座，地平四周带有栏杆，地平抬高，四

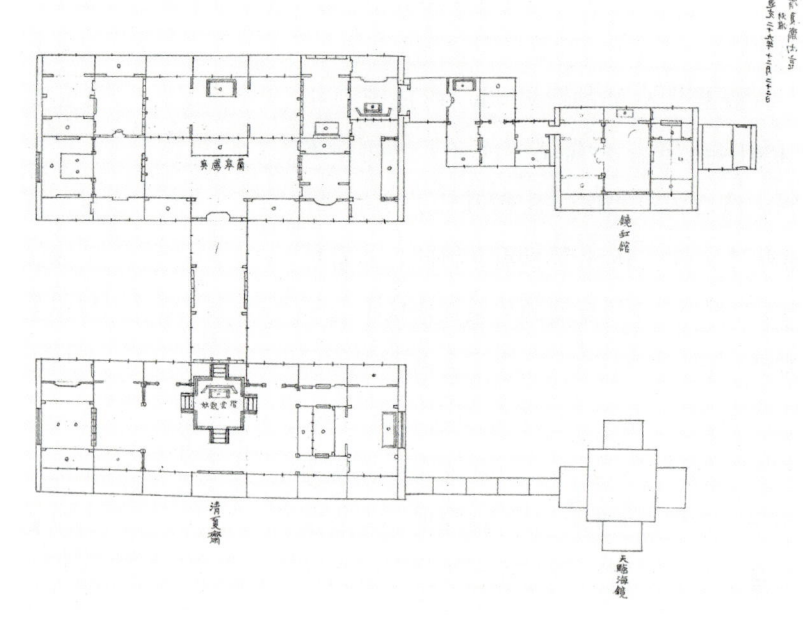

清夏斋室内装修平面（图2-10-D-5）

清夏斋复原图（图2-10-D-4）

面设有阶梯，中间偏后放置宝座，后设有八字围屏。使用这样规制的宝座，说明当年住在此处的太后身份非同一般，这一空间是其会客场所。前后两殿次间设有栏杆罩、真假门口、落地床罩、八方罩等。东梢间在进深方向设有床榻，尽间设有顺山床，西侧尽间设有高低床，犹如故宫养心殿西尽间一般。

后殿室内空间分隔采用前、后进深，当中三间仍然是连通的。但前、后进之间用槛窗隔开，前卷在当心间放置宝座床，后卷靠后窗设宝座，前后卷当中三间的通道需要穿过东西次间的隔扇门、瓶形罩、方门口之类的装修才能进入，私密性极强。后殿梢间、尽间皆用可封闭的装修与当中三间隔开，梢间与尽间之间使用了圆光罩、方形罩、碧纱橱之类，将空间划分成或开敞或封闭的形态，以便安排高低床、顺山床、普通床等，满足不同的使用要求。

前殿与后殿之间设有三间连廊，前殿与连廊的相接处设有碧纱橱，通往后殿之处设有八方罩。

在清夏斋景区的西南角建有一座寄情咸畅流杯亭（图 2-10-D-6），至今尚存有其中的曲水流觞的石构件，不过已经不在原址。它在英法联军烧毁后被燕京大学购走，1981 年运回圆明园存放（图 2-10-D-7）。

⊙ E. 澄心堂

澄心堂位于绮春园正觉寺以西的一个小岛上，四周环水，周边对岸的景区建筑不多，景色自然。为嘉庆时改建的景点，对此嘉庆帝在《澄心堂记》中曾有过记载：

寄情咸畅流杯亭复原图（图 2-10-D-6）

流杯渠遗迹（图 2-10-D-7）

绮春园西南隅旧有隙地，地名竹园，亭台池沼坍废淤塞，荆榛丛杂，草木荒芜，偶一经临，实难寓目。爰发内帑命修治之，疏通堙塞，不日成功。引墙外之新泉，注园中之旧沼，汪洋浩瀚溔漾苍茫。中岛建堂五楹，不雕不绘，朴素精洁，四围环绕文石，平桥略约，缓步可通，泛舟溯洄，雅娱环抱，额曰澄心。[416]

澄心堂所在岛体东西宽约 125 米，南北长约 150 米，占地约 1.79 公顷。澄心堂由主殿和东西套殿组合而成，其北还有东西配殿（图 2-10-E-1、2）。

主殿五开间，分为前、后殿，前殿利用廊步封死成为室内的前廊，另在前面设三间抱厦。后殿后廊敞开，后殿山面也各出一抱厦。东、西套殿各六间并折而向北伸出三间，最北一间为室外敞厅，东侧者名绮旭轩，西侧者名垂虹榭。环绕东西套殿前部和左右设有平台游廊各十二间。

澄心堂景区复原图（图 2-10-E-1）

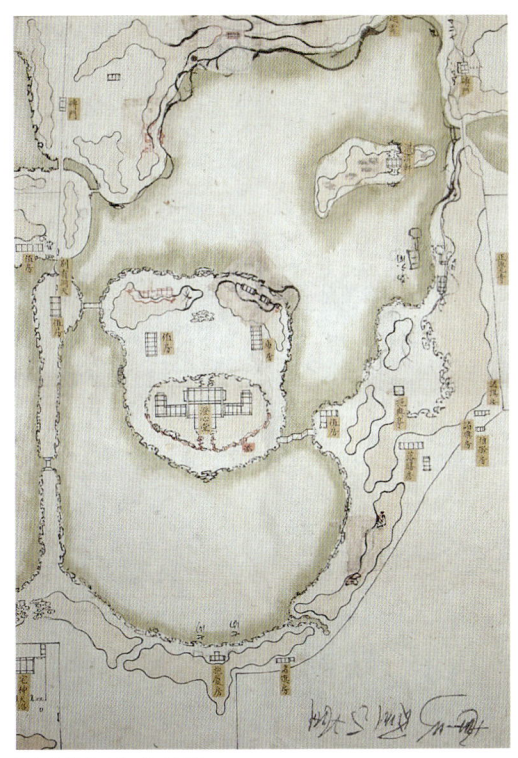

澄心堂总平面（2-10-E-2）

澄心堂是一座造型非常丰富的建筑，在国家图书馆藏样式房图档编号为"101-11"图上标出该座建筑的屋顶形式，中部主殿的前殿采用硬山顶，后殿采用挑山顶（即悬山顶），后殿东西抱厦也为悬山顶。前殿前抱厦及绮旭轩、垂虹榭三座抱厦皆为歇山顶。主殿与东西套殿三者结构是独立的，主殿山墙与套殿山墙彼此相贴，平台游廊位于东西套殿之外，在样式房图档中，显示了两者的结构关系。这条游廊仅在外部立一排方柱，游廊的另一排柱子取消，这说明游廊是依附于套殿的前檐柱存在的。"平台游廊"意即平顶的廊子，支撑平顶的梁一端搭在游廊的柱子上，另一端搭在套殿的柱子上。在样式房图"086-19"中记有平台游廊尺寸，地面差一步台阶，两者高度差1.3尺（0.416米）。这一尺寸满足了平台游廊的梁插入套殿檐柱之可能。套殿与平台游廊两者沉降不同，这种结构处理方式尽管有不合理之处，但作为园林建筑追求景观个性来看，也是一种探索罢了（图2-10-E-3）。

澄心堂建筑的室内装修非常讲究，当时由"两淮盐政承办紫檀装修二百余件，有榴开百子、万代长春、芝兰祝寿花样"。[417] 设计者利用多种装修手段塑造了丰富多彩的室内空间。主空间与套殿之间，采用不同的装修手法，增加了空间的趣味。澄心堂由主殿和东西套殿组合而成，主殿分前殿、后殿，开间均为五间，进深方向形成前后不等的六间。前殿利用廊步封死成为室内的前廊，后殿后部敞开，另外在前殿前面设三间抱厦，后殿山面也各出一

澄心堂外观复原图（图2-10-E-3）

抱厦。另有东套殿六间可从前殿的中进深通入，西套殿六间可从前殿前廊通入（图2-10-E-4）。

澄心堂主殿前后殿以碧纱橱、槛窗隔开，前殿的主空间成凸字形，当心间与两次间连成一体，这一大空间又向两梢间扩展，并向以天然罩装修的前廊空间延伸。在这凸字形主空间的上部，从两次间的碧纱橱渗透到主殿的后殿，前后殿间设一窄

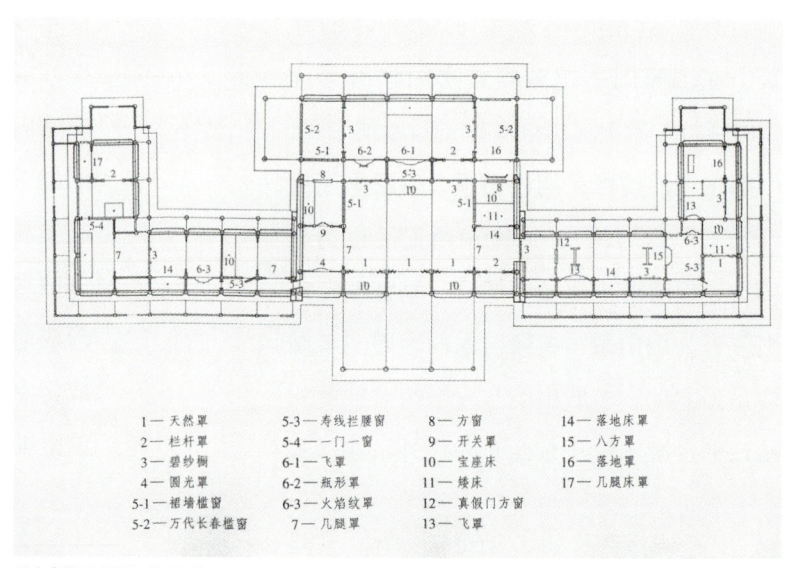

1—天然罩	5-3—寿线拦腰窗	8—方窗	14—落地床罩
2—栏杆罩	5-4——门一窗	9—开关罩	15—八方罩
3—碧纱橱	6-1—飞罩	10—宝座床	16—落地罩
4—圆光罩	6-2—瓶形罩	11—矮床	17—几腿床罩
5-1—裙墙槛窗	6-3—火焰纹罩	12—真假门方窗	
5-2—万代长春槛窗	7—几腿罩	13—飞罩	

澄心堂平面（图2-10-E-4）

廊式空间，以增加层次。后殿五间是以当中三间为主，将两梢间隔开，但空间处理不同于前殿，表现出从属于前殿的气氛。在主殿的处理中，围绕主空间周围，以装修隔出十四个小空间。有的作为门厅，有的作为过厅，有的充当寝宫，设有床榻，有的可作为休息议事之所。这些小空间不但具有各得其所的用途，满足了复杂的功能要求，而且衬托出了主空间的尺度，利用不同装修主题加强了对主殿环境气氛的渲染。例如，前殿当心间和东西次间的前金柱位置皆设"喜报平安"寓意的天然罩，东西两梢间则在前金柱间设有"寿献兰孙"栏杆罩、圆光罩，两梢间中柱间也为"寿献兰孙"栏杆罩。当中三间通往后殿的装修一律采用"万代长春"寓意的碧纱橱。后殿前金柱当心间设有槛窗，窗前设面北宝座床，两次间设有碧纱橱，皆以"万代长春"为题材。后殿前金柱东次间为"榴开百子"栏杆罩，西次间为"榴开百子"石榴（轮廓）罩。在澄心堂主殿集中使用某种题材来突出装修设计的审美寓意，比其他殿宇更有特色（图2-10-E-5、6）。

澄心堂东西套殿均为L形，向东西各自伸展六开间之后，皆向北折两间结束。两套殿空间分隔方式与主殿不同：

东套殿采用串通式空间，以大空间为主，进深方向除了第一间设有隔断之外，将第二、三、四间

榴开百子天然罩（图2-10-E-5） 　　　　　　　　福寿双全落地罩（图2-10-E-6）

连通，仅在前金柱间设有"多子多孙"飞罩、天然罩。第五、六间进深方向设有似隔非隔的"多子多孙"八方罩，在转角房设有"多子多孙"圆光罩。北转后有"四海升平"栏杆罩。

西套殿两间一隔，采用迂回伸展式复合空间。第一、三间在进深方向设有"万福万寿"落地罩，第四间设有"万福万寿"碧纱橱，转角房有"万福万寿"飞罩，北转后设有"海屋添筹"槛窗、栏杆罩。

两殿向北折的部分处理手法也不同，但都各有特点。东套殿以层层门罩诱人深入，显露出空间之无尽。西套殿则西端被隔死，只在边上留一小门，过此门后才可进入北部两间，颇有山穷水尽、柳暗花明之感。

注释：

[1]〔清〕于敏中等编纂《日下旧闻考》卷八十，国朝苑囿·圆明园一。
[2] 据国家图书馆藏样式房图"样式雷排架001–1号"。
[3]〔英〕斯当东著，叶笃义译《英使谒见乾隆纪实》，上海书店出版社2005年版，第317—318页。
[4] 周成王（约公元前二世纪）执政时，因年幼，由叔父周公摄政，作《无逸》劝诫成王勿沉溺于享乐。
[5]《豳风图》为以农桑为主题的绘画，在古代有多名画家绘过这类题材的画。乾隆帝曾多次形容他经过农夫耕作的田地如同走在豳风图画里。
[6] 清高宗《御制诗》四集卷九十四《上元后日小宴廷臣即席得句》诗注。
[7] 即木兰围场，在承德市坝上地区，是清代皇家狩猎场所。
[8]〔清〕昭梿《啸亭杂录》，万寿节，中华书局1980年版。
[9] 嘉庆十四年《正大光明大宴诸王外藩来使及大学士尚书各省将军总督巡抚提督庆典礼成诗以志事》诗注，引自何瑜编著《清代圆明园编制诗文集》第一辑（一）第279页。
[10]《清会典·礼部》卷二七，中华书局1991年版。
[11] 清高宗《御制诗》三集卷二。
[12] 清高宗《御制诗》三集卷十。
[13]《大清高宗纯皇帝实录》。
[14] 第一历史档案馆编《英使马戛尔尼访华史料汇编》，第41页。
[15] 第一历史档案馆编《英使马戛尔尼访华史料汇编》，第54—56页。
[16]〔英〕马戛尔尼著，刘半农译《1793乾隆英使觐见记》，天津人民出版社2006年版，第48页。
[17]〔英〕马戛尔尼著，刘半农译《1793乾隆英使觐见记》，第55页。
[18]〔英〕马戛尔尼著，刘半农译《1793乾隆英使觐见记》，第59—61页。
[19] 此处"橡木"可能指的是"橡子"，翻译有误。

[20] 潘铭燊《约翰·巴罗所描述的正大光明殿》，据约翰·巴罗 (John Barrow) 所著 Travels in China。见《数字化视野下的圆明园研究与保护国际论坛论文集》，上海中西书局 2010 年 12 月版，第 49 页。

[21] 见《数字化视野下的圆明园研究与保护国际论坛论文集》，第 62 页。

[22]〔英〕斯当东著，叶笃义译《英使谒见乾隆纪实》，第 318 页。

[23]〔英〕马戛尔尼·约翰·巴罗著，何高济、何毓宁译《马戛尔尼使团访华观感》，商务印书馆 2013 年版，第 183 页。

[24] 详见英军随军牧师 Rev.R.J.L.M'Ghee 所著 How We Got to Peking,A Narrative of the CXampaign in China of 1860。中文译文见：欧阳采薇译《西书中关于圆明园的纪事》，中国圆明园学会筹备委员会编《圆明园》第 1 辑。中国建筑工业出版社 1981 年版，第 179 页。

[25] 详见英军步兵第九十队队长 Garnet J.Wolseley 所著 Narrative of the War With China in 1860。中文译文见：欧阳采薇译《西书中关于圆明园的纪事》，中国圆明园学会筹备委员会编《圆明园》第 1 辑，第 194—195 页。

[26] 中国第一历史档案馆编，清代档案史料《圆明园》，雍正三年六月十一日（漆作），第 1167 页。

[27] 中国第一历史档案馆编，清代档案史料《圆明园》，乾隆二十五年八月初三日记事档，1398 页。

[28] 据乾隆二年二月十二日（如意馆）档案载："画画人沈源来说，太监毛团传旨，将《圆明园图》改放高八尺、宽三丈二尺，大宫门外画卤簿銮驾，随从之人俱穿蟒袍补褂，园内房屋添设栽花木、打扫地面人物等项。于本年闰九月初十日，沈源将《圆明园图》改放，照样画，交太监毛团呈进讫。"这里所记尺寸符合正大光明殿西山墙之尺寸，对照卧尔斯莱的描述，应属沈源的绘画风格。故推测为此图，在《日下旧闻考》编辑完竣时的乾隆五十年尚未挂这张图。另据道光十年样式房图档中有一张草图写明制作正大光明殿西墙画框的尺寸，与此画吻合，故推测为此时所更换。

[29] 清高宗《御制诗集》二集卷五十五，澹怀堂。

[30]《平定准噶尔方略续编》卷一，见《四库全书》。

[31] 清高宗《高宗御制诗》初集卷二十二，勤政亲贤诗序。

[32]《清会典》，中华书局 1991 年版。

[33] 刘敦桢《同治重修圆明园史料》，见《中国营造学社汇刊》第四卷，第 3、4 期。

[34]《大清世宗宪皇帝圣训》卷六，圣治二。见《四库全书》。

[35]《起居注册》载："（乾隆六十年九月初三日）卯刻，上御勤政殿，召皇子、皇孙、王公、大臣等，宣示立皇十五子嘉亲王颙琰为皇太子。"

[36] 姚元之《竹叶亭杂记》卷一，中华书局 1982 年版，第 4 页。

[37] 中国国家图书馆藏样式雷排架 2 包 3 号图墨批标注。

[38] 张仲葛藏《圆明园匾额略节》，引自《圆明园》丛刊，第二集。

[39] 何瑜等编《清代圆明园御制诗文集》第一辑（一），第 323 页。

[40] 中国第一历史档案馆编，清代档案史料《圆明园》，第 1439 页。

[41]〔清〕于敏中等编纂《日下旧闻考》卷八十，圆明园一。

[42]《圆明园等处帐幔褥子档》，中国第一历史档案馆编，清代档案史料《圆明园》，第 912—915 页。

[43] 何瑜编著《清代圆明园御制诗文集》第一卷（一），

第 303 页。

[44] 清高宗《御制诗》初集卷六，勤政殿，"分阴"意为极短的时间。

[45] 清高宗《御制诗》初集卷二十二，勤政亲贤。

[46] 清高宗《御制诗》初集卷二十二，天然图画。

[47] 乾隆咏"坦坦荡荡"小引。"蒿目"出自《庄子·骈拇》："今世之仁人，蒿目而忧世之患。"

[48] 清高宗《御制诗》五集卷一，题勤政殿。

[49] 清高宗《御制诗》二集卷八十五，赋得为君难六韵之一。

[50] 菡萏芙蕖，即荷花；菡萏为花，果实为莲，根为藕，芙蕖为几个部分的总名。

[51] 乾隆四十五年十二月《内务府奏销档》，中国第一历史档案馆编，清代档案史料《圆明园》，第 215 页。

[52] 乾隆二十一年穿戴档，中国第一历史档案馆编，清代档案史料《圆明园》，第 827 页。

[53]〔清〕昭梿《啸亭杂录》，中华书局，1980 年，第 374 页。

[54] 乾隆四十八年膳底档，中国第一历史档案馆编，清代档案史料《圆明园》，第 930—932 页。

[55] 清高宗《御制诗》五集卷四十四，上元前一日小宴宗藩及诸孙曾用乙巳年韵。

[56] 乾隆十二年四月木作活计档，中国第一历史档案馆编，清代档案史料《圆明园》，第 1310—1311 页。

[57]〔清〕吴振棫《养吉斋丛录》，北京古籍出版社 1983 年版，189 页。

[58]〔清〕于敏中等编纂《日下旧闻考》，卷七十六。

[59] 何瑜编著《清代圆明园御制诗文集》第一卷（一），第 421 页。

[60] 清高宗《御制诗》四集卷四十二，恭侍皇太后观灯因成是什。

[61] 乾隆帝生于康熙五十年（1711 年），25 岁（1736 年）登基，到乾隆二十八年（1763 年）乔松被毁时树龄已达 52 年。

[62] 清高宗《御制诗》三集卷五十一，题清晖阁四景。

[63] 中国第一历史档案馆编，清代档案史料《圆明园》，第 912—915 页。

[64] 清文宗《御制诗》"慎德堂对月有述"诗注称："慎德堂落成于当辛卯年，庚午（即道光三十年）春宣谕立储在兹殿之寝宫。"见何瑜编著《清代圆明园御制诗文集》第一卷（一），第 455 页。

[65]《御制慎德堂》，转引自何瑜主编《清代三山五园史事编年【嘉庆—宣统】》，第 347 页。

[66] 这张图的年代为乾隆以后所绘，天地一家春已改为七间。

[67]〔清〕吴振棫《养吉斋丛录》，第 189 页。

[68] 唐文基、罗庆泗著《乾隆传》，人民出版社 1994 年版。

[69] 何瑜编著《清代圆明园御制诗文集》第一卷（一），第 15 页。

[70] 何瑜编著《清代圆明园御制诗文集》第一卷（二），第 453 页。

[71]〔明〕高棅编《唐诗品汇卷七十九》，杨巨源《春日奉酬圣寿无疆词十首》。

[72] 内务府奏销档，同治十三年三月二十一日，见《圆明园》上编，第 687 页。

[73] 据"雷氏档案"旨意档载"同治十二年十一月十九日，……皇太后自画，再听旨意，天地一家春四卷殿装修样，并各座纸片画样，均留中，……"（同年）"十二月二十二日，……天地一家春明间西缝碧纱橱单扇大样，皇太后亲画，……"见《圆明园》下编，第 1123、1140 页。

[74] 清高宗《御制诗》二集卷十。

[75] 清高宗《御制诗》五集卷六十二，味腴书室诗注。

[76] 此数字为柱网平面尺寸，系笔者按北京市文物研究所编《圆明园长春园含经堂考古发掘报告》推算。

[77] 清高宗《御制诗》三集卷九十二，题淳化轩。遗憾的是当年的善本《淳化阁帖》在今天已经找不到诗中所说的"全"的祖本了，近年曾有人从美国私人藏书家手中以45万美元构回祖本的六、七、八卷，现藏上海博物馆，另有保存"全"的南宋刻本，每卷末皆有"淳化三年壬辰岁十一月六日奉旨摹勒上石"篆书款，现藏故宫博物院、国家博物馆，另外上海图书馆只藏有第九卷，这与美国华盛顿的弗莱尔博物馆所藏的缺第九卷木恰好完璧。元明清的刻本则保存较多。

[78] 清高宗《御制诗》五集卷十一，新正乐寿堂诗注。

[79] 何瑜编著《清代圆明园御制诗文集》第一卷（一），第242页。

[80] 中国国家图书馆善本部藏，样式雷排架088-1号。

[81] 徐广元《康雍乾三帝的两次汇聚一堂》，原载故宫博物院编《紫禁城》2013年3月号，第121—122页。

[82] 清高宗《御制诗》五集卷九十一，游狮子园诗注。

[83] 清高宗《御制诗》三集卷六十五，赋得御兰芬。

[84] 清高宗《御制诗》初集卷二十二，镂月开云。

[85] 清高宗《御制诗》三集卷四，御园泛舟三首。

[86] 清高宗《御制诗》四集卷二十九，御园首夏。

[87] 清高宗《御制诗》初集卷二十二，镂月开云。

[88] 清高宗《御制文集》卷十，记恩堂记。

[89] 乾隆以后的几位皇帝之灵位也陆续迁入安佑宫。

[90] 〔清〕于敏中等纂编《日下旧闻考》，卷八十一。

[91] 中国第一历史档案馆编，清代档案史料《圆明园》，第86页。

[92] 清高宗《御制诗》初集卷二十二，鸿慈永祜诗序。

[93] 清高宗《御制诗》五集卷六十，恭遇皇考祭辰安佑宫行礼有作。

[94] 清高宗《御制诗》初集卷二十二，长春仙馆。

[95] 〔清〕于敏中等编纂《日下旧闻考》卷八十一，国朝囿苑·圆明园二。

[96] 为区别长春仙馆殿与景区名，故凡遇到"殿"时简化为"仙馆"。

[97] 〔清〕于敏中等编纂《日下旧闻考》卷八十一，国朝苑囿·圆明园一。

[98] 清高宗《御制诗》四集卷十八，抑斋。

[99] 清高宗《御制诗》四集卷四十六，长春仙馆礼佛有感。

[100] 清高宗《御制诗》四集卷六十一，长春仙馆礼佛作。

[101] 清仁宗《赐居长春仙馆恭记》，转引自何瑜主编《清代三山五园史事编年【顺治—乾隆】》，北京，中国大百科全书出版社2015年版，第2页。

[102] 何瑜编著《清代圆明园御制诗文集》第一卷（二），第124页。

[103] 〔清〕于敏中等编纂《日下旧闻考》卷八十，国朝苑囿·圆明园一。

[104] 清高宗《御制诗》二集卷八十五，五福堂六。

[105] 清高宗《御制诗》五集卷九十四，五福五代堂识望诗注，"皇祖御书五福堂以赐皇考，恭悬潜邸，即今雍和宫之后室也"。

[106] 清高宗《御制诗》五集卷二十三。

[107] 清高宗《御制诗》五集卷五十二，五福五代堂题句诗注，"甲辰予见元孙，得增二字，曰五福五代堂"。

[108] 清高宗《御制诗》五集卷四十四，敬题朗吟阁。

[109] 清高宗《御制诗》二集卷八十七，朗吟阁。

[110] 何瑜主编《清代三山五园史事编年【嘉庆—宣统】》，

惠济祠河神庙瞻礼述事诗注，157 页。

[111] 中国第一历史档案馆编，清代档案史料《圆明园》下卷。

[112] 清世宗《御制文集》，园景十二咏·涧阁。

[113]〔清〕于敏中等编纂《日下旧闻考》，卷八十，国朝苑囿·圆明园。

[114] 鼠姑为牡丹的别称。

[115] 清高宗《御制诗》初集卷二十二，慈云普护词（调寄菩萨蛮）。

[116] 这座小桥已经过考古发掘，其栏杆由多层烧制的陶片叠摞而成，中间穿以一根木棍。

[117]〔清〕于敏中等编纂《日下旧闻考》卷八十一，圆明园二。

[118]〔清〕于敏中等编纂《日下旧闻考》卷八十一，圆明园二。

[119]〔清〕于敏中等编纂《日下旧闻考》卷八十一，圆明园二。

[120] 清高宗《御制诗》初集卷二十二，日天琳宇诗序。

[121] 清高宗《御制诗》初集卷二十二，调寄清平乐。

[122] 转轮藏：是一种储存经书的书柜，外形多为小亭式，或多层亭阁，中央带有转轴，人们在查找经书时就成为可以转动的书柜。它的发明人傅翕为南北朝时人，当时佛教信徒识字不多者可以借着推动转轮藏转一周，就算诵经一遍。现存最早的实物为河北定州隆兴寺的北宋转轮藏。四川江油窦团山云岩寺南宋飞天藏。明清时期遗物更多，如颐和园的转轮藏。

[123] 开花见佛：在佛殿室内中央用一朵硕大的莲花将佛像包在当中，其下设有地下室，在佛像座下设置绞盘，利用人力推动绞盘，可将莲花瓣张开或并拢。

[124]〔清〕于敏中等编纂《日下旧闻考》卷八十二，圆明园三。

[125] 清高宗《御制诗》四集卷三十七，湛然室。

[126] 清高宗《御制诗》四集卷三十七，湛然室。

[127] 清高宗《御制诗》四集卷六十二，悦霁亭。

[128]〔法〕王致诚（Ferire Attiret）著，唐在复译《乾隆西洋画师王致诚述圆明园事》，原载《中国营造学社会刊》第二卷第一册。

[129] 此数据来源于圆明园管理处编《圆明园百景图志》，中国大百科全书出版社 2010 年版，第 281 页。

[130]〔清〕于敏中等编纂《日下旧闻考》卷九十，郊坰，南一。

[131] 转引自王晓丽《明清时期北京碧霞元君信仰与庙会》，原载《中央民族大学学报》(哲学社会科学版)2006 年第 5 期，第 111 页。

[132]〔明〕沈榜《宛署杂记》卷十七。

[133] 魏开肇著《雍和宫漫录》，河南人民出版社 1985 年版，第 54—55 页。

[134] 参见王家鹏著《乾隆与满族喇嘛寺院——兼论满族宗教信仰的演变》，载《故宫博物院院刊》1995 年第 1 期。

[135]《钦定总管内务府现行则例》，安设寺庙喇嘛条。原载中国第一历史档案馆编，清代档案史料《圆明园》卷下，第 1044 页。

[136] 清高宗《御制诗》余集卷四，题狮子林十六景·小香幢。

[137]〔清〕于敏中等编纂《日下旧闻考》卷八十三，国朝苑囿·长春园。

[138]〔清〕于敏中等编纂《日下旧闻考》卷八十三，国朝苑囿·长春园。

[139] 清高宗《御制诗》二集卷七十九，澄光阁。

[140]《钦定南巡盛典》卷八十五,名胜,江南、镇江、常州、苏州。
[141]〔清〕昭梿《啸亭杂录》,上书房,中华书局1980年版,第397页。
[142] 清高宗《御制文集》三卷九,石刻蒋衡书十三经于辟雍序。
[143] 清高宗《御制诗》三集卷八十七,茹古堂。
[144] 清高宗《御制诗》三集卷六十二,养素书屋。
[145] 清高宗《御制诗》三集卷二十四,竹密山斋。
[146] 清高宗《御制乐善堂全集》定本卷八。
[147] 清高宗《御制诗》余集卷十七,问津处口号。
[148]〔清〕于敏中等编纂《日下旧闻考》卷八十,国朝苑囿·圆明园一·碧桐书院。
[149] 清高宗《御制诗》初集卷四十四,倪云林秋林山色图。
[150] 清高宗《御制诗》四集卷十九,桃花坞即事。
[151]《御制渊鉴类函》卷二百九十一,桃花源记。
[152] 清世宗《御制文集》卷二十六,庸邸集·园景十二咏·桃花坞。
[153] 清世宗《御制文集》卷二十六,庸邸集·园景十二咏·壶中天。
[154] 清高宗《御制乐善堂全集定本》卷八,乐善堂记。
[155] 清高宗《御制诗》四集卷十九,桃花坞即事。
[156] 清高宗《御制诗》五集卷三十七,绾春轩。
[157] 清高宗《御制诗》五集卷三十七。
[158] 指陆游诗"惜春直欲绾春回"。
[159] 清高宗《御制诗》五集卷三十七,题绾春轩。
[160] 清高宗《御制诗》五集卷三十七,品诗堂。
[161] 另外在嘉庆帝整治绮春园时,也有一组院落,名四宜书屋,用作居住,有别于此。

[162] 清高宗《御制诗》三集卷三十九,四宜书屋。
[163] 清高宗《御制诗》五集卷九十四,四宜书屋。
[164]〔清〕于敏中等编纂《日下旧闻考》卷八十二。
[165] 清高宗《御制诗》四集卷二,四宜书屋。
[166] 清高宗《御制诗》四集卷十八,四宜书屋。
[167] 清高宗《御制安澜园记》,见《日下旧闻考》卷八十二,国朝苑囿三。
[168] 清高宗《御制诗》三集卷三十九,涵秋堂。
[169] 清高宗《御制诗》三集卷三十九,烟月清真楼诗注。
[170] 清高宗《御制诗》三集卷三十,飞睇亭。
[171] 清高宗《御制诗》三集卷三十九,飞睇亭诗注。
[172]〔清〕于敏中等编纂《日下旧闻考》卷八十二,国朝苑囿·圆明园三。
[173] 菡萏即荷花,"前后左右皆君子"即指荷花,周敦颐《爱莲说》:莲,花之君子也。
[174] 清高宗《御制诗》初集卷二十二,濂溪乐处诗序。
[175] 清高宗《御制诗》四集卷九十,题知过堂诗注。
[176] 清高宗《御制诗》五集卷二十八,题知过堂。
[177] 清高宗《御制诗》五集卷七十八,知过堂口号。
[178] 清高宗《御制诗》五集卷四十四,水云居。
[179] 清高宗《御制诗》四集卷八十六,味真书屋。
[180] 清高宗《御制诗》五集卷二十八,味真书屋。
[181] 清高宗《御制诗》五集卷六十二,题文源阁诗中注:此地居御园之中,旧称四达亭,今略增葺为文源阁,藏弆(jǔ)四库全书……。
[182]〔清〕于敏中等编纂《日下旧闻考》。
[183]〔清〕于敏中等编纂《日下旧闻考》。
[184] 第一历史档案馆编,清代档案史料《圆明园》,《圆明园慎修思永及文源阁丈尺册》。
[185] 据清高宗《御制诗》五集卷十二,题文源阁诗中注:

四库全书自癸巳春开馆,至辛丑岁第一分书成,贮文渊阁。后馆臣等请勒限三年赶办全竣,随于壬寅年第二分书成,送盛京文溯阁。癸卯年第三分书成,奉此御园之文源阁。至第四分书应送热河文津阁者,亦于昨甲辰岁内办理完竣,总裁纂修校阅诸臣尚能如限赶办,不致稽迟。

[186] 清高宗《御制诗》五集卷九,题文源阁叠去岁诗韵。

[187] 清高宗《御制诗》五集卷十二,题文源阁。

[188] 清高宗《御制诗》五集卷八十六,题文源阁。

[189] 即指"胜过米芾的八十一穴石"。

[190]〔清〕于敏中等编纂《日下旧闻考》。

[191] 乾隆九年九月十二日内务府造办处活计档,见第一历史档案馆编,清代档案史料《圆明园》下编,第1301—1302 页。

[192] 清高宗《御制诗》初集卷二十二,洞天深处。

[193] 清圣祖玄烨《圣谕广训》,重农桑以足衣食,见《四库全书》。

[194] 清高宗《御制诗》初集卷二十一,御园亲耕。

[195] 清高宗《御制诗》二集卷二十四,田家春兴。

[196] 清高宗《御制诗》四集卷十六,观稼。

[197] 清高宗《御制诗》初集卷二十二,杏花春馆诗序。

[198] 从 2002 年的实测图上看出,本区北山制高点海拔 54.6 米,山高 9.8 米。

[199]《乾隆二十一年穿戴档》,引自第一历史档案馆编,清代档案史料《圆明园》,第 851 页。

[200] 清高宗《御制诗》二集卷六十三,诣玉泉祈雨。

[201] 清高宗《御制诗》二集卷六十三,诣玉泉山谢雨。

[202] 清高宗《御制诗》二集卷六十三,细雨。

[203] 清高宗《御制诗》二集卷六十三,雨。

[204] 清高宗《御制诗》五集卷九十,春雨轩。

[205] 清高宗《御制诗》三集卷三十七,春雨轩对雨作。

[206] 清高宗《御制诗》三集卷五十六,春雨轩。

[207] 清高宗《御制诗》二集卷六十三,春雨轩小坐因而成咏。

[208] 清高宗《御制诗》初集卷二十二,北远山村诗序。

[209] 清高宗《御制诗集》初集卷十三,北远山村。

[210] 清高宗《御制诗》初集卷十三,春日泛舟过北远山村。

[211] 清高宗《御制诗》初集卷十四,夏日泛舟过北远山村。"若耶",溪水名,在浙江绍兴宛委山下,传说大禹在此大会诸侯。宛委山还是道家的洞天福地,所以乾隆说"何异游仙泛若耶"。

[212] 清高宗《御制诗》初集卷二十五,泛舟过北远山村。

[213] 清高宗《御制诗》三集卷三,北远山村,诗中的摩诘即王维的别号。

[214]《石渠宝笈》藏有赵孟頫水村图。

[215] 清高宗《御制诗》三集卷十三,水村图三首。

[216] 北远山村泛舟作,引自何瑜编著《清代圆明园御制诗文集》第一辑(二),第 360 页。

[217] 北远山村,引自何瑜编著《清代圆明园御制诗文集》第一卷(二),第 361 页。

[218] 清高宗《御制诗》三集卷三十五,皆春阁。

[219] 清世宗《世宗宪皇帝御制文集》卷二十六,雍邸集·初集卷二十二。

[220] 乾隆《御制乐善堂全集定本》卷八。

[221] 清高宗《御制诗》四集卷三十七。

[222] 清高宗《御制诗集》二集卷八十七。

[223] 何瑜编著《清代圆明园御制诗文集》第一卷(二),第 285 页。

[224] 清高宗《御制诗》二集卷八十七,多稼轩十景。

[225] 清高宗《御制诗》五集卷六十二，多稼轩十景。

[226] 水木明瑟歌，何瑜编著《清代圆明园御制诗文集》第一卷（二），第295页。

[227] 清高宗《御制诗》三集卷九十一，耕耘堂。

[228] 耕耘堂，何瑜编著《清代圆明园御制诗文集》第一卷（三），第259页。

[229] 据1965年实测地形图。全园较低的九洲清晏区为45.54米，两者相差13米左右。

[230] 据1965年实测地形图。

[231]〔清〕于敏中等编纂《钦定日下旧闻考》卷八十一。

[232] 清高宗《御制诗》三集卷五十八，霁华楼。

[233] 清高宗《御制诗》三集卷八十三，霁华楼。

[234] 清高宗《御制诗》三集卷十。

[235] 清高宗《御制诗》三集卷五十四，横云堂放歌。

[236] 清高宗《御制诗》五集卷十二，横云堂。

[237] 清高宗《御制诗》三集卷十三。

[238] 清高宗《御制诗》二集卷八十七。

[239] 清高宗《御制诗》三集卷十。

[240] 清高宗《御制诗》五集卷二十八。

[241] 清高宗《御制诗》三集卷十，石帆室。

[242] 清高宗《御制诗》三集卷六十三，石帆室。

[243] 清高宗《御制诗》三集卷八十三，石帆室。

[244] 清高宗《御制诗》三集卷八十三，翼翠亭。

[245] 清高宗《御制诗》四集卷十三，翼翠亭。

[246] 清高宗《御制诗》三集卷八十三，霁华楼。

[247] 清高宗《御制诗》三集卷十三，景晖楼。

[248] 清高宗《御制诗》初集卷二十二，山高水长诗序。

[249] 清高宗《御制诗》余集卷十七，御园山高水长楼前赐宴外蕃有作。

[250] 清仁宗《御制诗》，御山高水长黄幄筵宴外藩即席成什，引自何瑜主编《嘉庆朝圆明五园御制诗文集》，第84页（未刊稿）。

[251]〔清〕昭梿《啸亭杂录》（附《啸亭续录》），第374页。

[252] 清高宗《御制诗》二集卷三十八，小宴蒙古诸王公。

[253] 清高宗《御制诗》四集卷十，上元灯词。

[254] 清高宗《御制诗》三集卷十，上元灯词。

[255] 清高宗《御制诗》三集卷八十六，上元灯词。

[256] 清高宗《御制诗》三集卷三十六，上元灯词。这里描写的是少数民族表演的一种节目。

[257] 清高宗《御制诗》五集卷七十，上元灯词。

[258] 清高宗《御制诗》三集卷三十六。

[259] 清高宗《御制诗》三集卷二，上元夕恭奉皇太后观灯火。

[260] 清高宗《御制诗》三集卷十，上元夕恭侍皇太后观灯。

[261] 清高宗《御制诗》五集卷二十九，土墙。

[262] 清文宗《御制诗》，习枪有作九月既望诗注，引自何瑜等编《圆明园御制诗集——道光咸丰朝》，第194页，原载郭黛姮、曹宇明主编《圆明园学刊》2015，上海远东出版社。

[263] 内务府雍正四年八月初五日活计档"同乐园来帖，内称……同乐园净房内炉上，着配做红铜丝炉罩"，原载中国第一历史档案馆编，清代档案史料《圆明园》。

[264]〔清〕吴振棫《养吉斋丛录》卷之十三，第153页。

[265]〔清〕赵翼《檐曝杂记》卷一，大戏，中华书局1982年版，第11页。

[266] 罗德胤《中国古代戏台形成与发展及其相关因素》（清华大学硕士学位论文）2000年。

[267] 北京市文物研究所圆明园考古队《北京圆明园含经堂遗址 2001—2002 年度发掘简报》，《考古》2004 年第 2 期。

[268]〔清〕吴振棫《养吉斋丛录》。

[269] 罗德胤《中国古代戏台形成与发展及其相关因素》（清华大学硕士学位论文）2000 年。

[270] 清高宗《御制诗》五集卷六十二，同乐园得句。

[271] 清军机大臣赵翼在《檐曝杂记》一书中记录了它演出时盛况，书成于乾隆二十一年 (1756 年)，因此可断定戏楼成于此前。

[272] 李畅《清代以来的北京剧场》，北京燕山出版社 1989 年版，第 17 页。

[273]《乾隆二十一年穿戴档》，第一历史档案馆编，清代档案史料《圆明园》下编，第 827 页。

[274] 何瑜编著《清代圆明园御制诗文集》第一卷（三），第 140 页。

[275] 张仲葛藏咸丰年间《圆明园匾额略节》，原载《圆明园》丛刊第 2 册，第 51 页。

[276] 第一历史档案馆编，清代档案史料《圆明园》下编，第 989 页。

[277] 周明泰《清升平署存档事例漫抄》卷一。

[278]〔清〕于敏中等编纂《日下旧闻考》卷八十二，国朝苑囿·圆明园三。

[279]〔清〕李吉甫《元和郡县志》卷一。

[280] 司马迁《史记》。

[281]《汉书》郊祀志。

[282]《史记》卷一百十八。

[283] 清高宗《御制诗》初集卷二十二。

[284] 清高宗《御制诗》初集卷三，蓬岛瑶台。

[285] 清高宗《御制诗》三集卷七十四，蓬岛瑶台八咏。

其中对玻璃的注释称"水晶有生于石者亦有西洋烧炼而成者"，说明当时还使用进口玻璃。其中的"奚"指古代被奴役的人。

[286] 清高宗《御制诗》三集卷六十三，题畅襟楼。

[287] 清高宗《御制诗》四集卷八十七，畅襟楼。

[288] 清高宗《御制诗》五集卷六十二，畅襟楼口号。

[289]〔清〕于敏中等编纂《日下旧闻考》卷八十一，国朝苑囿·圆明园二。

[290] 清高宗《御制诗》初集卷九，方壶胜镜二首。

[291] 清高宗《御制诗》初集卷九，方壶胜镜二首。

[292] 清高宗《御制诗》初集卷十，琼华楼对雨。

[293] 清高宗《御制诗》三集卷十四，碧云楼。

[294] 清高宗《御制诗》四集卷四十一，题宜春殿。

[295] 清高宗《御制诗》五集卷四十四，题宜春殿。

[296] 何瑜主编《清代三山五园史事编年【嘉庆—宣统】》，第 204 页。

[297] 何瑜主编《清代三山五园史事编年【嘉庆—宣统】》，第 75 页。

[298] 第一历史档案馆编，清代档案史料《圆明园》上，第 229—231、302、311 页所载乾隆四十六年奏销档。

[299] 清高宗《御制诗》三集卷四十二，片云楼。

[300] 清高宗《御制诗》三集卷三十六，澹闲室。

[301]〔清〕于敏中等编纂《日下旧闻考》卷八十二，圆明园二。

[302] 清高宗《御制诗》三集卷四十二，澹闲室。

[303] 清高宗《御制诗》五集卷二十三，澹闲室。

[304] 清高宗《御制诗》三集卷二十四，竹密山斋。

[305] 清高宗《御制诗》五集卷二十三，自达轩。

[306] 清高宗《御制诗》五集卷七十，自达轩有会。

[307] 清高宗《御制诗》三集卷九十七，时赏斋。

[308] 清高宗《御制诗》五集卷二十八，活画舫。

[309] 清高宗《御制诗》三集卷八十三，活画舫。

[310] 清高宗《御制诗》五集卷十二，活画舫。

[311] 清高宗《御制诗》三集卷三十，柳浪闻莺。

[312] 清高宗《御制诗》二集卷二十五，西湖嬉春词六首。

[313] 清高宗《御制诗》三集卷三十四，断桥残雪。

[314] 清高宗《御制诗》三集卷三十四，断桥残雪。

[315] 孙文良、张杰、郑川水《乾隆帝》第四章，江苏教育出版社 2005 年版，第 184 页。

[316] 梁章钜《浪迹丛谈》卷三，吴槐江都部。转引自孙文良、张杰、郑川水《乾隆帝》。

[317] 清高宗《御制诗》初集卷二，倪瓒狮子林图。

[318] 清高宗《御制诗》二集卷七十二，游狮子林：早知狮子林，传自倪高士。疑其藏幽谷，而宛居闹市……

[319] 清高宗《御制诗》四集卷四。

[320] 清高宗《御制诗》四集卷十六。

[321] 清高宗《御制诗》五集卷二十，题狮子林十六景诗注。

[322] 清高宗《御制诗》余集卷四，题狮子林十六景，写于嘉庆元年。

[323] 清高宗《御制诗》四集卷二十二，题文园狮子林十六景。

[324] 清高宗《御制诗》四集卷二十六，再题狮子林十六景。

[325] 清高宗《御制诗》四集卷五，续题狮子林八景。

[326] 清高宗《御制诗》五集卷二十，题狮子林十六景。诗称：本平高士藏古处，古迹今多高士藏（石渠宝笈中倪瓒画颇多，然真伪各半，因藏数种于此以存其旧）。

[327] 清高宗《御制诗》余集卷四，题狮子林十六景。其中的幼文为徐贲之号。

[328] 清高宗《御制诗》四集卷四《再仿倪瓒狮子林图因成是什》诗注说：壬午南巡再游狮子林携云林卷以往，因仿其景题诗，装弆吴中，并书识倪卷。兹御园规构狮子林落成，复仿倪迂意成卷。并题一律，藏之清闷阁，展图静对狮林景象，宛然如觌。

[329] 清高宗《御制诗》四集卷五，题狮子林八景。

[330] 清高宗《御制诗》四集卷五，题狮子林八景。

[331] 清高宗《御制诗》四集卷五，题狮子林八景。

[332] 清高宗《御制诗》四集卷二十六，再题狮子林十六景。

[333] 清高宗《御制诗》五集卷二十，题狮子林十六景。

[334] 清高宗《御制诗》四集卷二十六，再题狮子林十六景。

[335] 清高宗《御制诗》四集卷十，再题狮子林十六景叠旧韵。

[336] 清高宗《御制诗》四集卷二十六，再题狮子林十六景。

[337]〔清〕于敏中等编纂《日下旧闻考》卷八十三，国朝御苑·长春园。

[338] 清高宗《御制诗》三集卷九十，如园。

[339] 刘续杰《南京瞻园考》，中国建筑史学会主编《建筑历史及理论》第一辑，江苏人民出版社 1981 版。

[340] 清高宗《御制诗》五集卷七，寄题瞻园。

[341] 清高宗《御制诗》四集卷三十五，挹泉榭。

[342]《重修如园记》，清仁宗《御制文集》二集。

[343] 清高宗《御制诗》三集卷十九，趣园，写于乾隆二十七年。

[344] 清高宗《御制诗》五集卷四，半亩塘（在趣园内）。

[345] 清高宗《御制诗》五集卷四，趣园。

[346] 中国第一历史档案馆编，清代档案史料《圆明园》，

第 158 页。

[347] 清高宗《御制诗》四集卷三十五，鉴园。

[348] 中国第一历史档案馆编，清代档案史料《圆明园》，第 458 页。

[349] 清高宗《御制诗》五集卷九十四，芳晖楼。

[350] 清高宗《御制诗》三集卷九十九，绿净榭口号。

[351] 何瑜编著《清代圆明园御制诗文集》第一卷（四），第 153 页。

[352] 何瑜编著《清代圆明园御制诗文集》第一卷（三），第 454 页。

[353] 何瑜编著《清代圆明园御制诗文集》第一卷（三），第 456 页。

[354] 据嘉庆二十三年《碧静堂》诗，引自何瑜编著《清代圆明园御制诗文集》第一卷（三），第 460 页。

[355] 清高宗《御制诗》二集卷四十二，茜园八景·朗润斋。

[356] 清高宗《御制诗》二集卷四十二，茜园八景·韵天琴。

[357] 清高宗《御制诗》二集卷四十二，茜园八景·韵天琴。

[358] 清高宗《御制诗》二集卷四十二，茜园八景·菱香沜。

[359] 青莲朵本为南宋德寿宫中的太湖石，原称"芙蓉石"，乾隆首次南巡时，地方大吏见其喜爱，便用舟将巨石运往北京，置于长春园，赐名"青莲朵"。

[360] 清高宗《御制诗》二集卷四十二，茜园八景·委宛藏。

[361] 何瑜主编《清代三山五园史事编年【嘉庆—宣统】》，第 212 页。

[362] 清高宗《御制诗》三集卷三十九。

[363]〔清〕于敏中等编纂《日下旧闻考》卷八十一。

[364] 第一历史档案馆编，清代档案史料《圆明园》，《内务府造办处各作成活计清档》载有"万字房对瀑布屋"一说。

[365] "江湖想"见《庄子·大宗师》，"泉涸，鱼相处于陆，相呴以湿，相濡以沫，不如相忘于江湖"，在这里鱼能在池中自由地游弋，又何必去想江湖呢？

[366]《周易集注》卷一，《四库全书》。

[367] 清高宗《御制诗》三集卷六十五，题素心堂。

[368] 清高宗《御制诗》五集卷十三，素心堂。

[369] 清高宗《御制诗》四集卷四十二，题素心堂。

[370]〔清〕于敏中等编纂《日下旧闻考》卷八十二，国朝御苑·圆明园三。

[371] 清高宗《御制诗》初集卷二十二，廓然大公诗及诗注。

[372] 徐乾学等编《御选古文渊鉴》卷九。

[373]《二程文集》卷三，《明道文集》三，答横渠先生定性书。

[374] 弘历《御制乐善堂全集定本卷一论》。

[375] 清高宗《御制诗》二集卷五十七。

[376] 清高宗《御制诗》二集卷五十七，廓然大公八景。

[377] 清高宗《御制诗》五集卷八十六，再题廓然大公八景。

[378] 清高宗《御制诗》二集卷五十七，廓然大公八景。

[379] 清高宗《御制诗》四集卷三十三，再题廓然大公八景。

[380] 清高宗《御制诗》二集卷五十七，廓然大公八景。

[381] 清高宗《御制诗》二集卷五十七，廓然大公八景。

[382] 清高宗《御制诗》二集卷五十七，廓然大公八景。

[383] 清高宗《御制诗》三集卷十三，再题廓然大公八景。

[384] 清高宗《御制诗》二集卷五十九，澹存斋。

[385] 清高宗《御制诗》初集卷二十二甲子三，澡身浴德。

[386] 清高宗《御制诗》二集卷八十八己卯六，澄虚榭待月作。

[387] 清高宗《御制诗》四集卷八十一辛酉五，端阳日作。

[388] 何瑜编著《清代圆明园御制诗文集》第一卷（二），第 491 页。

[389] 圣祖仁皇帝《御制文第四集》卷二十三，汤山龙尊王佛庙碑记。

[390] 清高宗《御制诗》三集卷六庚辰六。

[391] 清高宗《御制诗》初集卷二十二，西峰秀色诗注。

[392] 清高宗《御制诗》初集卷二十二，西峰秀色。

[393] 弘历《御制乐善堂全集》定本卷二十二，七夕篇。

[394] 清高宗《御制诗》二集卷五十九，七夕。

[395] 中国第一历史档案馆编，清代档案史料《圆明园》，《乾隆二十一年穿戴档》，第 885—886 页。

[396] 清高宗《御制诗》初集卷二十二，接秀山房。

[397]〔清〕于敏中等编纂《日下旧闻考》卷八十二。

[398] 清高宗《御制诗》三集卷三十，接秀山房。

[399] 清高宗《御制诗》三集卷三十一，题澄练楼。

[400] 清高宗《御制诗》三集卷三十七，题澄练楼。

[401] 清高宗《御制诗》三集卷三十五，琴趣轩口号。

[402] 清高宗《御制诗》三集卷三十，怡然书屋偶题。

[403] 清高宗《御制诗》三集卷三十五，怡然书屋。

[404]〔清〕于敏中等编纂《日下旧闻考》卷八十，圆明园一。

[405] 清高宗《御制诗初集》卷二十二，上下天光。

[406] "涵月楼"为上下天光楼室内所挂的匾名，道光朝的文档中也多用此名上下天光楼。

[407] 周明泰《清升平署存档事例漫抄》卷一，第 10 页。

[408] 何瑜编著《清代圆明园御制诗文集》第一卷（二），第 32 页。

[409] 周明泰《清升平署存档事例漫抄》（清华大学图书馆藏散页），道光七年恩赏旨意承应档。

[410] 何瑜编著《清代圆明园御制诗文集》第一卷（二），第 33 页。

[411] 贺艳在国家图书馆善本部的图样中发现两张编号为样式雷排架 028-9-1、2 的草图，并据此绘出复原图和模型。详见郭黛姮、贺艳主编《数字再现圆明园》2012 年，第 165 页。

[412]《嘉庆实录》载"嘉庆六年十月二十一日，以庄敬和硕公主行初定礼，帝御保和殿赐皇子王公大臣额驸等宴"。因此嘉庆六年可以作为公主结婚的时间。这时公主便得到赐园。

[413] 何瑜编著《清代圆明园御制诗文集》第一卷（四），第 422 页。

[414]〔清〕吴振棫《养吉斋丛录》卷十八，第 197 页。

[415] 何瑜编著《清代圆明园御制诗文集》第一卷（四），第 427 页。

[416] 何瑜编著《清代圆明园御制诗文集》第一卷（四），第 464—465 页。

[417]〔清〕吴振棫《养吉斋丛录》卷十八，第 191 页。

第三章
中西园林文化交流的结晶——西洋楼

1. 中西文化交流催生西洋楼

在古代的丝绸之路上，有过一件非常有趣的事件：英国建筑师钱伯斯先生曾经在"东印度公司"工作八年，并随航船出航到达过中国广州，确实算是一位走过丝绸之路的人。后来，他在欧洲学习建筑，并曾成为英国王室建筑学导师。他通过古代的丝绸之路了解了中国，进而研究中国园林与建筑。在英国王室的花园中建造了中国式的高塔——即存留至今的伦敦邱园中国塔（图 3-1-1、2），佐证了中国园林通过丝绸之路传播的史实。

当时，由于丝绸之路的商贸活动，中国的丝绸、瓷器远销欧洲各国，同时出现了一种潮流——建造中国式的园林，被称之为"中国风"建筑。不过，它们做的建

英国伦敦邱园中国塔（图 3-1-1）

邱园中国塔副阶（图 3-1-2）

筑样式不如邱园中国塔那么标准。由于那些园林的设计者往往奉某位国王或亲王之命，以瓷器或丝绸图案上的建筑画作为蓝本，再加上传教士对圆明园的文字描绘，在想象中完成设计。邱园中国塔的设计者对中国建筑的真髓是有所了解的。邱园塔建于乾隆二十六年至二十七年（1761年至1762年），塔高48.8米。原来塔上塑着八十条龙，当年以琉璃装饰，五彩缤纷，令人目眩。现在已经看不到龙了。有些人认为邱园中国塔是仿照南京的大报恩寺塔

广州六榕寺塔老照片（图 3-1-4）

建造的。笔者比较了之后认为：钱伯斯有可能见过的形象为广州六榕寺塔（图 3-1-3、4），当为邱园中国塔的写仿底样，特别是六榕寺老照片上所显示的形象。钱伯斯并未到过南京，从形象上看也不是仿大报恩寺琉璃塔，大报恩寺塔据清代文献所载图片，[1] 各层屋顶转角带有翘角（图 3-1-5），而邱园塔的各层屋檐并没有翘角，造型更接近广州六榕寺塔。

与此同时，欧洲园林也走进了中国的圆明园，据记载"乾隆帝对欧式宫殿的兴趣，源于路易十五给他送来一份礼物，那是出版于1714—1715年间的法国书籍，其中一本《凡尔赛的亭台宫殿及喷泉平面和立体图例》(*Les Plans, Profils, et Elevations, des Ville, et Château de Versailles, avec les*

广州六榕寺塔（图 3-1-3）

Bosquets, et Fantaines)"[2] 乾隆帝晚年的回忆中也证实了这件事。他说:"(在长春园泽兰堂)堂北为西洋水法处,盖缘乾隆十八年(1753年),西洋博尔都噶里雅国来京朝贡。闻彼处以水法为奇观,因念中国地大物博,水法不过工巧之一端,遂命住京之西洋人郎世宁造为此法,俾来使至此瞻仰。前岁,英咭利国使臣等至京朝贡,亦令阅看,深为叹服。昨冬,广东督臣长麟、抚臣朱珪奏、荷兰国使臣等,以今岁为朕御极六十年大庆,恳请来京朝贺。鉴其数万里外,慕化悃诚,因允其请,已即于腊月到京,新正并与朝贺宴赏,节间令于是处观看水法,使知朕所嘉者远人向化之诚,若其任土作贡,则中国之大何奇不有,初不以为贵也。"[3]

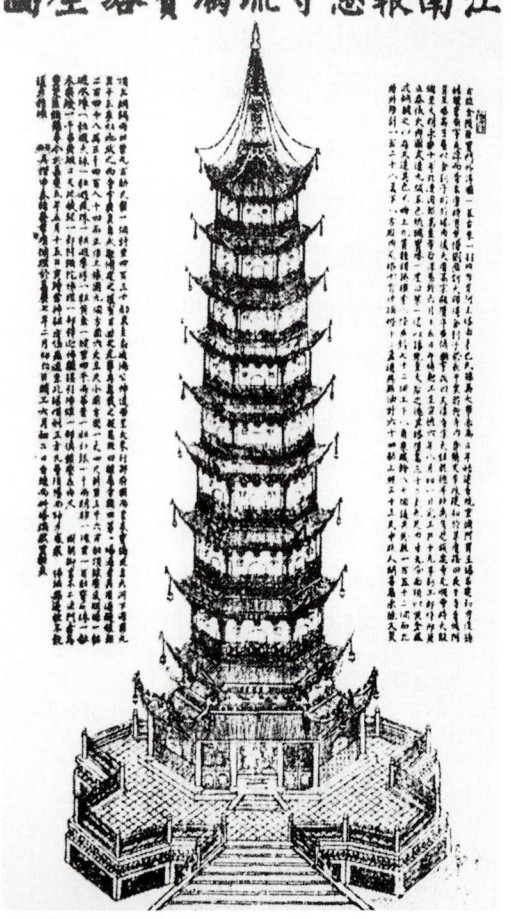

朝贡者带来的花园中有喷泉的欧洲园林,引起乾隆帝对建造西洋楼的兴趣,他决定建造一组西洋建筑。

2. 西洋楼景区的独特性

西洋楼景区位于长春园北部,邻北围墙,景区东西宽约850米,南北长约115米,占地约8.13公顷。其中所建的西洋建筑包括谐奇趣、万花阵、养雀笼、竹亭、方外观、海晏堂、远瀛观、大水法、线法山、方河、线法墙等。这些建筑的面积在全园之中仅占2%,面积虽不多,但却具有独特性。

乾隆十二年(1747年)开始筹划建设,自乾隆十五年(1750年)以后,西洋楼景区陆续建造:首先是谐奇趣,乾隆十七年(1752年)主体建筑建成,乾隆

江南大报恩寺塔(图3-1-5)

十八年（1753年）二月完成大殿、游廊、亭子等处的室内装修绘画。[4] 此后，于乾隆二十一年（1756年），皇帝又下旨命"长春园谐奇趣东边，着郎世宁起西洋式花园地盘样稿呈览"[5]。乾隆二十二年（1757年），郎世宁为新建西洋水法楼画铜门大样，[6] 此即指海晏堂，于乾隆二十四年（1759年）建成。[7] 同时还有方外观、大水法等也随后建成。此后，又过了二十四年，直到乾隆四十八年（1783年），才在大水法以北建成了远瀛观（图3-2-1）。

西洋楼是传教士们设计的建筑，郎世宁、蒋友仁所参照的欧洲建筑的样子，不外乎当时流行了近百年的巴洛克风格的建筑和洛可可风格的装饰。然而并非克隆，在其中加进了中国建筑的元素。本来，一般认为所谓中国元素不过是使用了木结构、琉璃瓦之类，然而在最早（1877年之前）拍摄西洋楼的摄影师恩斯特·奥尔末眼中所看到的却是另一回事，他在笔记中曾写道："这里的装潢……五彩缤纷，如彩虹般绚烂……映入你眼中的是装饰物丰富而动人的色彩，浸润在北京湛蓝色的天空里。随着观者移动的脚步和太阳的光影不停变幻，建筑物白色大理石的映衬让它们格外醒目，倒映在前方的湖面上，如同幻影……观者不禁怀疑自己来到了一千零一夜的世界里。"[8] 这段记载提醒了我们，于是促使我们去圆明园的出土构件的库房中查看所存琉璃构件，发现了一些琉璃花饰

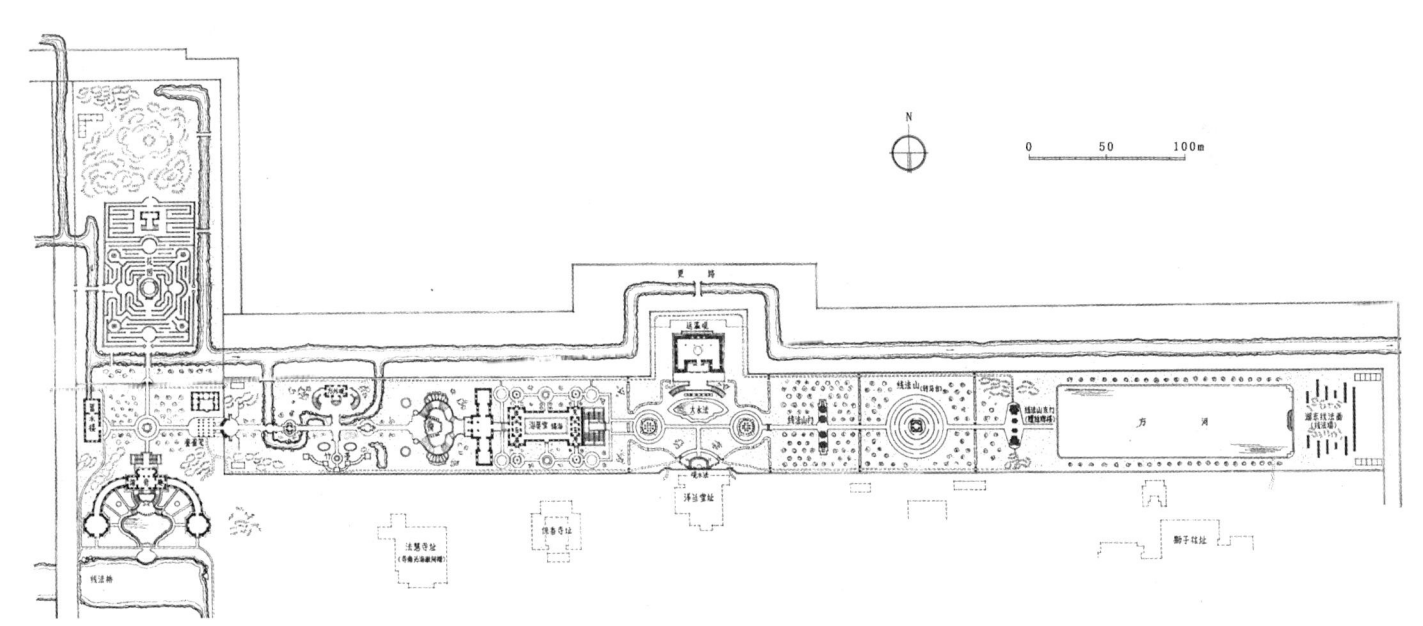

圆明园西洋楼景区总平面（图3-2-1）

谐奇趣残存的朝天栏杆构件
（图 3-2-2）

谐奇趣残存的琉璃花饰
（图 3-2-3）

谐奇趣老照片中显示的琉璃构件复原（图 3-2-4）

残片。与老照片对照之后，知道这些残片原来是一些建筑立面上的装饰构件，如女儿墙处的朝天栏杆、门套、窗套，墙壁上的壁龛都是琉璃的，使用了黄色、浅蓝、深蓝、绿色、粉灰色等，所以才有"五彩缤纷"的效果（图 3-2-2、3、4）。不过这些琉璃装饰构件本身仍然是西洋式花卉的毛茛叶、贝壳、盾箭线脚，乃至瓶形栏杆等。

西洋楼景区的每栋建筑布局和细部处理都有所不同。但又有一些共同点，如楼梯的处理：谐奇趣、方外观、海晏堂都使用了极富装饰性的室外大楼梯，采用环抱式。谐奇趣南侧楼梯三跑，采用不同的弧线轮廓，曲折多变。谐奇趣和养雀笼都使用壁龛来装饰墙面。这些都具有浓厚的欧洲巴洛克建筑风情，可能是受到著名巴洛克建筑大师伯尔尼尼设计的作品的影响，如罗马圣彼得大教堂前广场两侧椭圆形环廊，还有罗马西班牙广场的大台阶，西洋楼的这几处环抱式楼梯和谐奇趣南侧的楼梯，可以看出是伯尔尼尼作品的变体。

郎世宁于乾隆三十一年（1766 年）逝世，在大水法北侧的远瀛观为其他人设计，风格有了变化。

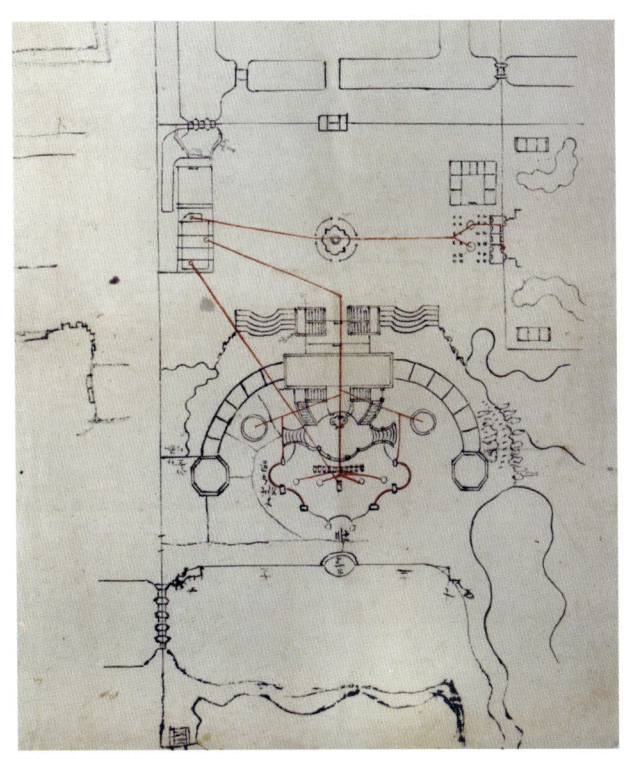

谐奇趣景区平面（图 3-2-A-1）

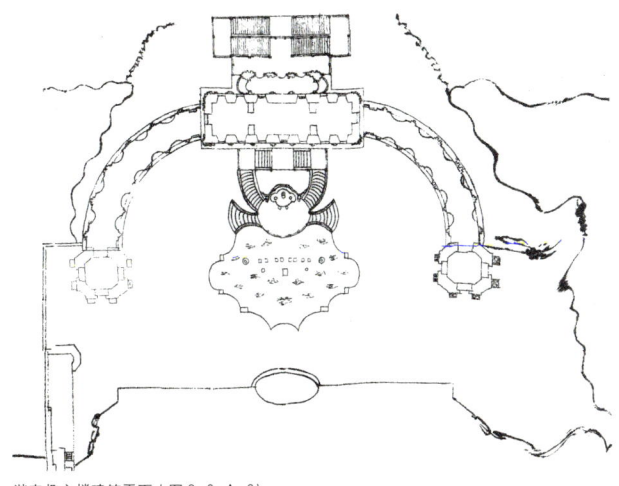

谐奇趣主楼建筑平面（图 3-2-A-2）

A. 谐奇趣

谐奇趣位于西洋楼景区的最西端，是最早建设的一栋。其包括主楼、水车房、喷泉、水池等（图 3-2-A-1）。

主楼采用承重墙结构，平面呈倒置的凸字形，当中向北突出少许，两翼自山墙向南伸出弧形抄手游廊，游廊端部以八角亭结束（图 3-2-A-2）。主楼平面图上显示面宽三间，当中的一间尤其宽大，是两次间的 1.5 倍，进深宽度与中心开间相同，当中部分为三层，上覆四坡顶，两侧的两层部分为平屋顶（图 3-2-A-3、4）。

主楼，南立面第三层开三个方窗，第二层则有一门两窗。左右两次间各为两层，各层立面每间开有两窗，门窗之间设置壁柱，角部为双壁柱，这些壁柱并非结构的柱子仅为装饰。壁柱之上有一段檐壁，其上为檐口，并带有朝天栏杆（图 3-2-A-5）。在第二层中央大门之外，两侧设之字形三段式楼梯，楼梯的下面两跑梯段均为弧形。通过这部楼梯可下达室外的大水池周围。左右两侧的两层，仅仅在第二层设有两樘窗户，第一层在尽端与二层相对处设有壁龛。主楼的北立面处理与南立面门窗形制

谐奇趣主楼南面铜版画（图 3-2-A-3）

谐奇趣主楼南面老照片（图 3-2-A-5）

谐奇趣南面全景老照片（图 3-2-A-4）

谐奇趣主楼北面老照片（图 3-2-A-6）

谐奇趣主楼北面石雕门头遗迹（图 3-2-A-7）

谐奇趣主楼东立面老照片（图 3-2-A-8）

有所不同（图3-2-A-6），三层仍为三樘方窗，二层改成带有半圆形发券式窗，窗前设有低矮的栏杆，一层只有中央开的一座大门，门头带有复杂的雕刻装饰（图3-2-A-7）。北侧的楼梯为规矩的双跑楼梯，也是从二层中央分别向两侧下落，至休息板折回，再下落到中部大门前。主楼东立面仅在二层中部开门，门头带有琉璃装饰，门两侧墙壁设有壁龛，壁龛为琉璃花饰贴面（图3-2-A-8）。一层壁柱带有箍形装饰，二、三层壁柱柱头做成近似爱奥尼式，柱身上部和下部带有小的琉璃花饰。

主楼两侧为弧形的游廊，作五开间，仅为一层，每间开了一樘窗，窗间墙只有箍形双壁柱，柱头为变体的爱奥尼式，柱上有檐壁、檐口，上覆平顶。廊子尽端为八角亭，亭的边长与游廊宽度相近，高两层，上覆八角顶。八角亭本身为承重墙结构，四正面开拱券（xuàn）门洞，四斜面用墙封死。在一层东、西、南三处墙表面设有圆形截面的双石柱，柱顶置爱奥尼式柱头，上托檐壁和檐口，二层仅开长方

谐奇趣八角亭老照片（图3-2-A-9）

窗，窗下墙线脚向左右延伸，窗两侧墙壁仅有一窝卷形石雕。四斜面除了将正面的线脚环绕之外，在墙壁上另加琉璃装饰，上部做方形、下部做长方形(图3-2-A-9)。

此建筑的石刻遗迹尚有留存，如南

谐奇趣主楼南立面壁龛残迹（图3-2-A-10）

谐奇趣八角亭的爱奥尼式柱头（图3-2-A-11）

谐奇趣石狮残迹（图3-2-A-12a）

谐奇趣石狮残迹（图3-2-A-12b）

侧墙上的壁龛（图3-2-A-10），八角亭采用改良的爱奥尼柱式（图3-2-A-11）。而最有意思的是其门前的石狮子，也是中西合璧，西洋式的头部，背上加了中式雕花，与中国狮子喜欢在背上加吉祥结相似（图3-2-A-12a、12b）。

谐奇趣前游廊环抱的庭院中设有水池，池的轮廓由14条曲线围合而成，池边临水栏杆布置了狗、羊等动物雕刻，池水中有蟹、虾、鸭、鹅、鱼、莲花等形状的喷水装置。另在西北方建有一座蓄水楼，作为喷水水源，利用铜水管引过来，水管埋设的位置在图3-2-B-1中画着红色的线。

从总体来看，在体形处理上，主楼中间高两侧低，抄手游廊更低，变成了一层，而八角亭又做成两层，颇有一种韵律感，好像是一首曲子从高到低慢慢地接近尾声，最后以一个强音结束（图3-2-A-13、14）。

谐奇趣南面遗迹全景（图3-2-A-13）

谐奇趣景观复原图（图3-2-A-14）

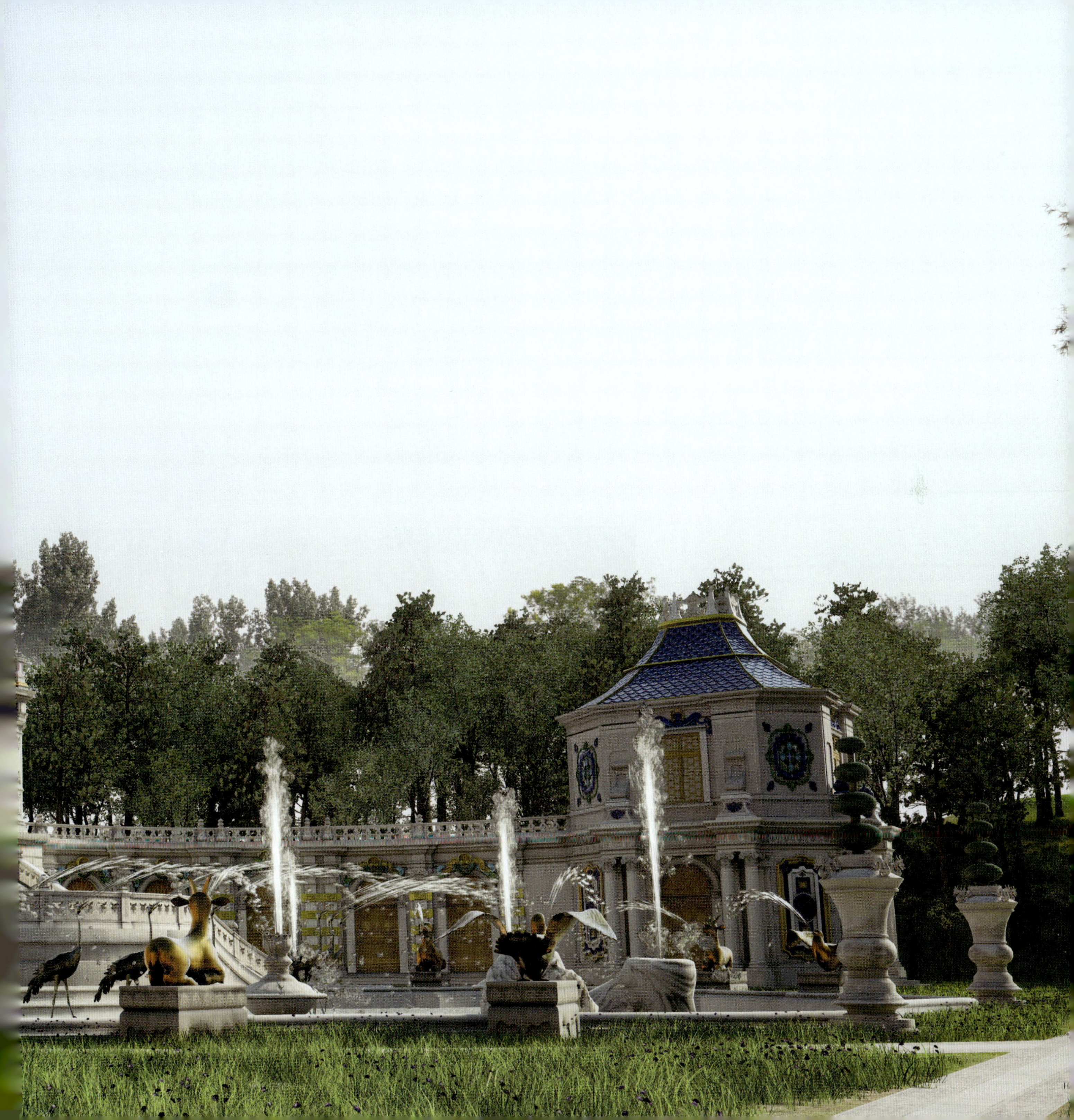

B. 万花阵

万花阵位于谐奇趣正北方的中轴线上，是一组迷宫式园林（图 3-2-B-1）。中央设有一座园亭，园亭的四周布置着若干道一米多高的矮墙，平面形式如条纹状间八边形图案，隔出一条条似通非通的道路。矮墙的外围四面设门，入门后，若想达到中央的小亭，必须经过一番曲折盘旋，犹如进入一座迷宫（图 3-2-B-2）。

万花阵的园亭，立在一个圆形基坐上。平面为圆形，布置着八根西洋式圆柱，柱间梁枋皆作直线形，至顶部按照八边形做出短短的中式坡顶及屋檐；上覆八边形穹窿顶，中央为宝顶，做成一个极小的园亭。这座建筑基座上布满浮雕，小亭本身采用木结构。现存为复建者，采用钢筋混凝土结构。

万花阵的矮墙带有万字花纹，墙顶上有植物装饰。故称"万花阵"。在矮墙开门之处立有柱墩，顶上置有菠萝状雕刻。当年柱墩成为安置铁花门的结构依托（图 3-2-B-3）。

在欧洲园林中，这种迷宫完全用修剪整齐的植物来完成，别有一番情趣，在圆明园可能由于气候

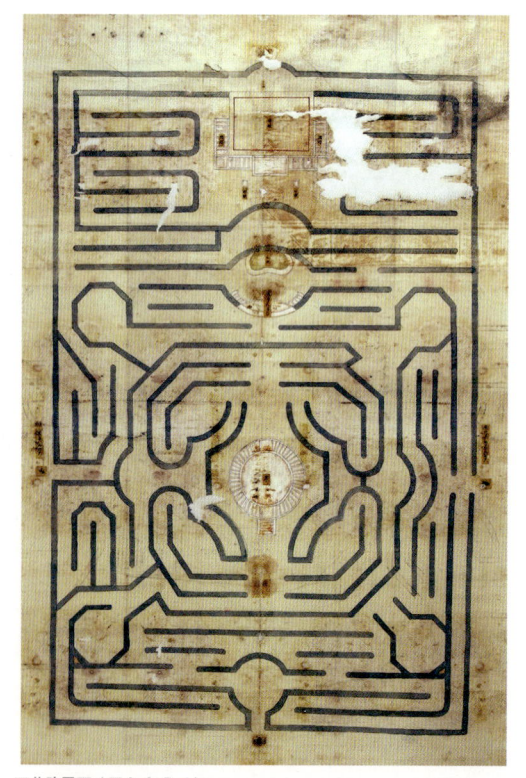

万花阵平面（图 3-2-B-1）

重建后的万花阵（图 3-2-B-2）

的原因，只好用矮墙代替树篱了。

在谐奇趣和北部的万花阵之间，设置了一个带有中心喷泉的小水池（图 3-2-B-4），由此引出一条东西向的道路，一路上布置着养雀笼以及水池、石桥之类的小建筑，这条路的端头便是海晏堂。

⊙ C. 养雀笼

养雀笼顾名思义是当年饲养孔雀之处，四周有矮墙环绕，东西各设有一座门。

养雀笼虽然没有大的建筑，但其入口也做得很讲究，西侧的入口采用中式的牌楼式加西洋装饰的形式（图 3-2-C-1），东侧入口则完全为西式的（图 3-2-C-2），从这张在 1877 年由摄影家托马斯·查尔德拍摄的老照片，可窥其原貌。此门为一层，由壁柱划分成三间，壁柱使用变体的爱奥尼柱头，壁柱之上为檐壁和檐口。

这座建筑心间开门，两侧做成壁龛。大门用半圆券式门洞，由细小的壁柱承托着券脸，券脸上面装饰着弧形纹样，中间凸起一个喇叭花形雕饰，随着檐口和女儿墙也向上凸起，成弧形轮廓，檐口遇到喇叭花的花蕊则断开，做成涡卷。

万花阵花园门老照片（图 3-2-B-3）

谐奇趣与万花阵之间的喷泉水池遗迹（图 3-2-B-4）

养雀笼东立面（图 3-2-C-2）

养雀笼西立面（图 3-2-C-1）

养雀笼东门遗存石构件（图 3-2-C-3）

两侧壁龛内用一层层跌水花盆组合而成,花盆两侧也用细壁柱承托券脸,券脸内凹成蚌壳形,券脸顶部也用葫芦形凸起的装饰,服帖于岩壁之上。

目前现场还留有少量西式建筑的石构件（图3-2-C-3）。

⊙ D. 海晏堂

海晏堂,这是一组颇具规模的建筑,主要有两座建筑和一个大水池,海晏堂的主体建筑朝西（图3-2-D-1）,堂前便是椭圆形大水池,内设有十二生肖喷泉铜塑像（图3-2-D-2）,堂后有南北向的蓄水楼（图3-2-D-3）两者之间以廊相连。

海晏堂主楼高两层,共有十一间。平面分成五段宽窄不等的长方形,西向主要立面非常宏伟,二层当中作三开间,向前突出,开一门二窗,门前设有平台,通往两侧环抱着水池的大楼梯,可自二层盘旋而下。两端的两间也微微向前突出,并将一层更向前伸,做成屋顶平台,充当阳台,从二层可以出门到此欣赏室外风光。屋顶中部的三段皆作两坡顶,仅仅在中央的三间设有女儿墙。两端则改作四坡顶,均采用琉璃瓦。

这座建筑立面的装饰尤其丰富,东立面二层中央开有铜门,门两侧有两根凸出墙面的独立圆柱,柱头采用变体的爱奥尼式,上部顶着凸起的檐口,檐口之上还做了雕饰。东立面在五段起伏变化部位都设有双壁柱,柱身上下分成四段,每段相接处皆有浮雕,壁柱柱头为卷草纹式浮雕。

海晏堂西侧十二生肖水池残迹（图3-2-D-2）

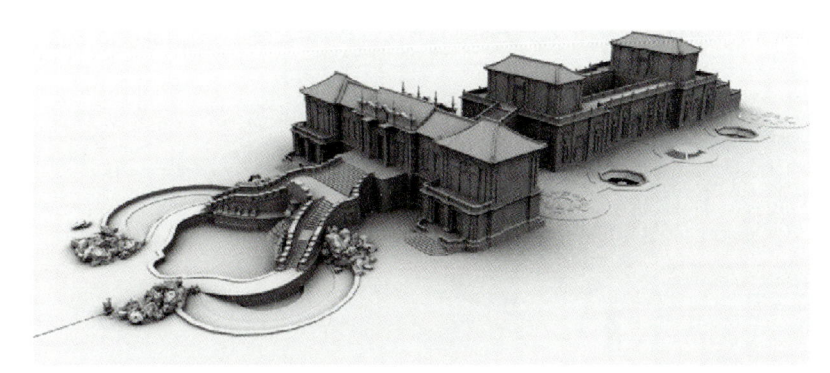

海晏堂与蓄水楼组合示意图（图3-2-D-3）

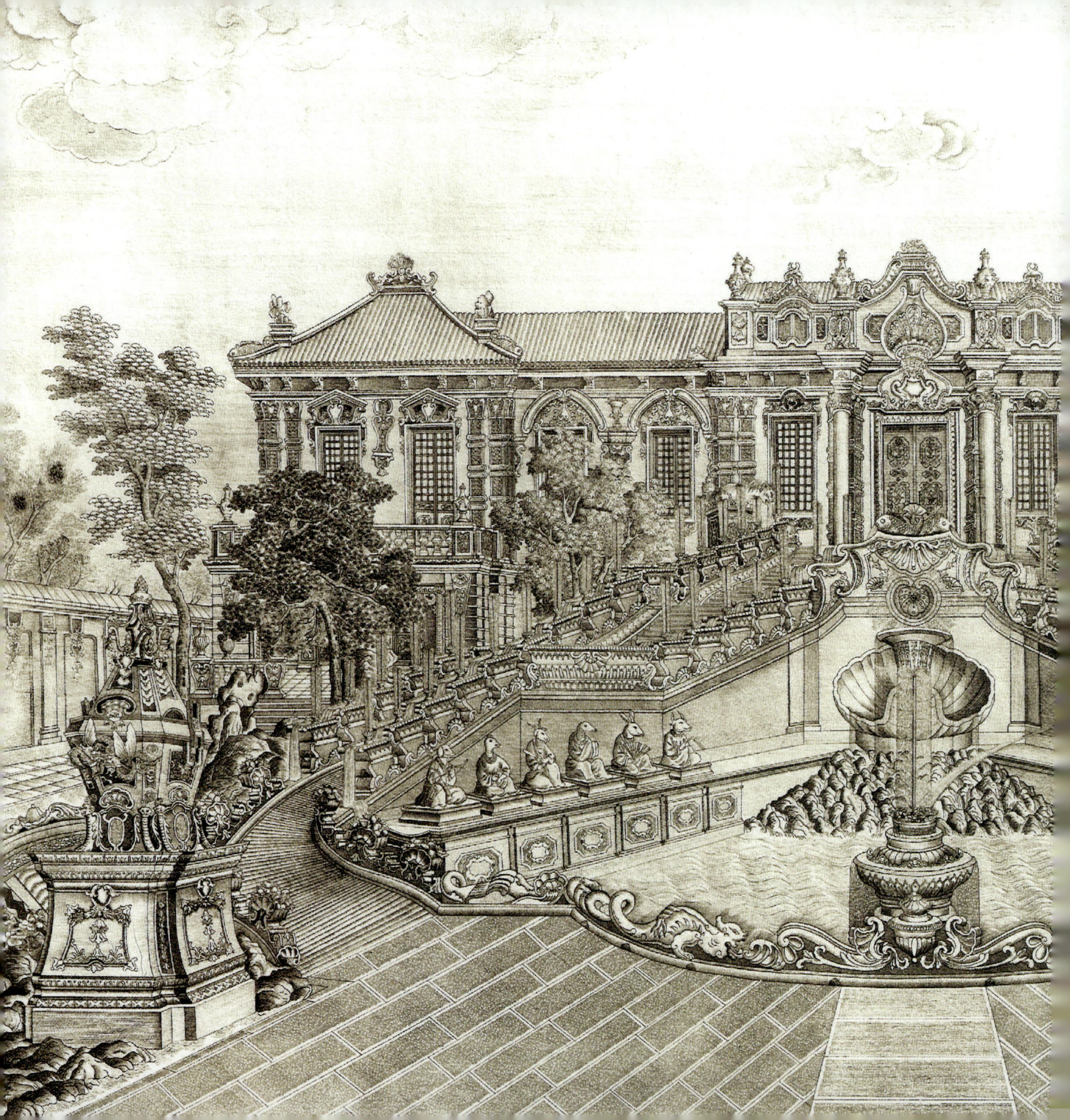

海晏堂西面（图 3-2-D-1）

海晏堂西立面复原图（图 3-2-D-4）

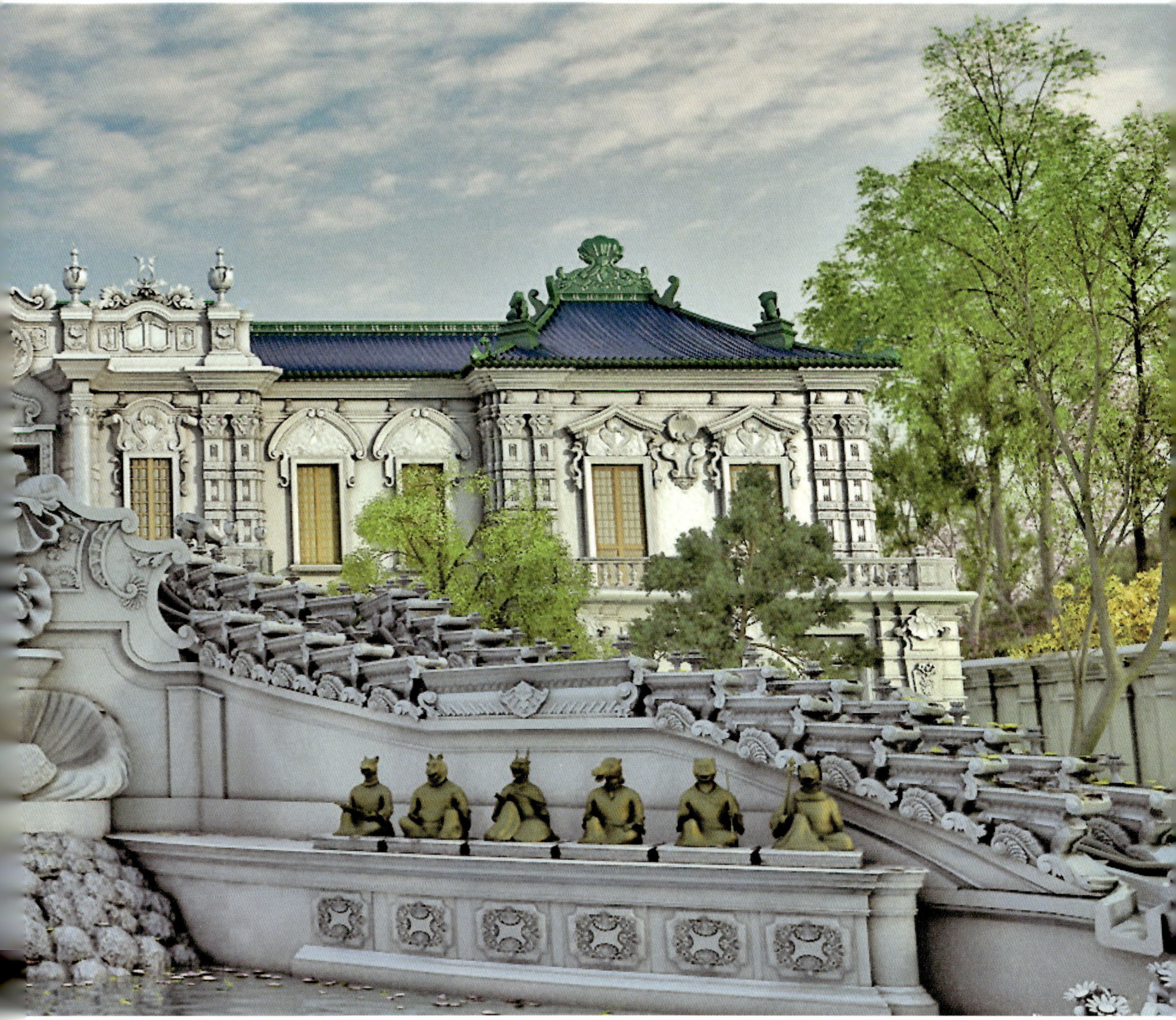

柱头之上横向有一条线脚，上置涡卷式牛腿，支撑挑檐。门楣和窗楣表面有较复杂的雕饰，并冲破柱头上的线脚，门楣做成巨大的近似葫芦形轮廓的琉璃雕饰，直冲到女儿墙顶。窗楣雕饰分成两类，当中三间的两个窗仅在雕饰中部凸起一段圆弧形轮廓。第四、五两间窗楣的雕饰用两个带涡卷的弧形边框合抱着，第六、七两间作为通向阳台的门，此处的门楣雕饰上部采用山尖形边框。女儿墙本身雕饰颇多，分间的矮柱上有瓶形饰物，屋脊的角部饰翻尾鱼、押脊石等（图3-2-D-4）。

　　海晏堂西门设在二层，比大水池高出一层，门前设有休息平台，首先可见迎面阳台的异形栏板，栏板顶部设有两条互相扭结在一起的翻尾石鱼，栏板外侧雕着卷草、凤尾之类的石雕纹饰，栏板下面雕有环形的喷水口，喷出的水落入下面一个巨大的蚌壳之中（图3-2-D-5）。水满后溢出，泄到水池中。大蚌壳两侧放置十二生肖铜兽，左右各六个，每个铜兽身着中式服装，兽首作为喷泉出水口，铜兽下有高1米左右石雕基座，使喷水兽高出水池池底。铜兽具有报时功能，按照中国传统的生肖与时辰结合的顺序，左右对称排列着子鼠、丑牛、寅虎、卯兔、辰龙、巳蛇、午马、未羊、申猴、酉鸡、戌狗、亥猪，[9]每个时辰喷水，到了正午，十二个兽首同时喷水，方向聚焦在水池中的花盆状集水

海晏堂西侧水池中的蚌壳（图3-2-D-5）

海晏堂西侧坡道旁的波纹状水槽（图3-2-D-6）

盆中。

除了十二生肖喷泉之外，海晏堂还有另一突出的特点。它有多种大小不同的喷泉，大门两侧设置豪华的大楼梯，楼梯两侧地面设有较窄的一条水道（图3-2-D-6），楼梯两侧的扶手位置由一个接一个的水盆组成，每个盆内均设有一束喷泉。内侧水盆的水从二层大铜门前的栏板上石雕双鱼口中吐出，通过水盆一层层跌落下来，最后注入水池；外侧则从竖立着的石礅上的一对石狮口中吐出，然后供给水槽和水盆，再层层跌落到楼梯外侧的小水池中。

这座建筑现在保留的遗迹仍然不少，据统计现场石构件残迹多达2108块。海晏堂主楼尚留有部分残墙、台基、小水池立于场地之上（图3-2-D-7a、7b）。

海晏堂喷泉的水来自堂之东的蓄水楼，这个建筑顶部为一个大水池，为了提高水位，将水池建在高台上，下面用三合土垫起一座高高的台基，外表表面用砖石装饰，做出一间间的建筑造型，并有门洞、壁柱、假窗等（图3-2-D-8a、8b）。上部砌筑水池，并以"锡"附在水池内表面，作防水层，因之水池被称为"锡海"。锡海两侧设有东、西水车房，用以提水。这需要机械动力才能把水提上来。后因设计者蒋友仁去世，机械无法转动，每次皇帝要来观看喷水景观，只好借助人力解决。目前还可看到这个楼房的部分石墙和承托锡海的三合土台基，外部包厢的砖石壁面

海晏堂主楼东立面遗迹（图3-2-D-7a）

蓄水楼下部供水小池遗迹（图3-2-D-7b）

海晏堂蓄水楼南立面（图 3-2-D-8a）

海晏堂蓄水楼南立面老照片（图 3-2-D-8b）

蓄水楼外立面遗存的石门柱（图 3-2-D-9）

蓄水楼非永久性保护措施（图 3-2-D-10）

已经无存，仅留有几处门框之类的石构件（图 3-2-D-9），最近为了保护蓄水楼残迹，将其外包了砖（图 3-2-D-10），蓄水楼原有少量的石构件，有的矗立在原地，有的另行存储。

对于西洋楼景区的喷泉到底使用了何种机械设备，多年来一直困扰着中国学术界，近年我们遇到意大利罗马的马克普朗克艺术史研究院 Hermann Schlimme 教授，向他咨询有关建筑问题，他认为西洋楼喷泉问题很值得研究，于是在意大利罗马的马普艺术史研究院图书馆，发现在传教士的书信中，曾谈到蒋友仁为郎世宁设计的西洋楼建筑中的喷泉机械，所参考的是一部关于水力学与建筑的书籍 Architecture Hydraulique，他找到了这本书，发现书中的水利机械图，是一种利用齿轮传动的提水装置，通过牲畜拖动长柄带动水平齿轮转动，并与竖向"凸齿轮"相互咬合，完成自下而上的提水活动，最后将水注入蓄水池，再利用势能流入送水管，供喷泉使用。

在样式房遗图中，蓄水楼顶部在锡海两侧，分别设有东、西水车房，这便是安装水力机械之处。Hermann Schlimme 教授首先以谐奇趣为例进行研究。蒋友仁本是数学家，他在西洋楼喷泉设计中，通过计算，得出蓄水楼所需的高度，利用势能可以使喷泉喷水。喷水之后，水流入暗渠排走。从当时的技术状况来分析，对于海晏堂的水车房所使用的注入锡海的机械，当与此同类。

对于 Hermann Schlimme 教授找到的这本书，在当时的中国有吗？他带着疑问于 2016 年来华，在北京国家图书馆的藏书中找到了，在书中还留有使用者在书的空白处用铅笔勾勒机械草图的遗迹，从而得到证实（图 3-2-D-11a、11b）。更有趣的

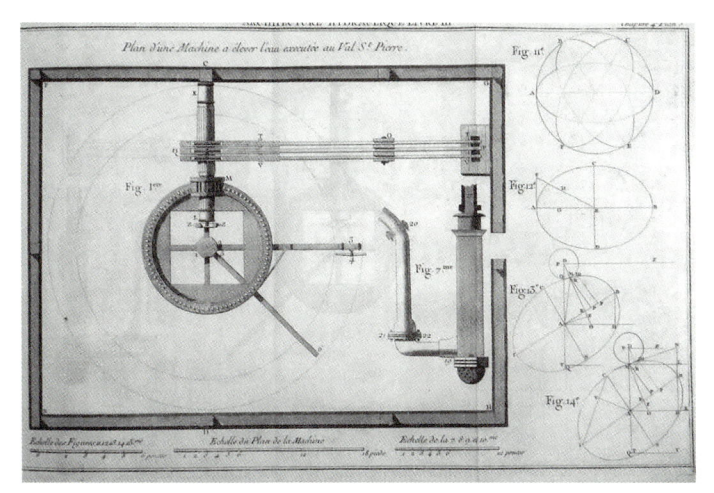

西洋楼喷泉使用的提水机械平面图（图 3-2-D-11a）

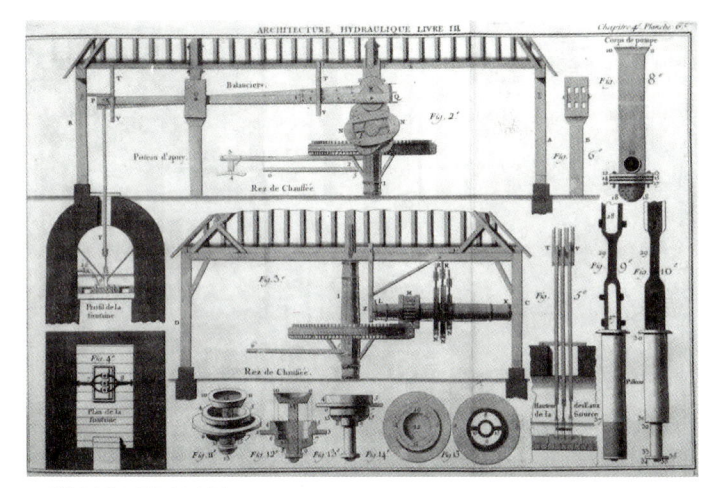

西洋楼喷泉使用的提水机械剖面图（图 3-2-D-11b）

水车模型（图 3-2-D-12）

子鼠（图 3-2-D-13a） 　丑牛（图 3-2-D-13b） 　寅虎（图 3-2-D-13c） 　卯兔（图 3-2-D-13d）

辰龙（图 3-2-D-13e） 　午马（图 3-2-D-13f）

申猴（图 3-2-D-13g） 　亥猪（图 3-2-D-13h）

是笔者今年在故宫藏样式房图中，也曾看到一张画有简单的齿轮和手柄的草图，推测是当年摹写的，根据这样的史料我们复原了当年水车房内的机械传动模型（图 3-2-D-12）。

在此顺便对于十二兽首的存世状况做一简单说明：目前牛首、虎首、龙首、马首、猴首、猪首已经回归中国（图 3-2-D-13a—13h），其中马首为香港何鸿燊（shēn）博士捐赠国家，猪首为中华抢救流失海外文物专项基金会在美国寻得，经何鸿燊博士向该基金会捐款后购回，龙首在台湾私人收藏，其余皆为保利集团购回，并保存在保利艺术博物馆。另外还有鼠首和兔首为法国私人收藏，其余四个兽首下落不明。

⊙ E. 方外观

在海晏堂以西的另一座石构建筑便是方外观。这座建筑坐落在东西向大路的北侧，南向。方外观是一座长方形三开间两层楼建筑，东西两侧有半环形楼梯通往二层。该建筑为砖墙承重的结构，砖墙中夹立石柱，表面形式为壁柱，柱子布置颇随意，一层角部三柱并列，中部心间两侧仅有一柱，均带有箍形花饰。二层仅在墙角立一石柱，二层柱子的形式也与一层不同，柱身的箍形增加了雕饰（图 3-2-E-1）。门窗形式及门套、门楣、窗套、窗楣上下两层也各不相同，二层一律为长方窗，中间的一樘为门，门前有窄窄的阳台，两侧的为落地窗，窗前有栏杆遮挡，门窗周围有稍稍突起的门窗套和八字形门楣、窗楣。下层中部开间有醒目的壁柱向前凸出，大门更用厚重的石门套加以强调，门楣处有贝壳形浮雕。两侧的窗子一改长方形的逻辑，采用了椭圆形，窗套作成浮雕

方外观南立面（图 3-2-E-1）

方外观老照片（图 3-2-E-2）

方外观遗迹（图 3-2-E-3）

方外观复原图（图 3-2-E-4）

式。"带箍形花饰的壁柱和椭圆窗是优美的巴洛克建筑的典型原件。"[10] 这栋建筑在屋顶以下几乎找不到什么中国建筑的元素,就连两侧的室外大楼栏杆也采用的是16至18世纪巴洛克建筑中常见的S形带涡卷透雕栏杆,但屋顶本身却做成重檐的类似中式的庑殿顶(图3-2-E-2、3)。

这座建筑的使用功能不比寻常,据说作了乾隆容妃[11]的礼拜殿。容妃来自新疆,系维族人,为和卓家族的后裔,其曾祖为新疆白山派著名领袖阿帕克和卓之弟,阿帕克和卓曾经配合清军平定叛军有功。容妃信奉伊斯兰教,故在此专门辟为伊斯兰教的礼拜殿(图3-2-E-4)。

方外观的对面设有一组以竹子建造的亭廊,名五竹亭,据铜版画可知其大概面貌(图3-2-E-5)。

五竹亭北面(图3-2-E-5)

⊙ F. 远瀛观与大水法

远瀛观位于西洋楼景区东部，是景区其他建筑已经建成二十多年以后才建设的景点，也是这一区体量和规模较大的建筑（图 3-2-F-1、2）。它与长春园的泽兰堂之间找到了相呼应的关系，从泽兰堂南北向轴线向北，布置着主要建筑远瀛观、大水法、观水法。对于已有的海晏堂东西轴线，仅仅布置了次要建筑喷水双塔，使其继续向东延伸。

远瀛观坐落在高高的台基上，为一座五开间大殿，两端的两间，稍向前伸，平面成倒置的凹字形。这座建筑虽仅一层，但在这一组建筑中，尺度较其他几栋更为宏大（图 3-2-F-3）。当中的三开间设有三樘铜门，彼此间以前突的白色大理石柱隔开，柱身满雕毛茛叶图案，异常精美（图 3-2-F-4）。各间皆有壁柱作为装饰，柱之上有多层线脚构成的屋檐檐口。中央的三座门均饰有小壁柱和拱券门套，券脸成为雕饰的重点。在当心间的独立柱之上，更突起一段"凸"字形女儿墙，其轮廓有大小不同的涡卷形雕饰（图 3-2-F-5）。这座殿宇两端前凸的两间，南向及东西向都开长窗，并皆有壁柱式窗套及雕花窗楣。其装饰风格反映了晚期的巴洛克风格。当中的屋顶为三重檐庑殿式，两端除了坡顶之

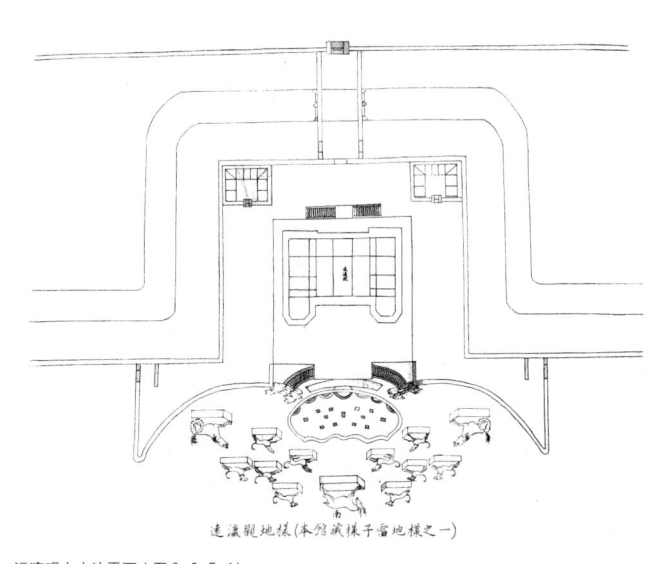

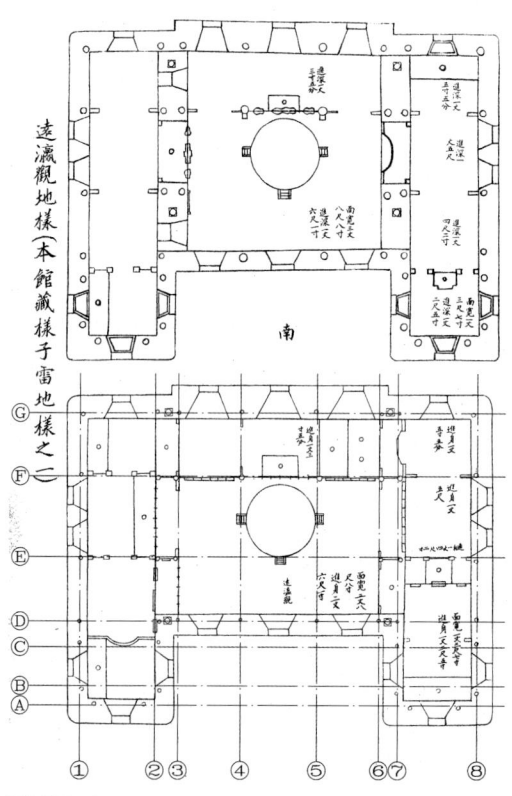

远瀛观大水法平面（图 3-2-F-1）

远瀛观平面（图 3-2-F-2）

远瀛观南立面（图 3-2-F-3）

远瀛观残留雕刻精美的石柱（图 3-2-F-4）

远瀛观中央大门老照片（图 3-2-F-5）

外，在前部各有一高起的小亭。屋顶瓦面一、三层为琉璃筒、板瓦，二层用鱼鳞瓦，屋脊上有彩色琉璃卷草花饰，上部的宝顶也是五彩琉璃。[12] 远瀛观大殿室内的装饰为"棚顶中心人物"画，周围绘有花边，后庑也有类似的人物、景物等绘画。[13]

远瀛观前有宽大的月台，台前便是大水法，两侧设有弧形大台阶，环抱着大水法，其水池设置在远瀛观台基之前。水池后部立有一座大理石衬壁，石壁上有兽头吐水，作为水法表演的背景。石壁顶部有巨大的双重涡卷形雕饰，与喷射的水柱取得了很好的协调（图3-2-F-6、7）。水池平面近似扇形，但每边皆由弧线构成。池中有

大水法正面铜版画（图3-2-F-6）

大水法老照片（图 3-2-F-7）

大水法与远瀛观遗迹（图 3-2-F-8）

铜鹿、铜狗等，鹿居中央，十只铜狗分列两侧，水法表演时，水从这些动物口中喷出，俗称"十狗逐鹿"（图3-2-F-8）。

在水池的东西两侧还有两座"十三层塔，节节喷溢水瀑"[14]。塔下也有两个小水池。

大水法以南有一处满铺大理石的高约40厘米的矮台，台南侧立有五扇石屏风，此处即为观水法（图3-2-F-9）。当年台上放有皇帝的宝座，供其就座观看水法表演。奇怪的是，每扇石屏风上所雕刻的内容为西洋的刀枪箭戟（图3-2-F-10）。当年，乾隆为何能容忍这些洋枪洋炮立在自己身后？令今人费解。不过乾隆帝未必坐在观

观水法北立面（图3-2-F-9）

观水法老照片（图 3-2-F-10）

观水法遗迹（图 3-2-F-11）

从泽兰堂看远瀛观与大水法遗迹（图 3-2-F-12）

水法处观赏大水法，他可能居高临下地坐在泽兰堂观看远瀛观、大水法全景，尤其是请外宾观看时，大水法只有他一人之宝座，而泽兰堂可以满足更多人观看（图3-2-F-11、12）。

⊙ G. 线法山、线法墙

大水法以东还有线法山、方河、线法墙，景点一直延伸到长春园东部围墙，但已经没有什么较大的建筑物了。所谓"线法"为"透视"之意，线法山为一座人工堆叠的土山，山顶有一座小亭，为观赏东部线法墙之处景观，故得名线法山（图3-2-G-1）。从小土山山脚可以骑马到达小亭，马道是环山逐渐提升的，故又称转马台。在这座线法山西设有西洋式小门（图3-2-G-2），过了线法山，在山的东侧设有一座西洋式牌楼门（图3-2-G-3），开有3个门洞，中部为圆券门洞，两侧为方门洞，但是这座石牌楼与中国传统的牌楼不同，不是单独

线法山（图3-2-G-1）

线法山西门石礅遗迹（图 3-2-G-2）

初冬方河及后部的线法山（图 3-2-G-4）

线法山东侧西洋式牌楼门（图 3-2-G-3）

一面墙式的，其两侧为两个六边形的小亭子，中间用圆券门洞连成一体。每个六边形亭子开有3个门洞，南侧者在正南、西南、东北，北侧者正北、东南、西北，据样式房匠师画的草图档案可知亭子内部对角线长1.2丈。

过了这道门便是方河（图3-2-G-4），即长方形水池，东西长45丈，南北宽15丈。东西两端各有台阶深入水中。

在方河以东建了几层矮墙，即所谓"线法墙"（图3-2-G-5）。按照样式房图样的绘制习惯，将立面与平面合而为一，既表现了平面关系，又反映出立面的概况。图中所绘墙体从西往东前后共设置11面墙，形成南北两列，两两对称设置，但间距逐渐缩小，如喇叭状，前后分成6组，彼此间距离逐渐增大，其中每面墙的长度不尽相同，最东部设置一面超长的墙，每面墙上绘有不同的景物，总体上联成一体，看上去犹如一条街道。在西洋楼铜版画中有一张线法墙设计的效果图，可知其设计意图（图3-2-G-6）。

这组景观的围墙也是经过精心设计的，在老照片中显示的围墙带有壁柱，将墙分成若干段，每段称作"一堂"，东围墙共有9堂，南北围墙各42堂，每堂有两根壁柱，柱间四角海棠围成近似的方形，墙顶挑出叠涩线脚。

方河以东便是线法墙，墙上有西洋建筑的绘画，从线法山上望去，矮墙上的画连成一体，如一条街道。

设计者利用突起的线法山、宽阔的方河与西部密集的建筑景点取得一种平衡，倒是一种巧妙的处理办法，这样在空间上

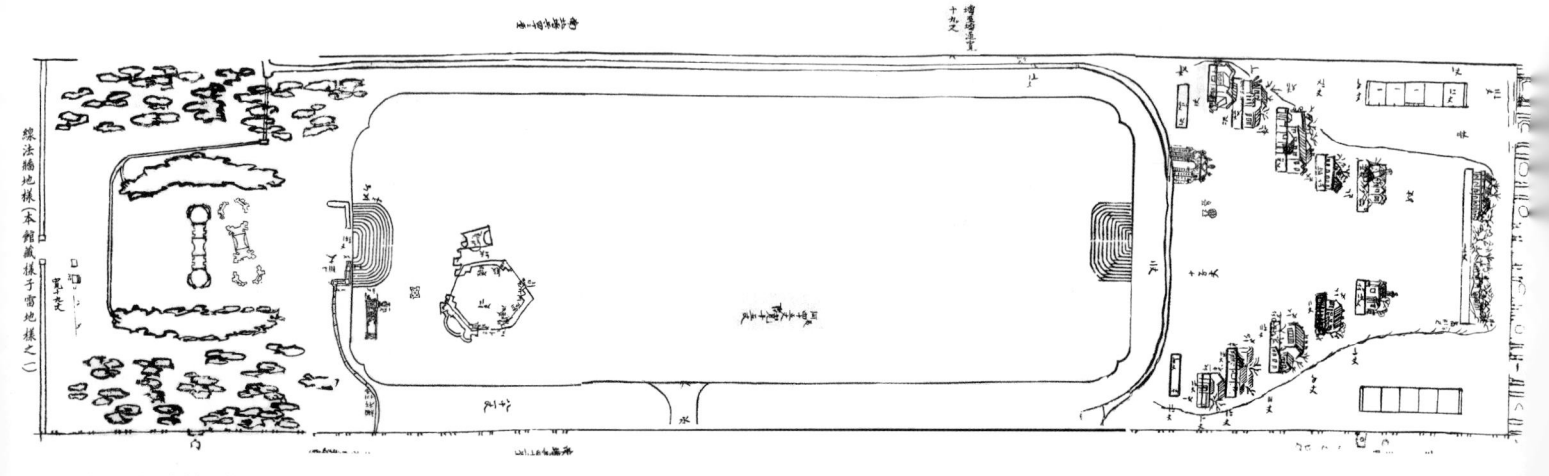

方河及线法墙地盘画样（图3-2-G-5）

方河东线法画（图3-2-G-6）

使远瀛观处在了中心的位置。而又可以将山水与建筑配合，顺应了长春园总体的风格，同时线法山之东的线法墙处理，使得原来在西洋楼景区观赏之后，看到线法山，游赏者自然以为到此结束，没想到爬上线法山，到达具有期待感的山顶小亭，会突然发现原来还可隔水看到远处有一条小城街道，真是映现了"山穷水尽疑无路，柳暗花明又一村"的景色。

西洋楼景区建筑的功能主要是作为一种景观，特别是水法景观而存在，有时也用作皇家的各种活动场所。如海晏堂曾经作为筵宴场所，谐奇趣曾经举行过音乐演出，方外观曾经作为容妃的礼拜堂。这几处有时还作为陈放各种礼品的场所。

从规划上看，当时将西洋楼景区设在长春园东北角的位置，说明规划人员确实认识到西洋园林与中国传统园林的构成规则的不同，因此另辟一区，将两者之间采用一道东西走向的土山隔开。西洋楼景区整组建筑群初始建设时呈横向的"丁"字形布局，除谐奇趣与万花阵用南北轴线沟通之外，其他建筑均分布在这个南北宽70米、东西长800米的窄长的空间中，与真正的欧式庭园相比，不免显得局促，只好以并列的方式，安排一个个庭院与建筑。直到乾隆四十八年（1783年），于大水法以北建成了远瀛观，形成了又一处在南北方向有一定进深的景点，才打破了这条长达800米的东西向轴线的单调感，使其有了起伏，对于这个景区仅是园林构件的排列组合的氛围有所改善。另一方面，远瀛观追求华丽的装饰效果，使这个后来居上者颇有在景区中争雄的架势。就建筑个体而言，由一些非职业建筑师的画家、传教士们来设计，自然有许多不符合原生的西洋建筑法则之处。例如"柱式"的各部之权衡，雕刻纹样的题材等等，但还是反映出欧洲流行的建筑风格。同时，他们注意到，尽可能吸收一些中国建筑的特征。于是，在承重墙体系上加盖了琉璃瓦的屋顶。由于屋顶出檐极短，与出檐深远的中国传统建筑屋顶的风格大相径庭，因此，这些建筑的造型并不太美，既无西洋建筑的刚毅，又缺乏中国建筑的飘逸，使人感到中西结合得不够圆满。

但对于当时的中国皇帝来说，毕竟有许多他们未曾见过的东西，那喷泉、水池、布满雕刻的石头建筑等，所以西洋楼能够得到他们的青睐。圆明园中的西洋楼景区，是首例按中国统治者意愿建造的西洋建筑，表现出乾隆帝的开放精神，他愿意接受国外的新颖事物。

对西洋建筑的好奇，还可从当时的一些宫廷活动中得到进一步证实。例如乾隆五十五年（1790年），80岁生日庆典活动中，曾采用16处西洋建筑、牌楼、水法等，作为从圆明园至故宫沿途的布景式景观（图3-2-G-7、8）。

其中，自圆明园至西直门的一段布

乾隆帝八旬万寿图卷西洋点景建筑之一（图 3-2-G-7）

乾隆帝八旬万寿图卷西洋点景建筑之二（图 3-2-G-8）

置有：西洋楼一座，西洋式房五楹，西洋式牌坊一座，西洋式牌坊一座在百祥庵寺南，西洋券洞牌楼，西洋房上建平台，西洋房，西洋平台。[15]

自西直门至西华门一段布置有：西洋平台，西洋房回廊十二楹，过西四牌楼有西洋线法山，西洋水法亭三座，西洋式方亭，西洋房数十楹，在紫禁城外、流云牌坊之左、两面对置西洋房，西华门外设线法山。

西洋楼景区的建成满足了乾隆帝猎奇的心理需求，他虽然引进了西洋的建筑文化，但仍然流露出一种大国天子的自大，认为水法不过工巧之一端。另一方面，乾隆帝认为，中国之大何其不有，无论什么景观我大清王朝都可以造出，所以也把西洋楼作为炫耀的东西。因此，他曾经不止一次地请外国使臣观看水法。70年之后，英法联军将它连同整个圆明园焚毁。

注释：

[1] 引自罗哲文《中国古塔》，北京外文出版社1994年版，第68页。

[2] 刘海翔《欧洲大地的中国风》，第97页。

[3] 清高宗《御制诗》五卷九十四集，题泽兰堂诗注。

[4] 据内务府活计档载，乾隆十六年五月二十九日（如意馆）"……传旨，长春园水法房大殿三间，东西梢间四间，游廊十八间，东西亭子二间，棚顶连墙俱着郎世宁仿彩内款式起通景画稿呈览……于十一月三十日，郎世宁起得通景小稿四张，郎正培等呈览。奉旨：照样准画，着王致诚放大稿……于十七年九月二十三日，郎正培奉旨：水法房东游廊十八间二面画，务必赶来年二月内要得，若如意馆人不足，着外雇画画人帮画。"见中国第一历史档案馆编，清代档案史料《圆明园》下编，第1330页。

[5] 据内务府活计档载：乾隆二十一年四月十一日（如意馆）"……传旨：长春园谐奇趣东边，著郎世宁起西洋式花园地盘样稿呈览，准时交圆明园工程处成造。"见中国第一历史档案馆编，清代档案史料《圆明园》下编，第1359页。

[6] 据内务府活计档，乾隆二十二年十月十一日（如意馆）载"……本月初十日，奉宸苑卿西洋人郎世宁面奉旨：新建水法西洋楼铁门纸样一张，着交造办处枪炮处照花样成做……"

[7] 乾隆二十四年在活计档中出现"新建水法殿""新建水法三间楼"等，见中国第一历史档案馆编，清代档案史料《圆明园》下编，第1383页。

[8] 中华世纪坛世界艺术馆、秦风老照片馆《残园惊梦——奥尔末与圆明园历史影像》，广西师范大学出版社2010年版，第14页。

[9] 十二时辰的排列顺序如下：子时23:00—1:00，丑时1:00—3:00，寅时3:00—5:00，卯时5:00—7:00，辰时7:00—9:00，依此类推。

[10] 瑞典奥斯瓦德·奚伦《中国花园》第九章，韩宝山译，

《圆明园》学刊第 5 集，第 216 页。

[11] 容妃生于雍正十二年，入宫在乾隆二十五年，开始被封为和贵人，二十七年被封为容嫔，三十三年晋封容妃。是乾隆最喜爱的妃子，乾隆五十三年病逝。

[12] 赵光华《长春园建筑及园林花木之一些资料》，见《圆明园》丛刊第 3 集，第 9 页。

[13] 内务府活计档《乾隆四十七年四月初九日如意馆档案》，中国第一历史档案馆编，清代档案史料《圆明园》，第 1578 页。

[14] 赵光华《长春园建筑及花木之一些资料》，《圆明园》丛刊第 3 集，第 10 页。

[15] 据《八旬万寿庆典图说》，见《四库全书》。

第四章
市井与游园

1. 买卖街

在皇家园林居住的皇室贵戚们，尽管享受着园林的优美环境，但缺少平民百姓那种市井生活的乐趣，"帝者位分尊严，不能亲接民间庶事，迫处静默之中，不能不别开生面，以自娱乐"[1]。因之，便在园林中模仿都市繁华的场景，修建起一些商业店铺，并做成街道的形式，俗称"买卖街"(图4-1-1)。圆明园中有两条买卖街，一条设在圆明园福海之西的舍卫城前部，与同乐园相邻，这条街实际上并不是仅仅一条南北走向的，在同乐园北侧临河还有一条东西向的，东半段位于河岸北岸，西半段位于河南岸。南北街与东西街的交会处设有一座两桥并列的双桥。在长春园另有一条买卖街，位于含经堂建筑群组的东侧，现仍存有铺面房遗迹。史载"每新岁园中设有买卖街，凡古玩估衣以及茶馆饭肆，一切动用诸物悉备，外间所有者无不有之，虽至携小筐卖瓜子者亦备焉。"[2] 开市时，"开埠迎船，陈肆列货。丝绸布匹，则各分地段焉。瓷货漆器，则各占专巷焉。木器衣装，妇女珍饰，则此一方焉。玩好书册，经典巨籍，则彼一地焉。亦有酒肆茶坊，行台村店，果浆走贩，针线游商，揽售牵裾，皆所不禁"[3]。法国传教士蒋友仁还记载："(圆明)园中亦有通衢，店铺夹列，每逢佳节，中国、日本、欧洲各国，各种最珍奇之物，群汇于此，如市场然"。[4] 对于这样的买卖街，由太监充当商贩、工役。据《竹叶亭杂记》载："开店者俱以内监为之。其古玩等器，由崇文门监督先期于外城各肆中采择交入，言明价值，具于册。卖去者给值，存者归物。各大臣至园，许竞相购买之。各执事官退出后，日将晡，内宫亦至其肆市物焉。其执事等官，俱得集于酒馆饭肆哺啜，与在外等。馆肆中走堂者，俱挑取外城各肆中之声音响亮、口齿伶俐者充之。每侯驾过店门，则走堂者呼茶，店小二报帐，掌

舍卫城前买卖街复原图（图 4-1-1）

柜者核算，众音杂沓，纷纷并起，以为新年游观之乐。至燕九日始辍。盖以九重欲周知民间风景之意也……嘉庆四年此例停止。"[5] 王致诚对于在商铺交易的情景也做了描述："皇帝临幸时，与其最下级臣民鲜区别焉。叫嚣兜售之中，俄而破口喧争，俄而挥拳奋斗。负弩之士，引肇事人至庭。公庭审理宣判，或加杖责，悉以游戏出之。有时取悦于君上，则几伪乱于真云。胜会之有篋者流，亦未忘其点缀。以最轻捷之宦者若而人为之，颇能胜任愉快。若不幸当场破获，则讪笑之，责罚之，或刺配，或杖责，依其罪之重轻，技之优劣加罚，若实有其事然。设或空集转瞬告终，所失之物，仍归原主也。市集为帝与后妃嫔等行乐而设，余曾言之，此王公大臣之所以绝鲜参预也。偶一邀准，惟在宫眷退出之时而已。货品之大部分，由都城各商付托内监实行销售者，故交易之成，绝非虚假。君上收买最多，出价当然最大。宫眷内监亦各购其所需。交易既真，遂饶有兴趣，而使热闹倍增，欢乐加甚焉。"

《竹叶亭杂记》中还记载了乾隆帝与和孝公主在同乐园买卖街购物的逸事。和孝公主为乾隆帝的最小的女儿，深受宠爱。她"下嫁相国（和珅）之子额驸丰绅殷德。主未嫁时，呼和相国为丈人。一日，高宗携主游同乐园之买卖街，和时入职在焉。高宗见售估衣者有大红夹衣一领，因谓主（和孝公主）曰：'可向汝丈人索之。'和因以二十八金买而进之"。[6]

买卖街建筑有着特殊处理。每间店铺门前立着高低不同的冲天牌楼，牌楼上挂着自家的名号，如老北京店面一斑（图4-1-2、3、4）。据内务府所存工程销算清单上记载：舍卫城东西街及双桥南街的店铺有"嫩绿轩、同盛号、魁元堂、兴盛号、韵古斋、广兴号、聚香斋、德兴号、天祥号、华服斋、居之安、乐婴号、文雅斋、天宝楼、翠云斋、宝华楼、如意渡等"。[7]另外，

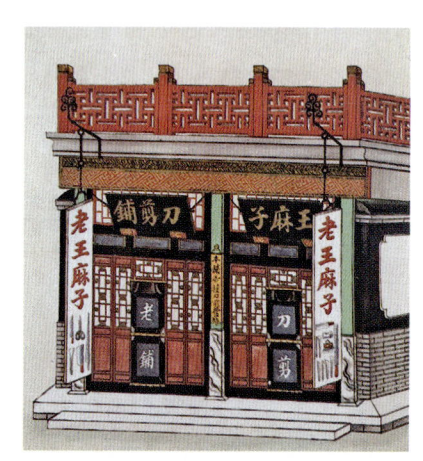

老北京酒饭铺店面（图4-1-2）

老北京刀剪铺（图4-1-3）

老北京马聚源毡帽铺（图4-1-4）

在每座店铺前还将自己的商品模型用出挑的长杆挂出，称为"幌子"。(图 4-1-5a、5b、5c、5d、5e) 因为当时没有橱窗可以展示其商品特色。为了使人们了解家家户户不同的商品，买卖街上挂着琳琅满目的幌子，这样，便呈现出一派繁华市井风情街道的面貌。让前来购物的帝、后、嫔、妃们目不暇给，映入眼帘的景象与城市中的商业街几无二致。

买卖街并非圆明园独有的景观，在香山静宜园永安寺前也有一处。清漪园（即颐和园）万寿山后的溪河两侧也有一段买卖街，仿江南水乡的街市景色。这条买卖街的活动通常只在冬季，且它是一种水上游览的景观。1860 年，清漪园买卖街被毁，20 世纪后期，才得以复建。

2．曲水流觞

位于坐石临流景区西侧的核心建筑为坐石临流亭，在景区中位于同乐园东北，又名兰亭，雍正时期已经建成。乾隆九年（1744 年），御制《坐石临流》诗云：

白石清泉带碧萝，曲流贴贴泛金荷。
年年上巳寻欢处，便是当时晋永和。[8]

诗中的"晋永和"，指的是东晋永和九年（353 年）上巳节，王羲之、谢安等

酒饭铺幌子（图 4-1-5a） 　　面铺幌子（图 4-1-5b） 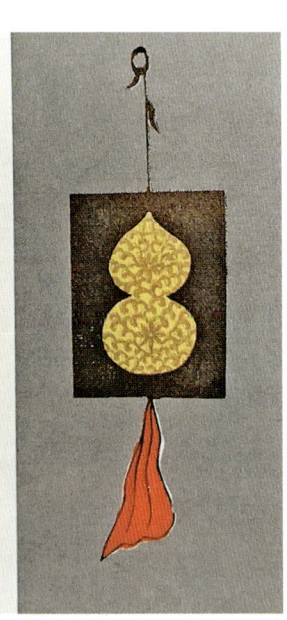　　米醋作坊幌子（图 4-1-5c） 　　袜子店幌子（图 4-1-5d） 　　鞋店幌子（图 4-1-5e）

文人雅士于兰亭曲水流觞、作诗修禊的故事。"修禊"属于古代民俗，于每年农历的三月上旬巳日，魏以后固定为三月初三，到水边嬉戏，采兰赠芍，以驱除不祥。王羲之在《临河叙》中书："暮春之初，会于会稽山阴之兰亭，修禊事也。"他用蚕茧纸、鼠须笔写了兰亭集序：

> 永和九年，岁在癸丑，暮春之初，会于会稽山阴之兰亭，修禊事也。群贤毕至，少长咸集。此地有崇山峻岭，茂林修竹，又有清流激湍，映带左右。引以为流觞曲水，列坐其次，虽无丝竹管弦之盛，一觞一咏，亦足以畅叙幽情。是日也，天朗气清，惠风和畅。仰观宇宙之大，俯察品类之盛，所以游目骋怀，足以极视听之娱，信可乐也。夫人之相与，俯仰一世。或取诸怀抱，晤言一室之内；或因寄所托，放浪形骸之外。虽趣舍万殊，静躁不同，当其欣于所遇，暂得于己，快然自足，不知老之将至。及其所之既倦，情随事迁，感慨系之矣。向之所欣，俯仰之间，已为陈迹，犹不能不以之兴怀。况修短随化，终期于尽。古人云："死生亦大矣。"岂不痛哉！每览昔人兴感之由，若合一契，未尝不临文嗟悼，不能喻之于怀。固知一死生为虚诞，齐彭殇为妄作。后之视今，亦犹今之视昔，悲夫！故列叙时人，录其所述。虽世殊事异，所以兴怀，其致一也。后之览者，亦将有感于斯文。

随着王羲之《兰亭集序》的传播，曲水流觞被历代造园家所青睐。不仅在皇家园林中有，在私家园林和寺观园林中也被作为长盛不衰的造景素材。清初，相继在北京西苑南海淑春园中修建了"流水音"，

故宫乾隆花园禊赏亭（图 4-2-1）

故宫乾隆花园禊赏亭之流杯渠（图 4-2-2）

《圆明园四十景》册页所绘坐石临流亭（图 4-2-3）

坐石临流方亭复原图（图 4-2-4）

乾隆改建后的坐石临流八角亭复原图（图 4-2-5）

在承德避暑山庄修建了"曲水荷香"，在紫禁城的乾隆花园中也建造了"禊赏亭"，均为泛觞亭（图 4-2-1、2）。这几座亭仅限于在一座亭之内利用亭子地面上开凿出的水槽泛觞，空间受到限制。圆明园的坐石临流与此不同，在亭的东、北两面围以小山，西面隔水与稻田相望，水从北面堆叠着山石的小山洞口流出，犹如一条流水潺潺的山涧，经过亭后，再慢慢流入充满叠石的小溪。

从乾隆九年（1744年）的《圆明园四十景》图中可见，坐石临流亭起初为西向的三开间重檐长方亭（图 4-2-3、4）。乾隆四十四年（1779年），该亭改建成一座八角重檐亭（图 4-2-5），石柱上刻了著名的《兰亭集序》，同时在其周围添建了草亭、竹亭等。现存的坐石临流亭遗迹尚留有跨渠建亭的痕迹。建八角亭时，下面的天然岩石基座没有改动，可能另有与八根石柱尺度相配的基座。圆明园被毁后，这八根石柱移往中山公园收藏。

坐石临流亭的特殊意境不止是传统的曲水流觞。乾隆诗称："白石清泉带碧萝，曲流贴贴泛金荷。"[9] 在传统的曲水上加入了对植物的欣赏。这里的"金荷"，可能指的是水中飘落着荷花花瓣，有如流动之觞。从时间分析，荷花不在上巳节开，这里是一种修禊泛觞之美。至于坐石临流是否真的有过泛觞活动，已不得而知了。

3. 御园赏荷

早在雍正时期，"每佳时令节，必赐诸王大臣游宴，泛舟福海，赏花钓鱼，竟日乃散。故当时堂廉之间，欢若父子，无不可达之情也"。[10]

乾隆时期的赏荷活动更有加之，这与皇帝个人对荷花的欣赏有莫大关系，荷花成为御园的一道重要的风景线。荷花长势的好坏，荷花开花的时间早晚，乾隆帝都会亲自关注，细致品察。有时为了种好荷花保持水土，还得换土。

荷花初开时，乾隆帝吟咏着荷花不染人间尘俗的品格：

重探芳丛泛御湖，清和瀛海即清都。
何须画里徐兼李，不染人间紫与朱。[11]

入秋时节，他依然不忘欣赏荷花给予他时令的转变："台馆含秋爽，衣衫切晓凉。乱荷红带紫，疏柳绿兼黄。砌草藏蛩语，池波印雁行。凭栏无限喜，千顷稻风香。"[12] 他还欣赏那荷花在雨中的美景："片云驱雨过荷塘，绿盖难遮红锦裳。徙倚水亭清俗虑，初禅堪悟色声香。"[13] 每逢到了荷花盛开时，乾隆帝便邀请皇太后来御园赏荷。太后当时住在畅春园，乘着凤舸从水路前来，乾隆帝就在位于圆明园西南侧的藻园大门处等候。太后当年赏荷之处主要在多稼如云（图4-3-1），这里有芰荷香亭，亭前荷塘数亩，塘周长堤，溪流环抱，更有小山围合，为欣赏这花中仙子创造了格外纯净的环境。乾隆帝年年都写下陪同太后观荷的诗词，这些诗句成为御园观荷活动永恒的记忆：

昨朝凤奏迓慈航，晚雨中宵月放光。

多稼如云（图 4-3-1）

因识寿康福无量，得申孝养喜非常。
蝉声响答笙簧韵，树影低笼荷芰香。
叶叶花花尽仙品，擎来仙露奉茶尝。[14]

4. 中元河灯

过去以农历七月十五日为中元节。旧时，在道观作斋醮，设坛祭神；在佛寺中寺僧作盂兰盆会，举行超度亡灵的佛教仪式。"盂兰盆会"始于梁武帝，据《佛祖统纪》载：大通四年，梁武帝驾幸同泰寺，设盂兰盆斋，而后，每年七月十五日，均于寺院举行活动。唐长安"城中诸寺七月十五日，作花蜡、花饼、假花果树等，各竞奇妙。"[15]宋代都城东京"印卖《尊胜》《目连经》，又以竹竿斫成三脚，高三五尺，上织灯窝之状谓之盂兰盆。挂搭衣服冥钱在上，焚之。勾肆乐人自过七夕，便搬《目连救母》杂剧，直至十五日止"。这里的目连救母的故事来自《盂兰盆经》，讲的是目连以天眼见亡母生饿鬼中，不胜悲哀，盛饭往饷。母得饭，未入口即化为火炭。目连无奈，往告佛……后按佛的指点，于七月十五日，设盆供养十方大德众僧。"母即于是日，得脱一劫饿鬼之苦。"

以后逐渐形成民间风俗，明刘侗《帝京景物略》载："十五日，诸寺建盂兰盆会，夜于水次放灯，曰放河灯。"民间盂兰盆会多有采用放河灯、湖灯的形式。圆明园里每年中元节，多在福海放河灯，对此，乾隆多有诗词。

乾隆十五年（1750年）《中元日御园放河灯》[16]写道：

恰惜秋湖见败叶，金莲万朵霎时舒。
漂风不谢光无定，夺月常浮艳有余。
梵呗盂兰初夜举，中元灯火二年疎。
（前岁有孝贤皇后之事，去岁于避暑山庄度中元节，御园未放河灯者盖二年矣。）
陡思避暑山庄景，诗稿重看隔岁书。

乾隆三十二年（1767年），乾隆帝在《中元夕放河灯》[17]诗中写道：

逢闰今年秋立迟，巡銮略缓启程期。
中元恰值御园度，万炬因看琳沼施。

乾隆三十三年（1768年），他又写《中元夕放河灯》[18]：

此日值中元，河灯旧例存。
是花皆并蒂，出水却无根。
红朵东西泛，金光上下翻。
宁须学唐代，百万饰兰盆。

这首诗描写的河灯之美景，给人以深刻印象。尽管花费数百金，乾隆帝并不以为然。他在按语中这样说："按旧唐书王缙传，代宗七月望日于内道场造盂兰盆，饰以金翠，所费百万，事虽奢靡，亦不无过甚之词，今山庄所设盂兰盆及河灯所费不过数百金，以今较昔知其言为诬矣。"这说明，当时对放河灯的活动理解，并非局限于超度亡灵或祭祀神灵，已经演变成景观欣赏了。

乾隆三十八年，他又作《中元日放河灯》：

破晓犹微雨，两辰遂快晴。
秋岩敛氛翳，露树闪光晶。
依例河灯放，称心塞景清。
所欣宁在此，时若庆农耕。

5. 端午龙舟

《啸亭杂录》载：在端午节，乾隆帝"命内侍习竞渡于福海中，皆画船箫鼓，飞龙鹢首，络绎于鲸波怒浪之间。兰桡鼓动，旌旗荡漾，颇有江乡竞渡之意。每召近侍王公观阅，以联上下之情"。[19] 这段记载，形象而生动地说明了龙舟赛的场景，同时还指出了在御园举行龙舟赛的本意，借此联络感情。对此，乾隆帝本人也多有表述。例如，乾隆二十六年（1761年）他曾写道：

夏节兼逢大庆年，天中无事不称仙。
欣看麦穗迎薰实，自合榴花分外鲜。
蒲宴联情嬉有戒，龙舟观度斗应捐。
呼前笑谓于阗长，（郡王霍集斯赐第京师，是日并命预观，霍集斯向即为和阗部长也。）投石宁须一颗圆。[20]

观看龙舟竞渡，也是乾隆帝向母后表达母子之情的一种活动。乾隆三十年（1765年）他曾写道：

黍禾遍野麦登盘，芳节龙舟例奉观。

暎浦早荷初放朵，（常年端阳率未开花，有则汤泉所进，今岁已过闰，故湖荷已有开者。）亚墙新笋已成竿。

虽云竞渡原无竞，信矣承欢果是欢。

岁岁高年侍康健，正长日影耐人看。[21]

几乎每年乾隆帝都要写一首类似的诗篇。皇太后去世后，每逢端午节他仍然会唏嘘凄然一阵。母后去世十年之后，他曾写了这样一首诗表达对母亲的怀念：

重五夏之仲，多逢望雨年。

今朝一何幸，节事得相沿。

（北方春末夏初多值缺雨，历年端午每适逢望雨之时，多不举节事，昨四月下旬，连朝甘霖，优渥异常，令节相沿，依例行之。）

有例怀忠粽，无争竞渡船。

蓬瀛不可望，（用唐太宗句，向年每于蓬岛瑶台恭奉慈宁节燕，今不可再得，又阅十年矣。）

回忆只凄然。

按竞者争也，方欲化民和。

（何事于争然，御苑龙舟不过按队而行，原无逞先夺标之举也。）[22]

澡身浴德望瀛洲方亭复原图（图 4-5-1）

当时的龙舟赛凡遇旱、遇雨则罢之，有时接连三年都赛不成。到乾隆朝，由于龙舟赛"按例有赏，非独为畅观赏也"，所以，无论雨水大小，仍然要举行，以联络上下之情。

帝后观看福海中龙舟竞渡，主要在蓬岛瑶台景区，南侧建筑有镜中阁及两侧行廊，最为适宜。另一处为澡身浴德景区的望瀛洲，也是观赏龙舟赛的绝好场所，乾隆帝在乾隆四十六年的《端阳日作》一诗注称："望瀛洲，亭子名，向年坐以观竞渡处（图4-5-1）"[23]。

泛觞、赏荷、龙舟赛等是清代约定俗成的传统节日活动，在御园中也是不可或缺。这些节日是帝后臣子广泛参与的娱乐活动，更是帝王与其亲眷臣子联络感情的机会所在。

注释：

[1]〔法〕王致诚，唐在复译《西洋画师王致诚述圆明园状况》，原载《中国营造学社会刊》第二卷第一册。
[2]〔清〕姚元之《竹叶亭杂记》，中华书局1982年版，第5页。
[3]〔法〕王致诚，唐在复译《西洋画师王致诚述圆明园状况》。
[4]〔法〕蒋友仁，欧阳采薇译《述圆明园事》，原载《国立北平图书馆馆刊》第7卷第3、4号。
[5]〔清〕姚元之《竹叶亭杂记》，第5页。
[6]〔清〕姚元之《竹叶亭杂记》，第46页。
[7] 第一历史档案馆编，清代档案史料《圆明园》，第406页。
[8] 清高宗《御制诗》初集卷二十二，坐石临流。
[9] 清高宗《御制诗》初集卷二十二，坐石临流。
[10]〔清〕昭梿《啸亭杂录》。
[11] 清高宗《御制诗》初集卷五，泛舟见荷花初开。
[12] 清高宗《御制诗》初集卷六，秋日御园即景。
[13] 清高宗《御制诗》初集卷十四，雨中荷。
[14] 清高宗《御制诗》三集卷五十八，恭奉皇太后观荷作，写于乾隆三十一年。
[15]（日僧）圆仁《入唐求法巡礼记》。
[16] 清高宗《御制诗》二集卷十，中元日御园放河灯。
[17] 清高宗《御制诗》三集卷六十七，中元夕放河灯。
[18] 清高宗《御制诗》三集卷七十六。
[19]〔清〕昭梿《啸亭杂录》，《端午龙舟》，第378页。
[20] 清高宗《御制诗》三集卷十三，《端午日侍皇太后宴，并携王、大臣观龙舟》。其中的"投石宁须一颗圆"写的是西域的风俗，乾隆在四十七年的《端阳日作》诗注中解释说，西域记载和阗玉池，每以端午日自王公下至庶人皆往取之，每取一玉投以一石，谓之种玉。
[21] 清高宗《御制诗》三集卷五十，端阳日奉皇太后观龙舟。
[22] 清高宗《御制诗》五集卷四十，端阳日作。
[23] 清高宗《御制诗》四集卷八十一，端阳日作。

第五章
造园匠师的设计手法

圆明园属平地造园,尽管所处地段水源丰沛,但毕竟没有太大的地形起伏,一切皆靠造园匠师运筹帷幄。自规划之初便需要建立胸中丘壑,通过改造地形,建立新的山水空间关系;同时通过建筑群的不同组合设计,在满足使用功能的同时,反映出帝王的审美情趣,表达出皇家园林的特质。

1. 重新构建山水空间

圆明园所处地段本为一片农村湿地,由于靠近康熙皇帝的御园,成为皇子建园的选择区域。圆明园的建造始于皇子赐园,随之雍正、乾隆、嘉庆三帝将其整合成今日的圆明、长春、绮春三园。山水空间环境的构成也随之发展变化。

皇子赐园时期的建设活动,集中体现在圆明园九洲清晏的后湖周围。胤禛的《园景十二咏》涉及那里山水环境的描述。如:"棹泛湾湾水,桥通院院门。""纡回深树里,一水暗通舟。""水南通曲港,水北入回溪。""渠水界田畻。""叠云层石秀,曲水绕台斜。""凿地新开圃,因川曲引泉。""甃地成卍字,注水蓄文鱼。""峰峻疑无路,云深却有扉。""平桥依麓转,一带接垂杨。"从以上的诗句,可以看出圆明园初建时是以水景为主,处处有溪流,桥通院院门。山并不多,只在牡丹台"叠云层石秀",出现了一些山石。

雍正帝即位后,对这些景观进行了改造,于是形成了现在所见的九洲区。这一区所在中央的一片湖水即后湖,出现环绕后湖的九个岛,并赋予历史上认为以"九州"象征"天下",即代表"国家"的寓意,将主岛命名九洲清晏。每岛四周土山低矮,山体走势各异,有的较封闭,如碧桐书院、杏花春馆;有的半围合,如坦坦荡荡、慈云普护;有的则完全敞开,如九洲清晏、上下天光,山水景色丰富多样。自九洲区向外扩展,在北部、西部挖池堆山，形成多种形态的山水空间，不仅有山池院、水村居、校射场，而且穿插一片片农田。每每在溪流中放舟，或穿过峡谷，或越过平湖，无论是曲院风荷、濂溪乐处，还是映水兰香、多稼如云，彼此田畴相望，尽享曲水荷香，处处各具风采。这些景区仍是以低矮的土山作为分界，但有的是两山夹一水，有的山丘仅在溪流一侧，有峡口，有峰峦，带形空间与开阔的湖面此起彼伏，步移景异。

雍正时期在圆明园东部开挖福海，并在海中筑三岛，通过三岛面积与福海巨大水面的差异，造成了扑朔迷离的景象。同时，在园子西北筑起较高的山体，以象征昆仑山。

乾隆帝所建长春园的山水格局，其规划设计手法与圆明园有所不同。全园以水面为主，水的面积，超过陆地面积，水面划分成大小不等形状各异的五个湖，彼此之间以土山相隔，湖之间设有一个大岛，四个小岛，大岛之上即为皇帝寝宫所在，四个小岛则为陪衬大岛的园林建筑。岛的形状各不相同，岛上建筑多有土山遮挡，藏而不露。只有少数亭榭临水，作为河、湖间的点景建筑。当人们从对面百米以上的距离相望，会看到格外纯净的大自然，感到心旷神怡。整个山水结构，主次分明，尊卑有序，整体感强。

嘉庆帝整合后的绮春园可谓集锦式的园林，原有各园大小不同，风格不一，致使景观分布疏密不同，各区山水处理手法也不同，山水格局带有诸多整合之前的痕迹。总体上采用以水相通的结构。

2. 利用网格掌控建筑布局

在圆明园档案中，有一张编号为"043—1"的样式房图，系圆明园总平面图（图5-2-1），绘有方格网。其尺寸经考证，[1] 每格的实际尺寸为 10 丈 × 10.4 丈，相当于 32 米 × 33.3 米。这个方格网到底当时如何运用于园林设计之中，尚无文献记载，但当把这个方格网置于乾隆年间绘制的样 1704 号图上之时，却可发现其与建筑群总体布局和每处的山水空间处理有着密切的关系。方格网成为当时处理建筑群组合的权衡依据。

在总体布局上，有几处方格网正好成为景区的中轴线。例如，正大光明的中轴线处于第十九格右侧线上,向北延伸至九洲清宴,再向北到慈云普护钟楼结束,南北长达 6.3 千米。另一处如舍卫城,正好处在东西第二十八格中间,其中轴线南达买卖街南端小溪上的码头,南北长达 3.5 千米。鸿慈永祜的中轴线处于自西数第四格右侧线上等等。

在众多的网格中,有些建筑群的院落完全布置在网格之中,有些则为了寻求变化有意偏离网格。网格对于控制建筑群布局具有重要意义。从图中可以看到几种类型:

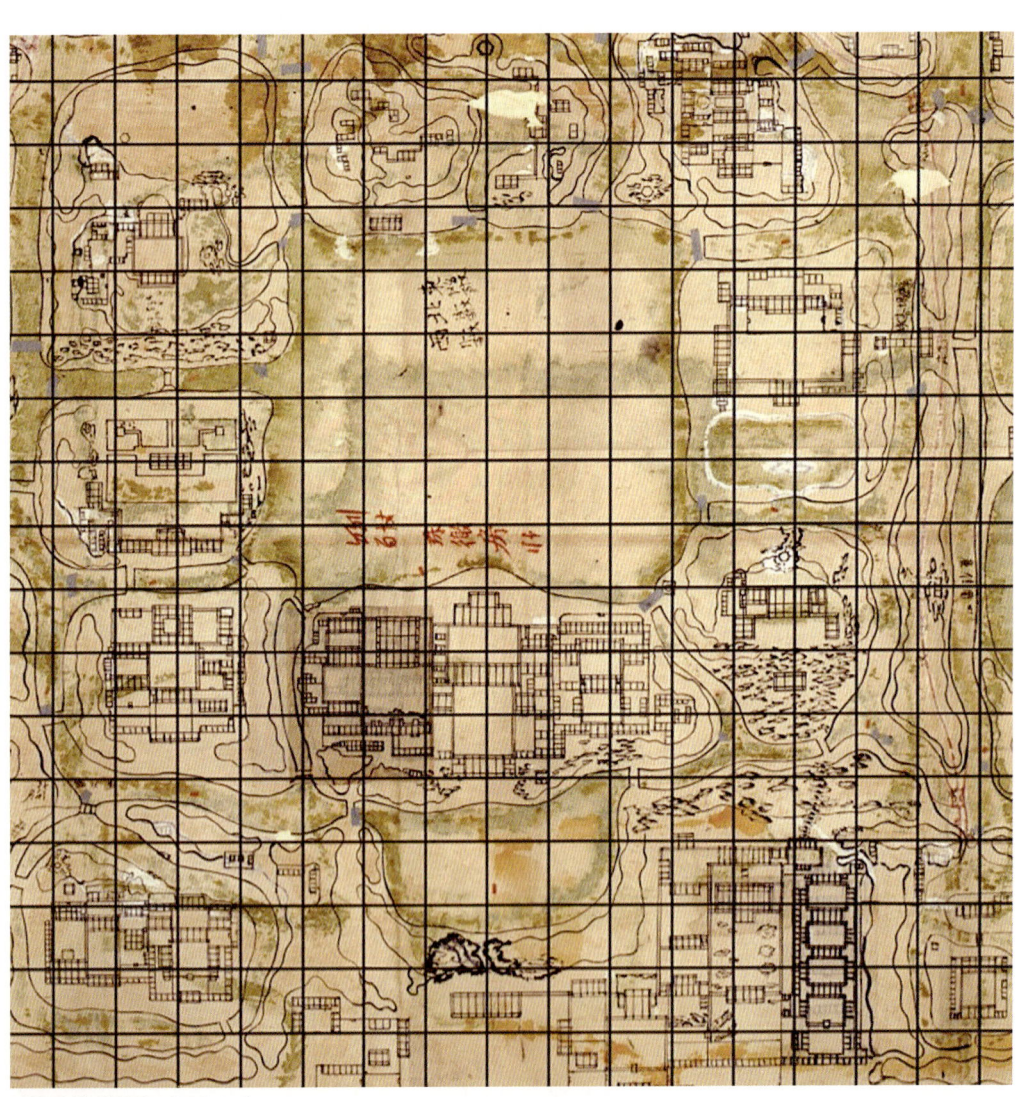

圆明园九洲区格网平面(图 5-2-1)

（1）横向展开的院落式建筑群

九洲清宴建筑群铺陈宽度最大，横向占有六个半格，纵向占有四格，这个建筑群占地尺寸东西宽达208米，南北纵深100米。

勤政亲贤，横向占地五格，纵向占有四格，东西宽度在160米，南北纵深130米。

长春仙馆，横向占地仅有三格稍多，纵向不过二格，东西宽度在100米，南北深度在66米范围。

日天琳宇，横向占有三格，纵向占有二格稍多，东西宽度近100米，南北深度近80米。

这几个例子都是采用并列的院落组合而成，每列院落进深大多不过两三进，院落尺度大小依据院中殿宇宽窄各得其所，空间私密与疏朗兼而有之。

（2）沿着单一方向展开的建筑群

沿着一条横向溪流，自由布置的建筑群，如别有洞天，在一处较宽的河流两岸铺陈，东西长130—160米左右，南北宽在70—90米左右。北远山村，沿着横向溪流两岸铺陈，东西长达100米，而在南北方向仅在66米以内。

这类建筑群在溪流两侧，个体建筑与前或后自由组合，未出现四面围合的空间。每幢建筑在整个空间中错落布置，依靠建筑体量的调整，区别主从关系。

（3）纵深展开的大型建筑群

鸿慈永祜，横向占有四格，纵向占有八格，从南侧华表算起到北侧围墙可达266米。前导空间长达130米。前后空间分出四个空间层次；这种建筑群个体建筑数量不多，所有建筑元素的安排、空间层次的处理完全为了烘托主体建筑安佑宫所在院落。

（4）集团式建筑群

这种布局以中小型建筑群为主，横向展开一般为三格，占地在100米左右，纵深二至三格，以院落式布局为主，间或添加几处散布的亭榭。例如洞天深处、茹古涵今、西峰秀色、紫碧山房之类。院落本身空间不大，多做两进或三进。

（5）品字形建筑群

这种建筑群规模与集团式相近，横向占地三格，纵深占地两个半至三个半格，也即100米宽，深80—130米。这一类有鱼跃鸢飞、月地云居、方壶胜境等。这类建筑群颇有压倒山水的气势。

（6）环绕较大型院落或水池布置的建筑群

这类建筑群所围合的空间无论在宽度或深度都在两格左右，也即50—60米大小，院落中间有的做成水池，有的以植物取胜，建筑在四周自由安排，体量高低不拘一格。

此外，还有一些特殊的单体建筑，如万方安和、澹泊宁静等也都是以一格为基准的，也即面积在32米×33.3米的范围。至于一些值房之类的附属用房围的小院，则要控制在半格左右。

从以上的分析，可以看出这以十丈为基数的方格成为圆明园建筑群的尺度控制的准绳，通过方格数量的变化，建筑与方格的不同关系，产生了层出不穷的空间感受。

另外，还可以看到在分隔每个群组之间的山水布局时，仍然利用方格来控制。特别是圆明园最早建的九洲一区。这一区基本采用溪流、低矮的土山将陆地分隔成九岛，两岛之间建筑物的距离多数采用一格的宽度作为基准，有的部位遇到水池或山体稍稍放宽。其他景区的建筑群彼此的距离也有一些采用一格或两格的距离布置山水的例子。但在北部景区出于观稼验农的要求，需要大片农田，便放宽景区建筑群的距离。

3. 水路主导的交通模式

为了满足帝王对江南园林的青睐，圆明园作为一座水景园，水路四通八达。只要水面可以行船，皇帝皇后大多乘船出行。乾隆二十一年（1756年）的穿戴档记载了乾隆帝乘船的行程：

> 四月初四日：进出入贤良门，至九洲清晏少坐，后码头乘船至同乐园，进晚膳后，乘船至东园游行毕，回至九洲清晏讫。
>
> 四月初五日：乘四人亮轿至金鱼池喂鱼毕，乘船游行毕。至九洲清晏进晚膳后，乘船至秀清村少坐。乘四人亮轿，由如意馆回至九洲清晏讫。
>
> 四月初六日：至勤政（殿）办事、引见毕。仍乘轿至山高水长少坐，乘四人亮轿，至万方安和乘船游行毕，至金鱼池喂鱼毕，至九洲清晏，进晚膳后，乘船至东园游行毕，回至九洲

清晏讫。

四月初七日：至万寿山游行毕。回来，进藻园门内乘船，至清净地磕头毕。乘四人亮轿至万方安和，换红青缎厚绵褂，少坐。至午时换红青缎绣二色全四团金龙厚绵褂，戴伽楠香数珠，乘船至生秋亭供前拈香毕。乘四人銮轿至九洲清晏，数珠下来，换红青缎薄绵褂。至进晚膳后，乘四人亮轿游行，至双鹤斋少坐，乘船至金鱼池喂鱼毕，回至九洲清晏讫。

四月初八日：乘四人暖轿出西南门，至永宁寺拜佛毕，进藻园门至清净地磕头毕，至万方安和乘船至舍卫城拜佛毕，步行看会毕。至同乐园，数珠下来，换红青缎厚绵褂，进晚膳后乘船往长春园游行毕，回至九洲清晏讫。

四月初九日：乘船至勤政（殿）办事毕。乘四人亮轿至双鹤斋少坐，乘船至万方安和进晚膳毕。仍乘轿至清净地拈香毕，回至九洲清晏讫。

四月初十日：回至九洲清晏，进晚膳后，乘船至东园游行毕，回至九洲清晏讫。

四月十一日：乘四人暖轿出入贤良门，进前园西北门，至圆光门内乘船，至寿萱春永请皇太后安毕。仍乘轿出无逸斋门，至讨源书屋进早膳、办事、引见毕。乘四人亮轿游行毕。至万寿山西门码头乘船至静明园，乘四人亮轿游行毕，仍从旧路回来。

四月十九日：至万寿山进早膳、办事、引见毕。四人亮轿游行毕，回来。进藻园门内乘船至汇芳书院，换红青缎薄绵褂，乘四人亮轿至慎修思永少坐，乘船至勤政殿办事毕。至九洲清晏进晚膳后，步行至金鱼池喂鱼毕，乘船往长春园游行毕，回至九洲清晏讫。

五月十三日：后码头乘船至蓬岛瑶台，进晚膳后，仍乘船至秀清村，换红青实地单纱褂，少坐，仍乘船游行毕。回至九洲清晏讫。

从以上的记载可以看出，乾隆帝几无一日不乘船，有的行程本可坐轿一气呵成，但他仍要坐一段轿子再改乘船，可见乾隆帝对水路的青睐。在档案中所记圆明园中乘船的路线，有如下几条。现就其一路可见景观分析如下：

（1）从寝宫九洲清晏到同乐园。路上经后湖东侧时可以见到镂月开云、天然图画、碧桐书院。

（2）从九洲清晏到秀清村（即别有洞天）。可见曲院风荷、夹镜鸣琴，并可远眺蓬岛瑶台。

（3）从九洲清晏到慈云普护。可见后湖周边东、西、北七岛景观。

（4）从万方安和到九洲清晏到东园（即长春园南侧的熙春园）。沿途可见坦坦荡荡、后湖周边各景、同乐园、福海周边各景、方壶圣境、长春园谐奇趣、海岳开襟、思永斋、澹怀堂北侧、如园、东园。

（5）从双鹤斋（即廓然大公）到坦坦荡荡、九洲清晏。经西侧买卖街、同乐园、碧桐书院、天然图画，穿过后湖时可见周边各景。

（6）从杏花春馆春雨轩到勤政殿。沿着后湖西侧穿过棕亭桥、南大桥、如意桥到达勤政亲贤北侧码头上岸。

（7）从藻园门到汇芳书院。从藻园径直向北经月地云居、日天琳宇到达问津亭上岸。

（8）从慎修思永（即濂溪乐处）到勤政殿。需经映水兰香、慈云普护、后湖周边各岛，穿过九洲清晏东侧小河到达勤政亲贤北侧码头上岸。

（9）从金鱼池（即坦坦荡荡）到长春园。可见后湖周边各景、同乐园、福海周边各景、方壶胜境到达长春园。

（10）九洲清晏到蓬岛瑶台、秀清村。经牡丹台、洞天深处北侧、到福海西南角然后经澡身浴德到蓬岛瑶台，经福海南侧夹镜鸣琴、南屏晚钟，再到秀清村。

由此可见，每一条路线都有丰富的景观，令人目不暇给。乾隆帝从三月下旬已经开始乘舟，更早的时间，不便行船之时只能改乘"暖轿"，冬季结冰时也可乘

宝船（图 5-3-2a）

"拖床"，一种带有防寒措施的平底船，可以在冰面上由人拖拉。拖床又称绳床，道光帝《还园作》描写的他在正月回圆明园时去蓬岛瑶台乘坐的便是绳床。它写道：

春仲天寒冰未开，绳床仍复访蓬莱。
芳林问景迟消息，寄语和风次第催。
烟消雾散望遥峰，隐隐深崖雪尚封。
书室清幽尘不到，静聆天籁下长松。[2]

圆明园中帝王使用的交通工具主要是船和轿子，名目繁多，如月波舻、凤舸、拖床、凤舆、亮轿、暖轿（图5-3-2a、2b、2c）等等，咸丰帝曾特别提到他乘月波舻游园之景况："御园秋来似画图，晚凉好泛月波舻。"[3]

总之，各位皇帝出入圆明园则"去就轻舆归泛船"，"画舫轻移柳转堤"，到了冬季在陆路使用暖轿，在冰上使用"似榻似车行以便"的拖床。

与水路交通并行的还有陆路交通，这自然会让人们想到园内的桥梁。圆明三园当中的桥梁多达141座，架在大小河流之上，成为过河所必需的建筑。圆明园中的桥梁就建造的用材看有木桥、石桥、砖桥、木石混合桥。就结构看有梁桥、拱桥、开合式桥。长者达九孔，小者仅仅一孔，还有的在桥上建亭、廊。总之，形

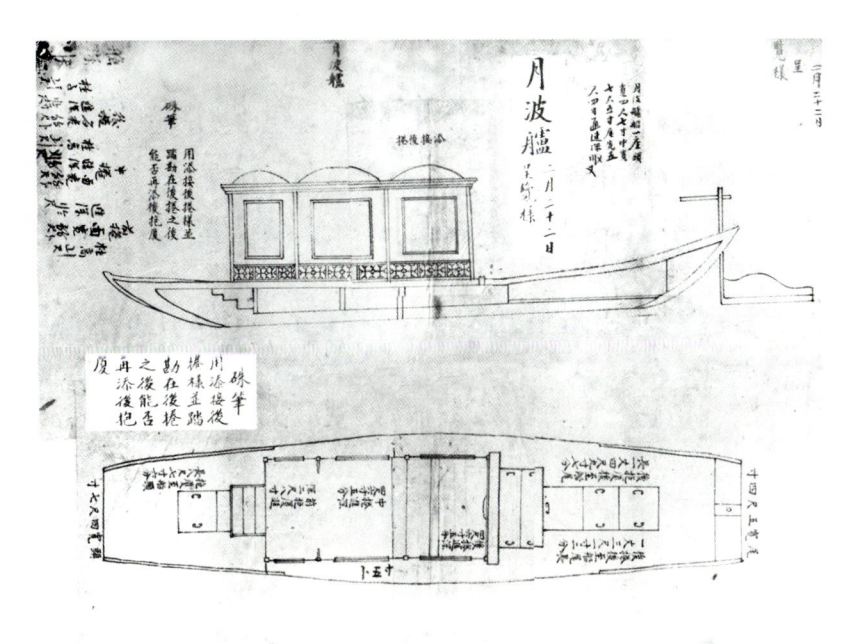

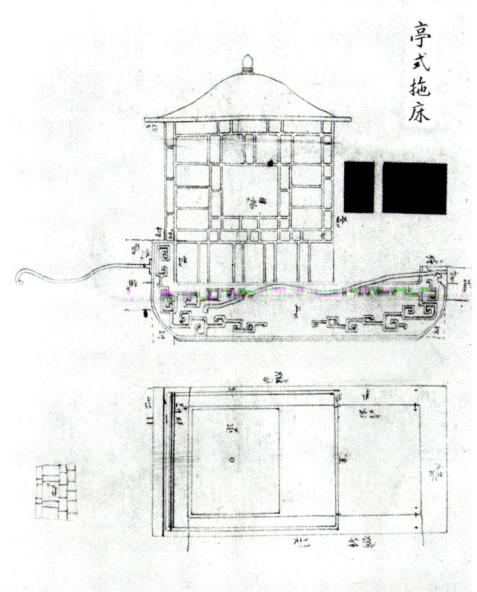

月波舻（图5-3-2b）　　　　　　　　　拖床（图5-3-2c）

态万千、蔚为大观。有的甚至是园林桥梁的孤例，造型极其巧妙。如《圆明园四十景》图中所绘上下天光的曲桥（图5-3-3）、方壶胜境的涌金桥（图5-3-4）、长春仙馆北部的鸣玉溪亭桥（图5-3-5）；有的桥为了让大型的龙船、凤舸通过，需要把桥当中一跨的桥板翻起来，船过去之后再把桥板落下，这在《圆明园四十景》图中画着不止一处，其特点是，需要翻桥板的那一跨，不设桥栏杆。从样式房遗图上可以看到，这里的桥板画着一排小圆环，推测是用来穿绳索，由人工将桥板拉起，完成翻板任务。

然而，却未见几朝有哪位帝王写过品赏这些桥梁的诗篇，对御园之桥的淡漠与其在园内活动所使用的这些交通工具有着必然的联系。现以乾隆二十一年（1756年）乾隆帝在园中任意两天的活动为例，可以了解其行动状况。例如正月初八，他从紫禁城回来，由于尚在冬季，在园内"乘轿进出入贤良门……后码头乘拖床至慈云普护、清净地、安佑宫、佛楼拜佛毕。乘四人暖轿至长春仙馆请太后安，毕……至九洲清晏……后码头乘拖床至同

上下天光曲桥（图5-3-3）

方壶胜境西侧涌金桥（图5-3-4）

乐园进晚膳"。到了六月二十三日，则以乘船为主，从九洲清晏"乘四人亮轿至怀清芬（即勤政亲贤）进早膳……乘四人亮轿至金鱼池喂鱼毕，至九洲清晏少坐，乘船至东园打鱼"。档案所记几乎天天如此，只见极个别的日子有过"从九洲清晏步行至春雨轩"的记载，绝大多数的日子是乘船、乘轿，当然也不必自己走路过桥了。这恐怕就是歌咏"御园之桥"的诗词作品少之又少的原因。

然而，那一座座形态各异的桥，确是水路交通上的漂亮景观。例如，近年复建的九洲清晏大岛西北的棕亭桥（图5-3-6）、大岛东南的如意桥（图5-3-7）、坦坦荡荡北侧的碧澜桥，皆可一睹其非凡面貌。其中的碧澜桥，考古发掘出桥的栏板上有乾隆御笔题字"碧澜桥"三字（图5-3-8a、8b），可知为乾隆年间所造。这座桥是圆明园中最精致的一座石拱桥，小巧玲珑，桥栏杆的每根望柱柱头上有双鹤在云间翱翔的雕饰；有的展翅高起，有的一往直前，具有不同姿态，其雕刻之精细，在宫廷建筑的同类题材的纹样中可谓首屈一指（图5-3-9），桥的每块栏板自上而下皆为不同的弧线

鸣玉溪亭桥（图5-3-5）

九洲清宴棕亭桥（图5-3-6）

九洲清晏如意桥（图 5-3-7）

碧澜桥带有乾隆题字的栏板（图 5-3-8a）

乾隆御书印（图 5-3-8b）

碧澜桥云鹤纹石雕望柱头（图 5-3-9）

修复后的碧澜桥石望柱（图 5-3-10）

轮廓，安插在成曲面的仰天地栿石上，不但需要有高超技术，而且造型异常优美（图 5-3-10、11）。

注释：
[1] 贺艳《从皇子赐园到帝君御园》，清华大学硕士论文 2005。
[2] 何瑜编著《清代圆明园御制诗文集》第一卷（一），第 223 页。
[3] 《咸丰帝泛舟至上下天光即景》。何瑜编著《清代圆明园御制诗文集》第一卷（二），第 36 页。

碧澜桥全貌（图 5-3-11）

第六章
根植于中国传统文化的造园艺术理念

1. 伦理型文化的建筑组群

伦理型文化在建筑群规划中表现出一种尊卑有序的"差序格局",这在圆明园的朝寝建筑群表现尤为明确。

圆明三园的宫门区皆采取前朝后寝的布局方式。前部的朝仪建筑一区,作为举行大朝会,接待外藩首领、外国使节一类的礼仪活动场所,这类建筑群讲究中轴线、区分主从尊卑的建筑安排。圆明园最前为影壁,然后是大宫门和宫门前的东西朝房、转角朝房。接着是出入贤良门和门前的东西朝房、转角朝房,入门后可见正大光明殿,东西配殿、值房、服务性用房。这些建筑的位置、尺度、用材、装饰各有差异,但秩序井然。

其中,气势恢宏的离宫正衙正大光明殿占据主要位置。其前有着长长的前导空间,经过两道大门、一道月河等才能来到大殿之前。其后安置了一座假山作为屏障。大殿室内唯一的陈设便是皇帝宝座。宝座是皇帝的化身,以此来强调殿宇空间的独特属性,利用宝座所具有的象征性来表达殿宇等级之高。

这组建筑利用假山与园墙,形成了多重围合的封闭效果。充分显示了皇帝对宫殿空间所具有的统治力量。过了前朝,便是由九岛环绕着的寝宫区,这里与前朝的组合象征着至高无上的权威性和国家的繁荣昌盛景象(图 6-1)。

2. "以中为尊"的园林规划

《管子》称:"天子中而处。"《吕氏春秋》称:"择天下之中立国,择国之中立都。"长春园规划突出了"以中为尊"的规划思想(图 6-2)。园中主体建筑群含经堂、淳化轩居于整个园林的中部。含经堂的功能、规模和所处位置都说明这座殿宇是这个园子中最重要的建筑。而其他几组建筑如思永斋、海岳开襟、玉玲珑馆、泽兰堂等则均衡地分布于周围。含经堂的中

圆明园前朝后寝鸟瞰（图6-1）

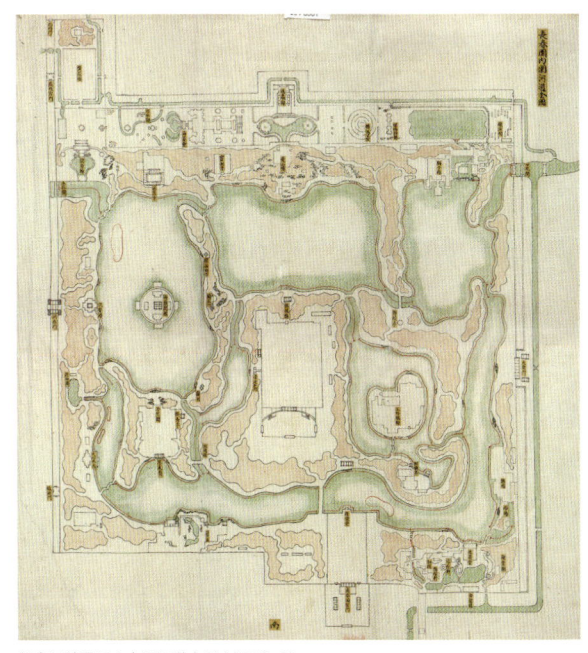

长春园总平面（内围河道全图）（图6-2）

轴线向北延伸，穿过泽兰堂后到达西洋楼的远瀛观。这种规划体现出"天子中而处"的思想，山水构成也是采取左右均衡、稍有变化的处理手法。

含经堂的中轴线未能向前延伸到外朝，笔者推测是由于当年建园时，被私家园林所遮挡，到了乾隆三十五年（1770年）以后，才陆续将私家园林收回，即现在所见的绮春园东北部的一区。

3. 治国理想的物化代表

圆明园的核心区以九岛象征天下九州，设计布局反映了雍正本人的胸怀。他虽然生活在圆明园，但所想的是整个国家的安危。因此把一座皇家园林的核心部分，布局成九个带有建筑群的岛屿〔图6-3〕，而且采用近似九宫格式的布局。这使人联想起《禹贡》[1]把整个中国划分为九州，"九州"便成为国家的象征。而九岛环湖，其外并有支汊纵横的河道，则是仿邹衍九洲环以瀛海之说。圆明园的园林设计，利用了所处地段水源丰沛的条件，"因高就深、傍山依水"，在后湖周围分筑岛屿，结构亭榭，更用"九洲清晏"的景名点题；特别是"清晏"的意义，表现着对天下太平的乞盼。"万方安和"也如是。这正是雍正帝所说的，"不求自安而期万方之宁谧"。体现着景物的文化内涵。采用"正大光明""勤政亲贤"，是帝王宣誓廉政的口号。田字房、观稼轩、多稼轩、耕织轩、北苑山房等景区的设置，是体现农耕社会帝王重农思想的物化载体。

4. 内圣外王的审美追求

圆明园中书院、书楼、书屋众多〔图6-4〕，乾隆帝说，他在御园中设有这样多的读书场所，是因为他"平生喜读书，处处有书屋"。[2]平时"来如读画领神韵，坐则翻书晤古人"。[3]这反映了一代明君的人生追求。乾隆帝在咏"天然图画"景区的诗中，声明："徵歌命舞非吾事，案头书史闲披对。"即使有空闲的时间，也决不去听歌观舞，而是披对书史。"茹古非关希博雅，古来治乱在遗篇。"[4]通晓古今文化思想，不是为了附庸风雅，而是要掌握古今帝王治世经验。对乾隆帝来说，"读书"不仅是一种生活的乐趣，还是"内圣外王"理想的实践方式。

学的最高境界和目标是体道、悟道，

九岛环湖胜景〔图6-3〕

书院、书楼、书屋分布图（图6-4）

作为圣王，便是"接夫道统之传"。而道原于天，出于自然，所以要"体道""接道"，须得从自然中直接感悟。这也是为"学"之不可或缺的途径。圆明园是精心构筑的宫苑，但又不失自然，多方面使其呈现自然的本色与本性。这不仅是为了观赏和怡情悦性，更重要的是供皇帝由此体悟得天机妙道。"愿为君子儒，不作逍遥游"，是乾隆帝咏《洞天深处》诗作中的两句，也是他一生的追求。他说："治天下者，以德不以力。故德胜者王，德衰者灭。"[5] 圆明园作为皇帝的"游豫"之地，自然应有多处供观赏的美景胜地，但他不是欣赏景物本身，也少抒发个人情怀，而

总是引经述典，自觉规范德行，检讨功过，努力修身进德，在一些殿宇中写着"无逸""为君难"等警句，甚至把殿宇命名为"知过堂"。这种种现象都表明了他要做一代明君的心愿。

5. 超越现实的非凡景观

古代文献对仙境的描述，《史记》称："海中有三神山，名曰蓬莱、方丈、瀛洲，黄金白银为宫阙。"《汉书·郊祀志》中也有关于海上三山的记载，称："此三神山者其传在渤海中，去人不远，盖曾有至者，诸仙人及不死之药皆在焉。"于是产生了一池三山的景观模式。最早在周末，盛行于秦汉，是原始的神灵崇拜、山岳崇拜与道家学说相结合的产物。

为了突出帝王园林的独特性，将中国古典园林中一池三山的传统景观引入御园，以象征海上蓬莱、方丈、瀛台三山，于是，置蓬岛瑶台于福海中央，塑造帝王所追求的仙境景观。另一组仙境景观方壶胜境是琼楼玉宇型的，利用十座楼阁、三座亭榭组成复杂的建筑群组，五光十色，造型各异，让人感觉到一种世上不曾见过

方壶胜境鸟瞰（图6-5）

的仙山琼阁的氛围。故而得到了皇帝的赞赏："要知金银为宫阙，亦何异人寰？即境即仙，自在我室，何事远求？此方壶所为寓名也。"[6]（图6-5）还有长春园的海岳开襟、圆明园的别有洞天都是充满浪漫情怀的景观，正是由于圆明园中的景观反映出了中国人非凡的想象力，所以雨果称之为"东方梦幻艺术的代表"。

注释：

[1]《尚书》中的文章篇名。

[2] 清高宗《御制诗》三集卷六十二，养素书屋。

[3] 清高宗《御制诗》三集卷二十四，竹密山斋。

[4] 清高宗《御制诗》三集卷八十七，茹古堂。

[5] 清高宗《御制乐善堂全集》定本卷八，记·书新唐书兵志论后。

[6] 清高宗《御制诗》初集卷二十二，方壶胜境诗序。"方壶"，据《列子·汤问》称在东海之东，几万里之外，有山名为方壶。此即古人想象中的神仙境界。

结束语

当我们重返万园之园，便会理解18世纪的传教士们是如何向他们的友人赞美圆明园的；法国传教士王致诚（Jean-Denis Attiret）在1743年11月1日写给在巴黎的友人达索（M. Dassaut）的信中写道："这是一座真正的人间天堂"，"再没有比这些山野之中、巉岩之上，只有蛇行斗折的荒芜小径可通的亭阁更像神仙宫阙的了"。园中"道路是蜿蜒曲折的……不同于欧洲那种笔直的美丽的林荫道"，"那里的人们几乎处处喜欢美丽的无秩序，与欧洲处处喜欢统一和对称截然不同"。他还介绍了园中的建筑造型以及门窗的形状："有正圆、长圆、正方、多角、扇形、花形、瓶形等等"，游廊"不取直线有无数转折，忽隐灌木丛后，忽现假山石前，间或绕小池而行，其美无与伦比"。还介绍"建筑与山石、花木之间的巧妙结合，不是一览无余，景色之多不能一目看尽"，"由人工堆起来的二丈至五六丈的小山丘，形成无数的小谷地……蜿蜒的小径从一个谷地出来……穿亭过榭又钻进山洞，出了山洞便是另一谷地，地形和建筑物与前一个完全不同"。"这样的谷地有二百处以上，相距很远，彼此之间没有一点相同重复……一切都趣味高雅……可以长时间地游赏"。[1]

传教士蒋友仁（P.Michel Benoit/Benoist,1715—1774）在1767年写给巴比翁（M. Papillon d' Auteroche）的信中谈到圆明园："这里没有欧洲那种望不见头的林荫路……在那儿美景在一瞥之下如此之多，以至人们不能把想象力集中到特别的几个景物上……你看到了一个景，它的美丽打动你，使你迷醉，而走过几百步之后，又有新的景在你眼前呈现，又引起你的赞赏。"[2] 他还写了园中的河流的布置、驳岸的处理、景观的特点、水面与山石的结合，乃至园中的农事建筑。

传教士韩国英（P Pierre Martial Cibot, 1727—1780）也曾在圆明园工作，写过《论中国园林》的文章。他以画家的视角谈到他对圆明园的感受:"中国园林是经过精心推敲而又自然而然地模仿乡野的各种美景,山、谷、峡、盆地、小平原、一平如镜的湖水、小溪、岛……这门艺术的杰出成就是:通过景的密集、变化,使人感到意外,来扩大小小的空间。"[3]

中国园林空间设计中遵循《园冶》所论之"巧于因借、精在体宜,虽由人作、宛自天成"的理念。对此,传教士们有所感悟,蒋友仁说:"在装饰他们的园林方面,中国人十分成功地用艺术去使自然完善。一个艺术家,很好地模仿自然,而他的艺术毫不外露的时候,才受到称赞。"[4] 韩国英说:"中国人十分成功地用艺术去使自然完善。从大自然取来一切资源,并用它们来颂扬自然。"[5] 在这些园林景观的背后,不仅是景观与自然的关系,还蕴藏着中国文化的元素。如中国的伦理型文化对建筑高低广窄的要求,乃至色彩的选择,就连植物的品类也蕴含着人品的意义。但这一点,传教士们似乎还未能理解。

由于传教士们对圆明园景物的感受极佳,所以圆明园被称之为"万园之园"。传教士们评价圆明园的文章在1747年被汇编成《耶稣会士书信集》,1749年在法国出版,轰动了欧洲。1752年,又以《中国第一园林(即指圆明园)特写》为名的英译本出版。这些传教士们在圆明园的亲身感受,在欧洲引起了惊叹!欧洲人对这样的景物产生了极大的兴趣,很多王公贵族都想仿照圆明园建造自己的花园,有的还托人复制乾隆九年(1744年)的《圆明园四十景》图。韩国英自称按法国方面给他的指令,搜集了关于圆明园的资料,并送回法国。

笔者曾看到法国1774—1789年出版的勒胡士(Le Rouge)所编的一部多卷集《新潮园林详述》,第四卷中的十五、十六册以圆明园为题介绍了中国园林(*Détail des Nouveaux Jardins à La mode: Jardins Anglo-Chinois*)。将沈源、孙祜所绘木刻版《御制圆明园四十景图咏》,全部重新制成铜版画(图7-1),收录其中。《新潮园林详述》一书包括若干有关欧洲和中国古典园林、寺院的内容,均以图样加以表述。欧洲部分既有整座园林全景,也有个体建筑平、立、剖面,以及局部大样。涉及中国建筑的还有《南巡盛典》中所绘行宫、寺院图

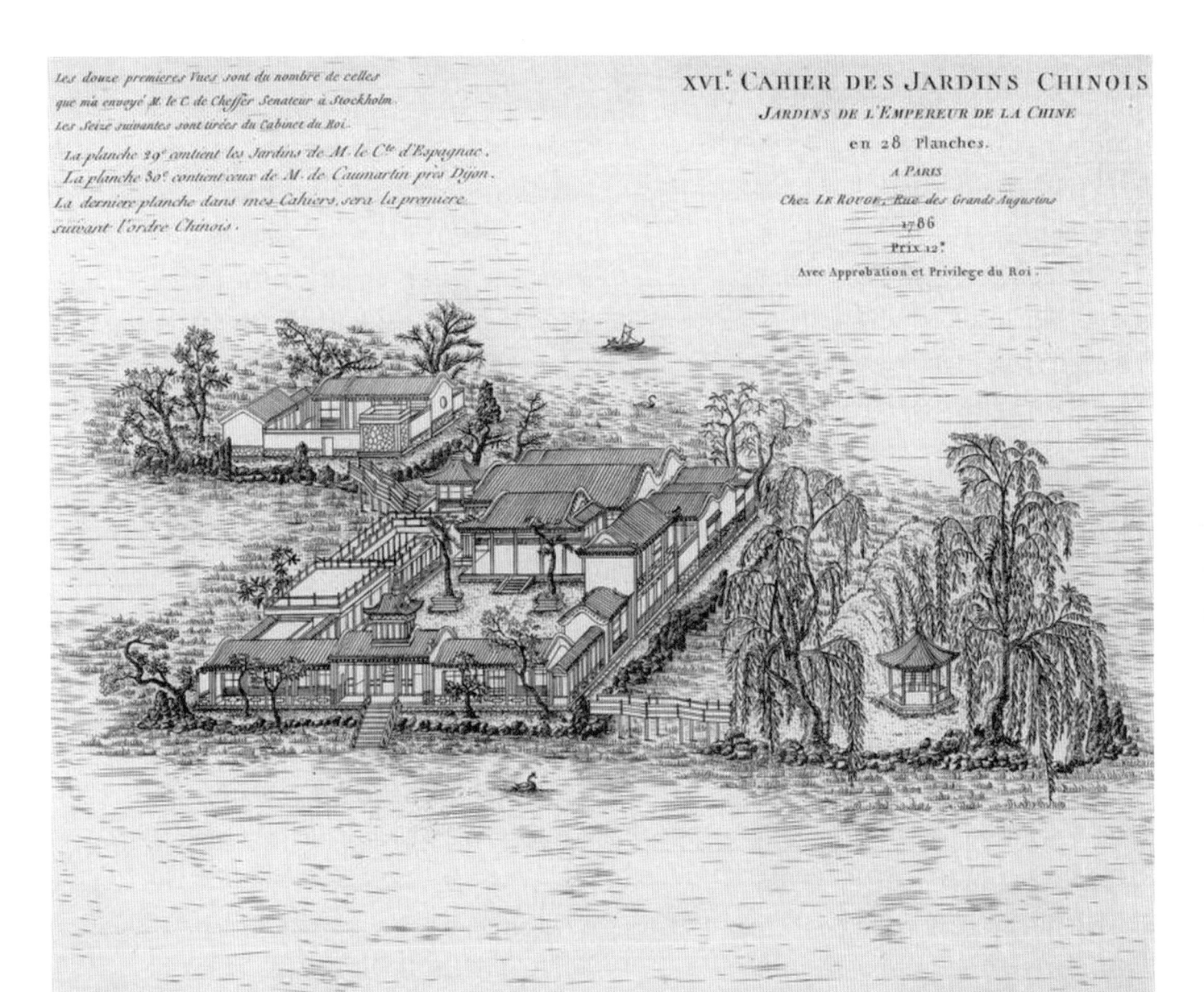

《新潮园林详述》中的圆明园景观（图 7-1）

等内容。D'etails des Nouveaux Jardins a La mode: Jardins anglo-Chinois 的画面题注称：作者是在1786年购买到一册圆明园的图画，据其摹画而成的。从画面内容看，图中的建筑用尺子绘制，山、树、花木、水等皆用西洋铜版画法绘制，如水面用水平线布满，假山石则用小笔触绘成立体的，在池水中作者添加了小船、天鹅等。

伦敦邱园的中国塔与圆明园的西洋楼建设几乎同步，当时欧洲人学习中国园林是主动的，中国社会总体上对西方建筑的传入是被动接受的。例如，最初传教士为了传教而建造教堂，中国官方是反感的。但在圆明园中建西洋楼与此不同，乾隆帝却是以开放的心态，主动引进了西方园林建筑。不过，他是以大国君主的态度来看待这件事的。他对西洋楼的建成只说了一句话："中国之大何其不有？"并没有将其看做是什么文化交流。然而，西方学者更客观地看待中国园林。1772年，钱伯斯在《东方造园艺术泛论》一书中称："中国人的花园布局是杰出的，他们在那上面表现出来的趣味，是英国长期追求而没有达到的。"1775年，度切斯特《论花园构成》中说："钱伯斯先生所介绍的……中国人关于花园布局的观念，在英国和法国造成了很大的进步。中国园林的设计理念对当时的英国自然式园林产生了重要影响。"[6]

就连1804年马戛尔尼访华之后，随员巴罗（John Barrow）在《中国行记》（Travels in China）中记录了马戛尔尼对圆明园的看法，认为圆明园"所有的建筑都是那一类中的佼佼者，根据预定要求的效果，不是雅致简洁，就是堂皇华丽，间隔合宜，恰到好处地互相衬托。从不乱七八糟地挤在一起，也不故作姿态，毫无意义地对峙着。适当的建筑造在适当的地点，凉亭、台榭、塔，各有切合的位置，他们点缀和美化所在环境，如果换一座建筑，就会损害或者丑化这个环境"。[7]

法国集美亚洲艺术博物馆高级研究员让·保罗·戴浩石认为王致诚对圆明园的描述"对当时的欧洲兴起的中英式花园的风尚影响匪浅。西方世界自古罗马时期便苦苦寻求人与环境的和谐平衡，这个遥远的东方国度已经达到此境界。皇宫的森严色彩在此淡化为自然和艺术的对话。花开花落、湖光潋滟，静寂肃穆的藏书馆，一切都有助帝国的英明统治"。[8]

美国观念史学家洛夫乔伊（A. O. Lovijoy,1873—1962）认为："中国造园家们的目标不是模仿任何东西，而是要创作出园林的抒情诗……寄情（passions）和浑然天成（perfect sensation）——的精妙设计。在这一点上，钱伯斯预见到了一种变体的浪漫主义，这种变体后来在19世纪的文学和音乐中大放异彩。"[9] 进一步说明了中国古典园林的价值和深远影响。

一般对浪漫主义解释为："运用丰富的想象和夸张的手法"进行艺术创作。中国园林由写实发展成写意，那些文人在私人的小园中寄情山水，正是运用想象和夸张的手法进行造园。圆明园中，把福海中的蓬岛瑶台比喻成仙境，也是一例，而且这种手法可以上溯到秦汉时代。

18世纪的欧洲不但出现中国风的园林，而且中国古代的经典著作也被翻译过去，可以说，中国文化更多地被欧洲了解，特别是中国文化的理想意识与人文精神。钱伯斯所理解的中国园林的特质，与明代计成的《园冶》一书指出的"虽由人作、宛自天成"造园的核心思想，异曲同工。

英国苏利文认为："尽管中国园林艺术观念也许被误解或误用，仍然实实在在地深入18世纪欧洲文化品位的核心之中。"[10] 英国以赛亚·柏林认为："浪漫主义的重要性在于它是近代史上规模最大的一场运动……它是发生在西方意识领域里最伟大的一次转折。"[11] 这些思想史专家的观点足以说明：作为欧洲18世纪浪漫主义源头的中国园林的重要文化价值。

圆明园是一座集中国古典造园艺术之大成的杰作，它承载着一部厚重的造园史，折射着当时社会的发展和变化，它以它无与伦比的辉煌成就，在世界造园史与文化史上展现着灿烂的光辉。它的惨遭焚毁是一个民族的伤痛，中国人应当永远牢记，也应以此为奋发进取的动力。

今天，圆明园已经成为国家重要文化遗产，载入史册。

注释：

[1] 陈志华《外国造园艺术》，第七篇《中国造园艺术在欧洲的影响》，河南科学技术出版社2001年版，第276—277页。

[2] 陈志华《外国造园艺术》，第 294 页。

[3] 陈志华《外国造园艺术》，第 296 页。

[4] 陈志华《外国造园艺术》，第 294 页。

[5] 陈志华《外国造园艺术》，第 296 页。

[6] 陈志华《外国造园艺术》，第 280 页。

[7] 〔英〕乔治·马戛尔尼，约翰·巴罗著，何高济、何毓宁译《马戛尔尼使团使华观感》，《中国行记》，商务印书馆 2013 年版，第 191 页。

[8] 〔法〕萨莫佑、戴浩石、贝甘著，王眉译《枫丹白露宫城堡：欧仁妮皇后的中国博物馆》，上海中西书局 2011 年版，第 47 页。

[9] 〔美〕A. O. 洛夫乔伊著，吴相译《观念史论文集》，《浪漫主义的中国起源》，江苏教育出版社 2005 年版，第 131 页。

[10]〔英〕M. 苏利文著，陈瑞林译《东西方美术的交流》，江苏美术出版社 1998 年版，第 119 页。

[11]〔英〕以赛亚·柏林著，吴梁等译《浪漫主义的根源》，译林出版社 2008 年版，第 9 页。

附录一 《重拾瑰宝圆明园》插图目录

编号	图名	出处	作者	备注
第一章	圆明园的主人			
第一节	皇四子胤禛赐园			
1-1-1	皇四子赐园平面		贺艳	
1-1-2	胤禛做皇子时期绘制的《耕织图》一			
1-1-3	胤禛做皇子时期绘制的《耕织图》二			
1-1-4	康熙帝画像			
第二节	皇家御园初期			
1-2-1	雍正帝画像			
1-2-2	雍正登基后的圆明园总平面		贺艳	
1-2-3	圆明园地形模型		藏春雨	
第三节	皇家御园中期——圆明五园			
1-3-1	乾隆帝画像			
1-3-2	方壶胜境	《圆明园四十景》	沈源、唐岱	法国巴黎国家图书馆藏
1-3-3	正大光明	《御制圆明园图咏》	沈源、孙祜	
1-3-4	长春仙馆	手绘本《圆明园四十景图咏》	张若霭	
1-3-5	《蓬湖春永》中的慈云普护	《蓬湖春永》		故宫博物院藏
1-3-6	《清明上河图》局部景观			故宫博物院藏
1-3-7	夹镜鸣琴广育宫	《圆明园四十景》	沈源、唐岱	法国巴黎国家图书馆藏
1-3-8	乾隆前期圆明园总平面		贺艳	
1-3-9a	乾隆时期长春园总平面		贺艳	
1-3-9b	西洋楼景区全貌		金毓丰	
1-3-10	乾隆后期圆明三园总平面	样式房图		
1-3-11a	圆明五园示意图			
1-3-11b	圆明五园样式房图	样式房图		
1-3-11c	嘉庆年间熙春园平面	样式房图		
第四节	皇家御园后期——圆明三园			
1-4-1	嘉庆帝画像			
1-4-2a	绮春园总平面		贺艳	

1-4-2b	嘉庆时期圆明三园总平面		贺艳	
1-4-3	道光帝画像			
1-4-4	圆明三园、营署、熙春园、近春园	样式房图	贺艳	
1-4-5	道光时期圆明三园总平面			
1-4-6	咸丰帝画像			
1-4-7	咸丰时期圆明三园总平面		贺艳	
第五节	皇家御园的焚毁——1860年的一场大火			
1-5-1	1860年庚申劫难后圆明园幸存建筑位置图			
第二章	圆明园的景			
第一节	前朝后寝			
2-1-1	朝寝建筑位置图			
2-1-A-1	圆明园大宫门		数字复原	
2-1-A-2	正大光明	《圆明园四十景》	沈源、唐岱	
2-1-A-3	正大光明殿复原图		数字复原	
2-1-A-4	正大光明室内复原图		数字复原	
2-1-A-5	正大光明殿筵宴位次平面			
2-1-A-6	正大光明殿水彩画		威廉·亚历山大	
2-1-A-7	乾隆帝肖像画		威廉·亚历山大	
2-1-A-8	正大光明殿内宝座		威廉·亚历山大	
2-1-B-1	长春园宫门区平面	样式房图		
2-1-B-2	长春园澹怀堂复原图		数字复原	
2-1-B-3	澹怀堂室内装修平面	样式房图		
2-1-C-1	勤政亲贤景区平面	样式房图		
2-1-C-2	勤政亲贤	《圆明园四十景》	沈源、唐岱	
2-1-C-3a	勤政殿平面	样式房图		
2-1-C-3b	勤政殿复原图		数字复原	
2-1-C-3c	勤政殿室内复原图		数字复原	
2-1-C-4	勤政亲贤芳碧丛庭院中的太湖石		郭黛姮摄	
2-1-C-5	勤政亲贤保合太和前院复原图		数字复原	
2-1-D-1	九洲清晏	《圆明园四十景》	沈源、唐岱	
2-1-D-2	乾隆朝九洲清宴平面	样式房图		
2-1-D-3	奉三无私殿与九洲清宴殿复原图		数字复原	
2-1-D-4	九洲清晏殿一、二层室内装修平面		郭黛姮	

2-1-D-5	九洲清晏复原图（道光十七年改建后状况）		数字复原	
2-1-D-6	咸丰九年九洲清宴殿室内装修平面	样式房图		
2-1-D-7	九洲清晏西路道光十一年改建后平面	样式房图		
2-1-D-8	慎德堂	样式房图		
2-1-D-9	道光朝慎德堂室内装修平面	样式房图		
2-1-D-10	咸丰七年慎德堂室内装修平面			
2-1-D-11	九洲清晏天地一家春复原图		数字复原	
2-1-D-12	同治重修万春园天地一家春平面	样式房图		
2-1-D-13	慈禧亲绘装修图样	样式房图		
2-1-D-14	慈禧亲绘装修图样	样式房图		
2-1-E-1a	长春园含经堂总平面	样式房图		
2-1-E-1b	长春园含经堂改建平面	样式房图		
2-1-E-2	长春园含经堂复原图		数字复原	
2-1-E-3a	长春园含经堂遗址全景		郭黛姮摄	
2-1-E-3b	长春园含经堂牌楼门滚墩石遗迹		郭黛姮摄	
2-1-E-3c	长春园含经堂前广场铺地花砖		郭黛姮摄	
2-1-E-4	淳化轩大殿复原图		数字复原	
2-1-E-5	淳化轩大殿平面		刘畅	
2-1-E-6	故宫乐寿堂仙楼		郭黛姮摄	
2-1-E-7a	三友轩处在假山包围中		郭黛姮摄	
2-1-E-7b	淳化轩西侧假山		郭黛姮摄	
2-1-E-8	买卖街遗址		郭黛姮摄	
2-1-F-1	绮春园寝宫区平面	样式房图		
2-1-F-2	敷春堂前殿复原图		数字复原	
2-1-F-3	永春室东二所平面	样式房图		
第二节 天地人伦				
2-2-1	天地人伦建筑位置图			
2-2-A-1	镂月开云	《圆明园四十景》	沈源、唐岱	
2-2-A-2	牡丹台复原图		数字复原	
2-2-A-3	雍正帝观花行乐图		清人绘	
2-2-B-1	鸿慈永祜平面	样式房图		
2-2-B-2	鸿慈永祜	《圆明园四十景》	沈源、唐岱	
2-2-B-3	安佑宫前华表（现存北京大学校园）		郭黛姮摄	北大校园
2-2-B-4	安佑宫前华表（现存国家图书馆老馆）		郭黛姮摄	国图老馆
2-2-B-5a	安佑宫前石狮（现存国家图书馆老馆）		郭黛姮摄	国图老馆

2-2-B-5b	安佑宫前石狮（现存国家图书馆老馆）		郭黛姮摄	国图老馆
2-2-C-1	长春仙馆	《圆明园四十景》	沈源、唐岱	
2-2-C-2	长春仙馆平面	样式房图		
2-2-C-3	长春仙馆道光年间临时居住人状况	样式房图		
2-2-D-1	天然图画	《圆明园四十景》	沈源、唐岱	
2-2-D-2	竹子院复原图		数字复原	
2-2-D-3	五福堂复原图		数字复原	
2-2-D-4	朗吟阁与竹䈟楼复原图		数字复原	
2-2-D-5a	天然图画前水池		郭黛姮摄	
2-2-D-5b	天然图画池心小岛遗迹		郭黛姮摄	

第三节　神佛护佑

2-3-1	宗教建筑景区位置图			
2-3-A-1	慈云普护	《圆明园四十景》	沈源、唐岱	
2-3-A-2	慈云普护平面		孙闯	
2-3-A-3	慈云普护临内湖建筑复原图		数字复原	
2-3-A-4	自鸣钟楼复原图		数字复原	
2-3-B-1	日天琳宇	《圆明园四十景》	沈源、唐岱	
2-3-B-2	日天琳宇与瑞映宫平面	样式房图		
2-3-B-3	日天琳宇与瑞映宫复原图		数字复原	
2-3-C-1	月地云居平面	样式房图		
2-3-C-2	月地云居	《圆明园四十景》	沈源、唐岱	
2-3-C-3	月地云居前牌楼夹杆石遗迹		郭黛姮摄	
2-3-D-1	舍卫城南门	《圆明园四十景》		
2-3-D-2	舍卫城平面	样式房图		
2-3-D-3	舍卫城城墙夯土遗迹		郭黛姮摄	
2-3-E-1	广育宫	《圆明园四十景》	沈源、唐岱	
2-3-E-2	广育宫平面	样式房图		
2-3-E-3	广育宫复原图		数字复原	
2-3-E-4	福海南岸的广育宫入口遗迹		郭黛姮摄	
2-3-F-1	正觉寺平面		覃海	
2-3-F-2	正觉寺山门		郭黛姮摄	
2-3-F-3	正觉寺三圣殿正面		郭黛姮摄	

2-3-F-4	正觉寺三圣殿背面		覃海	
2-3-F-5	正觉寺文殊亭		郭黛姮摄	
2-3-F-6	正觉寺最上楼			
2-3-G-1	法慧寺平面	样式房图		
2-3-G-2	长春园法慧寺多宝琉璃塔	样式房图		
2-3-G-3	长春园法慧寺多宝琉璃塔	老照片		网络
2-3-G-4	清漪园花承阁多宝琉璃塔		郭黛姮摄	
2-3-H-1	宝相寺平面	样式房图		
2-3-H-2	宝相寺复原图		数字复原	
第四节　书院书楼				
2-4-1	书院书楼所在位置图			
2-4-A-1	汇芳书院	《圆明园四十景》	沈源、唐岱	
2-4-A-2	汇芳书院平面（乾隆时期）		孙闯	
2-4-A-3	竹深荷净与眉月轩院落复原图		数字复原	
2-4-A-4	汇芳书院南面入口复原图		数字复原	
2-4-B-1	碧桐书院	《圆明园四十景》	沈源、唐岱	
2-4-B-2	书院主殿前的水院及木架棚复原图		数字复原	
2-4-B-3	水院中的水池遗迹		郭黛姮摄	
2-4-B-4	幽静的读书院落		数字复原	
2-4-C-1	武陵春色	《圆明园四十景》	沈源、唐岱	
2-4-C-2	武陵春色早期平面		孙闯	
2-4-C-3	武陵春色乐善堂与桃花坞复原图		数字复原	
2-4-D-1	四宜书屋	《圆明园四十景》	沈源、唐岱	
2-4-D-2	四宜书屋早期平面		孙闯	
2-4-D-3	改建后的四宜书屋复原图		数字复原	
2-4-E-1	濂溪乐处平面	样式房图		
2-4-E 2	濂溪乐处	《圆明园四十景》	沈源、唐岱	
2-4-E-3	濂溪乐处后期的慎修思永殿复原图		数字复原	
2-4-F-1	文源阁景区平面	样式房图		
2-4-F-2	文源阁复原图		数字复原	
2-4-F-3	文源阁室内复原图		数字复原	
2-4-F-4a	文源阁及水池中的玲峰石复原图		数字复原	

2-4-F-4b	水池中的玲峰石残迹		郭黛姮摄	
2-4-F-5	圆明园文源阁碑残迹		郭黛姮摄	
2-4-F-6	北京故宫文渊阁		郭黛姮摄	
2-4-F-7	沈阳故宫文溯阁		郭黛姮摄	
2-4-G-1	洞天深处	《圆明园四十景》	沈源、唐岱	
2-4-G-2	道光年间洞天深处改建平面	样式房图		
2-4-G-3	皇子读书处复原图		数字复原	
第五节　观稼验农				
2-5-1	农事建筑位置图			
2-5-A-1	杏花春馆	《圆明园四十景》	沈源、唐岱	
2-5-A-2	杏花春馆早期的菜圃景观		数字复原	
2-5-A-3	屏岩和泮镜小城关复原图		数字复原	
2-5-A-4	杏花春馆春雨轩复原图		数字复原	
2-5-A-5	杏花春馆小城关遗迹		郭黛姮摄	
2-5-B-1	北远山村平面	样式房图		
2-5-B-2	北远山村	《圆明园四十景》	沈源、唐岱	
2-5-B-3	北远山村后期景观复原图		数字复原	
2-5-B-4	课农轩外檐装修画样	样式房图		
2-5-C-1	澹泊宁静	《圆明园四十景》	沈源、唐岱	
2-5-C-2	处于田垄中的田字房		数字复原	
2-5-D-1	映水兰香平面	《圆明园四十景》	沈源、唐岱	
2-5-D-2	映水兰香	样式房图		
2-5-E-1	水木明瑟	《圆明园四十景》	沈源、唐岱	
2-5-E-2	水木明瑟平面	样式房图		
2-5-E-3	水木明瑟小殿平面	样式房图		
2-5-E-4	水木明瑟小殿室内风扇	样式房图		
2-5-E-5	水木明瑟小殿复原图		数字复原	
2-5-F-1	耕耘堂与若帆之阁	样式房图		
2-5-F-2	若帆之阁北立面、平面	样式房图		
2-5-G-1	紫碧山房平面	样式房图		
2-5-G-2	紫碧山房宫门复原图		数字复原	
2-5-G-3	紫碧山房假山遗迹现状		郭黛姮摄	

第六节　观演建筑

2-6-1	观演建筑位置图			
2-6-A-1	山高水长	《圆明园四十景》	沈源、唐岱	
2-6-A-2	山高水长殿前蒙古包及广场演出道具设置平面	样式房图		
2-6-A-3	清高宗万树园赐宴图			来自网络
2-6-B-1	同乐园	《圆明园四十景》	沈源、唐岱	
2-6-B-2	同乐园戏台与看戏殿平面		李建云	
2-6-B-3	颐和园德和园大戏台		郭黛姮摄	
2-6-B-4	自北南望同乐园鸟瞰复原图		数字复原	
2-6-C-1	乐奏均天戏台与看戏殿平面	样式房图		
2-6-C-2	乐奏均天戏台复原图		数字复原	
2-6-C-3a	乐奏均天戏台下层遗迹		郭黛姮摄	
2-6-C-3b	上覆玻璃罩的乐奏均天戏台		郭黛姮摄	
2-6-D-1	展诗应律平面	样式房图		
2-6-D-2	展诗应律小戏台复原图		数字复原	
2-6-E-1	坦坦荡荡半亩园小殿外观复原图		数字复原	
2-6-E-2	半亩园室内小戏台复原图		数字复原	
2-6-E-3	半亩园室内下层看戏宝座复原图		数字复原	
2-6-F-1	万方安和小戏台平面	样式房图		

第七节　人间仙境

2-7-1	仙境景观建筑位置图			
2-7-A-1	蓬岛瑶台	《圆明园四十景》	沈源、唐岱	
2-7-A-2	蓬岛瑶台平面	样式房图		
2-7-A-3	蓬岛瑶台鸟瞰复原图		数字复原	
2-7-A-4	镜中阁复原图		数字复原	
2-7-A-5	畅襟楼复原图		数字复原	
2-7-B-1	方壶胜境	《圆明园四十景》	沈源、唐岱	
2-7-B-2	方壶胜境平面	样式房图		
2-7-B-3	方壶胜境遗址		郭黛姮摄	
2-7-B-4	自南望方壶胜境复原图		数字复原	

编号	名称	来源	备注	时期
2-7-B-5	方壶胜境宜春殿前牌楼复原图		数字复原	
2-7-B-6	方壶胜境全景复原图		数字复原	
2-7-C-1	乾隆年间海岳开襟复原图		数字复原	
2-7-C-2	乾隆年间海岳开襟平面	样式房图		
2-7-C-2	道光年间海岳开襟平面	样式房图		
2-7-D-1	别有洞天	《圆明园四十景》	沈源、唐岱	
2-7-D-2	别有洞天平面	样式房图		
2-7-D-3	别有洞天溪流两侧景观复原图		数字复原	
2-7-D-4	别有洞天石舫遗迹		郭黛姮摄	
第八节 写仿胜景				
2-8-1	写仿景观建筑位置图			
2-8-A-1	苏堤春晓位置图	样式房图		
2-8-A-2	断桥残雪位置图	样式房图		
2-8-A-3	柳浪闻莺牌坊遗迹		郭黛姮摄	
2-8-A-4	花港观鱼位置图	样式房图		
2-8-A-5	咸丰九年之三潭印月位置图	样式房图		
2-8-A-6	平湖秋月	《圆明园四十景》	沈源、唐岱	
2-8-A-7	两峰插云	老照片		
2-8-A-8	南屏晚钟位置图	样式房图		
2-8-A-9	雷峰夕照位置图	样式房图		
2-8-A-10	曲院风荷复原图		数字复原	
2-8-B-1	长春园狮子林平面	样式房图		
2-8-B-2	狮子林虹桥遗迹		郭黛姮摄	
2-8-B-3	狮子林假山遗迹		郭黛姮摄	
2-8-B-4	狮子林水门遗迹		郭黛姮摄	
2-8-B-5	水门券脸上乾隆帝题诗		郭黛姮摄	
2-8-B-6	狮子林园墙镶嵌题诗石刻		郭黛姮摄	
2-8-C-1	长春园如园平面	样式房图		嘉庆时期
2-8-C-2	如园假山山洞遗迹		郭黛姮摄	
2-8-D-1	鉴园平面	样式房图		
2-8-D-2	鉴园水池遗迹		郭黛姮摄	
2-8-D-3	鉴园全景复原图		数字复原	
2-8-E-1	茜园平面	样式房图		

编号	名称	来源	作者	备注
2-8-E-2	茜园全景复原图		数字复原	
第九节　言志陈情				
2-9-1	言志陈情景观建筑位置图			
2-9-A-1	万方安和平面	样式房图		
2-9-A-2	万方安和平面示意图		邹峰制图	
2-9-A-3	万方安和	《圆明园四十景》	沈源、唐岱	
2-9-A-4	万方安和遗址			来自网络
2-9-B-1	坦坦荡荡平面	样式房图		
2-9-B-2	坦坦荡荡	《圆明园四十景》	沈源、唐岱	
2-9-B-3	自北侧庭院回望素心堂		数字复原	
2-9-B-4	光风霁月		数字复原	
2-9-B-5	坦坦荡荡景区修复后的金鱼池和假山		郭黛姮摄	
2-9-C-1	廓然大公	《圆明园四十景》	沈源、唐岱	
2-9-C-2	廓然大公烫样		郭黛姮摄	
2-9-C-3	规月桥	老照片		
2-9-C-4	自北望廓然大公殿		数字复原	
2-9-D-1	澡身浴德	《圆明园四十景》	沈源、唐岱	
2-9-D-2	澡身浴德平面	样式房图		
2-9-D-3	澄虚榭复原图		数字复原	
第十节　观山赏水				
2-10-1	观赏景观建筑位置图			
2-10-A-1	西峰秀色	《圆明园四十景》	沈源、唐岱	
2-10-A-2	西峰秀色总平面	样式房图		
2-10-A-3	西峰秀色远山近田	照片		来自网络
2-10-A-4	含韵斋平面	样式房图		
2-10-A-5	一堂和气平面	样式房图		
2-10-B-1	接秀山房	《圆明园四十景》	沈源、唐岱	
2-10-B-2	接秀山房平面	样式房图		
2-10-B-3	接秀山房南端的揽翠亭复原图		数字复原	
2-10-B-4	接秀山房遗址		郭黛姮摄	
2-10-B-5	自接秀山房远望西山		郭黛姮摄	
2-10-C-1	上下天光	《圆明园四十景》	沈源、唐岱	
2-10-C-2	乾隆中期上下天光复原图		数字复原	

2-10-C-3	涵月楼总平面（道光改建）	样式房图		
2-10-C-4	涵月楼楼上平面	样式房图		
2-10-C-5	涵月楼楼下平面	样式房图		
2-10-C-6	道光年间涵月楼复原图		数字复原	
2-10-C-7	咸丰年间上下天光复原图		数字复原	
2-10-D-1	清夏斋改建景区平面	样式房图		
2-10-D-2	清夏斋、延英论道、竹林院平面	样式房图		
2-10-D-3	含晖园平面	样式房图		
2-10-D-4	清夏斋复原图		数字复原	
2-10-D-5	清夏斋室内装修平面	样式房图		
2-10-D-6	寄情咸畅流杯亭复原图		数字复原	
2-10-D-7	流杯渠遗迹		郭黛姮摄	
2-10-E-1	澄心堂景区复原图		数字复原	
2-10-E-2	澄心堂总平面	样式房图		
2-10-E-3	澄心堂外观复原图		数字复原	
2-10-E-4	澄心堂平面	样式房图		
2-10-E-5	榴开百子天然罩	样式房图		
2-10-E-6	福寿双全落地罩	样式房图		

第三章 中西园林文化交流的结晶——西洋楼

第一节 中西文化交流催生西洋楼

3-1-1	英国伦敦邱园中国塔		郭黛姮摄	
3-1-2	邱园中国塔副阶		郭黛姮摄	
3-1-3	广州六榕寺塔			来自网络
3-1-4	广州六榕寺塔老照片			来自网络
3-1-5	江南大报恩寺塔	清人绘制		引自《中国古塔》

第二节 西洋楼景区的独特性

3-2-1	西洋楼景区总平面图		引自童寯著文插图	《圆明园》第一集1981年
3-2-2	谐奇趣残存的朝天栏杆构件		高 明	
3-2-3	谐奇趣残存的琉璃花饰		高 明	
3-2-4	谐奇趣老照片中显示的琉璃构件复原		高 明	
3-2-A-1	谐奇趣景区平面	样式房图		
3-2-A-2	谐奇趣主楼建筑平面	样式房图		
3-2-A-3	谐奇趣主楼南面铜版画			

编号	名称	出处	摄影/来源
3-2-A-4	谐奇趣南面全景老照片	《残园惊梦》	托马斯·查尔斯摄
3-2-A-5	谐奇趣主楼南面老照片	《残园惊梦》	恩斯特·奥尔末摄
3-2-A-6	谐奇趣主楼北面老照片	《残园惊梦》	恩斯特·奥尔末摄
3-2-A-7	谐奇趣主楼北面石雕门头遗迹		郭黛姮摄
3-2-A-8	谐奇趣主楼东立面老照片	《残园惊梦》	恩斯特·奥尔末摄
3-2-A-9	谐奇趣八角亭老照片	《残园惊梦》	恩斯特·奥尔末摄
3-2-A-10	谐奇趣主楼南立面壁龛残迹		郭黛姮摄
3-2-A-11	谐奇趣八角亭的爱奥尼式柱头		郭黛姮摄
3-2-A-12a、12b	谐奇趣石狮残迹		郭黛姮摄
3-2-A-13	谐奇趣南面遗迹全景		郭黛姮摄
3-2-A-14	谐奇趣景观复原图		数字复原
3-2-B-1	万花阵平面	样式房图	
3-2-B-2	重建后的万花阵		郭黛姮摄
3-2-B-3	万花阵花园门老照片	《残园惊梦》	恩斯特·奥尔末摄
3-2-B-4	谐奇趣与万花阵之间的喷泉水池遗迹		郭黛姮摄
3-2-C-1	养雀笼西立面	铜版画	
3-2-C-2	养雀笼东立面	《残园惊梦》	托马斯·查尔斯摄
3-2-C-3	养雀笼东门遗存石构件		郭黛姮摄
3-2-D-1	海晏堂西立面		
3-2-D-2	海晏堂西侧十二生肖水池残迹		郭黛姮摄
3-2-D-3	海晏堂与蓄水楼组合示意图		朴文子
3-2-D-4	海晏堂西立面复原图		数字复原
3-2-D-5	海晏堂西侧水池中的蚌壳		郭黛姮摄
3-2-D-6	海晏堂西侧坡道旁的波纹状水槽		郭黛姮摄
3-2-D-7a	海晏堂主楼东立面遗迹		郭黛姮摄
3-2-D-7b	蓄水楼下部供水小池遗迹		
3-2-D-8a	海晏堂蓄水楼南立面	铜版画	

3-2-D-8b	蓄水楼南立面老照片			清华大学建筑学院藏
3-2-D-9	蓄水楼外立面遗存石门柱		郭黛姮摄	
3-2-D-10	蓄水楼非永久性保护设施		郭黛姮摄	
3-2-D-11a	西洋楼喷泉使用的提水机械平面图	赫尔曼论文		
3-2-D-11b	西洋楼喷泉使用的提水机械剖面图	赫尔曼论文		国家图书馆藏
3-2-D-12	水车模型		数字复原	
3-2-D-13a-13h	十二生肖兽首			来自网络
3-2-E-1	方外观南立面	铜版画		
3-2-E-2	方外观老照片			清华大学建筑学院藏
3-2-E-3	方外观遗迹		郭黛姮摄	
3-2-E-4	方外观复原图		数字复原	
3-2-E-5	五竹亭北面	铜版画		
3-2-F-1	远瀛观大水法平面	样式房图		
3-2-F-2	远瀛观平面	样式房图		
3-2-F-3	远瀛观南立面	铜版画		
3-2-F-4	远瀛观残留雕刻精美的石柱		陈为人摄	
3-2-F-5	远瀛观中央大门老照片	《残园惊梦》	恩斯特·奥尔末摄	
3-2-F-6	大水法正面铜版画	铜版画		
3-2-F-7	大水法老照片			
3-2-F-8	大水法与远瀛观遗迹		陈为人摄	
3-2-F-9	观水法北立面	铜版画		
3-2-F-10	观水法老照片	《残园惊梦》	恩斯特·奥尔末摄	
3-2-F-11	观水法遗迹		郭黛姮摄	
3-2-F-12	从泽兰堂看远瀛观与大水法遗迹		郭黛姮摄	
3-2-G-1	线法山	铜版画		
3-2-G-2	线法山西门石礅遗迹		郭黛姮摄	
3-2-G-3	线法山东侧西洋式牌楼门	铜版画		
3-2-G-4	初冬方河及后部的线法山		郭黛姮摄	
3-2-G-5	方河及线法墙地盘画样	样式房图		
3-2-G-6	方河东线法画	铜版画		
3-2-G-7	乾隆帝八旬万寿图卷西洋点景建筑之一			故宫博物院藏

3-2-G-8	乾隆帝八旬万寿图卷西洋点景建筑之二			故宫博物院藏	
第四章	市井与游园				
第一节	买卖街				
4-1-1	舍卫城前买卖街复原图			数字复原	
4-1-2	老北京酒饭铺店面	出处注明[1]			
4-1-3	老北京刀剪铺				
4-1-4	老北京马聚源毡帽铺				
4-1-5a	酒饭铺幌子				
4-1-5b	面铺幌子				
4-1-5c	米醋作坊幌子				
4-1-5d	袜子店幌子				
4-1-5e	鞋店幌子				
第二节	曲水流觞				
4-2-1	故宫乾隆花园禊赏亭			郭黛姮摄	
4-2-2	故宫乾隆花园禊赏亭之流杯渠			郭黛姮摄	
4-2-3	《圆明园四景》册页所绘坐石临流亭	《圆明园四十景》		沈源、唐岱	
4-2-4	坐石临流方亭复原图			数字复原	
4-2-5	乾朝改建后的坐石临流八角亭复原图			数字复原	
第三节	御园赏荷				
4-3-1	多稼如云	《圆明园四十景》		沈源、唐岱	
第五节	端午龙舟				
4-5-1	澡身浴德望瀛洲方亭复原图			数字复原	
第五章	造园匠师的设计手法				
5-2-1	圆明园九洲区网格平面	样式房图			
5-3-2a	宝船	样式房图			
5-3-2b	月波舻				
5-3-2c	拖床				
5-3-3	上下天光曲桥	《圆明园四十景》		沈源、唐岱	
5-3-4	方壶胜境西侧涌金桥	样式房图			
5-3-5	鸣玉溪亭桥	《圆明园四十景》		沈源、唐岱	
5-3-6	九洲清晏棕亭桥			郭黛姮摄	
5-3-7	九洲清晏如意桥			郭黛姮摄	
5-3-8a	碧澜桥带有乾隆题字的栏板			郭黛姮摄	
5-3-8b	乾隆御书印			郭黛姮摄	
5-3-9	碧澜桥鹤纹石雕望柱头			郭黛姮摄	
5-3-10	修复后的碧澜桥石望柱			郭黛姮摄	
5-3-11	碧澜桥全貌			邹峰摄	

第六章	根据于中国传统文化的造园艺术理念			
6-1	圆明园前朝后寝鸟瞰		数字复原	
6-2	长春园总平面	样式房图		
6-3	九岛环湖胜景			
6-4	书院、书楼、书屋分布图			
6-5	方壶胜境鸟瞰		数字复原	
结束语				
	《新潮园林详述》中的圆明园景观	钢笔画		

注释

1　图 4-1-1 至 4-1-5 皆引自林岩等编《老北京店铺的招幌》，北京文博出版社 1985 年版。

附录二 《圆明园四十景》图中的各种屋顶形式

歇山顶出前后抱厦

歇山顶建筑

悬山顶前出抱厦　　　　　　　　　　　　　硬山顶建筑

重檐攒尖方亭

附录三　清式建筑中栱的基本类型

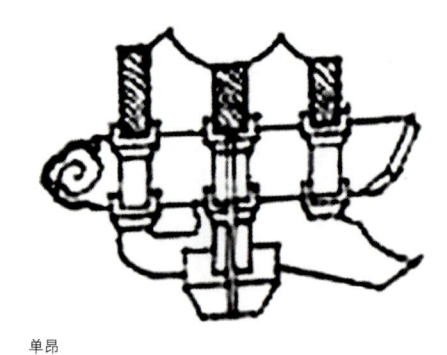

单昂

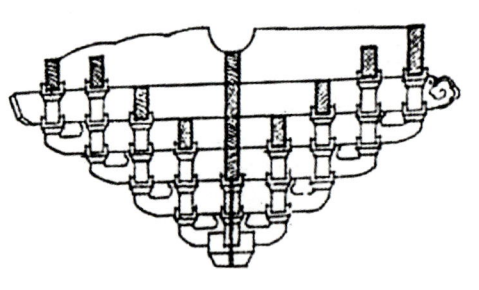

九踩四翘

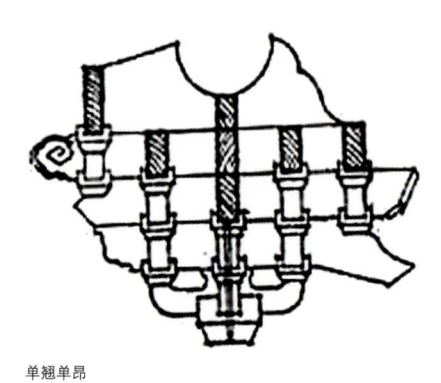

单翘单昂

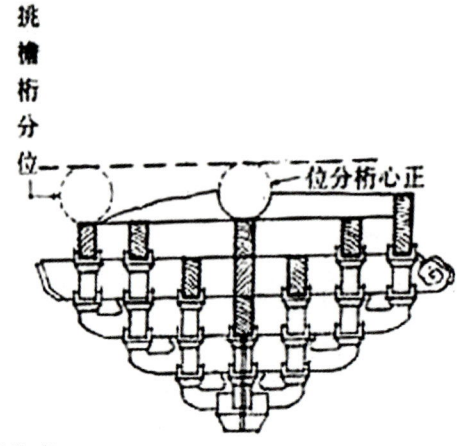

七踩三翘

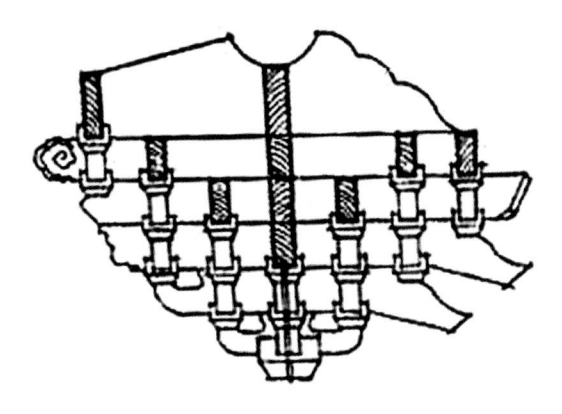

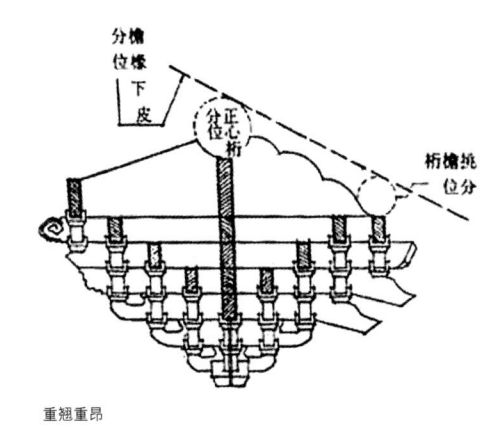

单翘重昂

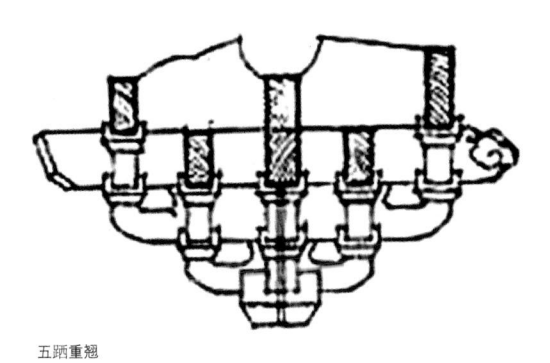

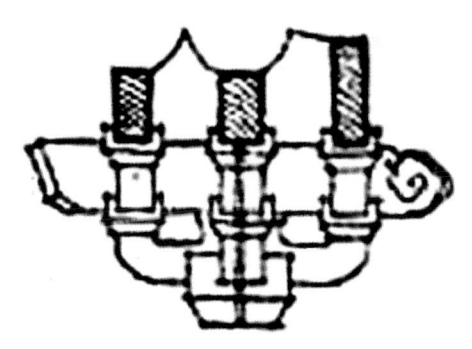

重翘重昂

五踩重翘

单翘

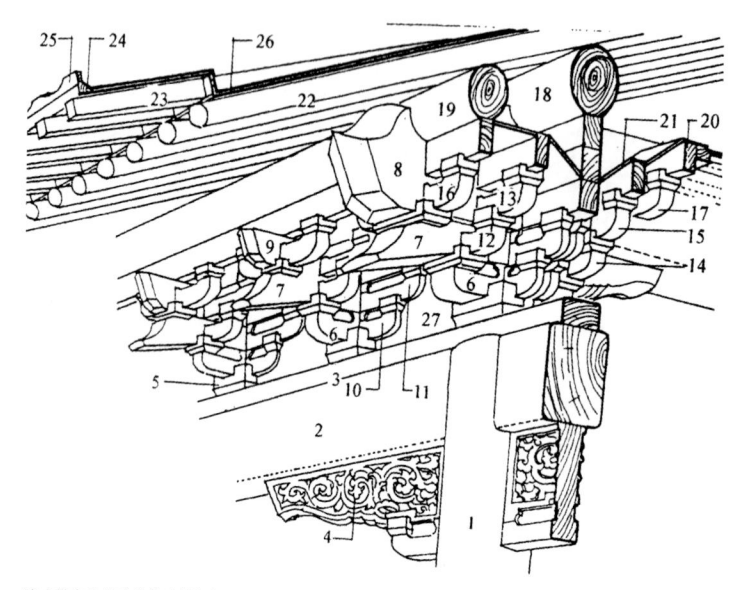

清式带有斗栱建筑的斗栱细部

清式建筑檐部及斗栱名称

1. 檐柱 2. 额枋 3. 平板枋 4. 雀替 5. 坐斗
6. 翘 7. 昂 8. 挑尖梁头 9. 蚂蚱头 10. 正心瓜栱
11. 正心万栱 12. 外拽瓜栱 13. 外拽万栱 14. 里拽瓜栱 15. 里拽万栱
16. 外拽厢栱 17. 里拽厢栱 18. 正心桁 19. 挑檐桁 20. 井口枋
21. 盖斗板 22. 檐椽 23. 飞椽 24. 连檐 25. 瓦口
26. 望板 27. 垫栱板

后记

　　本书撰写是在圆明园课题组科研项目基础上完成的。该课题组前后曾经有几十位博士研究生、硕士研究生、本科生以及数字领域的工程技术人员参与，这项工作使沉睡在一片废墟中的历史园林圆明园，显露出其本来的面貌。圆明三园有上百处景区，但有的景区尚未能找到任何史料，有待后人补白。

　　在此，对于参与史无前例的数字圆明园工程的所有人员特致以衷心的感谢。

2021 年 12 月 21 日